Falk Bersch

Kinder und Jugendliche in sonderpädagogischen, psychiatrischen und Behinderteneinrichtungen in den DDR-Nordbezirken

TEIL 1: DIE HISTORISCHE ENTWICKLUNG

Die Landesbeauftragte
für Mecklenburg-Vorpommern
für die Aufarbeitung der SED-Diktatur

Herausgeber:
Die Landesbeauftragte für Mecklenburg-Vorpommern
für die Aufarbeitung der SED-Diktatur
Bleicherufer 7, 19053 Schwerin
Telefon: 03 85 / 73 40 06
E-Mail: post@lamv.mv-regierung.de
www.landesbeauftragter.de

Titelfoto: Außenstelle der Bezirksnervenklinik Schwerin in Dobbertin, Rückansicht Haus 16, Bildnachweis: Landeshauptarchiv Schwerin, 7.11-1/31 BNK Schwerin, Nr. 83.

Lektorat: Burkhard Bley
Satz: Janner & Schöne Medien GmbH, Schwerin
Druck: Druckerei Weidner GmbH, Rostock

1. Auflage
Schwerin, 2020
ISBN: 978-3-933255-59-4

Gefördert aus Mitteln des Strategiefonds des Landes Mecklenburg-Vorpommern.

Inhaltsverzeichnis

Vorwort

Seit Anfang der 2010er Jahre wandten sich zunehmend Betroffene an die Bürgerberatung der Landesbeauftragten, die seit ihrem Kindesalter und oft noch bis über das Ende der DDR hinaus dauerhaft in psychiatrischen Kliniken untergebracht waren. Nicht aufgrund psychiatrischer Erkrankungen, sondern weil sie wegen kognitiver Beeinträchtigungen als nicht schulbildungsfähig eingestuft wurden. Berichtet haben diese Betroffenen über Schläge, Demütigungen, Essensentzug, Fixierung in Netzbetten. Ohne Bezahlung haben sie in den Einrichtungen Arbeiten verrichten müssen. In den Jahren der stationären Unterbringung sind diesen Menschen Bildung und Förderung versagt worden. Auf ein selbstbestimmtes Leben nach der Entlassung wurden sie nicht vorbereitet.

Obwohl sie ähnlich leidvolle Erfahrungen wie die ehemaligen Heimkinder machen mussten, konnten die Menschen aus dieser Betroffenengruppe die Leistungen des Fonds „Heimerziehung in der DDR“ nicht in Anspruch nehmen. Mit der Einrichtung der Stiftung „Anerkennung und Hilfe“ 2017 gibt es nun auch für diese Betroffenen einen Ausgleich für heute noch fortwirkende Folgen ihrer Unterbringung als Kinder und Jugendliche in sonderpädagogischen, psychiatrischen und Behinderteneinrichtungen in der DDR 1949 bis 1990. Die Anlauf- und Beratungsstelle für diese Stiftung wurde in Mecklenburg-Vorpommern in der Behörde der Landesbeauftragten für die Aufarbeitung der SED-Diktatur eingerichtet. Die Mitarbeiterinnen und Mitarbeiter dieser Anlauf- und Beratungsstelle haben seitdem bis Mitte 2020 über 1.200 Anmeldungen entgegengenommen, mit über 800 Betroffenen Gespräche geführt und die Auszahlung von Leistungen ermöglicht.

Konnten sich zum Start des Fonds Heimerziehung Mitte 2012 die Beraterinnen und Berater für ihre Arbeit bereits auf wichtige Erkenntnisse und Studien stützen, die u. a. auch in der Schriftenreihe bzw. in Kooperation mit der Landesbeauftragten publiziert wurden, so sah das beim Beginn der Arbeit der Stiftung „Anerkennung und Hilfe“ 2017 komplett anders aus. Die Thematik der Betreuung und Unterbringung von Kindern und Jugendlichen mit Behinderungen in der DDR stand wie andere soziale Themen auch bei der Diktatur-Aufarbeitung bisher nicht im Fokus. In der Öffentlichkeit ist dazu wenig bekannt und die Zahl der Veröffentlichungen ist überschaubar. Mit diesem Forschungsprojekt mussten wir uns die Arbeitsgrundlagen für die Anlauf- und Beratungsstelle quasi selbst erarbeiten. Es existierte nicht einmal eine Übersicht, in welchen Einrichtungen in den drei Nordbezirken und in welchem Zeitraum Kinder und Jugendliche mit Behinderungen untergebracht waren. Um die Berichte der Betroffenen nachvollziehbar einordnen zu können, benötigen wir zudem Informationen über den historischen, juristischen und medizinischen Kontext der Unterbringung in den verschiedenen Einrichtungen für diese Betroffenengruppe. Bereits im Entstehungsprozess dieser Veröffentlichung konnten wir umfangreiche Rechercheergebnisse und neue Erkenntnisse aus diesem Forschungsvorhaben in unserer Arbeit nutzen.

Angesichts der Vielzahl und Vielfalt der Einrichtungen, über die Betroffene in den Gesprächen berichten, ist in der Arbeit der Stiftung auch der Austausch von Erkenntnissen zwischen den Beraterinnen und Beratern sehr wichtig. Neben den Nervenkliniken und ihren Außenstellen können Anspruchsberechtigte für die Stiftung auch in kirchlichen und staatlichen Behinderteneinrichtungen, in Internaten von Schwerhörigen-, Gehörlosen-, Sehschwachen- und Blinden- sowie Hilfsschulen untergebracht worden sein. Die auf zwei Bände angelegte Studie von Falk Bersch soll nicht nur als Arbeitshilfe den Mitarbeiterinnen und Mitarbeitern der Stiftung dienen, sondern einen wichtigen Beitrag leisten in der Aufarbeitung und für die Information der Öffentlichkeit. Noch bis Ende 2020 sind Meldungen von Betroffenen bei der Stiftung möglich. Uns ist es wichtig, dass Betroffene mit ihrem Schicksal gesehen werden und das erfahrene Leid und Unrecht durch die Gesellschaft Anerkennung und Beachtung finden.

Der DDR wird von vielen Seiten nach wie vor ein vorbildliches Gesundheits- und Sozialwesen attestiert. Bei genauer Betrachtung bekommt dieser Mythos tiefe Risse. Gerade im Umgang mit Kindern und Jugendlichen mit Behinderungen als schwächsten Gliedern der Gesellschaft zeigt sich in der DDR eine tiefe Diskrepanz zwischen den ideologischen Phrasen und den erschütternden Zuständen in den Einrichtungen. Durchgängig vom Anfang bis zum Ende in der DDR sind gerade diese von der bloßen Verwaltung des Mangels geprägt. Die unzureichende personelle und materielle Ausstattung ist eine wesentliche Ursache für strukturelle, physische und psychische Gewalt, der die Betroffenen ausgesetzt waren.

Bei den Gesprächen und in den Recherchen stießen wir in diesem Zusammenhang aber auch immer wieder auf Mitarbeiter in diesen Einrichtungen, deren Engagement für menschenwürdige Zustände unter diesen Bedingungen umso höher einzuschätzen ist.
Der hier vorliegende erste Band nimmt die historische Entwicklung der Unterbringung, Betreuung und Förderung der Kinder und Jugendlichen mit Behinderungen in den drei Nordbezirken der DDR, Neubrandenburg, Rostock und Schwerin in den Blick. Untersucht werden dabei auch die sich wandelnden rechtlichen und gesundheitspolitischen Rahmenbedingungen in der DDR. In einem künftigen zweiten Band werden insbesondere die Einrichtungen in den Nordbezirken dargestellt.
Unser herzlicher Dank geht an Falk Bersch, der mit Akribie, dem Gespür für die faktische Kraft der Belege und der notwendigen Übersicht aus der Fülle des vorliegenden Materials eine grundlegende und systematische Darstellung herausgearbeitet hat.

Anne Drescher
Landesbeauftragte

1. Einleitung

Seit Mitte der 1990er Jahre wurde in Mecklenburg-Vorpommern begonnen, die Situation von psychisch kranken und behinderten Menschen in der Zeit des Nationalsozialismus zu untersuchen. Die Ergebnisse der Forschungen wurden teils publiziert und belegen die systematische Ermordung mehrerer tausend Menschen.[1] In der DDR distanzierten sich Politiker und Mediziner deutlich von den NS-Krankenmorden und erklärten, der „sozialistische Humanismus" gelte auch für behinderte Bürger. Dennoch waren die Verhältnisse, unter denen diese Personengruppe leben musste, alles andere als befriedigend. Eine Untersuchung der Lebensverhältnisse während der SED-Diktatur für psychisch kranke und behinderte Menschen stand bisher noch aus. Zwar lagen vereinzelt Arbeiten vor, die auf drastische Weise auf die Zustände in Behinderteneinrichtungen aufmerksam machen – hier sei an den Film „Die Hölle von Ueckermünde"[2] von Ernst Klee (1942–2013) erinnert – oder im Zuge der Diskussion über den politischen Missbrauch der Psychiatrie in der DDR entstanden waren[3] bzw. einen Überblick zur Geschichte einzelner Einrichtungen geben[4]. Ein umfassender Blick insbesondere auf die Situation behinderter Kinder und Jugendlicher im Gebiet des heutigen Mecklenburg-Vorpommerns für die Jahre 1945 bis 1990 fehlte jedoch. Erste bei der Anlauf- und Beratungsstelle Stiftung „Anerkennung und Hilfe" eingegangene Berichte betroffener Personen zeichneten ein erschreckendes Bild der Verhältnisse in Behinderteneinrichtungen der DDR. Dabei war es den Betroffenen oft unmöglich, exakte Zeit- und Ortsangaben zu machen, was die Nachforschungen und die historische Einordnung erschweren. Umso dringlicher schien eine unabhängige Aufarbeitung der Geschichte.

1 Vgl. u. a. Bernhardt, Heike: Anstaltspsychiatrie und „Euthanasie" in Pommern 1933 bis 1945. Die Krankenhausmorde an Kindern und Erwachsenen am Beispiel der Landesheilanstalt Ueckermünde, Frankfurt am Main 1994; Armbruster, Jan/Freyberger, Harald J. (Hg.): Verwahrung. Vernichtung. Therapie – Zum 100-jährigen Bestehen der stationären Psychiatrie auf dem Gelände des Krankenhauses West in Stralsund. Historisches und Erlebtes, Hamburg 2012; Haack, Kathleen/Kasten, Bernd/Pink, Jörg: Die Heil- und Pflegeanstalt Sachsenberg-Lewenberg 1939–1945, Schwerin 2016.

2 Vgl. Die Hölle von Ueckermünde. Psychiatrie im Osten, eine Reportage von Ernst Klee, Deutschland 1993 (Hessischer Rundfunk).

3 Vgl. Süß, Sonja: Politisch missbraucht? Psychiatrie und Staatsicherheit in der DDR, Berlin 1998.

4 Vgl. Armbruster/Freyberger: Verwahrung.

Dabei muss einleitend festgehalten werden, dass sich eine pauschale (Vor-)Verurteilung der Behindertenversorgung in der DDR verbietet. Wie es der Sonderpädagoge Sebastian Barsch formuliert, war „die Lebenswirklichkeit geistig behinderter Menschen in der DDR, ihre Bildung, Erziehung und Betreuung […] äußerst vielschichtig. Eine für alle gleich geltende historische Bewertung ihrer Lebens- und Alltagswirklichkeit kann es nicht geben. Eine Interpretation rein aus dem Blickwinkel der Analyse des politischen Systems der DDR greift zu kurz. Die Wirklichkeitsebene beinhaltet wesentlich mehr als Politik und Ideologie."[5] Diese Ansicht wird durch die vorliegende Studie bestätigt. So unterschied sich die Lebenssituation von Menschen mit geistigen Behinderungen von derer mit Körperbehinderungen, die Lebenssituation behinderter Kinder und Jugendlicher von derer älterer behinderter Menschen, die Situationen in den psychiatrischen Großkliniken war eine gänzlich andere als die in den Tages- und Wochenförderstätten, Hilfsschulen oder Sonderschulen mit Internatsunterbringung, um einige Beispiele aufzuzeigen.

Das bedeutet, dass es eine pauschale Aussage über die Situation behinderter Kinder und Jugendlicher in der DDR nicht geben kann. Unterschiede in den Behinderungsarten bzw. -graden und in der Unterbringungsform sowie die jeweilige zeitliche Epoche waren ausschlaggebend für Behandlung, Fürsorge und Förderung behinderter Menschen. Die in der DDR in den 1970er und 1980er Jahren erzielten Fortschritte in der Rehabilitationsarbeit mit behinderten Kindern und Jugendlichen dürfen und sollen dabei nicht kleingeredet werden, sie entlasten jedoch auch nicht von den fortdauernden Mängeln und Versäumnissen. Ebenso wenig unerwähnt bleiben soll das oftmals überdurchschnittliche Engagement von Ärzten, Pflegekräften und Pädagogen unter widrigsten Rahmenbedingungen. Den Worten von Monika Kohnert, ehemalige Mitarbeiterin beim Ministerium für Gesundheit und Sozialwesen der DDR, ist beizupflichten: „Die Arbeitsbedingungen in der Mehrzahl der [Behinderten-] Heime gestatteten nicht, Mitarbeiter für eine aktivierende Pflege und die Gestaltung einer wohnlichen Atmosphäre zu motivieren. Umso höher ist das Engagement all jener Beschäftigter zu werten, denen es dennoch ge-

5 Barsch, Sebastian: Geistig behinderte Menschen in der DDR. Erziehung – Bildung – Betreuung, Oberhausen 2007, S. 220.

lungen ist, Heimbewohnern eine gewisse Geborgenheit und warmherzige menschliche Zuwendung zu geben."[6]

Die Vielschichtigkeit der Thematik war Anlass, zunächst eine Abhandlung über die historische Entwicklung zu veröffentlichen und in einem zweiten Teil dann auf die Verhältnisse und Lebensbedingungen in den einzelnen Institutionen einzugehen. Dabei stellte schon der Umfang der zu behandelnden Themen eine Herausforderung dar: Die schwierigen Nachkriegsverhältnisse, die Entwicklung der psychiatrischen Versorgung, der Rehabilitationsarbeit und des Sonderschulwesens, die besondere Situation der konfessionellen Behinderteneinrichtungen und andere Aspekte ließen es sinnvoll erscheinen, eine zeitliche Einteilung vorzunehmen, die sich an grundlegenden historischen Ereignissen orientiert, die Einflüsse auf alle Bereiche des Gesundheits- und Bildungswesens nahmen. Neben dem Kriegsende und der Wiedervereinigung waren dies die Einführung der Bezirke 1952 sowie 1971 die Übernahme des SED-Parteivorsitzes durch Erich Honecker (1912–1994). Auf die Vielschichtigkeit der Thematik weisen auch die zu behandelnden Personengruppen hin.

In den 1980er Jahren wurden sogenannte „physisch-psychisch Geschädigte" hauptsächlich in sieben Kategorien eingeteilt.

1. Hörgeschädigte (nochmals in Gehörlose, Schwerhörige und Spätertaubte unterteilt),
2. Körperbehinderte (mit zerebralen Bewegungsstörungen, mit Querschnittslähmungen, mit Schäden am Skelett und an der Muskulatur, mit Schäden an inneren Organsystemen),
3. „schulbildungsfähige Intelligenzgeschädigte" (auch als „Schwachsinnige" bezeichnet), die in Sonderschulen unterrichtet werden sollten,
4. „schulbildungsunfähige förderungsfähige Intelligenzgeschädigte" (auch als „Schwachsinnige" bezeichnet), für die ab den 1970er Jahren vermehrt Förderstätten eingerichtet wurden,
5. Sehgeschädigte,
6. Sprachgeschädigte und
7. Verhaltensgeschädigte.[7]

---

6 Kohnert, Monika: Pflege und Umgang mit Behinderten in der DDR, in: Enquete-Kommission „Überwindung der Folgen der SED-Diktatur im Prozeß der deutschen Einheit", Bd. III, 2. Wirtschafts-, Sozial- und Umweltpolitik, Frankfurt am Main 1999, S. 1726–1791, hier S. 1757 f.

7 Vgl. Becker, Klaus-Peter/Autorenkollektiv: Rehabilitationspädagogik, 2. und erw. Auflage, Berlin 1984, S. 193 ff.

Hinzu kam die Gruppe der sogenannten „schulbildungsunfähigen, förderungsunfähigen Intelligenzgeschädigten", häufig auch als „Pflegebedürftige" bezeichnet, für die in der Regel eine Förderung ausgeschlossen war. Der größte Teil dieser geistig behinderten Kinder und Jugendlichen war – wenn nicht zu Hause betreut – in Einrichtungen der Kinder- und Jugendpsychiatrie untergebracht.[8] Daneben gab es eine Gruppe von Minderjährigen, die aufgrund falscher Diagnosen und Fehleinweisungen jahrelang in stationären Einrichtungen der Behindertenhilfe und der Psychiatrie leben mussten.

Verschiedene Begriffe aus den medizinischen und sonderpädagogischen Bereichen waren im Laufe der vergangenen Jahrzehnte einem mehrfachen Bedeutungswandel unterlegen. So galt der Terminus „Krüppel", der noch in den 1950er Jahren gebraucht wurde, schließlich als Schimpfwort und wurde durch den Begriff „Körperbehinderter" ersetzt. Auch durch den Begriff „geistige Behinderung" sollten ältere inzwischen diskriminierende und abwertende Bezeichnungen wie „Idiotie", „Blödsinn", „Oligophrenie" und „Schwachsinn" abgelöst werden.[9] Dass inzwischen der Begriff „geistige Behinderung" wieder als Schimpfwort gebraucht wird, ist ein Beispiel dafür, dass „politisch korrekter" Sprachgebrauch keine Diskriminierung aufhebt.[10] Alternative Begriffe wie „Kinder mit Beeinträchtigungen im Bereich der geistigen Entwicklung" (ab 1998) konnten sich noch nicht durchsetzen. Mittlerweile wird dem Begriff „geistig behindert" immer ein Zusatz vorangestellt, wie beispielsweise „Menschen mit geistiger Behinderung"[11]. Laut Definition der Weltgesundheitsorganisation (WHO) bedeutet eine „geistige Behinderung" „eine signifikant verringerte Fähigkeit, neue oder komplexe Informationen zu verstehen und neue Fähigkeiten zu erlernen und anzuwenden (beeinträchtigte Intelligenz). Dadurch verringert sich die Fähigkeit, ein unabhängiges Leben zu führen (beeinträchtigte soziale Kompetenz). Dieser Prozess beginnt vor dem Erwachsenenalter und hat dauerhafte Auswirkungen auf die Entwicklung." […] Der Begriff „geistige Behinderung"

8 Vgl. Bundesministerium für Gesundheit: Zur Lage der Psychiatrie in der ehemaligen DDR. Bestandsaufnahme und Empfehlungen, Bonn 1991, S. 33 ff., besonders 36 f.

9 In der Medizin wurden die Begriffe „Schwachsinn" und „Idiotie" länger verwendet als in der Sonderpädagogik.

10 Vgl. Schwarte, Norbert/Oberste-Ufer, Ralf: LEWO II. Lebensqualität in Wohnstätten für erwachsene Menschen mit geistiger Behinderung. Ein Instrument für fachliches Qualitätsmanagement, Marburg 2001, S. 372. Fornefeld, Barbara: Einführung in die Geistigbehindertenpädagogik, München 2000, S. 44.

11 Vgl. Barsch: Geistig behinderte Menschen in der DDR, S. 14, 15.

schließt hier auch Kinder ein, „die aufgrund vermeintlicher Behinderungen oder einer Ablehnung durch ihre Familie in Institutionen eingewiesen wurden und deshalb Entwicklungsstörungen und psychologische Probleme aufweisen".[12] Eine Behinderung ist keine Krankheit. Sie wird heute als bio-psycho-soziales Phänomen gesehen, was bedeutet, dass die Behinderung eines Menschen – wie auch seine Funktionsfähigkeit – mit biologischen, psychologischen und sozialen Komponenten in Zusammenhang steht.

In der DDR gebrauchte man in der Behindertenpädagogik von der Bundesrepublik abweichende Definitionen, denn auch Sprache sollte in Zeiten des Kalten Krieges Ost von West abgrenzen. Dabei orientierte man sich im medizinischen und pädagogischen Bereich an der Sowjetunion und wurde von dieser in der Begriffsfindung geprägt, was bedeutete, dass traditionelle Begriffe im Sprachgebrauch keine Anwendung mehr fanden und neue eingeführt wurden. So übernahmen politische Entscheidungsträger und Fachkreise nicht den in den 1950er Jahren im westlichen Sprachraum eingeführten Begriff „geistige Behinderung", sondern hielten zunächst an der Bezeichnung „Schwachsinn" als rehabilitationspädagogisch relevanten Terminus fest.[13] Schwachsinn als „Schwäche im Sinnen", als „Denkschwäche" entsprach der sowjetischen Defektologie.[14] Den Begriff „geistige Behinderung" sah man negativ. Man verwies darauf, dass zu einer „Behinderung" Nachteile gehören, die einer Schädigung folgen können. Die Behinderung sei also eher ein soziales Phänomen und damit ein sehr relativer Begriff. Nach dieser Argumentation gebrauchte man in der DDR den Terminus

---

12 www.euro.who.int/de/health-topics/noncommunicable-diseases/mental-health/news/news/2010/15/childrens-right-to-family-life/definition-intellectual-disability (zuletzt abgerufen am 30.3.2020).

13 Theunissen, Georg: Geistigbehindertenpädagogik in der DDR, in: Wüllenweber, Ernst/Theunissen, Georg/Mühl, Heinz (Hg.): Pädagogik bei geistigen Behinderungen. Ein Handbuch für Studium und Praxis, Stuttgart 2006, S. 30–40, hier S. 30.

14 Vgl. Ministerium für Gesundheitswesen der DDR (Hg.): Bildungs- und Erziehungsprogramm für Rehabilitationspädagogische Förderungseinrichtungen des Gesundheits- und Sozialwesens der DDR, 1977, S. 129. Als „Defektologie" wurde in der Sowjetunion die Pädagogik Geschädigter bezeichnet (vgl. Zentralinstitut für Berufsbildung der DDR [Hg.]: Vorbereitung Geschädigter auf Berufswahl und Arbeit. Erkenntnisse und Erfahrungen aus der Sowjetunion, Berlin 1979, S. 7). Die Theoriebildung der „Defektologie" wurde von dem russischen Psychologen Lew Semjonowitsch Wygotski (1896–1934) wesentlich geprägt. Nach seiner Ansicht richtete sich pädagogische Förderung nicht auf die zugrundeliegende organische Schädigung, sondern die daraus resultierenden Erschwernisse in den Persönlichkeits- und Lernbereichen (Goll, Jelena, Defektologie, online unter: http://socioweb.leuphana.de/lexikon/lex_geb/begriffe/defektol.htm [zuletzt abgerufen am 16.9.2019]). Die Begriffe „Defekt" oder „Defektivität" traten ab 1947 als Übersetzung sowjetischer Fachbücher auf. Kritisch wurde angemerkt, dass es für die Begriffe bereits im Deutschen zweckdienliche Namen gab (Hofsäss, Thomas Reinhold: Die Überweisung von Schülern auf die Hilfsschule und die Schule für Lernbehinderte. Eine historisch-vergleichende Untersuchung, Berlin 1993, S. 119 f.).

„Schädigung" oder „Intelligenzschädigung" als biomedizinischen Begriff.[15] „Behinderte Menschen" wurden in der DDR also als „geschädigte Menschen" bezeichnet.[16]

Kinder und Jugendliche mit Behinderungen wurden in die Kategorien „potenziell Schulbildungsfähige", „nichtschulbildungsfähige, förderungsfähig intellektuell Geschädigte" und „nichtschulbildungsfähige, nichtförderungsfähige intellektuell Geschädigte" eingeteilt.[17] Die letztgenannten wurden auch als „schwer- bzw. schwerstbeschädigt" und als „pflegebedürftig" bezeichnet. Diese Etikettierungen waren zu einem erheblichen Teil schlicht Zuschreibungen, die vorgenommen wurden, um ein Kind in eine vorhandene Einrichtung zu bringen, statt für vorhandene Kinder eine ihren Bedürfnissen entsprechende Einrichtung zu schaffen. Diese Einstufungen hatten Folgen für ihren weiteren Bildungsweg bzw. für das Infragekommen einer rehabilitativen Förderung. Die Pädagogin Monika Seifert weist zu Recht darauf hin, dass die Einordnung von Menschen mit Behinderungen in ein Klassifizierungssystem immer die Gefahr der „Besonderung", Diskriminierung, Stigmatisierung und somit der Isolierung birgt.[18] In der vorliegenden Arbeit wird der Begriff „Behinderung" gebraucht bzw. von „behinderten Kindern und Jugendlichen" gesprochen. Die in der DDR gebräuchlichen Begriffe werden außer in Zitaten immer dann verwendet, wenn es der Zusammenhang erfordert. Gleiches gilt für weitere historische bzw. veraltete Begriffe.[19] Der ebenfalls verwendete Begriff „Rehabilitation" bezeichnete in der DDR alle Prozesse der Versorgung, Erziehung, Bildung, Förderung, Therapie und beruflichen Eingliederung behinderter Menschen und hatte deren gesellschaftliche (Wieder-)Eingliederung zum Ziel.[20]

---

15 Vgl. Barsch: Geistig behinderte Menschen in der DDR, S. 19. Jun, Gerda: Kinder, die anders sind. Ein Elternreport, Berlin 1986, S. 140.

16 In den Unterlagen des Ministeriums für Gesundheitswesen beim Land Mecklenburg bzw. der Abteilungen Gesundheitswesen bei den Räten der Bezirke Rostock, Schwerin und Neubrandenburg wurde der Begriff „geistige bzw. psychische Behinderung" ab ca. 1963 zwar immer wieder verwendet, meist war jedoch von einer „Schädigung" die Rede. Der Begriff „geistige bzw. psychische Schädigung" wurde ab ca. 1957 gebraucht. Der Begriff „Schwachsinn" ist bis Ende der 1980er Jahre durchgängig zu finden. Im Gegensatz dazu wurde in Bezug auf Menschen mit Körperbehinderungen bis ca. 1950 der Terminus „Schädigung bzw. Beschädigung" verwendet, danach setzte sich der Begriff der „Körperbehinderung" durch.

17 Theunissen: Geistigbehindertenpädagogik in der DDR, S. 30 f.

18 Vgl. Seifert, Monika: Lebensqualität und Wohnen bei schwerer geistiger Behinderung. Theorie und Praxis, Reutlingen 1997, S. 9.

19 Zur Entwicklung der Begrifflichkeiten in der DDR siehe Kapitel 3.4.

20 Theunissen: Geistigbehindertenpädagogik in der DDR, S. 31.

Dass der Umgang mit behinderten Menschen ein Gradmesser für den Entwicklungsstand einer Gesellschaft ist, wird von Medizinern und Rehabilitationspädagogen immer wieder betont.[21] Folgt man dieser Aussage, befanden sich die moralisch-ethischen Normen in der Zeit des Nationalsozialismus auf einem Tiefpunkt. In der 1949 gegründeten DDR, die sich als antifaschistischer Staat definierte, stand nach Artikel 21 der Verfassung der DDR „der Mensch [...] im Mittelpunkt aller Bemühungen der sozialistischen Gesellschaft und ihres Strebens", auch der Mensch mit geistigen und körperlichen Behinderungen. Inwieweit es dem SED-Staat gelang, den Bedürfnissen von Kindern und Jugendlichen mit Behinderungen in seiner 40jährigen Geschichte gerecht zu werden, soll in dieser Arbeit am Beispiel der drei DDR-Nordbezirke Rostock, Schwerin und Neubrandenburg untersucht werden. Dabei kann nur ein erster und lückenhafter Überblick über die historische Entwicklung der Unterbringung, Betreuung und Förderung behinderter Minderjähriger sowie der Verhältnisse in den einzelnen Einrichtungen gegeben werden. Es war im Zuge der Recherchen nicht möglich, alle Themen gleich intensiv zu erforschen, so dass der Schwerpunkt dieser Arbeit auf der Situation von Kindern und Jugendlichen mit geistigen Behinderungen liegt. Vor allem zur Situation körperbehinderter und sinnesgeschädigter Kinder und zu den Verhältnissen in konfessionellen Behinderteneinrichtungen sowie in Sonder- bzw. Hilfsschulen – insbesondere mit Internatsunterbringung – stehen weitere Forschungen noch aus. So soll dieses Buch ein Einstieg zur Situation behinderter Kinder und Jugendlicher im Norden der DDR sein. Es fasst die vorhandenen Kenntnisse zusammen, ergänzt sie um weitere Forschungen und weist auf die Lücken in der Forschung hin.

Die vorliegende Veröffentlichung entstand mit Unterstützung einer Reihe von Personen und Institutionen. Ich bedanke mich bei Dr. Jan Armbruster, Anke Dreier-Horning, Dr. Kathleen Haack, Anne Lange und besonders bei Prof. Dr. Norbert Schwarte, die mir in verschiedenen Bereichen eine große Hilfe waren. Ich danke auch meinen Interview- und Gesprächspartnern Stefan Falk, Dr. Michael Gillner, Marianne Gloßmann, Hilde Großmann, Karina Heinicke, Matthias Kähler, Andrea Kamke-Gerstenberger, Volker Keßling und Dr. Ulrich Müller. Mein Dank geht an die

21 Vgl. Liedtke, Max (Hg.): Behinderung als pädagogische und politische Herausforderung. Historische und systematische Aspekte, Bad Heilbrunn 1996, S. 7.

Landesbeauftragte für Mecklenburg-Vorpommern für die Aufarbeitung der SED-Diktatur, Frau Anne Drescher, und an ihre Mitarbeiter/innen, für die Möglichkeit, sich mit dieser Thematik zu beschäftigen, die Unterstützung und die Geduld. Auch bei den Mitarbeiter/innen folgender Institutionen möchte ich mich bedanken: Bundesarchiv Berlin, Landesarchiv Greifswald, Stadtarchiv Neustrelitz, Kreisarchiv Nordwestmecklenburg, Evangelische Stiftung Michaelshof in Rostock, Universitätsbibliothek Rostock, Archiv des Bundesbeauftragten für die Unterlagen des Staatssicherheitsdienstes der ehemaligen Deutschen Demokratischen Republik (BStU) – Außenstelle Schwerin, Landesbibliothek Mecklenburg-Vorpommern in Schwerin, Landeshauptarchiv Schwerin, Stadtarchiv Schwerin und Stadtarchiv Stralsund. Außerdem danke ich folgenden Personen, die mich auf verschiedene Weise unterstützt haben: Prof. Dr. Andreas Broocks, Dr. Jochen Buhrmann, Prof. Dr. Ekkehardt Kumbier, Dr. Jörg Pink, Anna Robrahn, Dr. Christian Sachse, Antonia Windirsch. Und auch dem viel zu früh verstorbenen Prof. Dr. Harald Freyberger (1957–2018) schulde ich Dank. Er war es auch, der erklärte, dass eine Wiedergutmachung für die Leiden, die behinderte Kinder und Jugendliche in den Behinderteneinrichtungen der DDR durchmachen mussten, zweitrangig sei. Es gehe vielmehr um die Anerkennung ihres Schicksals und ihrer verletzten Würde.[22]

In dieser Arbeit wurden sämtliche Namen betroffener Kinder und Jugendlicher sowie ihrer Familienmitglieder durch Pseudonyme ersetzt. Etwaige Namensgleichheiten mit lebenden oder verstorbenen Personen sind zufällig.

22 Vgl. Bahr, Rebekka: Wie Jugendliche in der DDR-Psychiatrie litten, NDR-Beitrag vom 25.2.2018 (https://www.ndr.de/kultur/geschichte/Das-Schicksal-von-Jugendlichen-in-der-DDR-Psychiatrie,psychiatrie146.html [zuletzt abgerufen am 20.1.2020]. Gesendet als „Zeitreise" im Nordmagazin vom 25.2.2018).

2. Das Erbe der nationalsozialistischen Erb-Gesundheitspolitik

Das Leid, das die nationalsozialistische Auffassung vom „lebensunwerten Leben", die daraus resultierenden Verordnungen sowie der von den Nationalsozialisten ausgelöste Zweite Weltkrieg über Menschen mit schweren Krankheiten und Behinderungen gebracht hat, ist zwar nicht Thema dieser Untersuchung, aber das Jahr 1945 ist zugleich Ende des NS-Staates und Ausgangspunkt der Entwicklung des Gesundheitswesens und der Versorgung kranker und behinderter Menschen in SBZ und DDR. Der Umgang mit kranken und behinderten Menschen in den Jahren 1933 bis 1945 stellte ein schweres Erbe dar.

Nach Erlass der „Euthanasieermächtigung" durch Adolf Hitler am 1. September 1939 fielen europaweit etwa 300.000 Erwachsene und Kinder den Tötungsaktionen zum Opfer. Nach der Einstellung der als „Aktion T4" bekannten organisierten Massentötungen 1941, die etwa 70.000 Todesopfer forderte, wurden bis Kriegsende in einer zweiten Phase der „Euthanasie", den regionalisierten Patientenmorden, Tausende in den Heil- und Pflegeanstalten auf unterschiedliche Weise getötet.

Bis 1938/39 waren für die psychiatrische Versorgung in Pommern die Landesheilanstalt (LHA) Ueckermünde, die Provinzialheilanstalt Stralsund, die Anstalten Kückenmühle bei Stettin, Lauenburg, Treptow an der Rega sowie die Universitätsnervenklinik Greifswald zuständig.[23] Mecklenburg wurde durch die Heil- und Pflegeanstalten Domjüch, Rostock-Gehlsheim und Schwerin-Sachsenberg versorgt, letzterer Einrichtung war das Kinderheim Lewenberg angeschlossen.[24] Die Konzentration geistig behinderter Menschen in Großeinrichtungen und deren ab 1939 vorgenommene Erfassung durch Meldebögen erleichterte in der NS-Zeit den Zugang zu ihnen. Im Rahmen der ersten Phase der Krankenhausmorde, der „Aktion T4", wurden in Mecklenburg 420 bis 500 Patienten getötet. In Vorbereitung

23 Vgl. Beddies, Thomas: Die Heil- und Pflegeanstalt Meseritz-Obrawalde im Dritten Reich, in: Hübener, Kristina (Hg.): Brandenburgische Heil- und Pflegeanstalten in der NS-Zeit, Berlin 2002, S. 231–258.

24 Vgl. Stadtarchiv Stralsund (StAS), Rep. 58 Nr. 104, Bl. 30, Analyse Versorgungsstand Fachgebiet Psychiatrie 28.1.71.

der Aktion meldeten 1940 zwölf Einrichtungen in Mecklenburg mindestens 1.305 psychisch kranke und behinderte Menschen an die Abteilung Erb- und Rassenpflege im Berliner Reichsinnenministerium. An erster Stelle stand die Heil- und Pflegeanstalt Sachsenberg mit 542 Patienten und das ihr angeschlossene Kinderheim Lewenberg mit 195 Kindern, gefolgt von den Heil- und Pflegeanstalten Domjüch mit 250 Patienten und Rostock-Gehlsheim mit 166 Patienten.[25] „Euthanasie"-Transporte im Jahr 1941 belegen die Tötung von Patienten aus drei psychiatrischen Anstalten Mecklenburgs. Durch diese Transporte wurden Teile der Anstalten geräumt, der freigewordene Platz wurde für andere Zwecke verwendet.

Die Provinzial-Heilanstalt Stralsund war die erste zweckentfremdete Einrichtung ihrer Art im Norden. Im Oktober 1939 erteilte Pommerns Gauleiter Franz Schwede-Coburg (1888–1960) in Eigenverantwortung den Befehl, die Geisteskranken aus der Stralsunder Anstalt zu deportieren, um sie zu erschießen. 1940 bis 1945 wurde die ehemalige LHA Stralsund als SS-Kaserne, Lazarett und Hilfskrankenhaus genutzt.[26] Ähnlich erging es der Heil- und Pflegeanstalt Domjüch, die 1943 als psychiatrische Einrichtung geschlossen wurde. Die Patienten waren zuvor in andere Einrichtungen verlegt bzw. 1941 in die Tötungsanstalt Bernburg überführt worden.[27] Ähnliche Schicksale hatten hunderte Patienten der Landesheil- und Pflegeanstalt Ueckermünde zu erleiden, die in den Jahren 1939 bis 1941 auf mehreren Transporten in verschiedene Einrichtungen gebracht und dort ermordet wurden. Nach dem Stopp der „T4-Aktion" lassen die hohen Sterblichkeitsraten in Ueckermünde schlussfolgern, dass vor allem Hunger gezielt zum Töten eingesetzt wurde. Zwischen 1933 und 1945 wurden in Ueckermünde insgesamt 816 Kinder und Jugendliche aufgenommen. 382 verstarben während des Aufenthaltes, 106 wurden im Rahmen der Krankenhaus-Mordaktion abtransportiert.[28] Gleiches geschah in der Heil- und Pflegeanstalt Sachsenberg in Schwerin. Teile der Anstalt wurden 1941 der Wehrmacht übergeben,

25 Vgl. Haack, Kathleen/Kumbier, Ekkehardt: Die nationalsozialistische „Euthanasie"-Aktion in Mecklenburg – Ein Überblick, in: Zeitgeschichte regional. Mitteilungen aus Mecklenburg-Vorpommern, 19. Jg., 2015, H. 1, S. 40–46, S. 40 ff.

26 Vgl. Armbruster, Jan: Zur Geschichte der Provinzial-Heilanstalt Stralsund von 1912–1939, in: Ders./Freyberger: Verwahrung, S. 45–94, hier S. 84 f. Armbruster, Jan/Orlob, Stefan: Zur Zwischennutzung der ehemaligen Landesheilanstalt Stralsund ab 1940 und zum Schicksal des Anstaltsfriedhofes, in: Armbruster/Freyberger: Verwahrung, S. 117–140, hier S. 117 ff.

27 Vgl. Haack/Kumbier: Die nationalsozialistische „Euthanasie"-Aktion, S. 42 f.

28 Vgl. Bernhardt: Anstaltspsychiatrie, S. 13–80, 96, 99.

andere Teile als Krankenhaus für Tuberkulosekranke und als Altersheim genutzt.[29] 1941 gingen zwei Transporte aus der Heil- und Pflegeanstalt nach Bernburg, wo die Patienten ermordet wurden. Die dadurch frei gewordenen Betten dienten der Einrichtung von Infektionsstationen. Außerdem konnten die Kinder des Kinderheims Lewenberg auf den Sachsenberg verlegt werden. Bereits 1935 war das Kinderheim als Abteilung der Heil- und Pflegeanstalt angegliedert worden. Für Sachsenberg-Schwerin lässt sich die Ermordung Kranker auch nach dem Stopp der „Aktion T4“ nachweisen. Zwischen 1941 und dem ersten Quartal des Jahres 1945 starben mindestens 434 Kinder und Jugendliche in der Kinderfachabteilung Lewenberg-Sachsenberg. Im Mai 1945 waren von einst 17 Gebäuden, die der Unterbringung von Patienten auf dem Sachsenberg gedient haben, nur noch sieben durch Kranke belegt.[30] Auch in der Psychiatrischen- und Nervenklinik Rostock-Gehlsheim war es 1939 zur Zweckentfremdung psychiatrischer Betten durch Reservelazarette sowie den zivilen Luftschutz gekommen. Gehlsheim musste im September 1939 beinahe die Hälfte der Gesamtbettenzahl umfunktionieren, von den in andere Anstalten verlegten Patienten scheinen viele Opfer der „Euthanasie“ geworden zu sein.[31] Von der Nervenklinik der Universität Greifswald erfolgten nach Kriegsbeginn Verlegungen von Patienten in die LHA Ueckermünde und in die LHA Meseritz-Obrawalde, wobei es Anhaltspunkte gibt, nach denen ein Teil dieser dort getötet wurden. Zum Kriegsende verfügte die Universitätsklinik nur noch über wenige psychiatrische Betten.[32] 1938 war die LHA Meseritz-Obrawalde dem pommerschen Provinzialverband zugeordnet worden, eine Einrichtung, in der nach Schätzungen zwischen 1941 und 1945 mehr als 18.000 Menschen im Rahmen der „Euthanasie“-Maßnahmen getötet worden sind.[33]

Für Einrichtungen des Sonderschulwesens bedeuteten die Herrschaft der Nationalsozialisten und der Zweite Weltkrieg in vielen Fällen das Ende. Auch hier wurden Schulgebäude zerstört oder anderweitig als Lazarette,

---

29 Vgl. Haack/Kumbier: Die nationalsozialistische „Euthanasie“-Aktion, S. 44.

30 Vgl. Haack/Kasten/Pink: Die Heil- und Pflegeanstalt Sachsenberg-Lewenberg, S. 23 ff., 30 f., 34, 50, 83 ff., 95.

31 Vgl. Haack/Kumbier: Die nationalsozialistische „Euthanasie“-Aktion, S. 43. Ausführlicher: Haack, Kathleen/Kumbier, Ekkehardt: Lebensspuren. Opfer der Rostocker Psychiatrischen- und Nervenklinik während der Zeit des Nationalsozialismus, in: Trauma & Gewalt. Forschung und Praxisfelder, H. 4/2010, S. 282–292, hier S. 284 ff.

32 Vgl. Bernhardt: Anstaltspsychiatrie, S. 138.

33 Vgl. Beddies: Die Heil- und Pflegeanstalt.

Unterkünfte für Ausgebombte, Flüchtlinge und Vertriebene zweckentfremdet. Zudem herrschte nach Kriegsbeginn ein Mangel an Lehrkräften.[34] Die Blindenanstalt in Neukloster, eine staatliche Einrichtung, die bis 1945 als geschlossene Anstalt deklariert war, konnte ihre Insassen weitgehend vor NS-Verbrechen schützen.[35] Die Taubstummenanstalt Ludwigslust anscheinend auch, sie wurde erst zum Kriegsende im April 1945 geschlossen. Viele Kinder kamen zu den Eltern zurück, die taubstummen Kinder wurden in Privatquartieren untergebracht.[36]

Der Mecklenburgische Gauleiter und Reichsstatthalter Friedrich Hildebrandt (1898–1948) verfügte am 12. Juli 1939, alle 52 Anstalten der Inneren Mission in Mecklenburg der Nationalsozialistischen Volkswohlfahrt (NSV) zu unterstellen. Darunter fielen nicht nur Einrichtungen für behinderte Menschen, sondern auch Kinder- und Erziehungsheime. So ging das Kinderheim Lobetal bei Lübtheen 1939 an die NSV, 1941 wurde es aufgelöst und das Grundstück der Marine übergeben. 54 geistig behinderte bzw. minderbegabte Kinder kamen in andere Einrichtungen, die meisten in die Heil- und Pflegeanstalt Schwerin-Lewenberg, wo der größte Teil von ihnen in den nächsten Monaten ums Leben kam.[37] Das Evangelische Erziehungsheim „Michaelshof" in Rostock-Gehlsdorf war Kinderheim, Jugendverwahranstalt und evangelisches Erziehungsheim für Jungen und Mädchen. Bis 1940 wurden alle Vorstandsmitglieder, die nicht mit den Zielen der NSDAP konform gingen, aus dem Vorstand gedrängt. Damit war die Betreuung der Anstalt durch die NSV und das Ausscheiden aus der Inneren Mission vollzogen.[38] Ab 1940 ist die Verlegung von Kindern und Jugendlichen aus dem Michaelshof nach Schwerin-Sachsenberg und deren Ermordung nachweisbar.[39] Das spätere Clara-Dieckhoff-Haus in Güstrow wurde 1913 als

---

34 Vgl. Wellmitz, Barbara: Zur Entwicklung der Körperbehindertenpädagogik in der DDR, in: Heilpädagogik online, Nr. 4/2013, S. 21–44, hier S. 23 f.

35 Vgl. Sill, Werner: 130 Jahre Blindenfürsorge in Neukloster, in: Stadt Neukloster (Hg.): Neukloster 775 Jahre. Festschrift zum 775jährigen Bestehen des Ortes Neukloster, Neukloster 1994, S. 42–45, hier S. 44.

36 Vgl. Landeshauptarchiv Schwerin (LHAS), 10.34-3, Nr. 850, Erinnerungsbericht von Ewald Grewe, o. D.

37 Vgl. Haack/Kasten/Pink: Die Heil- und Pflegeanstalt Sachsenberg-Lewenberg, S. 91 ff.

38 Vgl. Historisches Archiv der Evangelischen Stiftung Michaelshof (Archiv Michaelshof), Nr. 159, Schreiben Vorstandsvorsitzender Michaelshof an Stadtrat Matern, 29.4.1947. Petzold, Heinz-Joachim: Ich will Hilfe schaffen. Diakonie-Report, Berlin (Ost) 1986, S. 71.

39 Vgl. Haack, Kathleen/Kumbier, Ekkehardt: Der Michaelshof Rostock-Gehlsdorf in der Zeit des Nationalsozialismus zwischen pädagogischer Fürsorge und psychiatrischer Praxis, in: Schriftenreihe der Deutschen Gesellschaft für Geschichte der Nervenheilkunde, Bd. 25, Würzburg 2019, S. 291–315, hier S. 306 ff.

„Mecklenburgisches Kostkinderheim" gegründet. Daraus entwickelte sich ein Verein mit vier Häusern, die sich in Güstrow, Ludwigslust, Stavenhagen und Brunshaupten (heute Kühlungsborn-Ost) befanden und die sich elternloser Kinder annahmen. Die Einrichtungen wurden im Zweiten Weltkrieg geschlossen bzw. der NSV unterstellt.[40] Die Frage, inwieweit Kinder aus pädagogischen Einrichtungen in psychiatrische verlegt wurden und dort von NS-Verbrechen betroffen waren, ist noch weitgehend unbeantwortet.

---

40 Vgl. Petzold: Ich will Hilfe schaffen, S. 74 ff. Kaiser, Jochen-Christoph (Hg.): Zwangsarbeit in Kirche und Diakonie 1939–45. Stuttgart 2005, S. 124.

3. Entwicklung und Gesetzgebung

3.1 Der Anspruch des SED-Staates

Die Ideologie der SED unterschied sich von der nationalsozialistischen im Hinblick auf den Umgang mit Behinderten grundsätzlich. In der DDR-Fachliteratur zur Rehabilitation von Menschen mit geistiger Behinderung findet man philosophisch-ethische Aussagen mit einem klaren humanistischen Grundkonsens: Alles vom Menschen geborene Leben ist Träger von Werten und damit von Menschenwürde. Ihm stehe unabdingbar Schutz und Fürsorge der sozialen Gemeinschaft moralisch und rechtlich zu.[41] Die Verfassung der DDR erklärt im Artikel 21: „Der Mensch steht im Mittelpunkt aller Bemühungen der sozialistischen Gesellschaft und ihres Strebens." Dass dies auch für Menschen mit Behinderungen gelten sollte, wurde von Politikern und Rehabilitationspädagogen immer wieder betont. Nach Barsch lag ein Ziel des sozialistischen Humanismus darin, „auch behinderte Bürger zu befähigen, zum Wachstum der sozialistischen Produktionsverhältnisse beizutragen – ohne dass der Wert von behinderten Menschen nach der Effizienz ihres produktiven Handelns bewertet werden kann".[42] Auf dem II. Pädagogischen Kongress, der vom 8. bis 10. September 1947 in Leipzig stattfand, forderte Paul Wandel (1905–1995), der Präsident der Deutschen Zentralverwaltung für Volksbildung, die gesellschaftliche Verpflichtung zum Aufbau von Sonderschulen für physisch und psychisch behinderte Kinder und Jugendliche. Er erklärte, dass sich die Verwaltung „nachdrücklich von der nazistischen Mißachtung dieser so schwer vom Schicksal Betroffenen abwenden" müsse. Er bezeichnete „die Meisterung dieser Aufgabe [...] auch als Beweis für die Aufrichtigkeit und Humanität unseres neuen Humanismus".[43] Freilich hatte Wandel, wie eine auf dem Kongress angenommene Entschließung deutlich macht, hier nur die als „bildungs- und erziehungsfähig" angesehenen Kinder im Sinn.[44]

---

41 Vgl. Steinhoff, Michael/Troisch, Achim: Behindertenhilfe in der DDR, in: Orientierung, Nr. 3/2014, S. 17–21, hier S. 18.
42 Barsch: Geistig behinderte Menschen in der DDR, S. 58.
43 Becker: Rehabilitationspädagogik, S. 58.
44 Vgl. Becker: Rehabilitationspädagogik, S. 58.

In den folgenden Jahrzehnten wurden Gesetze und Anordnungen erlassen, die die Situation behinderter Menschen regeln und bessern sollten. SED-Politiker und Wissenschaftler stellten die angeblichen Vorzüge der sozialistischen Gesellschaft dabei immer wieder heraus. So lobte Erich Honecker 1976 anlässlich des IX. Parteitages der SED die in der DDR geleistete Arbeit zur Betreuung, Erziehung und Entwicklung von Kindern in Einrichtungen des Sonderschulwesens[45], sprach aber gleichzeitig davon, „die Fürsorge für behinderte Menschen zu verbessern“[46]. 1981 nannte er die Fürsorge für physisch und psychisch Geschädigte „eine humanistische Pflicht unserer Gesellschaft, die sie immer besser erfüllt“[47] – eine Behauptung, die, wie die folgenden, zumindest für einen Teil der Menschen mit Behinderungen in der DDR in Frage gestellt werden muss. Der Minister für Gesundheitswesen der DDR Ludwig Mecklinger (1919–1994) sagte 1981, dass „die sozialistische Gesellschaftsordnung in der Lage ist, für den Geschädigten mit der vorbehaltlosen Verwirklichung seines Rechtes auf Leben, Bildung und Arbeit ein sinnerfülltes Dasein zu garantieren“.[48] Ein Autorenkollektiv um den Rehabilitationsmediziner Wolfgang Presber (1919–2018), das 1981 eine Publikation über „Sozialistischen Humanismus und Betreuung Geschädigter“ veröffentlichte, erklärte, „das Wohl des Menschen und das Glück des Volkes [zum] obersten Ziel sozialistischer Gesellschaftsentwicklung“.[49] Mehr noch: „Die Konzeption des [...] sozialistische[n] Humanismus ist grundlegend auch für die Einstellung der sozialistischen Gesellschaft zu ihren physisch und psychisch geschädigten Bürgern. [...] Im Sozialismus sind die Probleme der Geschädigten zum ersten Mal in der Menschheitsgeschichte zu einem Anliegen der ganzen Gesellschaft geworden. [...] Mit dem sozialistischen Humanismus hat der moralische Fortschritt der Menschlichkeit, die sittliche Menschwerdung des Menschen, seine bisher höchste Entwicklungsetappe erreicht.“[50] Auch der Rehabilitationspädagoge

---

45 Vgl. Honecker, Erich: Bericht des Zentralkomitees der Sozialistischen Einheitspartei Deutschlands an den IX. Parteitag der SED, Berlin 1976, zitiert nach: Becker: Rehabilitationspädagogik, S. 97.

46 Eßbach, Sigmar/Autorenkollektiv: Ein Kind kann keine Schule besuchen – Hat es überhaupt eine Entwicklungschance?, Berlin 1981, S. 60.

47 Becker: Rehabilitationspädagogik, S. 110.

48 Mecklinger, Ludwig: Referat auf dem X. Kongress der Gesellschaft für Rehabilitation, in: Mitteilungen, Praxis und Probleme der Rehabilitation, DDR 1982, zitiert nach: Becker: Rehabilitationspädagogik, S. 111.

49 Presber, Wolfgang/Löther, Rolf und Autorenkollektiv: Sozialistischer Humanismus und die Betreuung Geschädigter, Jena 1981, S. 11.

50 Presber/Löther: Sozialistischer Humanismus, S. 13, 15, 19.

Sigmar Eßbach (*1929) erklärte 1981 die „sozialistische Gesellschaft" in der DDR zum „Garant für die Sicherung der Menschenrechte der förderungsfähigen schwachsinnigen Bürger".[51] Und Klaus-Peter Becker, ebenfalls Rehabilitationspädagoge, nannte die seit 1980 erzielten Erfolge „beim Aufbau der sozialistischen Gesellschaft auf dem Gebiet der Rehabilitation" im Vergleich zum internationalen Maßstab gar „unvergleichbar" und schlussfolgerte, die „vollständige Teilnahme Geschädigter am gesellschaftlichen Leben und Ebenbürtigkeit als Staatsbürger [seien] in der DDR verbrieftes Recht".[52] Es gehöre „zum sozialistischen Humanismus, daß er sich stets mit Vorrang auf die schwächsten und bedürftigsten seiner Mitbürger konzentriert. [Denn] in der sozialistischen Gesellschaft resultieren die Hilfe und Unterstützung für die physisch-psychisch geschädigten Menschen nicht einfach aus caritativem Denken, sondern aus dem Wesen und Charakter des Sozialismus und damit aus der Art und Weise der Machtausübung der Arbeiterklasse."[53] Es fehlte also nicht an leeren Aussprüchen, Eigenlob und Versprechungen, die schönen Worte hatten mit der Realität jedoch wenig zu tun. Von „unvergleichlichen Erfolgen" im internationalen Maßstab konnte keine Rede sein, vielmehr wurden die in westlichen Ländern angestrebten oder umgesetzten Reformen auf dem Gebiet der Rehabilitation zumindest in öffentlichen Verlautbarungen bzw. der Fachliteratur ignoriert. Zeitgleich war man nicht in der Lage, die in den 1960er und 1970er Jahren in der DDR beschlossenen Reformen auch großflächig umzusetzen.

Becker führt weiter aus, dass die Bildungsmöglichkeiten für „Geschädigte" untrennbar mit der Entwicklung der Volksbildung in der DDR verbunden seien. Dabei bleibt unerwähnt, dass das „einheitliche sozialistische Bildungssystem" keineswegs auch alle behinderten Minderjährigen umfasste, sondern dass Kinder und Jugendliche mit schweren Behinderungen von Bildung und häufig auch von Förderung ausgeschlossen waren. Becker zitiert das Programm der SED von 1976, das eine Zielsetzung für die Erziehung junger Menschen nennt. Das „marxistisch-leninistisch fundierte Weltbild [solle] die persönlichen Überzeugungen und Verhaltensweisen durchdring[en], [und sie] als Patrioten ihres sozialistischen Vaterlandes und proletarische Internationalisten fühlen, denken und

51 Eßbach: Ein Kind kann keine Schule besuchen, S. 59.
52 Becker: Rehabilitationspädagogik, S. 111.
53 Becker: Rehabilitationspädagogik: S. 22, 24.

handeln [lassen]".[54] So wurden schon in den ersten Jahren der DDR die Grundlagen für eine politisch-ideologische Einflussnahme auf behinderte Kinder und Jugendliche gelegt. 1952 beschloss die II. Parteikonferenz der SED, in allen Bereichen der Gesellschaft planmäßig die Grundlagen für den Sozialismus zu schaffen. Dies wirkte sich auch auf die Entwicklung des Sonderschulwesens aus. Da die maßgeblichen bildungspolitischen Grundsatzentscheidungen auf Parteitagen der SED und auf von der SED beeinflussten Pädagogischen Kongressen diskutiert und getroffen wurden, gelang es, entsprechenden Einfluss in den Sonderschulen zu nehmen.[55] So ist bis Mitte der 1960er Jahre eine deutliche Politisierung der Lehrplaninhalte der Sonderschulen als auch die Eingliederung bestimmter Gruppen behinderter Kinder und Jugendlicher – wie die der hörgeschädigten – in die Pionierorganisation und die Freie Deutsche Jugend (FDJ) feststellbar.[56] Dadurch versuchte die SED die behinderten Heranwachsenden auch nach dem Abschluss der Hilfsschule an die politischen und gesellschaftlichen Organisationen zu binden.[57] In den Bereichen, in denen als „schulbildungsunfähig" eingestufte behinderte Menschen betreut und gefördert wurden, war der politische Einfluss geringer. Es wurde zwar, wie Otto Bach (*1937) formuliert, rhetorisch der Versuch unternommen, „die Psychiatrie im Lande als ‚sozialistische' zu interpretieren", allerdings wurden in den Krankenhäusern keinerlei Auswirkungen einer „sozialistische[n] Psychiatrie" bemerkt.[58] Die Arbeitsabläufe blieben unverändert und psychisch behinderte Kinder und Jugendliche wurden weitgehend nicht in die politischen Organisationen aufgenommen.[59] Becker sprach beispielsweise davon, dass in der DDR die sozialistische Rehabilitationspädagogik „organisch mit der Gesellschaftstheorie vom Sozialismus/Kommunismus

---

54 Programm der SED, Berlin: 1976, zitiert nach: Becker: Rehabilitationspädagogik, S. 100.

55 Vgl. Wellmitz: Zur Entwicklung der Körperbehindertenpädagogik, S. 21 f.

56 Vgl. Barsch: Geistig behinderte Menschen in der DDR, S. 78 f., 119 f. Hirsch, Karl Heinz/Neumann, Erwin: Mein Kind ist hörgeschädigt, Berlin 1973, S. 22.

57 So waren 1988 über 80 Prozent der ehemaligen Hilfsschüler in der FDJ, im Freien Deutschen Gewerkschaftsbund (FDGB) oder im Deutschen Turn- und Sportbund (DTSB) organisiert (vgl. Herrfurth, Reinhold und Autorenkollektiv: Sozialintegration intellektuell geschädigter Jugendlicher und Erwachsener, Berlin 1988, S. 109).

58 Bach, Otto: Entwicklung und Stand der Versorgung psychisch Kranker und Behinderter auf dem Gebiet der ehemaligen DDR, in: Picard, Walter/Reimer, Fritz (Hg.): Grundlagen und Gestaltungsmöglichkeiten der Versorgung psychisch Kranker und Behinderter, Köln 1992, S. 25–30, hier S. 25 f.

59 So nachweisbar für die Hilfsschule des Kinderheimes der Krankenanstalt Schwerin-Sachsenberg für 1952: „Der Aufbau einer Pioniergruppe ist [...] als nicht durchführbar erkannt." (Stadtarchiv Schwerin [StA SN], R 31, Nr. 93, Jahresarbeitsplan der Hilfsschule des Kinderheims Sachsenberg 1954/55.)

verbunden" sei.[60] Dazu bemerkt Barsch treffend, dass in nahezu allen Publikationen der DDR die Autoren kritiklos die sozialistische Ideologie und die marxistisch-leninistische Weltanschauung die Grundlage nannten, nach der behinderte Menschen von der Gesellschaft „als gleichwertige Mitglieder aufgenommen wurden". Er erklärt jedoch weiter: „Die Theorie des sozialistischen Humanismus in Bezug auf das Thema Behinderung wird in keiner Publikation konkret mit Argumenten des Marxismus-Leninismus untermauert." Dies ist auch – so argumentiert Barsch – „nicht möglich, da sich die Begründer dieser Gesellschaftsidee nicht zu diesen Aspekten geäußert haben".[61]

3.2 Gesetzliche Entwicklungen im Gesundheitswesen

Die Nachkriegsjahre 1945 bis 1952

Das Ende des Zweiten Weltkrieges im Mai 1945 zog mit der Zerschlagung des „Dritten Reiches" auch den völligen Zusammenbruch der grundlegenden Strukturen des Gesundheitswesens nach sich. In den Jahren bis zur Gründung der DDR am 7. Oktober 1949 war dessen Wiederaufbau Schwerpunkt der Gesundheitspolitik. Trotz der dramatischen Lage, in der sich behinderte Kinder, Jugendliche und Erwachsene in den ersten Nachkriegsjahren befanden, wurden deren Bedürfnisse dabei wenig beachtet. Die Gründe dafür waren vielfältig. Gemäß Eßbach stellte die Situation behinderter Minderjähriger nach den tausendfachen Morden an behinderten Kindern im Nationalsozialismus und der hohen Säuglingssterblichkeit in den unmittelbaren Nachkriegsjahren kein gravierendes Problem dar.[62] Die Pädagogin Barbara Wellmitz macht dagegen neben ökonomischen Zwängen, fehlendem Personal und zerstörter Infrastruktur auch die Anlehnung an sowjetische Vorstellungen verantwortlich. So machte die Überzeugung, dass mit dem Sieg des Kommunismus die Lebensbedingungen und die medizinische Versorgung verbessert würden, etwa Sonderschulen überflüssig. Diese Überlegungen beeinflussten vorübergehend auch manchen deutschen Verantwortlichen, der

60 Becker: Rehabilitationspädagogik, S. 17.
61 Barsch: Geistig behinderte Menschen in der DDR, S. 56, 58.
62 Vgl. Eßbach: Ein Kind kann keine Schule besuchen, S. 43.

– die vielfältigen ungelösten Probleme der Nachkriegszeit im Blick – dann Entscheidungen zum Nachteil behinderter Menschen traf.[63]

Am 31. März 1947 befasste sich das Zentralsekretariat (ZK) der SED in einem *Beschluss über gesundheitspolitische Richtlinien* erstmals mit dem Gesundheitsschutz für behinderte Menschen. Sonderschulen für Blinde, Taubstumme und geistig Behinderte wurden darin ebenso gefordert wie eine Neuorganisation der Behandlung und Fürsorge für Geisteskranke und Süchtige sowie die Behandlung und Betreuung von Körperbeschädigten in orthopädischen Beratungsstellen. Den Weg dahin sah die SED in einer Verstaatlichung des Gesundheitswesens – also privater und kirchlicher Einrichtungen –, was im Einzelnen den Ausbau kommunaler Gesundheitsämter, die Einrichtung von Landesgesundheitsämtern, eines Gesundheitsministeriums sowie den Ausbau eines Netzes von Krankenanstalten und Polikliniken zur Folge haben sollte. Zwei Jahre später wurden nach einer *Anordnung der Deutschen Wirtschaftskommission über den Aufbau der Gesundheitsverwaltung in der SBZ vom 2. März 1949* schließlich in den einzelnen Ländern Landesgesundheitsämter und in den Kreisen Kreisgesundheitsämter eingerichtet.[64] Im Januar 1948 erschienen für die Länder der SBZ *Richtlinien für die psychiatrische Fürsorge*. Sie enthielten die Regelung des Betriebes in psychiatrischen Kliniken, der Familienfürsorge sowie einer nachgehenden und erfassenden Fürsorge. Letztere sollten in Verantwortung des Gesundheitsamtes durch verfügbare Psychiater und Neurologen erfolgen und insbesondere „eine gründliche und lückenlose Erfassung aller Hirnverletzten" beinhalten.[65] Auch das *Gesetz über Körperbeschädigtenfürsorge für Minderjährige vom 9. Dezember 1948* verfügte eine sofortige Meldepflicht aller Fälle von drohender oder bestehender Körperbehinderung an das zuständige Gesundheitsamt.[66] Zu diesem frühen Zeitpunkt wurde also wieder eine Meldepflicht für Menschen mit Behinderungen eingeführt – eine aufgrund der

---

63 Vgl. Wellmitz: Zur Entwicklung der Körperbehindertenpädagogik, S. 26.

64 Vgl. Spaar, Horst/Funke, Dietmar: Dokumentation zur Geschichte des Gesundheitswesens der DDR, Teil 1: Die Entwicklung des Gesundheitswesens in der sowjetischen Besatzungszone (1945–1949), Berlin 1996, S. 44 ff., 52.

65 LHAS, 6.11-19, Nr. 2981, Richtlinien für die psychiatrische Fürsorge, Januar 1948.

66 Vgl. ebd., Nr. 3647, Gesetz über Körperbeschädigtenfürsorge für Minderjährige vom 9.12.1948 (GBl. 1948, Nr. 31).

nationalsozialistischen Gesundheitspolitik[67] nicht unumstrittene Maßnahme, die, anders als in der DDR, in der Bundesrepublik über einen langen Zeitraum kontrovers diskutiert und letztlich nicht eingeführt werden sollte.

Nachdem im Oktober 1949 die Sowjetische Militäradministration in Deutschland (SMAD) die Verwaltungs- und Kontrollfunktionen offiziell an die staatlichen Organe der neugegründeten DDR übergeben hatte, wurde ein Ministerium für Arbeit und Gesundheitswesen unter Minister Luitpold Steidle (1898–1984) eingerichtet. Eine der ersten Maßnahmen des Ministeriums war ein Beschluss zur Einstellung von 10.000 pflegerischen Hilfskräften in Krankenhäusern, Kliniken und weiteren Einrichtungen des Gesundheitswesens. Dies deckte den Bedarf bei weitem nicht und so wurde im Juli 1950 auf dem II. Parteitag der SED beschlossen, die Zahl des mittleren medizinischen Fachpersonals bis 1955 von 43.000 auf 66.000 zu erhöhen. Nach den Wahlen am 15. Oktober 1950 wurde unter Minister Steidle und Staatssekretärin Jenny Matern (1904–1960) ein eigenständiges Ministerium für Gesundheitswesen gegründet. In der Volkskammer blieb ein gemeinsamer Ausschuss für Arbeit und Gesundheitswesen bestehen.[68]

Die 1950er und 1960er Jahre

Mit der Abschaffung der Länderstruktur in der DDR am 23. Juli 1952 wurden Bezirke eingerichtet. Das ehemalige Land Mecklenburg[69] umfasste nun die Bezirke Rostock, Schwerin und Neubrandenburg. Aus Brandenburg waren der Kreis Perleberg dem Bezirk Schwerin und die Kreise Templin und Prenzlau dem Bezirk Neubrandenburg zugeordnet worden. Durch die Einrichtung der Bezirke entstand die Funktion des Bezirksarztes, der Mitglied

67 Am 18. August 1939 wurde durch das Reichsinnenministerium eine als geheime Reichssache deklarierte Meldepflicht „für missgestaltete usw. Neugeborene" erlassen. Hebammen und Ärzte hatten an den „Reichsausschuss zur wissenschaftlichen Erfassung erb- und anlagebedingter schwerer Leiden" Kinder zu melden, die an verschiedenen Krankheiten litten. Zunächst war die Meldepflicht auf Vollendung des dritten Lebensjahres beschränkt, 1941 wurde sie dann auf 16 Jahre heraufgesetzt. Auf Grundlage der Meldebögen entschied das Reichsinnenministerium über die Ermordung kranker und behinderter Menschen.

68 Vgl. Spaar, Horst/Funke, Dietmar/Wernicke, Rudolf: Dokumentation zur Geschichte des Gesundheitswesens der DDR, Teil 2: Das Gesundheitswesen zwischen Gründung der DDR und erster Gesellschaftskrise (1949–1953), Berlin 1996, S. 20, 22, 40.

69 1945 wurde das aus Mecklenburg und den bei Deutschland verbleibenden Teilen der preußischen Provinz Pommern sowie dem bis dahin zur preußischen Provinz Hannover gehörenden Amt Neuhaus das Land Mecklenburg-Vorpommern geschaffen, das 1947 auf sowjetischen Befehl den amtlichen Namen „Land Mecklenburg" erhielt.

beim Rat des Bezirkes und Ressortverantwortlicher für das Gesundheitswesen war. Er unterstand sowohl dem Vorsitzenden des Rates des Bezirkes als auch dem Ministerium für Gesundheitswesen. Dem Bezirksarzt war die Abteilung Gesundheits- und Sozialwesen unterstellt, deren Leiter in der Regel ein Ökonom oder Verwaltungsfachmann war. Auf Kreisebene wurden die gleichen Verhältnisse geschaffen, einschließlich der Doppelunterstellung: Der Kreisarzt war dem Bezirksarzt und dem Kreistag unterstellt. Die Funktion des Kreisarztes konnte jedoch in den meisten Kreisen aus Personalmangel über längere Zeit nicht besetzt werden, weshalb sie häufig von Krankenhausdirektoren und Chefärzten nebenamtlich übernommen wurde.[70] Nicht zuletzt aufgrund der restriktiven Politik gegenüber den Fachkräften im Gesundheitswesen verließen hunderte Mediziner die DDR, die Abwanderung ließ sich erst mit dem Mauerbau 1961 stoppen.[71]

1957 gründeten sich sowohl der Allgemeine Deutsche Gehörlosenverband (ADGV) als auch der Allgemeine Deutsche Blinden-Verband (ADBV). Letzterer hatte 1958 schon 16.145 Mitglieder. 1959 erfolgte auch die Gründung des Deutschen Verbandes für Versehrtensport (DVfV), so dass in der DDR ein großer Teil der Erwachsenen mit Sinnesschädigungen und Körperbehinderungen im Sinne der politischen Vorgaben organisiert war.[72]

Durch den *Beschluss des Ministerrats vom 8. Juli 1954 zur Entwicklung des Gesundheitsschutzes der Bevölkerung* sollte das DDR-Gesundheitssystem weiter ausgebaut werden. Dabei wurde bemerkt, dass „die Errungenschaften der Sowjet-Medizin, insbesondere die Erkenntnisse der Lehre Pawlows, erst in geringem Umfang Eingang in die medizinische Forschung und Praxis gefunden" hätten.[73] Die nun verstärkte Orientierung an der Sowjetunion, insbesondere an den Theorien von Iwan Petrowitsch Pawlow (1849–1936), sollte die weitere Entwicklung des Gesundheitswesens bestimmen. Im Januar 1953 fand in Leipzig eine erste „Zentrale Pawlow-Konferenz" statt.[74] Nach Pawlow beruhten psychische Störungen in erster Linie auf biologischen und

70 Vgl. Spaar/Funke/Wernicke: Dokumentation Gesundheitswesen DDR, Teil 2, S. 21.

71 Vgl. Spaar, Horst/Funke, Dietmar: Dokumentation zur Geschichte des Gesundheitswesens der DDR, Teil 3: Das Gesundheitswesen der DDR zwischen neuem Kurs und Schließung der Staatsgrenze (1953–1961), Berlin 1999, S. 3, 32–45.

72 Vgl. Petzold, Heinz-Joachim: Aufeinander zugehen. Gespräche mit Behinderten, Berlin (Ost) 1990, S. 114, 125. Blinden- und Sehschwachen-Verband der DDR (Hg.): 25 Jahre Blinden- und Sehschwachen-Verband der DDR, Leipzig 1981, S. 31.

73 Zitiert nach: Neue Zeit, 10.7.1954, S. 4. Vgl. Spaar/Funke: Dokumentation Gesundheitswesens DDR, Teil 3, S. 3, 29 f.

74 Vgl. Spaar/Funke/Wernicke: Dokumentation Gesundheitswesens DDR, Teil 2, S. 72.

nicht auf sozialen oder gesellschaftlichen Ursachen. Eine Auseinandersetzung mit entsprechenden Zusammenhängen erübrigte sich daher oder wurde untersagt und so die soziale Dimension als Verursachung von Behinderungen oder Beeinträchtigungen ausgeblendet. Auf dem IV. SED-Parteitag 1954 wurden Verbreitung und Anwendung der Lehre Pawlows als zentrale Aufgabe der medizinischen Wissenschaft und des Gesundheitswesens bezeichnet und Staats- und Parteichef Walter Ulbricht (1893–1973) erklärte: „In der Medizin muss erreicht werden, dass die Pawlowsche Lehre auf allen Gebieten der Medizin angewendet und ein entschiedener Kampf gegen die reaktionären Theorien geführt wird."[75] Im *Ministerratsbeschluss vom 8. Juli 1954*, der in Folge nur zögerlich und unzureichend umgesetzt wurde, ging es auch erstmals um die Einführung von Dispensairemethoden[76] in Polikliniken. Mit der *Verordnung über die Fürsorge in staatlichen Feierabend- und Pflegeheimen vom 23. Februar 1956* wurde die kommunale Verantwortung für Errichtung und Unterhalt derselben festgelegt. Die Verordnung regelte auch die Vergabe von Taschengeld an die Bewohner und schloss behinderte Minderjährige ein.[77]

Als am 1. Oktober 1959 das *Gesetz über den Siebenjahrplan zur Entwicklung der Volkswirtschaft in der DDR 1959–1965* verabschiedet wurde, wurden darin Gesundheit und Erhaltung der Arbeitsfähigkeit nicht nur als erste Lebensbedürfnisse jedes Bürgers, sondern auch als „wichtige Voraussetzung der Lösung unserer großen ökonomischen Aufgaben" bezeichnet. Demzufolge sei einer „raschen und möglichst weitgehenden Wiederherstellung der Leistungsfähigkeit und Wiedereingliederung in den Arbeits-

---

75 Spaar/Funke: Dokumentation Gesundheitswesens DDR, Teil 3, S. 29.

76 Als Dispensaire wurde im Gesundheitswesen der DDR eine in den 1950er Jahren aus dem sowjetischen Gesundheitswesen übernommene Methode der ambulanten Behandlung in den Polikliniken bezeichnet, welche 1. die frühzeitige und vollständige Erfassung aller von einer bestimmten Krankheit Bedrohten und Gefährdeten, 2. die Frühbehandlung aller Erkrankten sowie 3. die Nachsorge und Rehabilitation umfasste, was teilweise weiterhin unter diesem Begriff erfolgte (vgl. Galas, Eckart: Krankenversicherung und Diabetes mellitus: Konzepte zur Verbesserung der Versorgung von Diabetikern, Hannover 2000, S. 64 f.). „Der zentrale Dispensaire übernahm gewissermaßen die Gesamtverantwortung für das behinderte Kind. Seine Eltern mußten sich im Prinzip um nichts kümmern. Sie wurden je nach Bedarf angeschrieben, hinbestellt und in Entscheidungen miteinbezogen. Es konnte alles auch ohne die Mitwirkung der Eltern ablaufen, ihre Mitsprache und ihr Mitdenken war nicht unbedingt Voraussetzung für institutionelles Handeln. Die gesundheitliche Überwachung durch den zentralen Dispensaire begleitete einen behinderten Menschen bis zum Erwachsenenalter. Die dort über ihn und seine Familie gesammelten Daten unterlagen nicht dem Datenschutz. [...] Dies bedeutete jedoch nicht, daß mit den Akten willkürlich umgegangen werden konnte." (Heinze, Ursula: Betreuung behinderter Kinder und Jugendlicher in der DDR insbesondere in Ost-Berlin, Berlin o. J. [1990/91], S. 32 f.)

77 Vgl. Spaar/Funke: Dokumentation Gesundheitswesens DDR, Teil 3, S. 145.

prozess (Rehabilitation)"[78] besondere Beachtung zu schenken. Die im Gesetz enthaltene Anweisung, zur Verbesserung der Krankenbetreuung zahlreiche veraltete Krankenhausgebäude durch Neubauten zu ersetzen, ließ sich in vielen Fällen nicht umsetzen. Um weitere Fortschritte auf dem Gebiet der Rehabilitation zu erzielen, beschloss das Präsidium des Ministerrates der DDR am 22. Dezember 1960 *Maßnahmen zur Durchführung des Perspektivplanes zur Entwicklung der medizinischen Wissenschaft und des Gesundheitswesens*. Die Abteilungen Gesundheits- und Sozialwesen der Räte der Bezirke, Stadt- und Landkreise wurden angewiesen, Rehabilitationskommissionen zu bilden.[79] Die am 5. April 1961 herausgegebene *Arbeitsrichtlinie zur Bildung und Tätigkeit der Rehabilitationskommissionen* formulierte erstmals die Integration geistig und körperlich behinderter Menschen in die Gesellschaft als Ziel.[80]

Die Mitte der 1960er Jahre in westlichen Ländern einsetzende Psychiatriereformbewegung hatte u. a. die isolierende Funktion der und die zum Teil menschenunwürdigen Lebensbedingungen in psychiatrischen Kliniken angeprangert. Schwerpunkte der Psychiatriereformbemühungen waren Großbritannien, Italien, die USA und – insbesondere im Hinblick auf Menschen mit einer geistigen Behinderung – Dänemark und Schweden. Für den kanadischen Soziologen Erving Goffmann (1922–1982) waren Psychiatrien ein Beispiel für eine „Totale Institution".[81] In Großbritannien standen die Psychiater Ronald D. Laing (1927–1989) und David Cooper (1931–1986) für eine neue Auffassung psychischer Krankheiten und gelten als wichtige Vertreter der Antipsychiatrie-Bewegung. Der italienische Psychiater Franco Basaglia (1924–1980) machte die katastrophalen Zustände in den italienischen Psychiatrischen Krankenhäusern bekannt und

78 Ebd., S. 216 f.

79 Vgl. Mandel, Joachim: Schwerstbeschädigtenbetreuung und Rehabilitation. Textausgabe, 4., überarb. u. erw. Aufl., Berlin 1987, S. 39.

80 Vgl. VuM Nr. 4, S. 19, zitiert nach: ebd., S. 39 ff.

81 Eine „Totale Institution" weist nach Goffman folgende Merkmale auf: 1. Sie ist allumfassend. Das Leben aller Mitglieder findet nur an dieser einzigen Stelle statt und sie sind einer einzigen zentralen Autorität unterworfen. 2. Die Mitglieder der Institution führen ihre alltägliche Arbeit in unmittelbarer Gesellschaft und Gemeinschaft ihrer Schicksalsgefährten aus. 3. Alle Tätigkeiten und sonstigen Lebensäußerungen sind exakt geplant und ihre Abfolge wird durch explizite Regeln und durch einen Stab von Funktionären vorgeschrieben. 4. Die verschiedenen Tätigkeiten und Lebensäußerungen werden überwacht und sind in einem einzigen rationalen Plan vereinigt, der dazu dient, die offiziellen Ziele der Institution zu erreichen (vgl. Goffman, Erving: Asyle. Über die soziale Situation psychiatrischer Patienten und anderer Insassen, Frankfurt am Main 1993).

gab so einen wichtigen Impuls zu deren Auflösung.[82] 1959 kam von Nils Erik Bank-Mikkelsen (1919–1990) aus Dänemark die Forderung, geistig Behinderte nicht lediglich zu verwahren, sondern ihnen zu helfen, ein Dasein zu führen, das so normal ist, wie es nur irgendwie ermöglicht werden kann. Der Schwede Bengt Nirje (1925–2006) prägte daraufhin den Begriff „Normalisierungsprinzip“[83] für Menschen mit geistiger Behinderung, der auf die Auflösung der traditionellen Einrichtungen abzielte. Schritt für Schritt konnte dies in den folgenden Jahren in Skandinavien realisiert werden. In den USA und Kanada entwickelte Wolf Wolfensberger (1934–2011) das „Normalisierungsprinzip“ weiter.[84] Ende der 1960er Jahre wurde auch in der Bundesrepublik begonnen, über alternative und gemeindenahe Betreuungskonzepte für behinderte Menschen nachzudenken. Hier setzte sich u. a. Walter Thimm (1936–2006) für die fachliche und sozialpolitische Verankerung des „Normalisierungsprinzips“ in der deutschen Behindertenhilfe ein.[85] Im Bemühen um die verschiedenen Betroffenengruppen traten verschiedene Impulsgeber auf. In der Psychiatrie gingen die Initiativen von jungen Medizinern und Psychologen aus, in der Behindertenhilfe vom Verein „Lebenshilfe für das geistig behinderte Kind e.V.“ sowie von einzelnen Institutionsvertretern und – zögerlicher – von Universitätsvertretern der Heil- und Sonderpädagogik. All diese Initiativen führten schließlich zur Veröffentlichung der Psychiatrie-Enquête des Bundestages 1975 und in Folge zur Einleitung der Psychiatriereform in der Bundesrepublik.[86]

In der DDR war man von solchen Bemühungen weit entfernt. Bei der Betreuung und Förderung geistig behinderter Minderjähriger orientierte man sich an der Sowjetunion, was keine fachliche, sondern eine politische Entscheidung war. Das machte der IV. Parteitag der SED deutlich, der im Juni 1954 die Verbreitung und Anwendung der Lehre Pawlows zur zentra-

---

82 Basaglia, Franco: Die Entscheidung des Psychiaters. Bilanz eines Lebenswerkes, Bonn 2020.

83 Nach Nirje sollte das Normalisierungskonzept Auswirkungen auf acht Bereiche haben: 1. normaler Tagesrhythmus, 2. Trennung von Arbeit-Freizeit-Wohnen, 3. normaler Jahresrhythmus, 4. normale Erfahrungen im Ablauf des Lebenszyklus, 5. normaler Respekt vor dem Individuum und dessen Recht auf Selbstbestimmung, 6. normale sexuelle Lebensmuster, 7. normale ökonomische Lebensmuster und Rechte im Rahmen gesellschaftlicher Gegebenheiten und 8. normale Umweltmuster und -standards innerhalb der Gemeinschaft (vgl. Nirke, Bengt: Das Normalisierungsprinzip – 25 Jahre danach, in: Vierteljahresschrift für Heilpädagogik und ihre Nachbargebiete 1, 1994, S. 12–32, hier S. 13).

84 Vgl. Wolfensberger, Wolf: Die Entwicklung des Normalisierungsgedankens in den USA und in Kanada, in: Bundesvereinigung Lebenshilfe für geistig Behinderte e.V. (Hg.): Normalisierung – eine Chance für Menschen mit geistiger Behinderung, Marburg 1986, S. 45–62.

85 Vgl. Thimm, Walter: Das Normalisierungsprinzip. Eine Einführung, Marburg 1995.

86 Für diese Hinweise bedanke ich mich bei Prof. Dr. Norbert Schwarte.

len Aufgabe der medizinischen Wissenschaft und des Gesundheitswesens erklärte.[87] Dennoch waren auch in der DDR Mediziner und Rehabilitationspädagogen bemüht, der Rehabilitationsarbeit neue Impulse zu geben und sich den internationalen Entwicklungen anzupassen. Aus der 1954 gegründeten „Gesellschaft für gesamte Hygiene in der DDR" – später „Wissenschaftliche Gesellschaft für Rehabilitation der DDR" genannt – ging die „Forschungsgruppe Rehabilitation" hervor, der eine Kommission „Geschädigte Kinder und Jugendliche" angehörte. Im Juni 1958 veranstaltete diese Forschungsgruppe eine internationale Tagung in Leipzig, die wesentliche Impulse für Rehabilitationsangebote in den Bezirken und Kreisen geben sollte.[88] 1962 wurde unter dem Dach der „Gesellschaft für Psychiatrie und Neurologie" das Fachgebiet der Kinderneuropsychiatrie gegründet und 1969 dann nach einem Beschluss des Deutschen Ärztetages die entsprechende Facharztdisziplin eingeführt.[89]

Vom 23. bis 25. Mai 1963 tagte das Erste Internationale Symposium über Psychiatrische Rehabilitation im sächsischen Rodewisch und erklärte die psychiatrische Behandlung und Versorgung in der DDR als unzureichend. In den dort formulierten Rodewischer Thesen wurden Reformen angemahnt und die Unterbringung in einer psychiatrischen Einrichtung ohne entsprechende Rehabilitationsmaßnahmen kritisiert, wenn es heißt: „Keine Diagnose [...] rechtfertigt die sichere Annahme eines schicksalsmäßigen Verlaufes und mit ihr die fatalistische Einstellung zu ihren Behandlungsmöglichkeiten. [Eine] optimale Therapie kommt nur unter optimalen Bedingungen optimal zur Wirkung", weswegen die psychiatrischen Krankenhäuser und Kliniken „ihre allgemeinen Bedingungen, unter denen sie therapieren, kritisch überprüfen" sollten. Besonders hervorgehoben wurde in den Thesen auch eine erforderliche „Differenzierung von Jugend- und Altersstationen". In Bezug auf die Kinderpsychiatrie rief das Papier zu einer „völligen Neuorientierung auf dem Gebiet des gesamten

---

87 Vgl. Spaar/Funke: Dokumentation Gesundheitswesens DDR, Teil 3, S. 29.

88 Vgl. Barsch: Geistig behinderte Menschen in der DDR, S. 103.

89 Vgl. Bundesministerium für Arbeit und Soziales (Hg.): Ermittlung der Anzahl von Kindern und Jugendlichen, die in den Jahren 1949 bis 1975 in der Bundesrepublik Deutschland sowie in den Jahren 1949 bis 1990 in der Deutschen Demokratischen Republik in stationären Einrichtungen der Behindertenhilfe bzw. der Psychiatrie Leid und Unrecht erfahren haben. Forschungsbericht 466, Bonn 2016, S. 27, 50, 52.

Schwachsinns“ auf.[90] Die Rodewischer Thesen sind als fortschrittlich zu bezeichnen und knüpften durchaus an die internationale Entwicklung an. Sie hätten ein Meilenstein in der Entwicklung der Psychiatrie der DDR werden können, blieben aber einerseits wegen äußerer Faktoren, wie der ökonomischen Schwäche der DDR, fehlender Öffentlichkeit und der auf Machterhalt, Ordnung und Sicherheit orientierten Politbürokratie und andererseits wegen einem regional teilweise erheblichen Personalmangel in ihren Ansätzen stecken und bis zum Ende der DDR größtenteils unerfüllt.[91] Der Historiker Wolfgang Rose bemerkt: Eine Umsetzung des in den Rodewischer Thesen geforderten Entwicklungsprogramms für die Psychiatrie ließ sich nur in maßgeblicher Verantwortung der zentralen Verwaltungsebene realisieren. Und so lagen „die Grenzen der psychiatrischen Reformbewegung im Herrschafts- und Gesellschaftscharakter der DDR begründet“.[92] Rose nennt die Rodewischer Thesen treffenderweise „die nicht stattgefundene Reform“.[93]

Zum Ende der 1960er Jahre wurde das Augenmerk auf die ungenügende Förderung von Kindern und Jugendlichen mit Behinderungen gelegt. Die im November 1967 stattfindende IX. Konferenz der Minister für Gesundheitswesen der sozialistischen Staaten zu Fragen der Rehabilitation verabschiedete eine Resolution, die die Schaffung eines Netzes von Rehabilitationseinrichtungen forderte.[94]

---

90 Als zu erarbeitende Zielsetzungen im Bereich der Kinderpsychiatrie wurden genannt: 1. Das System einer gut organisieren Früherfassung aller intellektuell und charakterlich auffällig werdenden Kinder und 2. die Einrichtung von Beobachtungskliniken in Verbindung mit einer Teamarbeit zwischen Pädiatern, Psychiatern, Neurologen, HNO- und Augenärzten, Orthopäden, Psychologen und Pädagogen für eine umfassende klinische Diagnostik, die Festlegung eines Ausbildungs- und Förderungsplanes sowie für Vorschläge zu einer guten Organisation einer Neuropsychiatrischen oder einer neurologisch und psychiatrischen Beobachtungsklinik (vgl. https://www.skh-rodewisch.sachsen.de/fileadmin/user_upload/rodewisch/pdf/Publikationen/Rodewischer_Thesen_1963.pdf). Zu den Rodewischer Thesen siehe auch Hennings, Lena: Die Entstehungsgeschichte der Rodewischer Thesen im Kontext von Psychiatrie, Sozialhygiene und Rehabilitationsmedizin der DDR, in: Kumbier, Ekkehardt/Steinberg, Holger: Psychiatrie in der DDR. Beiträge zur Geschichte, Berlin-Brandenburg 2018, S. 237–246.

91 Vgl. Armbruster, Jan/Jarisch, Anne: Im Spannungsfeld von individueller Rehabilitation und Missbrauch: Arbeitstherapie in der DDR-Psychiatrie am Beispiel des Bezirkskrankenhauses Stralsund, in: Schriftenreihe der Deutschen Gesellschaft für Geschichte der Nervenheilkunde e.V., Bd. 20, Würzburg 2014, S. 353–384, hier S. 369.

92 Rose, Wolfgang: Anstaltspsychiatrie in der DDR. Die brandenburgischen Kliniken zwischen 1945 und 1990, Berlin-Brandenburg 2005, S. 129, 136.

93 Ebd., S. 129.

94 Vgl. Spaar, Horst (Hg.): Dokumentation zur Geschichte des Gesundheitswesens der DDR, Teil 4: Das Gesundheitswesen der DDR in der Periode des Übergangs zum umfassenden Aufbau des Sozialismus und der Entwicklung des neuen ökonomischen Systems (1961–1971), Berlin 2000, S. 232.

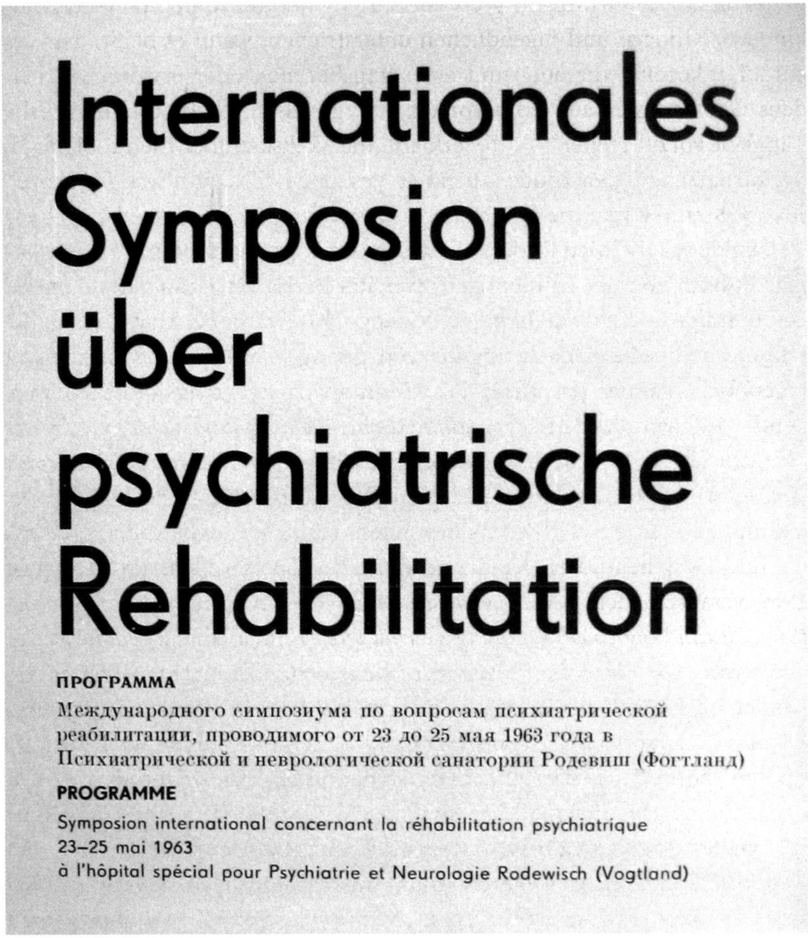

Internationales Symposion über psychiatrische Rehabilitation

ПРОГРАММА

Международного симпозиума по вопросам психиатрической реабилитации, проводимого от 23 до 25 мая 1963 года в Психиатрической и неврологической санатории Родевиш (Фогтланд)

PROGRAMME

Symposion international concernant la réhabilitation psychiatrique
23–25 mai 1963
à l'hôpital spécial pour Psychiatrie et Neurologie Rodewisch (Vogtland)

Ankündigung des Symposiums über psychiatrische Rehabilitation in Rodewisch 1963. Quelle: LHAS, 7.11-1/31, Nr. 14, Bl. 5.

In der Resolution wurde die große Bedeutung der Rehabilitation von Kleinkindern, Kindern und Jugendlichen unterstrichen, wenn es heißt, dass „es darauf ankommt, die aufgrund eines angeborenen oder erworbenen Leidens Geschädigten auf die bevorstehende gesellschaftliche und berufliche Tätigkeit vorzubereiten".[95] 1968 erklärte die Volkskammer die Problematik der hirngeschädigten Kinder zu einem gesamtgesellschaftlichen Problem.[96] Ab 1968 erarbeitete die Forschungsgruppe „Rehabilitationspädagogik für schulbildungsunfähige förderungsfähige Intelligenzgeschädigte" unter Sigmar Eßbach von der Humboldt-Universität Berlin ein *Grundlagenmaterial zur Gestaltung der rehabilitativen Bildung und Erziehung*. Damit sollte die bildungspolitische Benachteiligung von geistig behinderten Kindern und Jugendlichen unter der Regie des Gesundheitswesens ausgeglichen werden.[97] Auf Grundlage der *Programmatischen Empfehlungen des Ausschusses für Gesundheitswesen der DDR* wurde Ende der 1960er Jahre schließlich mit der Schaffung rehabilitationspädagogischer Förderungseinrichtungen des Gesundheits- und Sozialwesens begonnen, zu denen auch Fördertagesstätten für geistig behinderte Kinder gehörten.[98] Folgt man dem am 20. August 1969 verabschiedeten *Ministerratsbeschluss über Maßnahmen zur Förderung, Beschulung und Betreuung geschädigter Kinder und Jugendlicher sowie psychisch behinderter Erwachsener*, befanden sich ca. 21.000 behinderte Kinder im Elternhaus, so dass vor allem Mütter „an der Ausübung ihres Berufes [...] sowie der Teilnahme am politischen und kulturellen Leben gehindert" seien.[99] Um dies zu ändern, sollten in allen Bezirken Förderungseinrichtungen für „schulbildungsunfähige förderungsfähige schwachsinnige" Kinder und Jugendliche systematisch aufgebaut und weiterentwickelt werden.[100] Durch einen weiteren *Ministerratsbeschluss vom 19. Februar 1969* sollte das Recht auf Arbeit für physisch schwerstgeschädigte und psychisch schwergeschädigte Personen gesichert werden.[101] Am 26. August 1969 folgte eine *Anordnung zur Sicherung des Rechts auf Arbeit für Rehabilitanden* und verordnete die Schaffung von Geschützten Einzelarbeitsplätzen, Betriebs-

95 Eßbach: Ein Kind kann keine Schule besuchen, S. 190.
96 Vgl. Jun: Kinder, die anders sind, S. 178.
97 Vgl. Steinhoff/Trobisch: Behindertenhilfe, S. 17.
98 Vgl. Barsch: Geistig behinderte Menschen in der DDR, S. 95.
99 Zitiert nach: Kohnert: Pflege und Umgang, S. 1736.
100 Vgl. Landesarchiv Greifswald (LAGw), Rep. 200 II 9.1 Nr. 87, Ministerium für Volksbildung an Rat des Bezirkes Rostock/Volksbildung, Dezember 1971.
101 Vgl. Spaar: Dokumentation Gesundheitswesens DDR, Teil 4, S. 234.

abteilungen und Werkstätten sowie Heimarbeit für Rehabilitanden.[102] So legte in den 1960er Jahren der Gesetzgeber den Grundstein für den Aufbau von Rehabilitationseinrichtungen und Geschützten Arbeitsplätzen. Die Rehabilitationskommissionen der Kreise und Bezirke begannen ihre Arbeit. In den nächsten beiden Jahrzehnten begann sich die Situation der als „förderungsfähig" eingestuften behinderten Kinder und Jugendlichen langsam zu verbessern.

Die 1970er und 1980er Jahre

Am 3. Mai 1971 wurde Walter Ulbricht von der Funktion des Ersten Sekretärs des ZK der SED entbunden und Erich Honecker trat die Nachfolge an. Mit ihm begann die sogenannte „Einheit von Wirtschafts- und Sozialpolitik", die schon im Juni auf dem VIII. Parteitag der SED beschlossen wurde. Im Mittelpunkt stand das „sozial-politische Programm", dessen Zielstellung es auch war, die Hilfe für Pflegebedürftige und Behinderte der gesellschaftlichen Entwicklung anzugleichen. Alle Bereiche der medizinischen Versorgung sollten ausgebaut werden. Dieser Kurs wurde auf den folgenden Parteitagen bestätigt und bis zum Ende der DDR beibehalten.[103] Als ein entscheidendes Problem erwies sich das Fehlen von geeigneten Gebäuden für die Unterbringung und Betreuung pflegebedürftiger und behinderter Menschen. Das Politbüro sammelte 1973 über die Bezirksärzte Informationen zur Situation dieser Personengruppe. Angefragt wurden auch die zur Verfügung stehenden Gebäude für hirngeschädigte Kinder und Jugendliche.[104] Hier erkannte man große Probleme und traf erste Maßnahmen, die Situation zu verbessern. 1973 wurde erstmals eine *Fachspezifische Projektierungsrichtlinie für alters- und pflegegerechtes Bauen* herausgegeben. Ab Mitte der 1970er Jahre gab es systematische Bemühungen, durch den „komplexen Wohnungsbau" Tagesstätten, Wohnheime und Pflegeheime – letztere vor allem für Senioren – zu schaffen und diese stärker in die Wohngebiete zu

[102] Vgl. GBl. DDR II Nr. 75/1969.

[103] Vgl. Spaar, Horst (Hg.): Dokumentation zur Geschichte des Gesundheitswesens der DDR, Teil 5: Das Gesundheitswesen der DDR in der Periode der weiteren Gestaltung der entwickelten sozialistischen Gesellschaft und unter dem Kurs der Einheit von Wirtschafts- und Sozialpolitik (1971–1981), Teil A, Berlin 2002, S. 25, 38 f.

[104] Vgl. ebd., S. 28 f.

integrieren.[105] Weiterhin kam es am 25. September 1973 zu einem *Gemeinsamen Beschluss des Politbüros des ZK der SED, des Ministerrates der DDR, des Bundesvorstandes des FDGB u. a. Institutionen über weitere Maßnahmen zur Durchführung des sozialpolitischen Programms*, worin wichtige Impulse zur Förderung hirngeschädigter Minderjähriger zu finden waren. Der Beschluss wies die Vorsitzenden der Räte der Bezirke und Kreise u. a. an, die Bereitstellung Geschützter Arbeitsplätze sowie die Aus- und Weiterbildungsmöglichkeiten für schwerstgeschädigte Bürger zu erweitern und die Versorgung schwerstkörperversehrter Bürger mit orthopädischen Hilfsmitteln zu fördern. Für die Förderung hirngeschädigter Kinder und Jugendlicher in Tagesstätten und Heimen sollten bis 1975 mindestens 2.000 Plätze geschaffen und der Förderungsprozess qualifiziert werden.[106]

In den nächsten Jahren folgten eine Reihe von Verordnungen und Richtlinien zu prophylaktischen Maßnahmen betreffs der Früherkennung von Krankheiten und Behinderungen, so *Richtlinien für den Kinder- und Jugendgesundheitsschutz*[107] und *für Mütterberatungen*[108], die gezielte Reihenuntersuchungen im Rahmen der Dispensairebetreuung regelten. Anfang 1975 wurde ein „Siebtest" eingeführt, der Ärzten und Fürsorgerinnen das Aufdecken von Behinderungen Neugeborener erleichtern und so alle behinderten Kinder vor Vollendung des dritten Lebensjahres erfassen sollte.[109] Erste Erfolge erzielte man damit 1976 in Erfurt und das als „Erfurter Modell" bezeichnete Programm zur Früherziehung behinderter Kinder sollte in der DDR Vorbildcharakter bekommen.[110] Diese gesundheitliche Überwachung weitete das Ministerium für Gesundheitswesen 1979 auch auf Kinder und Jugendliche aus.[111] In den 1980er Jahren wurde sie noch intensiviert und die seit den 1970er Jahren durchgeführte „Dispensairebetreuung" weiter

---

105 Vgl. Hildebrandt, Regine: Die Einrichtungen des Gesundheits- und Sozialwesens in der DDR und in den neuen Bundesländern, in: Aus Politik und Zeitgeschichte, 21.1.1994, Nr. 3/94, S. 15–25, hier S. 18.

106 Abgedruckt in: Mikat, Berthold: Das Gesundheitswesen der Deutschen Demokratischen Republik im Jahre 1972. Kommentierte Auszüge aus dem Gesundheitsbericht der DDR für 1972, Berlin 1974, S. 149–157.

107 Vgl. VuM des MfG Nr. 5/1979, S. 73–77, Richtlinien für den Kinder- und Jugendgesundheitsschutz vom 26.4.1979.

108 Vgl. ebd., S. 69, Richtlinien für die Mütterberatung vom 26.4.1979.

109 Vgl. Helwig, Gisela: Am Rande der Gesellschaft. Alte und Behinderte in beiden deutschen Staaten, Köln 1980, S. 42.

110 Vgl. Schneider, Dagwin-Raphael: Früherziehung geschädigter Säuglinge und Kleinkinder in Kinderkrippen, in: Heilberufe, Oktober 1990, S. 362–364, hier S. 362.

111 Vgl. VuM des MfG Nr. 5/1979, Anordnung über die gesundheitliche Überwachung von Kindern und Jugendlichen vom 11.4.1979.

gesetzlich geregelt.[112] Trotz all der Maßnahmen wurde 1983 der Erfassungsgrad von Körperbehinderungen, geistigen Störungen sowie Schädigungen des Seh- und Hörvermögens bei Minderjährigen weiter als unzureichend eingeschätzt.[113]

Weitere Verordnungen zur Unterstützung schwer- und schwerstbehinderter Menschen wurden in den 1970er Jahren herausgegeben.[114] Am 11. Oktober 1979 regelte die *Dritte Verordnung über die Gewährung und Berechnung von Renten der Sozialversicherung (Rentenverordnung)*, dass Personen, die wegen Invalidität keine Berufstätigkeit aufnehmen können, ab der Vollendung des 18. Lebensjahres eine Mindestrente von 270 Mark erhalten.[115] Trotz der bis Mitte der 1970er Jahre erfolgreichen Entwicklung auf dem Gebiet der Gesundheitspolitik wurde das im „sozial-politischen Programm" formulierte Ziel verfehlt, nämlich die Angleichung der Hilfe für Pflegebedürftige und Behinderte an die gesellschaftliche Entwicklung. Ludwig Mecklinger, von 1971 bis 1989 Minister für Gesundheitswesen, räumte 1979 ein, die Ziele auf entscheidenden Gebieten des Gesundheitswesens nicht erreicht zu haben. Die wachsenden ökonomischen Schwierigkeiten in der zweiten Hälfte der 1970er Jahre stellten die Realisierbarkeit der gesundheitspolitischen Strategie in Frage. Ende 1979 kam es zu einer Stagnation in der Entwicklung des Gesundheitswesens.[116]

Die Bemühungen um die Verbesserung der Lage behinderter Menschen in der DDR reihen sich in die internationalen Entwicklungen ein. So wurden sowohl die DDR als auch die BRD nach dem Inkrafttreten des Grundlagenvertrags 1973 in die Vereinten Nationen aufgenommen. Diese hatte schon 1971 eine *Erklärung über die Rechte der geistig behinderten Menschen* verabschiedet, 1975 folgte eine *Erklärung über Rechte der Behinderten*.

---

112 Vgl. Aufgaben und Arbeitsweise des Dispensaires für behinderte Kinder und Jugendliche, Berlin 5.11.1980 (LHAS, 7.11-1-2, Z 131/1991, Nr. 35814); Methodische Hinweise zur Dispensairebetreuung für geschädigte Kinder und Jugendliche vom 30.6.1982 (VuM des MfG Nr. 6/1982); Anordnung über die Beratung von Eltern chronisch erkrankter und geschädigter Kinder vom 7.1.1983 (GBl. DDR I 4/1983, S. 37).

113 Vgl. Schneider, Dagwin-Raphael/Hotze, Waltraut: Geschädigte Säuglinge und Kleinkinder. Vorschläge zur Früherziehung in der Familie und in Kinderkrippen, Leipzig 1990, S. 47.

114 So erfolgte am 29.07.1976 die Verordnung zur weiteren Verbesserung der gesellschaftlichen Unterstützung schwerst- und schwergeschädigter Bürger (GBl. DDR I Nr. 33 S. 411). Durch die Rundfunkordnung vom 1.1.1977 wurde die Rundfunk- und Fernsehgebühr für Schwerbeschädigte erlassen (GBl. DDR I Nr. 3/1977). Ab dem 11.10.1979 regelte die Verordnung zur weiteren Verbesserung der Leistungen der Sozialfürsorge das Pflege-, Blinden- und Sonderpflegegeld (GBl. DDR I Nr. 35/1979).

115 Vgl. GBl. DDR I/1979 S. 401 ff.

116 Vgl. Spaar: Dokumentation Gesundheitswesens DDR, Teil 5A, S. 4, 44.

Das Jahr 1981 rief die Generalversammlung der Vereinten Nationen zum *Internationalen Jahr der Behinderten* aus, eine Regierungskommission unter Mecklinger sollte in der DDR das Weltaktionsprogramm verwirklichen.[117] Die Teilung Deutschlands hatte jedoch auch eine veränderte Sprache in der Fachwissenschaft zur Folge und so wurde aus dem *Jahr der Behinderten* in der DDR das *Jahr der Geschädigten*[118], da man sich nicht die „Sprache des Gegners zu eigen" machen wollte.[119] Jedenfalls wurde 1981 auch in der DDR die Förderung und Betreuung behinderter Menschen in den Mittelpunkt gerückt, was sich in den offiziellen Verlautbarungen widerspiegelte. So stellte sich im April der X. Parteitag der SED die Aufgabe, die „gesellschaftliche Fürsorge geschädigter Bürger noch besser auszuprägen".[120]

Am 4. Juni 1981 wurde mit dem *Beschluss des Präsidiums des Ministerrates über ein Konzept zur Entwicklung medizinischer Betreuung der Bevölkerung für die Jahre 1981–1985* festgelegt, dass psychiatrische Betreuungsaufgaben nunmehr auf Kreisebene zu lösen seien, was in vielen Kreisen eher neue Probleme schaffte, statt die vorhandenen zu lösen, da diese mit der Aufgabe vielfach überfordert waren.[121] Bis 1985 sollte in jedem Kreis mindestens ein Psychiater praktizieren. Das Konzept war das Ergebnis einer langjährigen Zusammenarbeit von Fachkrankenhäusern, Hochschulkliniken und ambulanten Einrichtungen; es wurde allerdings in vielen Teilen der DDR unterlaufen und gelangte manches Mal nicht über die Schreibtische der Bezirksärzte hinweg. Außerdem führte es zu Kontroversen zwischen Vertretern psychiatrischer Krankenhäuser und kommunalpsychiatrischer Einrichtungen.[122] In den 1980er Jahren folgten weitere Verordnungen zur Unterstützung behinderter Minderjähriger und ihrer Familien, so am *24. April 1986 die Anordnungen über besondere Unterstützung von Familien*

117 Vgl. Becker: Rehabilitationspädagogik, S. 116.

118 „Behindert sein" galt als dem Sozialismus untypisch, als Erbe jahrhundertelanger Ausbeutungssituation. „Ein Bürger könne im Sozialismus zwar geschädigt sein – im Vollzug seines Lebens –, aber nicht behindert." (Keßling, Volker/Löbzien, Annette: Die Werkstatt als Ort der beruflichen Rehabilitation – historische Entwicklung der Werkstatt für Behinderte, o. D., S. 2.)

119 So der Bezirksarzt von Neubrandenburg Möwius in Vorbereitung auf ein Gespräch mit dem Ärztlichen Direktor des BFKH Ueckermünde Hans Eichhorn (LHAS, 7.21-1-2 Z 108/1991, Nr. 28698 B, Bl. 15, Grundlagen für Gespräch mit Hans Eichhorn am 5.6.1981).

120 LHAS, 7.11-1-2 Z 132/1991, Nr. 35505, Aufgabenstellung auf dem Gebiet der Rehabilitation nach dem X. Parteitag der SED im Bezirk Schwerin, o. D. [1982].

121 Vgl. LAGw, Rep. 200 II 9.1 Nr. 688, Die Aufgaben zur weiteren Verbesserung der psychiatrischen Betreuung 1981–1985, o. A., 25.9.1981.

122 Vgl. Weise, Klaus: Konzeptionen zur Reform der psychiatrischen Versorgung, in: Sozialpsychiatrische Informationen, Heft 3/1990, S. 13–16, hier S. 13.

mit schwerstgeschädigten Kindern[123] sowie entsprechende Durchführungsbestimmungen.[124]

Der Aufbau einer „Rehabilitationskette"

Nach dem bereits erwähnten *Ministerratsbeschluss vom 20. August 1969* sollten in allen Bezirken Förderungseinrichtungen für behinderte Kinder und Jugendliche aufgebaut und weiterentwickelt werden. 1973 erstellte das SED-Politbüro eine kritische und streng vertrauliche Bestandsaufnahme über Fortschritte und Probleme auf dem Gebiet der Rehabilitation, der eine besondere Bedeutung zukommt. Im dem *Ministerratsbeschluss zur weiteren Entwicklung der Rehabilitation nach ausgewählten Schwerpunkten vom 16. August 1973* wurde eingeräumt, dass komplexe Rehabilitationsmaßnahmen, welche den Rehabilitanden die Teilnahme am gesellschaftlichen Leben sichern sollen, bisher nur bei Blinden und hochgradig Sehgeschädigten durchgeführt wurden. Und weil es keine konsequente Durchsetzung der angestrebten Maßnahmen gab, sei mit einer künftigen Pflegebedürftigkeit[125] von betroffenen Minderjährigen zu rechnen. In Zukunft sollte deshalb der Bildung und Erziehung „förderungsfähiger" Kinder und Jugendlicher besondere Aufmerksamkeit geschenkt werden, denn, so hatte man festgestellt, „eine frühzeitig einsetzende, zielstrebige pädagogische Förderung [beeinflusse] die Entwicklung der Gesamtpersönlichkeit positiv".[126] Der Erfolg, so wurde eingeräumt, war jedoch weitgehend von der Qualifikation der pädagogischen Kräfte abhängig, an der es mangelte. Der Beschluss nennt für die DDR einen Gesamtbedarf von etwa 21.000 Plätzen in Förderungseinrichtungen, zur Verfügung standen jedoch nur 5.500. Das bedeutete, dass etwa drei Viertel der als „förderungsfähig" eingestuften Kinder und Jugendlichen ohne eine entsprechende Förderung waren. Kritisiert wurde, dass vor allem Mütter an „der Ausübung ihres Berufes [...] und der Teilnahme am politischen und kulturellen Leben gehindert" würden. Zudem fühlten sich viele Familien mit ihren Problemen allein gelassen, es käme zu einem „zermürbenden Einfluss

123 Vgl. GBl. DDR I 15/1986, S. 243.

124 Vgl. ebd. S. 246.

125 Pflegebedürftigkeit bedeutet hier – wenn in dem Beschluss auch nicht so benannt – einen Ausschluss von Schulbildung und Förderung und eine Reduktion der Hilfe auf eine reine Versorgung.

126 LHAS, 7.11-1-2, Z 132/1991, Nr. 24243/1, Büro des Ministerrates, Beschluss zur weiteren Entwicklung der Rehabilitation nach ausgewählten Schwerpunkten vom 16.8.1973. Ein Exemplar des Ministerratsbeschlusses befindet sich im Privatarchiv Volker Keßling.

auf die Leistungsfähigkeit und die Gesundheit aller Familienmitglieder".[127] In den erheblichen Vorbehalten gegenüber psychisch behinderten Kindern erkannte das Politbüro, dass noch nicht in allen Kreisen den Maßnahmen der Förderung die nötige Beachtung geschuldet wurde. Bis 1975, so das im Beschluss formulierte Ziel, sollten 50 Prozent aller als förderungsfähig eingestuften Kinder und Jugendlichen mit geistigen Behinderungen in Förderungseinrichtungen betreut werden. Der Beschluss bemängelte des Weiteren eine unzureichende Bereitstellung von Lehrstellen. Dies sei auf nicht rechtzeitige Meldungen der körperbehinderten Jugendlichen durch die Schulen, auf eine unzureichende Zusammenarbeit der Abteilungen Berufsbildung und Berufsberatung mit den Ämtern für Arbeit und Löhne und den Kreisrehabilitationskommissionen sowie auf zum Teil noch bestehende Vorbehalte der Betriebe und anderer Einrichtungen gegen Rehabilitanden zurückzuführen. Der Beschluss behandelt auch die berufliche Rehabilitation. Zwar waren erste „Rehabilitationszentren für Berufsbildung und Abteilungen für berufliche Rehabilitation" entstanden, in denen 1.062 Plätze für Ausbildung und Umschulung zur Verfügung standen. Bestimmte Gruppen wie querschnittsgelähmte und hirngeschädigte, doppel- und mehrfachbehinderte Jugendliche sowie Jugendliche mit zerebralen Bewegungsstörungen oder mit einem zerebralen Anfallsleiden (Epilepsie) konnten in den Zentren jedoch nicht untergebracht werden, da deren Betreuung einen erhöhten Aufwand forderte, der mit den personellen und ökonomischen Voraussetzungen nicht zu realisieren war. Sorge machte auch der bauliche Zustand der Zentren, die allesamt in Altbauten mit vielen Hindernissen und ohne Fahrstühle untergebracht waren. Die Räte der Bezirke waren der Aufgabe, die Zentren zu rekonstruieren, nicht nachgekommen. Weitere Punkte des Beschlusses betrafen die Delegierung von physisch Schwer- und Schwerstgeschädigten zum Hoch- und Fachschulstudium – hier wurden 1973 die ersten acht Studenten immatrikuliert; die Sicherung des Rechts auf Arbeit unter geschützten Bedingungen – es bestand ein Bedarf an 40.000 Geschützten Arbeitsplätzen und die Probleme bestanden neben „ideologischen Hemmnissen"[128], also Vorurteilen gegenüber behinderten Menschen, besonders im Mangel an geeigneten Produktionsräumen und Wohnunterkünften; die Ferienbetreuung behinderter Kinder und Jugendlicher – entsprechende Ferienlager existierten gemäß ei-

[127] Ebd.
[128] Ebd.

ner *Anweisung des Ministers für Gesundheitswesen vom 19.12.1967*[129] in allen Bezirken, jedoch seien bisher Kinder mit schweren spastischen Lähmungen, epileptischen Anfällen sowie nierenkranke und geistig behinderte Kinder nicht einbezogen; sowie den Urlaub für Rehabilitanden und Familien mit behinderten Kindern. Der Beschluss enthielt folgende Festlegungen: Physisch Schwerstgeschädigten und psychisch Schwergeschädigten sei die Arbeitsaufnahme zu ermöglichen, dazu seien verstärkt Geschützte Betriebsabteilungen und Geschützte Einzelarbeitsplätze einzurichten, Wohnheime für werktätige Rehabilitanden sowie geeignete Produktionsmöglichkeiten für die Heimarbeit und Ausbildungsmöglichkeiten für Schulabgänger zu schaffen. Hier wurde der Rat des Bezirkes Dresden beauftragt, eine Leiteinrichtung aufzubauen, deren Ergebnisse zu verallgemeinern und in allen Bezirken einzuführen seien. In die langfristige Planung wurden der Auf- und Ausbau von Förderungseinrichtungen für „schulbildungsunfähige" Kinder und Jugendliche, die Errichtung weiterer Arbeitstherapieabteilungen und Geschützter Werkstätten, die Rekonstruktion der Rehabilitationszentren für Berufsbildung sowie der Auf- und Ausbau von Ferienobjekten für geschädigte Kinder und Jugendliche aufgenommen. Universitäten, Hoch- und Fachschulen sollten die Maßnahmen zur Immatrikulation von physisch Schwerstgeschädigten unterstützen.

Der Beschluss macht deutlich, dass die DDR-Regierung die Probleme erkannte und lösen wollte. Die Notwendigkeit der Förderung wurde begründet zum einem „mit dem humanitären Anliegen unserer sozialistischen Gesellschaft, allen Bürgern geeignete Bedingungen zur Entwicklung ihrer Persönlichkeit zu schaffen", zum anderen mit ökonomischen Argumenten, „da diese Bürger später an der gesellschaftlichen Produktion teilnehmen und sich zugleich die […] Pflegekosten verringern".[130]

Und tatsächlich begann hier ein Umdenken in der Betreuung und Förderung behinderter Menschen. Die Bezirke sahen sich in die Pflicht genommen, die Forderungen des Ministerrates umzusetzen. Inwieweit dies gelang, soll am Beispiel der DDR-Nordbezirke noch verdeutlicht werden. Freilich betrafen die angestrebten Rehabilitationsmaßnahmen von vornherein nur die als „förderungsfähig" eingestuften Kinder und Jugendlichen, die also „produktiv"

---

129 Vgl. VuM des MfG 3/68.

130 LHAS, 7.11-1-2, Z 132/1991, Nr. 24243/1, Büro des Ministerrates, Beschluss zur weiteren Entwicklung der Rehabilitation nach ausgewählten Schwerpunkten vom 16.8.1973.

sein konnten. Für die als „förderungsunfähig" eingestuften Minderjährigen sollte sich hingegen wenig ändern. Die im Beschluss „durch ungenügende Aufklärung der Öffentlichkeit" bemängelten „noch erheblichen Vorbehalte gegenüber [...] psychisch geschädigten Kindern und [...] Familien mit solchen Kindern"[131] waren bis in die Kreisebenen zu spüren, wo die Förderung behinderter Kinder im Vergleich zur Betreuung anderer Kinder häufig als zweitrangig betrachtet wurde. Dieses Problem war selbst verschuldet. Denn auch der Beschluss wurde als „Vertrauliche Ministersache" behandelt, drang also nicht an die Öffentlichkeit, was die Umsetzung erschwerte. Erst ab 1978 wurden Probleme behinderter Menschen zum Gegenstand öffentlicher Erörterung. Presse, Funk und Fernsehen berichteten über Sonderschulen und Rehabilitationseinrichtungen und warben um Verständnis für behinderte Menschen. Die bis dahin praktizierte Tabuisierung führt die Politologin Gisela Helwig darauf zurück, dass psychisch und physisch Geschädigte nur schlecht mit dem Bild von der „allseitig entwickelten sozialistischen Persönlichkeit" in Einklang zu bringen waren.[132] Aber auch nach 1978 waren kritische Berichterstattungen in der Öffentlichkeit nicht zugelassen.

Konkret folgten dem Ministerratsbeschluss eine Reihe von Verordnungen und Anweisungen des Ministeriums für Gesundheitswesen, durch die größtmögliche Rehabilitationserfolge erzielt werden sollten. Nach der *Ordnung zur Förderung geschädigter Säuglinge und Kleinkinder in Krippen und Heimen vom 8. August 1973* entschied eine Expertenkommission über die Unterbringung in den Sonderkrippen bzw. Sondergruppen. Diese Kommission sollte in örtlicher Nähe der Betroffenen tätig und über die jeweilige Familiensituation informiert sein, um eine grundlegende Diagnostik durchführen zu können.[133] 1982 wurde festgelegt, dass künftig der Kreisjugendarzt die Verantwortung für die Überwachung und Koordinierung der medizinischen und sozialen Betreuung behinderter Kinder und Jugendlicher tragen sollte, dies in enger Zusammenarbeit mit der Kreisrehabilitationskommission und mit sonderpädagogischen Beratungsstellen und den zuständigen Sonderschulen.[134]

131 Ebd.
132 Helwig, Gisela: Behinderte in der DDR, in: Deutschland Archiv – Zeitschrift für Fragen der DDR und der Deutschlandpolitik, 11. Jg., 1978, S. 268–273, hier S. 268.
133 Vgl. VuM des MfG Nr. 15/1975, S. 117 f.
134 Vgl. Methodische Hinweise zur Dispensairebetreuung für geschädigte Kinder und Jugendliche vom 30.6.1982 (VuM des MfG Nr. 6/1982).

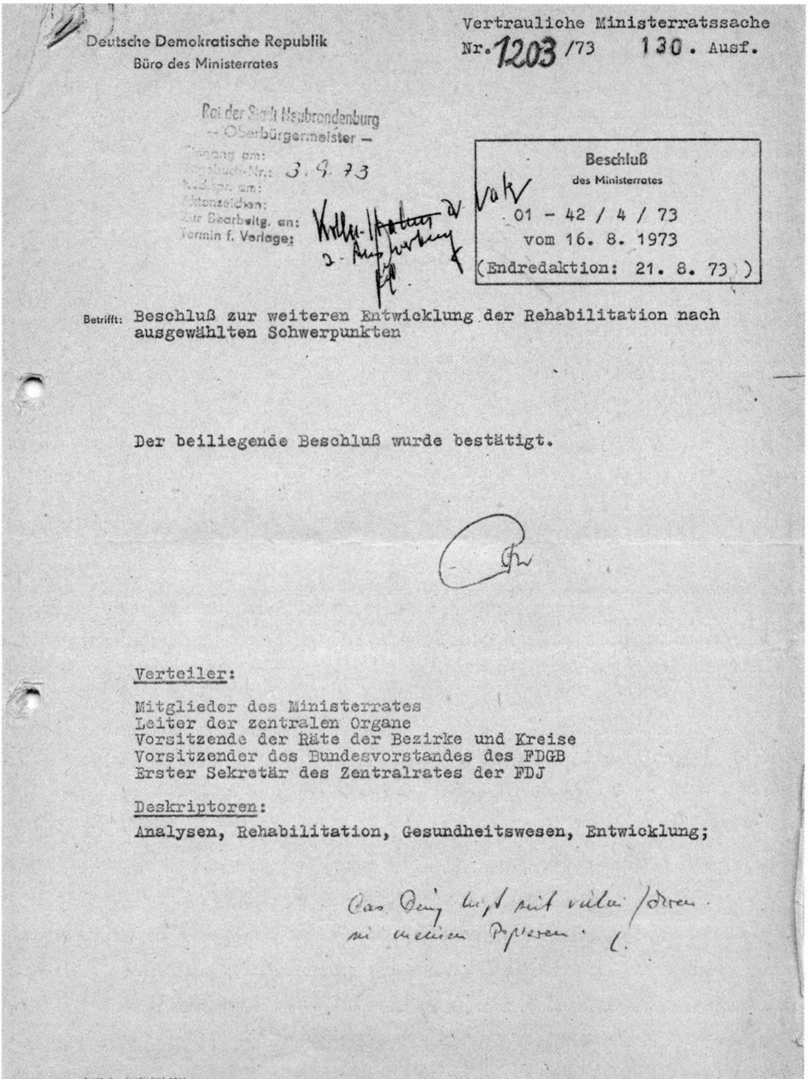

Deutsche Demokratische Republik
Büro des Ministerrates

Vertrauliche Ministerratssache
Nr. 1203/73 130. Ausf.

Rat der Stadt Neubrandenburg
– Oberbürgermeister –
Eingang am:
3.9.73
Zur Bearbeitg. an:
Termin f. Vorlage:

Beschluß
des Ministerrates
01 – 42 / 4 / 73
vom 16. 8. 1973
(Endredaktion: 21. 8. 73)

Betrifft: Beschluß zur weiteren Entwicklung der Rehabilitation nach ausgewählten Schwerpunkten

Der beiliegende Beschluß wurde bestätigt.

Verteiler:

Mitglieder des Ministerrates
Leiter der zentralen Organe
Vorsitzende der Räte der Bezirke und Kreise
Vorsitzender des Bundesvorstandes des FDGB
Erster Sekretär des Zentralrates der FDJ

Deskriptoren:

Analysen, Rehabilitation, Gesundheitswesen, Entwicklung;

„Vertrauliche Ministerratssache." Der Beschluss zur weiteren Entwicklung der Rehabilitation vom 16. August 1973 wurde an die verantwortlichen Stellen der einzelnen Kreise und Bezirke verteilt. Dieses Exemplar ging an den Rat der Stadt Neubrandenburg. Quelle: Privatarchiv Volker Keßling.

Anlage 1

Plätze für schulbildungsunfähige förderungsfähige Kinder und Jugendliche
(Stand vom 31. 12. 1972)

Bezirk	Soll entspr.d.Häufigkeits-wert von 0,5 % d. Kin-der u.Jugendl.v.3-18 J.	Ist insgesamt	davon: in staatl. Einrichtungen	 in nichtstaatl. Einrichtungen
Berlin	1180	607	378	229
Cottbus	1102	142	128	14
Dresden	2042	553	322	231
Erfurt	1524	494	347	147
Frankfurt	907	365	74	291
Gera	859	297	215	82
Halle	2248	622	395	227
KM-Stadt	2048	416	357	59
Leipzig	1623	533	440	93
Magdeburg	1592	476	404	72
Neubrandenburg	913	107	82	25
Potsdam	1433	377	231	146
Rostock	1200	269	269	-
Schwerin	807	222	132	90
Suhl	645	67	67	-
DDR	20123	5547	3841	1706

Die Anlage zum Ministerratsbeschluss zur weiteren Entwicklung der Rehabilitation vom 16. August 1973 verweist auf die fehlenden Plätze für „schulbildungsunfähige förderungsfähige Kinder und Jugendliche" in Förderungseinrichtungen in den einzelnen Bezirken für das Jahr 1972. Quelle: Privatarchiv Volker Keßling.

Am 25. August 1988 gab der Ministerrat eine letzte *Richtlinie über das Verfahren zur Sicherung der rechtzeitigen medizinischen und sozialen Betreuung sowie Bildung und Erziehung von schulbildungsfähigen schwer- und schwerstbehinderten Kindern und Jugendlichen* heraus.[135]

Ziel all der Maßnahmen war es, eine „Rehabilitationskette" zu schaffen, womit nach den Rehabilitationspädagogen Volker Keßling und Annette Löbzien ein „konsequent zu leitendes System von der Betreuung entwicklungsgestörter Kinder bis zur Arbeitseingliederung" gemeint war.[136] 1979 informierte der Ministerrat der DDR über den Stand der Durchsetzung seiner Maßnahmen. Die Zahl der Förderplätze sei 1978 auf 11.821 erhöht worden,

135 Vgl. LHAS, 7.11-1-2, Z 132/1991, 35698, Ministerrat der DDR, Richtlinie über das Verfahren zur Sicherung der rechtzeitigen medizinischen und sozialen Betreuung sowie Bildung und Erziehung von schulbildungsfähigen schwer- und schwerstbehinderten Kindern und Jugendlichen vom 25.8.1988.

136 Keßling/Löbzien: Die Werkstatt, S. 2. Die Verwendung des Begriffs „Rehabilitationskette" ist in den Unterlagen der Räte der Bezirke Rostock, Schwerin und Neubrandenburg, Abt. Gesundheitswesen, ab 1982 nachgewiesen.

wobei weiterer Bedarf bestehe, denn immer noch würden 4.000 Kinder und Jugendliche nicht ausreichend gefördert. In etwa 10 Prozent der Kreise fehlten Förderungseinrichtungen, in vielen Bezirken waren zwar Tagesstätten, aber keine Wochen- oder Dauerheime vorhanden. Zudem wurden für die geförderten Jugendlichen bis 1985 etwa 5.000 Geschützte Arbeitsplätze benötigt.[137] Bis zum Ende der 1980er Jahre entstand dann in der DDR ein nahezu flächendeckendes Netz von Förderungseinrichtungen für Kinder und Jugendliche, die als förderungsfähig eingestuft waren. Tagesförderstätten betreuten die Minderjährigen von Montag bis Freitag. Wochenförderstätten wurden vor allem in ländlichen Gebieten eingerichtet und hier kamen die Kinder an den Wochenenden nach Hause. In Dauerheimen waren in der Regel familiengelöste Kinder untergebracht. Krankenhäuser richteten Abteilungen zur Förderung „schulbildungsunfähiger" Kinder und Jugendlicher ein. Für „schulbildungsunfähige" schwerstkörperbehinderte Minderjährige wurden Einrichtungen für eine komplexe Rehabilitation in Pflegeheimen und -stationen, Krankenhäusern und Internaten der Körperbehindertenschulen geschaffen, ähnliche Einrichtungen entstanden auch für „schulbildungsfähige" schwerstkörperbehinderte Kinder und Jugendliche. Dieses „flächendeckende Netz" wies im Hinblick auf die personelle und sächliche Ausstattung erhebliche Mängel auf, auf die am Beispiel der Nordbezirke in der vorliegenden Untersuchung eingegangen wird. Weniger gesichert war die Zukunft der Jugendlichen nach einem altersbedingten Ausscheiden aus den Förderungseinrichtungen. Zwar entstanden in den 1980er Jahren mehr und mehr Arbeitsplätze in Geschützten Betriebsabteilungen und Geschützten Werkstätten des Gesundheits- und Sozialwesens, ausreichend waren diese für den Bedarf aber bei weitem nicht. Auch die Betreuung behinderter Erwachsener war nicht gesichert, auch wenn es zum Ende der 1980er Jahre Fortschritte bei der Einrichtung von Tagesbetreuungsstätten und Geschütztem Wohnen in Wohngruppen und Gruppenwohnungen gab.[138] Um 1987 entstanden schließlich die ersten Rehabilitationszentren: Förderungseinrichtungen, Geschützte Werkstätten, Wohnheime, Beratungsstellen für

---

137 Vgl. LHAS, 7.11-1-2, Z 132/1991, 35698, Information des Ministerrates der DDR über den Stand der Durchsetzung der Verordnung zur weiteren Verbesserung der gesellschaftlichen Unterstützung schwerst- und schwergeschädigter Bürger vom 8.10.1979.

138 Vgl. ebd., Ministerium für Gesundheitswesen an Bezirksärztin Müller, Bezirk Schwerin, vom 13.1.1988, Definition der Kennziffern der Berichterstattung über Rehabilitationseinrichtungen für behinderte Bürger.

Rehabilitation, teilweise auch medizinische Abteilungen von Sonderschulen für Körperbehinderte schlossen sich zusammen.[139]

Die Entwicklung in der Psychiatrie

Während die als „schulbildungsunfähig förderfähig" eingestuften Kinder und Jugendlichen in den 1980er Jahren mehrheitlich bis zu ihrem 18. Lebensjahr betreut und gefördert wurden, war die Situation der als „förderunfähig" eingestuften und in Psychiatrien und Pflegeheimen untergebrachten Kinder und Jugendlichen eine völlig andere. Dabei fehlte es nach den Rodewischer Thesen nicht an Gesetzen, Verordnungen und Konzepten, die die vielfältigen Probleme der psychiatrischen Einrichtungen angehen sollten. 1975 wurde die Ausbildung zur Fachschwester für Psychiatrie/Neurologie eingeführt und damit der Betreuung behinderter Menschen weitere Aufmerksamkeit geschenkt.[140] 1976 erließ das Ministerium für Gesundheitswesen eine *Anweisung zur weiteren Verbesserung der Lebensbedingungen der Kinder und Jugendlichen in ausgewählten Einrichtungen des Gesundheits- und Sozialwesens.*[141] Schließlich wurde 1979 in einer *Konzeption des Ministeriums für Gesundheitswesen zur Verbesserung der psychiatrischen Betreuung 1981–1985* ein Betreuungssystem gefordert, dessen Schwerpunkt mehr in den Arbeits- und Wohnbereich verlagert werde. Psychiatrie sollte als ein Bestandteil der medizinischen Grundversorgung entwickelt werden. Im Vergleich mit anderen Fachgebieten und der internationalen Ebene bestand – so wurde zugegeben – ein „erheblicher Nachholbedarf".[142] Eine Bestandsaufnahme des Ministeriums für Gesundheitswesen zur Lage der Psychiatrie für das Jahr 1978 wies 32.571 psychiatrische Betten – 18,4 Prozent des Gesamtkrankenhausbettenbestandes der DDR – aus, darunter 7.316 Betten für

---

139 Vgl. Schwitzer, Klaus-Peter: Sozialwesen, Leistungsbereiche und Rolle der Volkssolidarität, in: Spaar, Horst (Hg.): Dokumentation zur Geschichte des Gesundheitswesens der DDR, Teil 6: Das Gesundheitswesen in der Periode wachsender äußerer und innerer Widersprüche, zunehmender Stagnation und Systemkrise bis zur Auflösung der bestehenden sozialistischen Ordnung der DDR (1981–1989), Berlin 2003, S. 125–139, hier S. 132.

140 Vgl. Bach: Entwicklung, S. 25.

141 Vgl. VuM des MfG Nr. 7/1976, S. 31.

142 LHAS, 7.11-1-2, Z 131/1991, Nr. 35720, Ministerium für Gesundheitswesen der DDR, Konzeption zur Verbesserung der Betreuung psychisch Kranker nach 1980 [1979]. Vgl. Rabending, Günter/Schulze, Heinz A. F./Ernst, Klaus/Glaß, Joachim/Feudell, Peter/Göllnitz, Gerhard (Hg.): Psychiatrie und Neurologie in der medizinischen Grundbetreuung. Ergebnisse der Gesamttagung der Gesellschaft für Psychiatrie und Neurologie der DDR mit internationaler Beteiligung vom 26.–29. Oktober 1986 in Neubrandenburg, Leipzig 1988, S. 18 f.

psychisch kranke Kinder. Einen großen Anteil hatten Langzeit- und Dauerpatienten. Über 50 Prozent der Patienten in stationären Einrichtungen hatten eine Verweildauer von mehr als zwei Jahren, nahezu ein Drittel von zehn Jahren und mehr.[143] Die psychiatrischen Großkrankenhäuser übten größtenteils, so das Dokument, „die Funktion der Asylierung chronischer Störsyndrome und geistig schwer behinderter Menschen [aus, waren] mit ca. 30 Prozent überbelegt [und] entsprachen weder baulich noch räumlich den Anforderungen".[144]

Ein weiteres als hauptsächlich bezeichnetes Problem in stationären Einrichtungen war der Mangel an Personal: „In den meisten Einrichtungen ist das Personal stark überaltert. Die Grenzen der Belastbarkeit werden vielfach überschritten. [...] Ein Teil der Stationen bleiben nachts nicht besetzt [und] der Funktionsbetrieb psychiatrischer Krankenhäuser kann vielfach nur durch den Einsatz von Patienten gesichert werden"[145], wobei ein arbeitsmäßiger Einsatz ohne gezielte und festgelegte Rehabilitationsanliegen gemeint war. Das Ministerium für Gesundheitswesen schlussfolgerte, dass die psychiatrische Betreuung in der DDR „nicht mehr ihrer gesellschaftspolitischen Aufgabenstellung und [...] dem wissenschaftlichen Erkenntnisstand des Fachgebietes" entspreche.[146] Daran ist zu erkennen, dass mit Beginn der 1980er Jahre die Mängel der psychiatrischen Behandlung und Betreuung nicht länger kaschiert, sondern als solche angesprochen wurden.

Selbstkritisch merkt das Ministerium in der Konzeption an: „Mehr und mehr wird die psychiatrische Betreuung zum Maßstab für die humanistischen Grundlagen der Gesundheitspolitik eines Landes. In vielen Ländern hat die Entwicklung der psychiatrischen Betreuung mit Bekämpfungsstrategien gegen andere Krankheitsgruppen nicht Schritt gehalten. Dazu zählt

---

143 Eine Statistik für das Jahr 1986 aktualisiert die Zahlenangaben von 1978 und schlüsselt sie noch einmal auf. So gab es DDR-weit 22.250 psychiatrische und 2.331 neurologische Betten. Dazu kamen 887 tages- und nachtklinische Plätze sowie 2.251 Plätze in Wohnheimen bzw. Wohnungen für Rehabilitanden. In psychiatrischen Pflegeheimen waren 11.772 Plätze vorhanden. Es gab 4.399 kinder- und jugendneuropsychiatrische Betten, wobei die klinische Bettenzahl nicht exakt ausgewiesen werden konnte, da teilweise auch Betten für „schulbildungsunfähige, förderungsfähige und pflegebedürftige" Kinder und Jugendliche als klinische Betten gezählt wurden. Die Statistik führt aus, dass 7–15 Prozent der Schulkinder Verhaltensauffälligkeiten, Lern- und emotionelle Störungen und neurologische Erkrankungen aufwiesen (vgl. LAGw, Rep. 200 II 9.1 Nr. 630, Ministerium für Gesundheitswesen, Die Aufgaben zur weiteren Verbesserung der Betreuung im Fachgebiet Neurologie und Psychiatrie des Erwachsenen-, Kindes- und Jugendalters, 4.10.1988).

144 LHAS, 7.11-1-2, Z 131/1991, Nr. 35720, Ministerium für Gesundheitswesen der DDR, Konzeption zur Verbesserung der Betreuung psychisch Kranker nach 1980 [1979].

145 Ebd.

146 Ebd.

auch die DDR. Die Stellung der Psychiatrie innerhalb der Medizin entspricht bis in die Gegenwart hinein einer Außenseiterrolle, wie sie etwa an der sozialen Stellung der psychiatrischen Fachkrankenhäuser zu sehen ist."[147]

Ferner wurden in der Konzeption die internationalen Entwicklungen auf dem Gebiet der Psychiatrie in den skandinavischen Ländern, Großbritannien, Niederlande, Frankreich und der BRD durchaus zur Kenntnis genommen und auch auf ähnliche Entwicklungen in der Sowjetunion, Polen und Ungarn aufmerksam gemacht.[148] In der Bundesrepublik hatte 1973 eine Bildungskommission des Bildungsrates die „pädagogische Förderung Behinderter und von Behinderung bedrohter Kinder und Jugendlicher" empfohlen.[149] Die Psychiatrie-Enquête des Bundestages stellte 1975 dann die Lage der Psychiatrie in der BRD in die Kritik. Mit der Psychiatrie-Enquête gelang ein erster Schritt zur Psychiatriereform: Die Forderung einer Trennung in der Versorgung psychisch Kranker und geistig Behinderter und die Schaffung von eigenständigen Behinderteneinrichtungen außerhalb der Krankenhäuser wurde nach und nach verwirklicht.[150] In den 1980er Jahren setzte sich das „Normalisierungsprinzip" als neue Leitlinie der Behindertenhilfe in der Bundesrepublik durch.[151] Derartige Entwicklungen waren in der DDR nicht möglich. Wenn es auch schließlich zur Erkennung und Benennung der Probleme in der Psychiatrie kam, war dies lediglich ein internes Eingeständnis und durfte nicht an die Öffentlichkeit gelangen. Gerade aber – und dies belegen die Entwicklungen in der Bundesrepublik – öffentlicher Druck war nötig, um Veränderungen herbeizuführen. Allein auf administrativem Wege waren Reformen nicht umsetzbar.

---

147 Ebd.

148 Vgl. ebd.

149 Wichtige Wegbereiter für die Reform waren auch die Deutsche Gesellschaft für soziale Psychiatrie e.V. (DGSP), die sich aus reformbereiten Ärzten, Psychologen, Pädagogen und Pflegekräften organisierte und die Aktion Psychisch Kranke e.V. (APK), die verschiedene Interessengruppen verband.

150 Vgl. Kulenkampff, Caspar: Die Entwicklung der Versorgung psychisch Kranker und Behinderter in der Bundesrepublik von der Psychiatrie-Enquête bis zu den Empfehlungen der Expertenkommission, in: Picard/Reimer (Hg.): Grundlagen, S. 15–24.

151 Vgl. Seifert: Lebensqualität, S. 33.

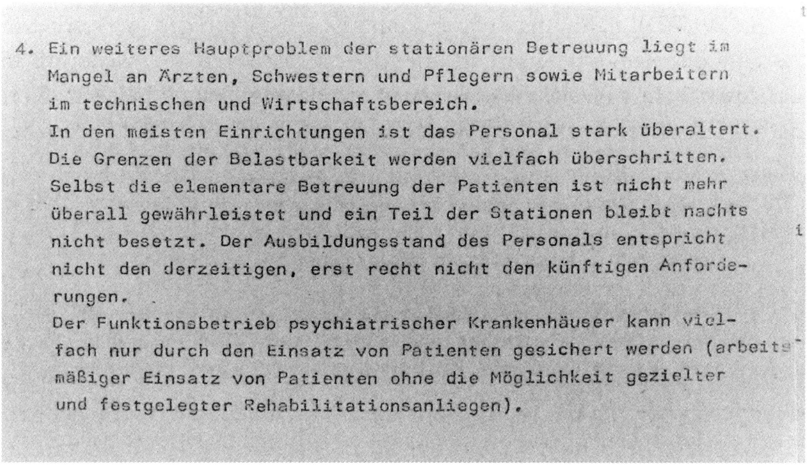

4. Ein weiteres Hauptproblem der stationären Betreuung liegt im Mangel an Ärzten, Schwestern und Pflegern sowie Mitarbeitern im technischen und Wirtschaftsbereich.
In den meisten Einrichtungen ist das Personal stark überaltert. Die Grenzen der Belastbarkeit werden vielfach überschritten. Selbst die elementare Betreuung der Patienten ist nicht mehr überall gewährleistet und ein Teil der Stationen bleibt nachts nicht besetzt. Der Ausbildungsstand des Personals entspricht nicht den derzeitigen, erst recht nicht den künftigen Anforderungen.
Der Funktionsbetrieb psychiatrischer Krankenhäuser kann vielfach nur durch den Einsatz von Patienten gesichert werden (arbeitsmäßiger Einsatz von Patienten ohne die Möglichkeit gezielter und festgelegter Rehabilitationsanliegen).

„Der Funktionsbetrieb psychiatrischer Krankenhäuser kann vielfach nur durch den Einsatz von Patienten gesichert werden." Auszug aus der Konzeption zur Verbesserung der Betreuung psychisch Kranker nach 1980 des Ministeriums für Gesundheitswesen der DDR aus dem Jahr 1979 (Seite 11).
Quelle: LHAS, 7.11-1-2, Z 131/1991, Nr. 35720.

Reformfreudiger, wenn auch in den Möglichkeiten beschränkt, erwiesen sich die konfessionellen Einrichtungen. 1974 hielt auf der 4. Fachkonferenz des Diakonischen Werkes in Bad Saarow Nils Erik Bank-Mikkelsen aus Kopenhagen ein Referat über das Prinzip der Normalisierung in Einrichtungen für geistig Behinderte und legte damit einen Grundstein für ein Umdenken: weg von caritativer Bewahrung und Pflege, hin zur Schaffung von gesellschaftlich normalen Lebensbedingungen in diesen Einrichtungen. Laut der Diakoniemitarbeiter Michael Steinhoff und Achim Trobisch versuchten Mitarbeiter diakonischer Einrichtungen trotz misslicher, einengender Bedingungen und Strukturen machbare Schritte zur Verbesserung der Lebensbedingungen des Einzelnen zu gehen. Sie begannen Programme individuell zu denken und den lähmenden Kollektivzwang zu minimieren, bewegten sich weg von der „Defektologie".[152] Ein Reformer wie Bank-Mikkelsen konnte offenbar nur auf einer Tagung unter dem Dach der Kirche auftreten.

[152] Vgl. Steinhoff/Trobisch: Behindertenhilfe S. 20.

In der DDR nahm man wie erwähnt die Entwicklungen im westlichen Ausland durchaus zur Kenntnis, orientierte sich offiziell aber weiterhin an der sowjetischen „Defektologie", was die Teilnahme an zahlreichen internationalen wissenschaftlichen Konferenzen in osteuropäischen Ländern belegt.[153] Ebenfalls im Jahr 1974, etwa zehn Jahre nach den „Rodewischer Thesen", die nie vollständig umgesetzt wurden, fand in der Bezirksnervenklinik (BNK) Brandenburg eine Tagung statt, auf der die „Brandenburger Thesen" ausgearbeitet wurden, die auf eine Differenzierung des Binnenklimas der Krankenhäuser abzielten. Sie wurden 1976 – zum Teil neu formuliert – unter dem Titel „Therapeutische Gemeinschaft" veröffentlicht. Die Texte thematisieren den Umgang mit psychisch Kranken und die Gestaltung des therapeutischen Milieus in psychiatrischen Krankenhäusern. Dies stellte einen Versuch dar, mit der Vergangenheit zu brechen und die Zustände der psychiatrischen Versorgung in den hierarchisch ausgerichteten Großkrankenhäusern zu ändern. Trotz Bemühungen der Großkrankenhäuser änderte sich deren Charakter jedoch kaum. Bereits Ende der 1970er Jahre ließ die Diskussion und der Enthusiasmus um die „Therapeutische Gemeinschaft" in der DDR nach.[154] 1988 wurden in einer Erklärung anlässlich des 25. Jahrestages der „Rodewischer Thesen" durch die Fachwelt die Unzulänglichkeiten und Hindernisse bei den Rehabilitationsbemühungen kritisiert, welche sich vor allem in der Bausubstanz, der Ausrüstung und dem Personalbestand der psychiatrischen Einrichtungen widerspiegelten.[155] Eine Umwandlung der ehemaligen Heil- und Pflegeanstalten in psychiatrische Kliniken war, wie Christian Donalies feststellt, Ende der 1980er Jahre immer noch nicht beendet.[156]

---

153 So tagte vom 26.–28.2.1974 die Vierte Vollversammlung Sektion Rehabilitationspädagogik und Kommunikationswissenschaft in Berlin mit Vertretern der sozialistischen Länder und beschloss die Erarbeitung eines vergleichenden Wörterbuches zur Fachsprache in den einzelnen Ländern. 1974 nahm eine DDR-Delegation auch an der Siebenten Wissenschaftlichen Session des Forschungsinstitutes für Defektologie in Moskau teil. Auf der vom 29.11.–02.12.1977 in Karlovy Vary stattgefundenen Ersten Internationalen Konferenz zu Fragen der Defektologie wurde die Vertiefung der Zusammenarbeit beschlossen. Die Zweite Internationale Defektologie-Konferenz fand vom 04.–07.12.1979 in Budapest statt und beriet über vorschulische Bildung und Erziehung „geschädigter" Kinder (vgl. Becker: Rehabilitationspädagogik, S. 94 f., 102 ff.).

154 Vgl. Kumbier, Ekkehardt/Haack, Kathleen: Psychiatrie in der DDR zwischen Aufbruch und Stagnation. Die Brandenburger Thesen zur „Therapeutischen Gemeinschaft" (1974/76), in: Kumbier/Steinberg: Psychiatrie in der DDR, S. 247–260.

155 Vgl. Degenhardt, Tilo: Die Rehabilitationsmöglichkeiten für psychisch Kranke und Behinderte in der ehemaligen DDR, in: Picard/Reimer (Hg.): Grundlagen, S. 75–80, hier S. 76.

156 Vgl. Donalies, Christian: Das Krankenpflegeheim als Partner und Ergänzung von Bezirksnervenkliniken, in: Rabending u. a.: Psychiatrie und Neurologie, S. 24 f.

3.3 Gesetzliche Entwicklungen im Sonderschulwesen

Die Nachkriegsjahre 1945 bis 1952

In der SBZ waren nach Kriegsende fast die Hälfte aller Schulgebäude des deutschen Sonderschulwesens zerstört oder wurden als Lazarette, Unterkünfte für Ausgebombte, Flüchtlinge und Vertriebene genutzt. Gleichzeitig herrschte ein Mangel an Lehrkräften. Am 1. Oktober 1945 erfolgte aufgrund des *Befehls Nr. 40 der SMAD vom 25. August 1945 die Wiederaufnahme des Schulbetriebes*, dies betraf auch Sonderschulen.[157] Die Zentralverwaltung für das Gesundheitswesen in der SBZ gab am 22. Dezember 1945 *Richtlinien zur Erfassung und Betreuung der Körperversehrten* heraus, in denen auch gefordert wurde, „Stotterer-Schulen“ und „Schwerhörigen-Schulen“ zu erfassen und der Zentralverwaltung zu melden.[158] Das *Gesetz zur Demokratisierung der deutschen Schule* – auch als *Einheitsschulgesetz* bezeichnet – trat dann im Mai/Juni 1946 in Kraft, es verbot bereits zu diesem Zeitpunkt kirchliche und private Schulen.[159] Das Einheitsschulgesetz enthielt im § 6 nur einen Verweis auf Sonderschulen. Im Gegensatz zu den Schulen konnten die sogenannten Kinderanstalten, womit Kinderheime gemeint waren, weiterhin von örtlichen Selbstverwaltungsorganen, Gesellschaftsorganisationen, Religionsgemeinschaften oder Privatpersonen unterhalten werden. Der *Befehl Nr. 225 der SMAD vom 26. Juli 1946 über die Leitung der Arbeit in Kinderheimen* legte sechs verschiedene Arten von Kinderheimen bzw. -anstalten fest, darunter Kinderheime für Kinder mit körperlichen Gebrechen und „geistig zurückgebliebene Kinder“, und ordnete eine Verbesserung der Arbeit an.

1947 wurde das Sonderschulwesen weiter aufgebaut. Mitte Januar 1947 befasste sich eine Tagung unter der Leitung des Referates Sozialerziehung mit dem Sonderschulwesen und der Heimerziehung in der SBZ.[160] Im *Beschluss über gesundheitspolitische Richtlinien des ZK der SED vom 31. März 1947* forderte dieses Sonderschulen für Blinde, Taubstumme und geistig Be-

---

157 Vgl. Wellmitz: Zur Entwicklung der Körperbehindertenpädagogik, S. 23 f.

158 Vgl. LHAS, 6.11-19, Nr. 2981, Zentralverwaltung für das Gesundheitswesen in der SBZ, Richtlinien zur Erfassung und Betreuung der Körperversehrten vom 22.12.1945.

159 Vgl. Werner, Birgit: Sonderpädagogik im Spannungsfeld zwischen Ideologie und Tradition. Zur Geschichte der Sonderpädagogik unter besonderer Berücksichtigung der Hilfsschulpädagogik in der SBZ und der DDR zwischen 1945 und 1952, Hamburg 1999, S. 341, 366 ff.

160 Vgl. ebd., S. 342.

hinderte.[161] Am 2. Juli 1947 erschienen dann die *Allgemeinen Richtlinien für den Aufbau des Sonderschulwesens*. Sie gliederten als nicht „bildungs-, erziehungs- und besserungsfähig“ bezeichnete Kinder von vornherein aus dem Bildungswesen aus. Für die Durchsetzung der Richtlinien kam es 1947 zur Gründung des Referats für Sonderschulen in der Schulabteilung der Deutschen Zentralverwaltung für Volksbildung (DVV).[162] Im gleichen Jahr entstand an der Pädagogischen Fakultät der Humboldt-Universität Berlin eine Abteilung für Sonderschulwesen, aus der 1950 ein Institut hervorging. Am 13. April 1948 gab die DVV dann weitere *Richtlinien für den Auf- und Ausbau der Hilfsschulen* heraus.[163] 1947 gab es auf dem Gebiet der SBZ lediglich 123 Sonderschulen mit 20.037 Schülern.[164] In den Schulen wurden hör-, sprach- und sehbehinderte, aber auch in damaliger Terminologie schwachsinnige und schwererziehbare, jedoch keine körperbehinderten Kinder und Jugendlichen unterrichtet.[165] Erste Ansätze auch körperbehinderte Minderjährige zu beschulen, kann man 1946 in verschiedenen Einrichtungen des Gesundheitswesens wie orthopädischen Kliniken, Krankenhäusern und Tuberkuloseheilstätten erkennen.[166]

Trotz der vielfältigen Probleme im Bereich des Sonderschulwesens ließ der IV. Pädagogische Kongress am 24. August 1949, pünktlich vor der Staatsgründung, „den Sieg der antifaschistisch-demokratischen Schulreform verkünden“.[167] 1950 wurde die Verantwortung des Staates für die Bildung und Erziehung von Kindern und Jugendlichen gesetzlich verankert und der erste Fünfjahrplan (1951–1955) enthielt auch für den Bereich Sonderschulwesen zentrale Schritte.[168] Neben den Regelschulen entwickelte sich ein Sonderschulsystem mit acht Sonderschularten: Blindenschule, Sehschwachenschule, Gehörlosenschule, Schwerhörigenschule, Sprachheilschule, Sonderschule für Körperbehinderte, Verhaltensgestörtenschule und Hilfsschule. Einen Zugang zur Hilfsschule sollten nach Betrachtung des Einzelfalles Menschen mit einer Behinderung vom Grad einer sogenannten Debilität haben.[169]

161 Vgl. Spaar: Dokumentation Gesundheitswesens DDR, Teil 1, S. 44 ff.
162 Vgl. Werner: Sonderpädagogik, S. 372–375.
163 Vgl. ebd., S. 343, 345.
164 Vgl. Becker: Rehabilitationspädagogik, S. 61.
165 Vgl. Barsch: Geistig behinderte Menschen in der DDR, S. 48.
166 Vgl. Wellmitz: Zur Entwicklung der Körperbehindertenpädagogik, S. 27.
167 Becker: Rehabilitationspädagogik, S. 62.
168 Vgl. Barsch: Geistig behinderte Menschen in der DDR, S. 78.
169 Vgl. Steinhoff/Trobisch: Behindertenhilfe, S. 20.

Diese Sonderschulen waren dem Bildungswesen zugeordnet und der Volksbildung unterstellt. Das *Schulpflichtgesetz vom 15. Dezember 1950* legte fest, dass körperlich und geistig behinderte Schulpflichtige ab dem 7. Lebensjahr in staatlichen Schuleinrichtungen zu erziehen und zu bilden seien.[170] Praktisch war die Schulpflicht jedoch nicht zu verwirklichen, weil für schwerstbehinderte Minderjährige keine oder nicht ausreichend Bildungs- und Betreuungseinrichtungen vorhanden waren.[171] Durch die *Verordnung über die Beschulung und Erziehung von Kindern und Jugendlichen mit wesentlichen psychischen und physischen Mängeln vom 5. Oktober 1951* – auch als *Sonderschulverordnung* bezeichnet – schaffte man dann Sonderschulen für Schwererziehbare ab.[172] Demnach sollten nur Schüler eine Sonderschule besuchen, die aufgrund einer medizinischen Ursache als behindert galten – wenn sie als „bildungsfähig eingestuft waren". Dadurch hatte man im Ministerium für Volksbildung klare Zuständigkeiten geschaffen und Überschneidungen mit dem sozialpädagogischen Bereich abgebaut. Am 5. Juli 1952 folgten dann weitere *Anordnungen über den organisatorischen Aufbau des Sonderschulwesens*.[173]

Die Entwicklung des Sonderschulwesens darf nicht nur mit Blick auf die Verbesserung der Lebenssituation von Kindern und Jugendlichen mit Behinderungen betrachtet werden. Der *Befehl Nr. 225 der SMAD vom 26. Juli 1946 über die Leitung der Arbeit in Kinderheimen* ordnete die kurzfristige Ausbildung von 5.000 Leitern und Erziehern für Kindereinrichtungen an. Auch 500 Personen aus Mecklenburg sollten sechsmonatige Kurse besuchen. Die Hauptaufgabe der Arbeit in den „deutschen Kinderanstalten" sollte die Erziehung der Kinder im „demokratischen Sinn" sein, frei von „reaktionären Ideen und Tendenzen".[174] Tatsächlich erfolgten die Kurse aber bereits im Sinne der kommunistischen Ideologie. Schon Anfang 1946 wurde in Schulungen für Kindergärtnerinnen in Mecklenburg das Kommunistische Manifest sowie die Ziele der Oktoberrevolution gelehrt.[175] Nach der II. Parteikonferenz der SED im Juni 1952 richtete die Partei ihr Augenmerk auf die Durchsetzung des Marxismus-Leninismus im Unterricht. Auch die

---

170 Vgl. GBl. DDR 1950, S. 1203 f.
171 Vgl. Werner: Sonderpädagogik, S. 397.
172 Vgl. GBl. DDR Nr. 122/1951, S. 915.
173 Vgl. Becker: Rehabilitationspädagogik, S. 65.
174 LHAS, 6.11-19, Nr. 3597, Befehl Nr. 225 SMAD vom 26.7.1946 über die Leitung der Arbeit in Kinderheimen.
175 Vgl. LHAS, 6.11-19, Nr. 239.

Parteiorganisationen an den Sonderschulen „rangen darum" – so drückt es Becker aus –, nicht nur die „fachlich-methodische [sondern auch] die politisch-ideologische Aus- und Weiterbildung der Sonderschullehrer zu intensivieren".[176] Demnach sind die Entwicklungen im Sonderschulwesen ebenso eine Folge der SED-Politik, die eine völlige Kontrolle des Bildungssektors anstrebte. Die Beschulung, auch von Kindern und Jugendlichen mit Behinderungen, durfte auf keinem Fall denen überlassen werden, die nicht die Ideologie der SED vertraten, schon gar nicht den Kirchen.

Die 1950er und 1960er Jahre

Mit dem *Beschluss des Politbüros der SED zur Erhöhung des wissenschaftlichen Niveaus des Unterrichts und zur Verbesserung der Parteiarbeit an den allgemeinbildenden Schulen vom 29. Juli 1952* legte die Führung der Partei das sozialistische Erziehungsziel fest, „die Jugend zu allseitig entwickelten Persönlichkeiten zu erziehen, die fähig und bereit sind, den Sozialismus bis zum äußersten zu verteidigen".[177] Die Zielsetzung sollte sich auf die Hilfs- und Sonderschulen auswirken, denn die SED schaute auch dort genau hin. Als 1956 die Vierte Zentrale Konferenz der Sonderschulpädagogen bildungspolitische Forderungen entwickelte, genügten diese dem Politbüro nicht. Die Schulkonferenz der SED forderte 1958 stattdessen auch für Hilfsschüler, „entschieden und uneingeschränkt eine sozialistische Erziehung".[178] Am 2. Dezember 1959 folgte das *Gesetz über die sozialistische Entwicklung des Schulwesens in der DDR*, das die Gesetze und Verordnungen von 1946 und 1950 ersetzte und den Bereich der Sonderschulen am Rande erwähnte.[179] Nach dem VI. Pädagogischen Kongress, der 1962 die Möglichkeiten ganztägiger Erziehung physisch-psychisch geschädigter Kinder diskutierte, wurde ein Stufenprogramm der Pionierorganisation in Gehörlosen- und Hilfsschulen erprobt.[180] 1964 war dann im Lehrplan der Hilfsschulen eine deutliche Politisierung der Lehrplaninhalte feststellbar. Die Schüler sollten sich durch den Unterricht „sozialistische Einstellungen und Verhaltenswei-

---

176 Becker: Rehabilitationspädagogik, S. 67 f.
177 Ebd., S. 67.
178 Hoffmann, Jürgen: Hilfsschulpädagogik in der DDR. Historische und theoretische Grundlagen, Berlin 1986, S. 84.
179 Vgl. GBl. DDR 1959, S. 859.
180 Vgl. Becker: Rehabilitationspädagogik, S. 76.

sen aneignen".[181] 1964 wurde das „Kombinat der Sonderheime für Psychodiagnostik und pädagogisch-psychologische Therapie" mit Sitz in Ost-Berlin eingerichtet. Sogenannte verhaltensgestörte Schüler konnten nun ab der 5. Klasse nur noch in Spezialheimen oder dem Kombinat in einer Sonderschule beschult werden.[182]

Die Hilfsschulen für geistig behinderte Kinder waren in den 1950er Jahren zunächst als dreizügige Schulen konzipiert worden, in denen Kinder in A-, B- oder C-Zügen unterrichtet wurden. Die A-Züge wurden von leistungsstärkeren Kindern besucht, die B-Züge von Kindern mit schweren Lernbehinderungen. In C-Zügen wurden Kinder unterrichtet, deren Lernschwierigkeiten erheblich waren, sogenannte „schulbildungsfähige geschädigte" Kinder. Kritik an diesem System wurde schon in den 1950er Jahren geäußert, denn die meisten Kinder der C-Klassen waren nicht in der Lage, die Anforderungen zu erfüllen.[183] Nach dem Inkrafttreten des *Gesetzes über das einheitliche sozialistische Bildungssystem vom 25. Februar 1965 (Schulgesetz)*[184] und der *Fünften Durchführungsbestimmung vom 20. Dezember 1968 über das Sonderschulwesen*[185] kam es in den Folgejahren zur Auflösung der Spezialklassen (C-Klassen), die Kinder wurden nunmehr in Einrichtungen des Gesundheitswesens verlegt.[186] Dieser institutionelle Ausschluss von Kindern und Jugendlichen aus dem Bildungswesen stand nicht nur im Widerspruch zur Idee eines „einheitlichen sozialistischen Bildungssystems", sondern auch in eklatantem Gegensatz zu der Entwicklung in westlichen Demokratien. In Dänemark, Schweden, Norwegen, Finnland, den Niederlanden, Kanada, den USA und der Bundesrepublik Deutschland wurde die Beschulung geistig behinderter Kinder und Jugendlicher ohne Einschränkung spezieller Schweregrade oder Gruppen zu eben dieser Zeit von Elternverbänden und Pädagogen

---

181 Barsch: Geistig behinderte Menschen in der DDR, S. 119 f.

182 Das Konzept des Kombinates der Sonderheime wurde 1987 aufgegeben und die Einrichtungen in ein Pädagogisch-Medizinisches Zentrum umgewandelt. Sie galten fortan als „Sonderschulheime für Verhaltensgestörte", blieben unter der Regie der Jugendhilfe und glichen in der Unterstellung einem Spezialheim. Vgl. Methner, Andreas: „Diagnose: verhaltensgestört". Das Kombinat der Sonderheime in der DDR, Berlin 2015, S. 49 ff., 220.

183 Vgl. Eßbach: Ein Kind kann keine Schule besuchen, S. 43. Barsch: Geistig behinderte Menschen in der DDR, S. 50, 113 f.

184 Vgl. GBl. DDR I Nr. 6/1965, S. 83.

185 Vgl. GBl. DDR II Nr. 3/1969, S. 33.

186 Vgl. Hofsäss: Die Überweisung von Schülern, S. 109.

gefordert und unter der politischen Leitlinie „Bildung als Bürgerrecht"[187] allmählich verwirklicht.

Das *Schulgesetz* verlangte „rationelle Organisationsformen der Bildung und Erziehung", wie es Becker ausdrückt. Er betont den ökonomischen Aspekt, wenn er erklärt: „Die Forderung der sozialistischen Gesellschaft, den ökonomischen Aspekt bei der Lösung der gestellten Aufgaben zu beachten, d. h. den gesellschaftlichen Aufwand bei hohem Effekt möglichst gering zu halten, gilt auch für das Sonderschulwesen. Bedenkt man, daß die Kosten [für einen Sonderschüler] höher sind als die der Unterrichtung eines Schülers der allgemeinbildenden Schule, wird diese Forderung verständlich. Zur Realisierung dieses ökonomischen Gesichtspunktes, der mit den Interessen der Geschädigten übereinstimmt, kommt es darauf an, die Zahl derer, die in Sonderschulen eingewiesen werden müssen, möglichst gering zu halten."[188] Nach Becker sollte die Zahl der Sonderschüler durch medizinische Frühmaßnahmen und Früherkennung gering gehalten werden. Unerwähnt lässt er die Ausgliederung von als nichtbildungsfähig angesehenen Kindern und Jugendlichen aus dem Bildungssystem. Auch dies hielt die für die Tätigkeit der Sonderschulen aufgewendeten Kosten gering.

Die 1970er und 1980er Jahre

1970 wurde in Berlin die Akademie der Pädagogischen Wissenschaften mit einer Arbeitsstelle für Sonderpädagogik gegründet. Die Akademie erstellte für die Jahre 1971–1975 ein Projekt zur pädagogischen Forschung, dass u. a. das Ziel hatte, Inhalt, Methoden, Organisationsformen und Mittel der sozialistischen Bildung und Erziehung für physisch-psychisch geschädigte Kinder und Jugendliche festzulegen. Daneben entwickelte das Volksbildungsministerium ein neues Lehrplanwerk für die einzelnen Sonderschularten.[189] 1972 wurde mit der *Zweiten Durchführungsbestimmung zur Verordnung über die Systematik der Ausbildungsberufe* eine Berufsschulpflicht für Hilfsschüler geregelt[190], 1973 dann aktualisierte Richtlinien zur

[187] So von Ralf Dahrendorf (1929–2009) formuliert (vgl. Dahrendorf, Ralf: Bildung ist Bürgerrecht. Plädoyer für eine aktive Bildungspolitik, Nannen, Hamburg 1965).
[188] Becker: Rehabilitationspädagogik, S. 294.
[189] Vgl. ebd., S. 87–89.
[190] Vgl. Barsch: Geistig behinderte Menschen in der DDR, S. 96

Aufnahme von Kindern in die Hilfsschule herausgegeben.[191] Das Recht auf Bildung für Kinder und Erwachsene mit Behinderungen wurde 1974 auch in die Verfassung aufgenommen. Nach Artikel 25 § 1 stände jedem Bürger „das gleiche Recht auf Bildung [zu und] die Bildungsstätten [ständen] jedermann offen". Der § 5 führte weiter aus: „Für Kinder und Erwachsene mit psychischen und physischen Schädigungen bestehen Sonderschul- und -ausbildungseinrichtungen." Wie für andere Teile der Verfassung galt auch dies nur eingeschränkt, denn die Betroffenen mussten als „bildungsfähig" eingestuft sein.[192] Außerdem bereitete die Abgrenzung des in Sonderschulen aufzunehmenden Personenkreises immer wieder Schwierigkeiten. Noch Mitte der 1980er Jahre erklärte Becker, dass manchmal „schulbildungsunfähige Kinder als schulbildungsfähig der Hilfsschule zugewiesen werden. Andererseits werden nicht selten von den allgemeinbildenden [POS] den Hilfsschulen Kinder überwiesen, bei denen das Zurückbleiben in der Schule durch exogene Faktoren bedingt ist."[193] Es kam also in nicht wenigen Fällen zu Fehlplatzierungen von Kindern und Jugendlichen.

1977 erschien eine *Interne Richtlinie des Ministeriums für Gesundheitswesen und des Ministeriums für Volksbildung über das Verfahren der rechtzeitigen medizinischen Betreuung, Bildung und Erziehung von schulbildungsfähigen schwer- und schwerstbehinderten Kindern und Jugendlichen*, in der weitere Verfahrensweisen zur Einweisung von behinderten Kindern in Sonderschulen festgelegt wurden. Danach hatten der Kreisjugendarzt und der Kreisschulrat gemeinsam die Entscheidung zu treffen, ob ein Kind in eine Sonderschule eingewiesen werden soll oder nicht.[194] 1988 wurde dann in einer Richtlinie die gemeinsame *Verantwortung der Ministerien für Volksbildung und für Gesundheits- und Sozialwesen für die medizinischen Betreu-*

---

191 Vgl. Hofsäss: Die Überweisung von Schülern, S. 133 ff.

192 Abgesehen davon stand in der DDR als Bildungseinrichtung lediglich die zehnklassige Polytechnische Oberschule (POS) „jedermann offen". Der Besuch weiterführender Bildungseinrichtungen (Erweiterte Oberschule [EOS], Universität) wurde in der Regel nur bei einer Mitgliedschaft in kommunistischen Massenorganisationen, der Teilnahme an der Jugendweihe und (bei männlichen Jugendlichen) der Verpflichtung zur mehrjährigen Dienstzeit in der Nationalen Volksarmee (NVA) gestattet. Selbst für den Abschluss einer Berufsausbildung wurde die Teilnahme an einer vormilitärischen Ausbildung während der Lehrzeit erwartet. Insofern verhielt es sich mit dem in der Verfassung zugesicherten „gleichen Recht auf Bildung" ähnlich wie mit dem Recht auf Gewissens- und Glaubensfreiheit (Art. 20 § 1; 39 § 1), Pressefreiheit (Art. 27 § 2), der Unverletzbarkeit des Postgeheimnisses (Art. 31 § 1) usw.

193 Becker: Rehabilitationspädagogik, S. 301.

194 Vgl. LHAS, 7.11-1-2, Z 132/1991, 35698, Interne Richtlinie des Ministeriums für Gesundheitswesen und des Ministeriums für Volksbildung über das Verfahren der rechtzeitigen medizinischen Betreuung, Bildung und Erziehung von schulbildungsfähigen schwer- und schwerstbehinderten Kindern und Jugendlichen vom 28.7.1977.

ung, Bildung und Erziehung von schulbildungsfähigen schwer- und schwerstgeschädigten Kindern und Jugendlichen noch einmal betont. Danach trugen auf Kreisebene die Kreisärzte und Kreisschulräte die Verantwortung für die Erfassung, Diagnostizierung und Meldung behinderter Kinder an zuständige Sonderschuleinrichtungen. Die Richtlinie war ein weiterer Schritt zur Ausgrenzung behinderter Kinder und Jugendlicher aus dem Bildungswesen, denn sie besagte, dass auch „schulbildungsfähige“ pflegebedürftige körperbehinderte oder mehrfachgeschädigte Minderjährige künftig in Einrichtungen des Gesundheits- und Sozialwesens betreut und beschult werden konnten. Dies sollte möglich sein, wenn sie „infolge der Kompliziertheit der Schädigung besonderer abgestimmter medizinischer und sonderpädagogischer Betreuungmaßnahmen bedürfen“ und „Aufnahmeanträge durch die zuständige Sonderschule [...] aus Kapazitäts- oder anderen wesentlichen Gründen nicht bzw. zeitweilig nicht realisiert werden“ können.[195] Auch Ausschulungen waren nach der Richtlinie möglich, die betreffenden Minderjährigen sollten dann vorrangig in entsprechende Einrichtungen für „förderungsfähige“ Kinder und Jugendliche aufgenommen werden. „Schulbildungsfähige“ physisch-psychisch schwerbehinderte Kinder und Jugendliche sollten einem Kinderneuropsychiater vorgestellt und bei notwendiger stationärer Behandlung in eine entsprechende Einrichtung eingewiesen werden und nach einer Entlassung in ihrem Heimatort an einer regulären oder Sonderschule weiterlernen. Verblieben sie in Kinder- und Jugendneuropsychiatrischen Einrichtungen, sollte dort neben der stationären Behandlung auch die sonderpädagogische Bildung und Erziehung erfolgen.[196] Eine *Verfügung vom 29. August 1989* erklärt weiter, dass für pflegebedürftige geistig schwerstbehinderte Kinder und Jugendliche psychiatrische Pflegeheime bzw. psychiatrische Pflegestationen zuständig waren.[197] Am 8. September 1989 wurden weitere Zuständigkeiten durch den *Beschluss des Ministerrates der DDR über die Entwicklung der Jugendhilfe in der DDR* geklärt. Auch die letzten „schwer- und schwerstgeschädigten [...] und zugleich elternlosen, familiengelösten oder gefährdeten Kinder und Jugendlichen“

195 LAGw Rep. 200 II 9.1. Nr. 624, Richtlinie des Ministeriums für Gesundheitswesen und des Ministeriums für Volksbildung über das Verfahren zur Sicherung der rechtzeitigen medizinischen Betreuung, Bildung und Erziehung von schulbildungsfähigen schwer- und schwerstgeschädigten Kindern und Jugendlichen vom 25.8.1988. Auch ein Verbleib im Elternhaus mit Gewährung von Hausunterricht wurde durch die Richtlinie ermöglicht.

196 Vgl. ebd..

197 Zitiert nach: Barsch: Geistig behinderte Menschen in der DDR, S. 86.

sollten aus den Einrichtungen der Jugendhilfe in geeignete Einrichtungen des Gesundheits- und Sozialwesens überstellt werden. Sollten solche Einrichtungen noch nicht in ausreichendem Maße existieren, seien sie zu schaffen.[198] Die Herausnahme von sowohl so bezeichneten „schulbildungsunfähigen förderungsfähigen" Minderjährigen als auch „schulbildungsfähigen" Minderjährigen mit stationärer Behandlungsbedürftigkeit oder erhöhtem Pflegeaufwand aus Einrichtungen der Volksbildung und der Jugendhilfe bedeutete, dass sich zum Ende der DDR ein Großteil der behinderten Kinder und Jugendlichen nicht mehr in der Verantwortung des Bildungswesens befand. Somit war das verfassungsmäßige Recht auf gleiche Bildung für jeden Bürger nicht umsetzbar. Ein Teil der behinderten Kinder und Jugendlichen war aus der Verantwortung des Bildungswesens ausgegliedert und nahm so nicht am einheitlichen Bildungssystem teil.

198 Vgl. LHAS 7.11-1-2, Z 132/1991, 35698, Beschluss über Maßnahmen zur Durchführung des Beschlusses des Ministerrates der DDR vom 8.9.1989 über die Entwicklung der Jugendhilfe in der DDR.

3.4 Die Einstufung behinderter Kinder und Jugendlicher

Nach dem Inkrafttreten des *Einheitsschulgesetzes* 1946 wurden Verfahren für die Aufnahme in Sonderschulen erarbeitet. Schon die 1947 erschienenen *Allgemeinen Richtlinien für den Aufbau des Sonderschulwesens* schlossen bestimmte Gruppen von Kindern von Schulbildung aus, wenn es heißt: „Das Sonderschulwesen umfaßt alle Kinder und Jugendlichen mit irgendwelchen körperlichen und geistigen oder sittlichen Ausfallerscheinungen, Schwächen oder Mängeln – sofern sie noch bildungs-, erziehungs- und besserungsfähig sind – die in der Volksschule nicht oder nicht genügend gefördert werden können.“[199] Das *Schulpflichtgesetz vom 15. Dezember 1950* erklärt, dass körperlich und geistig behinderte Schulpflichtige in staatlichen Schuleinrichtungen zu bilden seien. Doch mit der *Sonderschulverordnung vom 5. Oktober 1951* wurde die bereits praktizierte Einteilung von behinderten Kindern und Jugendlichen in „bildungsfähig“ und „bildungsunfähig“ Gesetz. Wer auch in Sonderschulen nicht gefördert werden konnte, galt als „bildungsunfähig“. Nach einer Ausschulung der betreffenden Kinder und Jugendlichen, für die die Abteilung Unterricht und Erziehung im Amt für Volksbildung des jeweiligen Kreises verantwortlich war, sollten diese in Heime für „bildungsunfähige“ Kinder und Jugendliche verlegt werden. Die Einweisung der behinderten „bildungsfähigen“ Kinder und Jugendlichen in Sonderschulen, Kindertagesstätten, Grundschulen und Berufsschulen sollte ebenfalls durch diese Abteilung im Einvernehmen mit dem Kreisgesundheitsamt erfolgen. Zuständig für den pädagogischen Bereich war in der Regel das Ministerium für Volksbildung. Die Verwaltung der Heime, Internate oder Krankenanstalten übernahm das Ministerium für Gesundheitswesen.[200] Demnach wurde schon zu diesem Zeitpunkt die Ausgliederung schwerbehinderter Kinder und Jugendlicher aus dem Bildungswesen und ihre Anbindung an das Gesundheitswesen praktiziert, was deutlich macht, dass eine Behinderung nicht als Einschränkung, sondern als Krankheit angesehen wurde. Die Gesetzgebung entsprach dem *Reichsschulpflichtgesetz vom 6. Juli 1938*, das ebenfalls eine Schulpflicht für „geistig und körperlich

---

199 Bundesarchiv (BArch) DR 2/602–603, Deutsche Zentralverwaltung für Volksbildung in der SBZ, Referentenentwurf Allgemeine Richtlinien für den Aufbau des Sonderschulwesens vom 2.7.1947.

200 Vgl. GBl. DDR Nr. 122/1951, S. 915.

behinderte Kinder“ vorsah, „bildungsunfähige Kinder und Jugendliche“ jedoch von der Schulpflicht „befreite“.[201]

Auch die *Anordnung über die Durchführung der orthopädischen Betreuung von Kindern und Jugendlichen vom 15. Mai 1954* legt fest, dass Kinder und Jugendliche mit psychischen und physischen Mängeln, bei denen Bildungsfähigkeit nicht mehr gegeben war, durch die Abteilung Gesundheitswesen des Rates des Kreises in gesonderten Pflegeheimen oder in besonderen Abteilungen der psychiatrischen Einrichtungen unterzubringen seien.[202] Diese Anordnung war jedoch praktisch nicht umsetzbar, weil aufgrund fehlender Einrichtungen sowie durch den Ärzte- und Fachkräftemangel die Voraussetzungen fehlten. Wie Barsch treffend scheibt, waren psychisch Kranke und Behinderte im Gesellschaftssystem der DDR der damaligen Zeit „nicht eingeplant“.[203] Feststellbar ist außerdem, dass die Hilfsschulen Kinder zu schnell ausschulten, also als „bildungsunfähig“ erklärten. Noch Mitte der 1960er Jahre wurde die Frage diskutiert, inwieweit das Gesundheitswesen Einfluss auf die Kinderheime der Volksbildung nehmen könne, die die geistig zurückgebliebenen Kinder nicht fördern, sondern sie gleich als debil bezeichnen und an Einrichtungen des Gesundheitswesens übergaben. Eine Lösung für das Problem sah man nicht und eine Einflussnahme war aus personellen Gründen nicht möglich.[204]

Das *Schulgesetz von 1965* bestimmte, dass „bildungsunfähige aber förderungsfähige“ Minderjährige in Einrichtungen des Gesundheits- und Sozialwesens unterzubringen seien.[205] Die *Fünfte Durchführungsbestimmung über das Sonderschulwesen vom 20. Dezember 1968* schaffte für Hilfsschulen die 9. und 10. Klassenstufe ab und definierte die Schülerschaft neu.[206] Hintergrund war die Auffassung, die Hilfsschule sei ein „Auffangbecken für schwierige Schüler und Schulversager“[207] geworden, wie es die Pädagogin Gerda Freiburg (1935–2017) formulierte, weswegen nur noch Kinder mit einer Lernbehinderung aufgenommen werden sollten. Geistig schwerer

201 Vgl. RGBl. 1938 I, S. 799.
202 Vgl. ZBl. DDR Nr. 21, S. 2016.
203 Barsch: Geistig behinderte Menschen in der DDR, S. 153.
204 Vgl. LAGw, Rep. 200 9.1 Nr. 147, Groß, Stralsund, Referat „Über die Förderung sogenannter bildungsunfähiger Kinder, Bl.18, o. D. (etwa 1965/66).
205 Vgl. GBl. DDR I Nr. 6/1965, S. 83.
206 Vgl. GBl. DDR II Nr. 3/1969, S. 36–40.
207 Freiburg, Gerda: Das Sonderschulwesen der Deutschen Demokratischen Republik, in: Novikov, Leonid/Freiburg, Gerda/Jehle, Peter: Entwicklungen im Sonderschulwesen in der Sowjetunion und der Deutschen Demokratischen Republik, Köln 1988, S. 42.

behinderte Schüler wurden aus der Hilfsschule entfernt und Spezialklassen für geistig behinderte Kinder aufgelöst. Eine *Erläuterung der Fünften Durchführungsbestimmung vom 1. August 1969* erklärt, dass Sonderschulen Einrichtungen „für wesentlich physisch und psychisch geschädigte schulbildungsfähige Kinder und Jugendliche [seien] [...]. In Hilfsschulen [dagegen sollten] schulbildungsfähige schwachsinnige Kinder und Jugendliche aufgenommen" werden. Außerdem sollten auch Körperbehinderten-, Sehschwachen-, Gehörlosen- usw. -hilfsschulen eingerichtet werden. Für „stationär behandlungsbedürftige verhaltensgestörte Kinder und Jugendliche [war während ihres Aufenthaltes in] den Krankenhäusern für Psychiatrie und Neurologie [der Besuch] in dort vorhandenen Sonderschulen bzw. Klassen [...] auf der Grundlage des Oberschul- oder Hilfsschullehrplanes" vorgesehen. Abschließend geht es in dem Gesetzestext um die sogenannten „schulbildungsunfähigen förderungsfähigen Kinder, [...] die auf Grund ihres schweren Schwachsinns nicht imstande [wären], Schulbildung zu erwerben". Für deren „Unterbringung und Ausbildung [waren die] Organe des Gesundheits- und Sozialwesens verantwortlich".[208] Dies war eine erneute Bestätigung des Ausschlusses der als „schulbildungsunfähig" eingestuften Kinder und Jugendlichen aus dem Bereich des Bildungswesens. An dieser Situation sollte sich trotz einer *Neufassung* der *Fünften Durchführungsbestimmung vom 9.2.1984* bis zum Ende der DDR nichts ändern.[209]

Bei der Unterbringung behinderter Minderjähriger kam es häufig zu Fehlplatzierungen. Dies zeigt auch ein Vortrag des Leiters der Samariter-Anstalten Fürstenwalde/Spree Pfarrer Hoffmann aus dem Jahr 1952, der für eine getrennte Unterbringung von „Geisteskranken, Psychopathen und Schwachbegabten" eintrat. Er empfahl die Aufteilung in vier Kategorien: 1. „schulbildungsfähige" Kinder im Sinne der Hilfsschule, 2. „noch schulbildungsfähige" Kinder im Sinne unter dem Niveau der Hilfsschule liegenden Sonderschule, 3. „nicht mehr schulbildungsfähige aber erziehungsfähige" Kinder und 4. „nicht mehr erziehungsfähige" Kinder, als „blöde" Kinder oder „Bewahrungsfälle" bezeichnet.[210] Hoffmanns interne Einteilung von behinderten Kindern ist eine Pseudoexaktheit, die zwar für die Sozial- und

208 GBl. DDR II 11/1969, S. 317–323.

209 Vgl. GBl. DDR I Nr. 8/1984, S. 85. Siehe auch: Barsch: Geistig behinderte Menschen in der DDR, S. 82.

210 Archiv Michaelshof, Nr. 93, Hoffmann, Vortrag vor Vertretern der größten Schwachsinnigen-Anstalten der DDR über die derzeitige und zukünftige Unterbringung schwachsinniger Menschen, insbesondere schwachsinniger Kinder, Berlin, 13.2.1952.

Bildungspolitik der DDR typisch, aber nicht auf diese beschränkt war. Sie hat vielmehr einen historischen Hintergrund und wurde auch in dieser Kategorisierung in konfessionellen Einrichtungen verwendet. In den 1950er Jahren war in Ost und West der sozialdarwinistische Geist, der das Reichsschulpflichtgesetz von 1938 bestimmt hatte, noch nicht überwunden. Dies galt auch für die Disziplinen Medizin, Psychiatrie und Heilpädagogik, in denen immer noch diagnostische Klassifizierungen als Lösung für Bildungs-, Erziehungs- und Versorgungsprobleme betrachtet wurden. Hoffmann sprach in seinem Vortrag allerdings nicht über die Schulbildungsfähig- bzw. -unfähigkeit, sondern über verschiedene Gruppen von Kindern mit jeweils unterschiedlichen Bedürfnissen. Er erklärte, dass es sich bei Schwachbegabten „um geistig normale Menschen handelt, die in der Regel nicht in eine Anstalt gehören"[211], wie es häufig der Fall war. Und er machte auf die räumlichen Probleme in den konfessionellen Behinderteneinrichtungen aufmerksam, die eine Differenzierung in der Unterbringung häufig nicht zuließen. Fehlplatziert waren oft elternlose und intelligenzeingeschränkte, auch häufig traumatisierte Kinder und Jugendliche der Kriegskindergeneration, die in Kinderheimen und Sammellagern untergebracht waren und dort auffielen. Nach entsprechenden Gutachten wurde ihnen die Bildungs- und Förderfähigkeit abgesprochen und sie kamen in psychiatrische Einrichtungen. Für den Michaelshof in Rostock lassen sich eine Reihe solcher Fälle nachweisen: Kinder, die Anfang der 1950er Jahre aus dem Kinderheim Mentin bei Parchim in die Einrichtung eingewiesen und nicht beschult wurden. Nach heutiger Einschätzung hätten zumindest einige von ihnen bei entsprechender Förderung ein selbstständiges Leben führen können. Da entsprechende Möglichkeiten und Einsichten damals noch nicht gegeben waren, mussten sie ein Leben lang auf dem Michaelshof und in anderen Einrichtungen verbleiben.[212]

Nach dem *Ministerratsbeschluss über Maßnahmen zur Förderung, Beschulung und Betreuung geschädigter Kinder und Jugendlicher sowie psychisch behinderter Erwachsener vom 20. August 1969* sollten in allen Bezirken Förderungseinrichtungen für „schulbildungsunfähige förderungsfähige schwachsinnige" Kinder und Jugendliche aufgebaut und weiterentwickelt

211 Ebd.

212 Vgl. Interview mit Matthias Kähler, Geschäftsbereichsleiter Wohnen Michaelshof Rostock, in Rostock-Gehlsdorf am 31. Juli 2018.

werden.[213] Aus dieser Gruppe sollten Heime diejenigen Kinder und Jugendlichen aufnehmen, „die auf Grund ihrer schweren psychischen Schädigung oder zusätzlicher Sehschädigung, Hörschädigung, schweren Körperbehinderung u. ä. oder aus sozialen Gründen nicht in der Familie bleiben" konnten.[214] Als fachliche Reaktion auf diese bildungspolitischen Vorgaben erarbeitete ab 1968 die bei der Berliner Humboldt-Universität angesiedelte Forschungsgruppe „Rehabilitationspädagogik für schulbildungsunfähige förderungsfähige Intelligenzgeschädigte" ein *Grundlagenmaterial zur Gestaltung der rehabilitativen Bildung und Erziehung*, womit die bildungspolitische Benachteiligung von geistig behinderten Kindern und Jugendlichen ausgeglichen werden sollte.[215] Ziel war die Vorbereitung auf ein hohes Maß an Selbstständigkeit im Erwachsenenalter. Minderjährige, die als „schulbildungsunfähig" eingestuft und damit nicht in einer Sonderschule unterrichtet wurden, untersuchte ein Gremium auf ihre Förderfähigkeit. Das Gremium war bei der Abteilung Gesundheits- und Sozialwesen der Kreise angesiedelt und sollte aus einem Facharzt für Neurologie und Psychiatrie, einem Jugendarzt, einem Psychologen und einem Pädagogen einer Förderungseinrichtung bestehen.[216]

Um 1970 begann von verschiedener Seite die Einteilung in die Kategorien „bildungs- bzw. schulbildungs- und förderungsfähig" und „bildungsbzw. schulbildungs- und förderungsunfähig" infrage gestellt zu werden. Die Begriffe „schulbildungsfähig" und „schulbildungsunfähig" wurden von der Volksbildung verwendet, um die Ein- und Ausgliederung in den Sonderschulen zu organisieren. Die Innere Mission wies 1969 darauf hin, dass nach den gesetzlichen Bestimmungen der DDR auch „schulbildungsunfähige" Kinder ein Recht auf eine Ausbildung bzw. Förderung hatten, wenn ihr Entwicklungszustand dies zulasse. Auch die „Wissenschaftliche Gesellschaft für Rehabilitation" bemühte sich, dass nicht nur die Pflege „schulbildungsunfähiger" Kinder und Jugendlicher gesichert sei, sondern auch eine Förderung

---

213 Vgl. LAGw, Rep. 200 II 9.1 Nr. 87, Ministerium für Volksbildung an Rat des Bezirkes Rostock, Abt. Volksbildung vom Dezember 1971.

214 VuM des MfG Nr. 3/1975, S. 14, Grundsätze für die Gestaltung der Förderung schulbildungsunfähiger förderungsfähiger Kinder und Jugendlicher vom 31.12.1974.

215 Vgl. Steinhoff/Trobisch: Behindertenhilfe, S. 17.

216 Vgl. VuM des MfG Nr. 3/1975, S. 14, Grundsätze für die Gestaltung der Förderung schulbildungsunfähiger förderungsfähiger Kinder und Jugendlicher vom 31.12.1974.

durchgeführt werde.[217] Der in den 1980er Jahren durch Eßbach eingeführte Begriff „individuell elementar förderfähig“ sollte die Bildungsfähigkeit aller Menschen mit Behinderungen verdeutlichen.[218] 1988 erklärte das Ministerium für Gesundheitswesen in einer Berichterstattung, „Einrichtungen zur rehabilitativen Elementarförderung“ seien „Einrichtungen des Gesundheitswesens zur pflegerischen Betreuung und Elementarförderung schwerstgeschädigter Kinder und Jugendlicher“, womit sowohl psychisch als auch physisch behinderte Minderjährige gemeint waren. In dem Bericht findet sich die Formulierung: „Zunehmend werden diese Kinder und Jugendlichen [...] über die Pflege hinaus rehabilitativ gefördert“.[219] Dies macht deutlich, dass eine Förderung dieser Personengruppe, die in Pflegeheimen bzw. -stationen und Krankenhäusern erfolgen sollte, noch in den Anfängen steckte.[220] Praktisch, so zumindest für die DDR-Nordbezirke nachweisbar, wurde der Begriff „rehabilitative Elementarförderung“ kaum verwendet, noch erfolgte eine offizielle Anerkennung des Bildungsanspruches schwerstbehinderter Menschen. Der Begriff „förderungsunfähig“ wurde im Norden der DDR bis in die 1980er Jahre von Psychiatern, Neurologen und Mitarbeitern der Abteilungen Gesundheitswesen der Räte und Bezirke verwendet und ist in den Unterlagen letztmalig im Oktober 1988 nachgewiesen.[221] Gleiches gilt für den Begriff „schulbildungsunfähig“, der vom Ministerium für Gesundheitswesen noch im Oktober 1988[222] und von der Regionalpresse noch im Mai 1990[223] verwendet wurde. Die Nutzung des Begriffes „bildungsunfähig“

217 Vgl. Archiv Michaelshof, Nr. 159, Schreiben Innere Mission und Hilfswerk der Evangelischen Kirche an Evangelische Kirchenkanzlei Berlin vom 5.2.1969.

218 Vgl. Barsch: Geistig behinderte Menschen in der DDR, S. 83.

219 LHAS, 7.11-1-2, Z 132/1991, Nr. 35698, Ministerium für Gesundheitswesen, Definition der Kennziffern der Berichterstattung über Rehabilitationseinrichtungen für behinderte Bürger, 13.1.1988.

220 In einer Aufstellung der Universitätsklinik Greifswald vom Januar 1988 über die Entwicklung der Psychiatrie und Neurologie im Bezirk Rostock wurden die 621 Plätze in Pflegeeinrichtungen für schwerstbehinderte Kinder und Jugendliche nun Plätze „mit rehabilitativer Elementarförderung“ genannt, wobei man im gleichen Atemzug erklärte, dass zwei Drittel dieser Plätze mit über 18jährigen Bürgern belegt seien. Man änderte nach der Vorgabe des Ministeriums für Gesundheitswesen zwar die Bezeichnung der Plätze, von einer tatsächlichen „rehabilitativen Elementarförderung“ war man aber weit entfernt (vgl. LAGw, Rep. 200 II 9.1 Nr. 688, Fischer, Uni-Klinik Greifswald, Einschätzung der weiteren Entwicklung der Psychiatrie und Neurologie im Bezirk Rostock, 4.1.1988).

221 Vgl. LHAS, 7.11-1-2, Z 132/1991, Nr. 35652, Anlage zum Bericht über Kinder und Jugendliche mit geistigen Störungen Schuljahr 1987/88, Kreis Templin, Waldhof, vom 11.10.1988.

222 Vgl. LAGw, Rep. 200 II 9.1 Nr. 630, Ministerium für Gesundheitswesen, Die Aufgaben zur weiteren Verbesserung der Betreuung im Fachgebiet Neurologie und Psychiatrie des Erwachsenen-, Kindes- und Jugendalters, 4.10.1988.

223 Vgl. LHAS, 7.11-1-2, Z 132/1991, Nr. 35698, Periodika unbekannt (wahrscheinlich Schweriner Volkszeitung [SVZ]), 19.5.1990.

ist letztmalig durch die Abteilung Gesundheitswesen des Rates des Bezirkes Schwerin im November 1988 nachweisbar.[224]

Strittig blieb die Frage, wie die als „nichtförderungsfähig" und „pflegebedürftig" bezeichneten Minderjährigen zu behandeln seien. Tatsächlich schwelte hier ein jahrzehntelanger Konflikt zwischen Neuropsychiatern und Rehabilitationspädagogen und zwar auf Kosten der behinderten Menschen, denn Mediziner hatten immer wieder Vorbehalte gegenüber deren Entwicklungsmöglichkeiten.[225] Es war der Initiative Einzelner zu verdanken, dass auch dieser Personengruppe Aufmerksamkeit geschenkt wurde. So erarbeitete ab 1970 das Ehepaar Uta und Jürgen Trogisch in Großhennersdorf mit den Bewohnern und Mitarbeitern des Katharinenhofes und anderen diakonischen Einrichtungen praktische Konzepte zur Individualförderung geistig schwer- und schwerstbehinderter Menschen. Sie bewiesen durch ihre Arbeit, dass es „Bildungsunfähigkeit" nicht gab und dass der Stempel „förderungsunfähig" nicht zutreffe.

Auch Eßbach entwickelte zu dieser Zeit Konzepte zur Förderung dieses Personenkreises. 1981 erklärt er: „Die Stellung, die [der geschädigte Mensch] in der Gesellschaft einnehmen kann, hängt von den Möglichkeiten ab, die ihm die Gesellschaft vom frühen Kindesalter an für seine Entwicklung und Ausbildung zu geben bereit ist."[226] Diese Worte lassen sich, trotz nachfolgendem Loblied auf die Kinder- und Jugendpolitik der sozialistischen Länder („Die einzige privilegierte Klasse im Sozialismus sind die Kinder"[227]), auch als Kritik an den mangelnden Rehabilitations- und Bildungsmöglichkeiten für behinderte Minderjährige lesen. 1987 erschien Eßbachs Grundlagenbuch zu Förderung und „unterrichtsloser Erziehung schwer-schwachsinniger Kinder".[228] Dies war eng auf die bildungspolitischen Ziele der SED ausgerichtet und erwies sich nach den Erfahrungen von Steinhoff und Trobisch in Fachdiskussionen und in der Zusammenarbeit mit kirchlichen Initiativen deshalb oft als unproduktiv.[229]

---

224 Vgl. ebd., Nr. 35551, Bezirk Schwerin, Bericht über Kinder und Jugendliche mit Körperbehinderungen im Schuljahr 1987/88 vom 3.11.1988.

225 Vgl. Schneider: Früherziehung.

226 Eßbach: Ein Kind kann keine Schule besuchen, S. 39.

227 Ebd., S. 39.

228 Vgl. Eßbach, Sigmar und Autorenkollektiv: Grundlagenmaterial zur Gestaltung der rehabilitativen Bildung und Erziehung, Berlin 1987.

229 Vgl. Steinhoff/Trobisch: Behindertenhilfe, S. 17, 20 f.

Neue Wege ging auch die Fördertagesstätte der Stadt Neubrandenburg, deren Leiter Volker Keßling von Anfang an eine Trennung „förderungsfähiger“ von „pflegebedürftigen“ Kindern und Jugendlichen ablehnte. Keßling begründete die Integration „pflegebedürftiger“ Kinder damit, dass ein „wissenschaftlich fundiertes Verfahren zur Trennung nicht verfügbar [sei] und demzufolge ungerechtfertigte menschliche Härten nicht vermieden werden können“.[230] Seiner Meinung nach waren die Einrichtungen der Rehabilitation verpflichtet, Bedingungen zu schaffen, die alle Bedürfnisse der entsprechenden Bürger erfüllen. So nahm die Förderstätte, wenn aus ärztlicher Sicht verantwortbar, alle Kinder mit Behinderungen auf. Keßling: „Wir lehnen praktisch und theoretisch eine Segregation von ‚förderungsfähigen‘ und ‚pflegebedürftigen‘ ab, ebenso halten wir den Gebrauch der Begriffe ‚nicht bildungsfähig‘ oder ‚bildungsunfähig‘ für nicht vertretbar und befürworten eine physische, eine funktionale und eine soziale Integration. […] Aus unserer ethischen Position heraus ist jeder Mensch bildungsfähig und hat Anspruch auf fördernde Zuwendung. […] Der unkritische Gebrauch des Begriffes ‚bildungsunfähig‘ vor allem synonym mit dem Begriff ‚schulbildungsunfähig‘, wie das auf allen Ebenen des Schul- und Sonderschulwesens gelegentlich üblich ist, ist eine unzulässige Einengung der Begriffe wodurch expressis verbis Menschenrechte mit der Tendenz zu deren Einschränkung tangiert werden.“[231] Keßling entwickelte sein Konzept weiter und erklärte 1987, dass sich durch eine gemeinsame Förderung der „förderungsfähigen“ und „pflegebedürftigen“ Minderjährigen die Schaffung von Pflegeheimen erübrige und ein Daueraufenthalt in einem Heim nur im Extremfall nötig sein werde.[232] Letztlich wurde sein Konzept nur in kleinem Rahmen umgesetzt. Mit seiner Forderung nach Integration aller behinderten Kinder und Jugendlichen widersprach er der DDR-Gesetzgebung und somit auch der offiziellen Lehrmeinung.[233] Diese war in der 1982 erschienenen ersten Monographie zur Hilfsschulpädagogik in der DDR nachzulesen.[234] Mit Chananin Samsonowitsch war an der Publikation auch ein sowjetischer

230 Keßling, Volker: Zur Kritik der rehabilitationspädagogischen Arbeit in Einrichtungen des Gesundheits- und Sozialwesens, Rehabilitationszentrum Neubrandenburg im April 1987 (unveröffentlichtes Manuskript), S. 1.

231 Ebd, S. 3.

232 Vgl. ebd., S. 19.

233 Vgl. Interview mit Volker und Bettina Keßling am 11.9.2018 in Neubrandenburg.

234 Vgl. Baudisch, Winfried/Bröse, Bodo/Samski, Chananin Samsonowitsch: Einführung in die Hilfsschulpädagogik, Berlin 1982.

Autor beteiligt. Darin wird die „Schwachsinnigenbetreuung" weiterhin in die Kategorien Debilität (schulbildungsfähiger Schwachsinn, Hilfsschulbesuch), Imbezillität (nicht schulbildungsfähiger Schwachsinn, Förderung in entsprechenden Einrichtungen) und Idiotie (völlige Bildungsunfähigkeit, Unterbringung in Krankenhäusern, Psychiatrien) eingeteilt.[235] Dennoch stand Keßling nicht allein mit seiner Ansicht. Neben Uta und Jürgen Trogisch machten auch Reinhold Herrfurth und sein Autorenkollektiv Anfang der 1980er Jahre darauf aufmerksam, dass unberechtigterweise lange Zeit „förderungsunfähige" pflegebedürftige Kinder und Jugendliche aus Rehabilitationsbemühungen ausgeklammert wurden und in der Familie oder in verschiedenen medizinischen Dauereinrichtungen „untergebracht" waren. Diese Kinder hätten jedoch ein Recht auf Förderung. Herrfurth und seine Mitautoren vertraten das Konzept einer territorial-gemeindenahen Betreuung.[236]

Auf ein ganz anderes Problem machte die Verwaltung des Rostocker Michaelshofs 1984 aufmerksam. Es ging um die Einstufung in „schulbildungsunfähige, förderungsfähige" oder „förderungsunfähige, pflegebedürftige" Personen. Hierbei war man gezwungen, sich an den von Eßbach u. a. vorgelegten DDR-Definitionen zu orientieren und konnte keine eigenen Wege gehen. Diese erklärten, „förderungsfähige" Kinder und Jugendliche zu einer „Population, [die] unter optimalen sonderpädagogischen Bedingungen Fertigkeiten und Gewohnheiten auszubilden vermögen, die es ihnen gestatten, im späteren Leben unter angemessenen Bedingungen eine lohnbringende Arbeit auszuführen".[237] Mit anderen Worten: Als „förderungsfähig" galt nicht der Minderjährige, dem durch Fördermaßnahmen etwas beigebracht werden konnte, sondern nur der, von dem angenommen werden konnte, dass er später in der Lage sei, eine Arbeitstätigkeit aufzunehmen. Man konnte sich der DDR-Definition nicht entziehen und an internationalen Definitionen orientieren, die den Begriff der „Förderungs-

---

235 Vgl. Hofsäss: Die Überweisung von Schülern, S. 125. Die Einteilung und Benennung entsprach der damaligen internationalen Klassifikation von Krankheiten (vgl. Ministerium für Gesundheitswesen der DDR [Hg.]: Internationale Klassifikation der Krankheiten, 9. Revision 1975, Bd. 1, Berlin 1983, S. 296).

236 Vgl. Herrfurth: Sozialintegration, S. 30 f.

237 Eßbach, Sigmar/Finsterbusch: Studienmaterial zur Pädagogik, Dezember 1981, Seite 25, 35, 168, zitiert nach: Archiv Michaelshof, Nr. 167, Einstufung der Heimbewohner unter 18 Jahren als „schulbildungsunfähige, förderungsfähige" Kinder und Jugendliche und „förderungsunfähige, pflegebedürftige" Kinder und Jugendliche, Rostock den 11.9.1984.

fähigkeit" in erweitertem Sinn gebrauchten, denn dies wirkte sich auf die Vergütung, den Stellenplan und die Organisation der pädagogischen Arbeit aus. In dem internen Schreiben aus dem Michaelshof heißt es dazu: „Ist man geneigt, möglichst viele Personen zu den Förderfähigen zu zählen, bedeutet das Rücknahme des Pflegezuschlages von 150,- M[ark], Kürzung des Erschwerniszuschlages. Ist man geneigt, möglichst viele Personen zu den Pflegebedürftigen zu zählen, ergibt sich ein höherer Pflegezuschlag, dagegen kann sich das auf den Stellenplan negativ auswirken, solange diese Personen unter 18 Jahre sind, danach zählen wieder die Pflegebedürftigen günstiger als die Förderfähigen!"[238] Dieses Beispiel macht deutlich, dass die Einstufung und damit auch die Förderung von Kindern und Jugendlichen letztlich auch vom finanziellen Rahmen abhängig war, den die Gesetzgebung vorsah. Der Einstufung kam, wie im Schreiben vermerkt, „eine wichtige Bedeutung zu, die nicht kurzfristig wieder verändert werden" konnte.[239] Mediziner und Sonderpädagogen mussten bei einem behinderten Kind also einschätzen, ob es im späteren Leben in der Lage sein würde, eine Arbeitstätigkeit aufzunehmen. Auf dieser Grundlage erfolgte die Einstufung zur Förderungsfähig- oder -unfähigkeit. In den Folgejahren kam es dann zwar zu Überprüfungen der Einstufung, dennoch war der Lebensweg vorgezeichnet.

In der DDR wurden behinderte Kinder und Jugendliche also bis zuletzt als „schulbildungsfähig", „(schul)bildungsunfähig förderungsfähig" und „förderungsunfähig pflegebedürftig" eingestuft. Die erste Personengruppe wurde in Sonderschulen bzw. Hilfsschulen unterrichtet. Die als „förderungsfähig" eingestuften Minderjährigen erhielten ab den 1970er Jahren nach und nach eine Förderung in entsprechenden Einrichtungen. Für letztere Gruppe war jedoch keine Bildung oder Förderung vorgesehen. Diese Kinder und Jugendlichen wurden ausgesondert, verblieben zu Hause oder wurden in Psychiatrien und Pflegeeinrichtungen verwahrt. Man löste das Problem fehlender Bildungs- und Förderungseinrichtungen also nicht durch die Schaffung solcher Einrichtungen, sondern per Definition: durch das Etikett „schulbildungsunfähig" bzw. „förderungsunfähig".

---

238 Vgl. Archiv Michaelshof, Nr. 167, Einstufung der Heimbewohner unter 18 Jahren als „schulbildungsunfähige, förderungsfähige" Kinder und Jugendliche und „förderungsunfähige, pflegebedürftige" Kinder und Jugendliche, Rostock den 11.9.1984.

239 Vgl. ebd.

Betrifft: Einstufung unserer Heimbewohner unter 18 Jahre
als:"schulbildungsunfähige,förderungsfähige"Kinder u.Jug.
"förderungsunfähige,pflegebedürftige"Kinder u.Jugendl.

1. Die Einstufung unserer Heimbewohner in die genannten Kategorien wirkt sich unmittelbar aus auf die Gestaltung des Stellenplans,der Vergütungskriterien und der pädagog.Arbeit mit den Heimbewohnern. Deshalb kommt ihr eine wichtige Bedeutung zu,die nicht kurzfristig wieder verändert werden kann.

2. Als Definition für die o.gen.Gruppen liegt vor die Formulierung im STUDIENMATERIAL zur PÄDAGOGIK von Dr.Eßbach/Dr.Finsterbusch vomDezember 1981- Es heißt dort auf Seite 35:
"Schulbildungsunfähige,förderungsfähige Intelligenzgeschädigte .... (sind) Kinder und Jugendliche,die wegen einer durch einen biologischen Mangel begrundeten erheblichen Intelligenzminderung und Störung der Gesamtpersönlichkeit auch unter den Bedingungen des Hilfsschulunterrichts nicht imstande sind,elementare Fertigkeiten im Lesen,Schreiben und Rechnen zu erwerben. Sie verfügen jedoch noch über Voraussetzungen,unter günstigen sonderpädagogischen Bedingungen Fähigkeiten,Fertigkeiten und Gewohnheiten auszubilden,die es ihnen ermöglichen, sich im späteren Leben in die Gemeinschaft einzuordnen,die gültigen Normen zwischenmenschlicher Beziehungen einzuhalten, unter Betreuung und Anleitung eine, der Gesellschaft nützende ,produktive Tätigkeit auszuführen und ihre Freizeit - im Rahmen der gegebenen intellektuellen Voraussetzungen - sinnvoll zu gestalte
An anderer Stelle (S.25) wird die Forderung erhoben:
"Für diese Population sind spezielle Bildungs- und Erziehungseinrichtungen zu schaffen,die nur solche Kinder ausfnehmen,
""Die wegen ihres erheblichen Schwachsinns keine schulischen Leistungen vollbringen können,die aber unter optimalen sonderpädagogischen Bedingungen Fertigkeiten und Gewohnheiten auszubilden vermögen,die es ihnen gestatten,im späteren Leben unter angemessenen Bedingungen eine lohnbringende Arbeit auszuführen""(Zitat Eßbach,S.168) "

3. Daraus folgt,daß der Begriff "förderungsfähig" nicht schlechthin einer Menschen bezeichnet,dem durch Fördermaßnahmen etwas beigebracht werder kann,sondern daß auf ein Ziel hin zu fördern ist unter der Annahme,daß dieses Ziel erreichbar ist(und nicht durch andere Schädigungen dieses Ziel nicht zu verwirklichen ist): Aufnahme einer Arbeitstätigkeit.

4. Da diese Abgrenzung in den vorliegenden DDR-Veröffentlichungen als Maßstab genommen wird,können wir uns dieser Definition nicht ohne weiteres entziehen und andere,nicht von der DDR publizierte Definitionen zur Grundlage unserer Einteilung machen,wie Förderpflege,Aufstehförder pflege. Diese Kategorien gehören nach DDR-Auffassung nicht zum Personenkreis der "Förderungsfähigen",sondern zu den "Pflegebedürftigen". Es ist weiter zu prüfen,wie weit die bei uns als Förderungsfähige deklarierten Kinder u.Jugendlichen für das ZIEL:Arbeitstätigkeit in Frag kommen,oder wie weit bereits abzusehen ist,daß aufgrund anderer Schädi gungen dieses Ziel nicht erreichbar ist.

5. Es hat sich gezeigt,daß eine Tendenz bei der Bewertung und Einstufung sich nicht auszahlt.Ist man geneigt,möglichst viele Personen zu den Förderfähigen zu zählen,bedeutet das Rücknahme des Pflegezuschlags vor 150,- M,Kürzung des Erschwerniszuschlags. Ist man geneigt,möglichst viele Personen zur den Pflegebedürftigen zu zählen,ergibt sich ein höherer Pflegezuschlag,dagegen kann sich das auf den Stellenplan negativ auswirken,so lange diese Personen unter 18 Jahre sind,danach zählen wieder die Pflegebedürftigen günstiger als die Förderfähigen! Deshalb sollte jetzt für die Statistik per 31.8.84 zur Anwendung kommen,was oben zur Definition der beiden Personengruppen gesagt worden ist.

Rostock,11.9.84.

„Daraus folgt, daß der Begriff ‚förderungsfähig' nicht schlechthin einen Menschen bezeichnet, dem durch Fördermaßnahmen etwas beigebracht werden kann". Schreiben zur Einstufung der minderjährigen Heimbewohner des Michaelshofes in „schulbildungsunfähige, förderungsfähige" und „förderungsunfähige, pflegebedürftige" Kinder und Jugendliche vom 11. September 1984. Quelle: Archiv Michaelshof, Nr. 167.

3.5 Gesetzliche Grundlagen zur Unterbringung in Einrichtungen des Gesundheitswesens und der Volksbildung und deren Anwendung

Pflegebedürftige Patienten wurden in der DDR häufig zu Hause betreut. Laut einer Einschätzung aus dem Jahr 1981 hatten etwa zwei Drittel der Familien mit behinderten Kindern den Wunsch, mit ihrem Kind so lange wie möglich zusammenzuleben. Etwa ein Drittel wollte es in einem Heim unterbringen.[240] Ein Grund darin lag in der hohen Anzahl der berufstätigen Frauen (86 Prozent aller Frauen im arbeitsfähigen Alter).[241] In der DDR waren in der Regel beide Ehepartner berufstätig, sei es aus finanziellen Gründen oder weil es erwartet wurde. Manche Familien sahen sich nicht in der Lage, ein behindertes Kind zu Hause zu betreuen. Das Beispiel einer Familie aus Heiligenstadt (Bezirk Erfurt) aus dem Jahr 1966 macht dies deutlich. Der Sohn der Familie war in Haßleben, einer Außenstelle des Psychiatrischen Pflegeheims Waldhof in Templin im **Bezirk Neubrandenburg,** untergebracht, wo er auf den Besuch der Hilfsschule vorbereitet wurde. Die Mutter wollte zum Schulbeginn die Rückverlegung nach Heiligenstadt in ein Hilfsschulinternat um ein Jahr aufschieben, da sie ihn nicht zu Hause aufnehmen konnte. Die Wohnung der Familie war ohne Strom und Wasser. Das Ehepaar musste 650 Aufbaustunden leisten, um eine Neubauwohnung zu bekommen und hatte somit weder die Unterbringungsmöglichkeiten noch die Zeit, ihren Sohn aus dem Internat am Wochenende nach Hause zu holen.[242] Eine der Widersprüchlichkeiten im Gesellschaftssystem der DDR war, dass einerseits die Betreuung eines behinderten Kindes im Elternhaus nicht propagiert und auch nicht gern gesehen wurde[243], andererseits die meisten Kinder jedoch in den Familien verblieben, da Pflegeheimplätze kaum vorhanden waren. Die Betreuungs- und Unterbringungssituation von Menschen, die als „nicht bildungsfähige Pflegefälle" galten, war gemäß Barsch nur unbefriedigend

---

240 Vgl. Presber/Löther: Sozialistischer Humanismus, S. 91.

241 Vgl. Siek, Karl-Heinz: Betreuung von Kindern mit Behinderungen in der Familie, in: Grosch, Christa: Kinder mit Behinderungen. Früherkennung und Rehabilitation im Kindes- und Jugendalter – DDR, Berlin 2002, S. 60–67, hier S. 62.

242 Vgl. LHAS, 7.21-1-2, Z 1/1986, Nr. 1585, Schreiben Rat des Kreises Heiligenstadt an Rat des Bezirkes Neubrandenburg vom 30.6.1966.

243 Vgl. Gries, Sabine: Kindesmisshandlung in der DDR. Kinder unter dem Einfluss traditionell-autoritärer und totalitärer Erziehungsleitbilder, Münster 2002, S. 206.

geregelt. Die Gesetzeslage enthielt nur marginale Erlasse und Verordnungen. 1978 definierte das Ministerium für Gesundheitswesen den Zweck der Feierabend- und Pflegeheime. Diese seien Wohnstätten für Bürger, „die aufgrund ihres Alters oder ihres Gesundheits- und Körperzustandes einer Betreuung bzw. Pflege bedürfen". In einer Durchführungsbestimmung hieß es, dass „Bürger, die keiner ständigen Behandlung in einer Gesundheitseinrichtung, jedoch einer dauernden pflegerischen Betreuung bedürfen, die durch Familienangehörige nicht ausreichend gewährleistet werden kann", in Pflegeheimen bzw. -stationen eingewiesen werden sollen.[244] Dies macht deutlich, dass die Betreuung und Pflege vorrangig von der Familie erwartet wurde.

Das *Gesetz über die Einweisung in stationäre Einrichtungen für psychisch Kranke vom 11. Juni 1968* – kurz *Einweisungsgesetz* – galt für Erwachsene und Minderjährige gleichermaßen[245], wobei bei letzteren ein gesetzlicher Vertreter (Eltern, Vormund oder Pfleger) zustimmen musste (§ 3 Abs. 2). Die maximale Dauer, über die der Kreisarzt bestimmen konnte, betrug

---

244 Barsch: Geistig behinderte Menschen in der DDR, S. 85 f.

245 Die Einweisung erwachsener Patienten ohne oder gegen ihre Einwilligung in psychiatrische Einrichtungen wurde schon in der SBZ durch Verordnungen, Richtlinien und Hinweise geregelt. 1959 machte eine Festlegung für solch eine Zwangseinweisung dann den Kreisarzt verantwortlich (vgl. Coché, Stefanie: Psychiatrische Einweisungspraxis in der frühen DDR und Bundesrepublik. Zwangseinweisungen vor dem Hintergrund unterschiedlicher rechtlicher Rahmenbedingungen, in: Kumbier/Steinberg: Psychiatrie in der DDR, S. 143–157, hier S. 144 f.). Er musste erklären, dass Gefahr für die eigene Person, Gemeingefährlichkeit oder Gemeinlastigkeit vorliege und die Strafverfolgungsbehörden – Volkspolizei und Staatsanwaltschaft – mussten der Einweisung zustimmen (vgl. StAS, Rep. 58 Nr. 104, Einweisung von Patienten in die psychiatrische Abteilung des Bezirkskrankenhauses Stralsund, 24.10.1960). Später konnte gemäß dem Einweisungsgesetz von 1968 schon ein Psychiater mit Genehmigung des Kreisarztes eine Einweisung für sechs Wochen veranlassen. Die Staatsanwaltschaft wurde lediglich informiert. Eine Verlängerung musste dann über das zuständige Gericht erfolgen (vgl. Riecke, Bernhard/Waldmann, Angelika: Psychiatrie Ost – Zwischen Fürsorge und Bevormundung früher, auf dem Weg zum demokratischen Selbstverständnis heute, in: Kebbel, Johann/Pörksen, Niels [Hg.]: Gewalt und Zwang in der stationären Psychiatrie, Bonn 1998, S. 58–66, hier S. 59.). Das Einweisungsgesetz sollte vermeiden, dass staatliche Stellen eine Einflussnahme auf die Betreuung psychisch Kranker bekamen und so einem Missbrauch vorbeugen (vgl. Waldmann, Klaus-Dieter: Psychiatrie in der ehemaligen DDR – eine widerspruchsvolle Bilanz, in: Sozialpsychiatrische Informationen, 4/1998, S. 18–22, hier S. 19 f.). Tatsächlich veranlassten eher Verwandte und Ärzte als staatliche Stellen Einweisungen gegen den Willen von Patienten, von denen viele ohne Fürsprecher waren (vgl. Coché: Psychiatrische Einweisungspraxis S. 146.). Die Zahl der Einweisungen mit Freiheitsentzug gegen bzw. ohne Einwilligung der Betroffenen in der DDR wurde im Vergleich zu den Verhältnissen in der Bundesrepublik von einer Expertengruppe 1991 als „außerordentlich niedrig" eingeschätzt (vgl. Bundesministerium für Arbeit und Soziales: Ermittlung der Anzahl, S. 82 f.). Zu gesetzeswidrigen Einweisungen kam es in der DDR jedoch immer wieder. So gab es in den 1980er Jahren im Bezirk Neubrandenburg, insbesondere im BFKH Ueckermünde, überdurchschnittlich viele Zwangseinweisungen, von denen sich etliche nach Prüfung als rechtswidrig erwiesen (vgl. LHAS, 7.21-1-2, Z 108/1991, Nr. 28698A, Notiz Hans Eichhorn betr. telefonischer Anfrage des Bezirksarztes über forensische Psychiatrie im Bezirk Neubrandenburg vom 14.1.1982. Ebd., Nr. 28734, Schreiben Hans Eichhorn an Kreisstaatsanwalt Altentreptow vom 9.2.1987).

sechs Wochen, dann bedurfte es laut §§ 11–16 eines gerichtlichen Beschlusses.[246] Ebenso konnten Minderjährige nach den §§ 74 und 43 der *Strafprozessordnung der DDR vom 12. Januar 1968 (StPO)* zur Begutachtung in ein psychiatrisches Krankenhaus eingewiesen werden.[247]

1969 verfügten die Ministerien für Gesundheitswesen und Volksbildung die Einweisung von Kindern in Einrichtungen des Gesundheitswesens, wenn die Entwicklung des Kindes gefährdet war, wobei hier nicht zwischen „pflegebedürftigen" und „förderungsfähigen" Kindern unterschieden wurde.[248] Dies konnte der Fall sein, wenn Eltern den Forderungen der Organe des Gesundheits- und Sozialwesens zur Betreuung und Versorgung des Kindes nicht nachkamen, das Kind vernachlässigten, ohne Aufsicht ließen, misshandelten oder wenn die Lebensweise der Eltern den „gesellschaftlichen Moralauffassungen" widersprach, was z. B. bei Alkoholmissbrauch oder „Arbeitsbummelei" der Fall war.[249] „Schulbildungsfähige" psychisch erkrankte oder behinderte Kinder und Jugendliche konnten dann nach Untersuchung durch einen Kinderneuropsychiater in eine kinder- und jugendneuropsychiatrische Einrichtung eingewiesen werden.[250] Einweisungen in Psychiatrien erfolgten bei familiengelösten Kindern auch durch Kinderheime bzw. durch die Jugendhilfe. Für die Kinderpsychiatrie an der Universitätsnervenklinik Rostock weist Wiebke Mai nach, dass 1960 33,3 Prozent der Kinder und Jugendlichen durch Kinderheime und ebenso viele durch Organe der Jugendhilfe eingewiesen wurden. In 20 Prozent der Fälle war eine Poliklinik die einweisende Stelle. 1988/89 wurden 36,7 Prozent der Kinder und Jugendlichen durch Kinderheime, 22,4 Prozent durch Organe der Jugendhilfe und 18,4 Prozent durch einen niedergelassenen Arzt eingewiesen.[251]

---

246 GBl. DDR I 1968, S. 273.

247 GBl. DDR I 1969, S. 49.

248 Vgl. VuM Nr. 13/1969 S. 79, Gemeinsame Anweisung über die Zusammenarbeit der Organe der Jugendhilfe und der Organe des Gesundheits- und Sozialwesens zu Verhütung und Beseitigung der sozialen Fehlentwicklung oder sonstigen Gefährdung von Kindern im Alter bis zu drei Jahren, deren Erziehung, Entwicklung oder Gesundheit unter der Verantwortung der Erziehungsberechtigten nicht gesichert ist vom 3.4.1969.

249 Vgl. Barsch: Geistig behinderte Menschen in der DDR, S. 85 f.

250 Vgl. LAGw Rep. 200 II 9.1. Nr. 624, Richtlinie des Ministeriums für Gesundheitswesen und des Ministeriums für Volksbildung über das Verfahren zur Sicherung der rechtzeitigen medizinischen Betreuung, Bildung und Erziehung von schulbildungsfähigen schwer- und schwerstgeschädigten Kindern und Jugendlichen, 25.8.1988.

251 Vgl. Mai, Wiebke: Erziehungsschwierig oder traumatisiert – Kinder zwischen Jugendhilfe und Kinder- und Jugendpsychiatrie. Analyse der stationären Klientel der Klinik für Kinderpsychiatrie Rostock 1960 und die Kooperation mit Jugendhilfeinstanzen, Dissertation, Rostock 2016, S. 67.

Um behinderte Minderjährige zu erfassen und deren Versorgung zu gewährleisten, erließ die DDR ab Mitte der 1950er Jahre weitere Gesetze und Verordnungen. Am 12. Mai 1954 verfügte das Ministerium für Gesundheitswesen eine *Anordnung über die Meldung von Körperbehinderungen, geistigen Störungen sowie Schädigungen des Seh- und Hörvermögens.*[252] Am 15. Mai folgten dann *Anordnungen zur Durchführung der orthopädischen Betreuung*[253] *sowie der psychiatrischen Betreuung von Kindern und Jugendlichen.*[254] Diese Verordnungen regelten erneut die Meldepflicht aller Minderjährigen mit Behinderungen durch orthopädische und psychiatrische Beratungsstellen. Außerdem legten sie fest, dass „bildungsunfähige" Kinder und Jugendliche – ob mit oder ohne Körperbehinderungen – in psychiatrischen Einrichtungen unterzubringen seien. Damit waren sie von einer Schulbildung ausgeschlossen. Körperbehinderte pflegebedürftige Kinder und Jugendliche sollten auf gesonderten Abteilungen in Pflegeheimen untergebracht werden. Ab Mitte der 1950er Jahre kamen alle Kinder ab Vollendung des dritten Lebensjahres jährlich im Vorschulalter vor eine interdisziplinäre Fachkommission, ihr Gesundheitszustand wurde untersucht und dokumentiert. Zur Einschulung, im 4., 8. und 10. Schuljahr sowie im 2. Berufsschuljahr folgten weitere Untersuchungen. Bei Feststellung einer Behinderung wurde das Kind je nach Schweregrad für eine Hilfsschule oder Förderungsstätte bzw. bei einem Pflegefall für die Unterbringung in einem Pflegeheim, einer psychiatrischen Anstalt bzw. eine Betreuung zu Hause vorgeschlagen.[255]

Dies der Frühbehandlung und Frühförderung dienende Untersuchungsprogramm wurde in den nächsten Jahrzehnten weiterentwickelt. Ab 1967 galt die Meldung von Körperbehinderungen, geistigen Störungen und Schädigungen des Seh- und Hörvermögens dann bis zum 18. Lebensjahr.[256] 1979 kam es mit den *Richtlinien für den Kinder und Jugendgesundheitsschutz* zu einem Standardprogramm, das bis 1990 Anwendung finden sollte.[257] 1983 folgte eine *Verfügung über Methodische Hinweise zur Dispensairebetreuung für geschädigte Kinder und Jugendliche*, durch die eine Methode zur

---

252 Vgl. ZBl. DDR Nr. 20, S. 194.

253 Vgl. ZBl. Nr. 21, S. 216.

254 Vgl. ebd.

255 Vgl. Barsch: Geistig behinderte Menschen in der DDR, S. 69 f.

256 Vgl. ebd.

257 Vgl. LHAS, 7.11-1-2, Z 132/1991, Nr. 35698, Information des Ministerrates der DDR über den Stand der Durchsetzung der Verordnung zur weiteren Verbesserung der gesellschaftlichen Unterstützung schwerst- und schwergeschädigter Bürger vom 8.10.1979.

Betreuung behinderter Kinder und Jugendlicher eingerichtet wurde. Die Dispensairebetreuung sollte vom Kreisjugendarzt geleitet und an eine Gesundheitseinrichtung angeschlossen werden. Ziel war es, alle „geschädigten" Kinder zu erfassen, prophylaktische, diagnostische, therapeutische und rehabilitative Maßnahmen zu koordinieren und durch Meldung den weiteren Werdegang der „schulbildungsunfähigen" Kinder einzuleiten.[258] Die Entscheidung für eine Einweisung in eine Förder- oder Pflegeeinrichtung traf eine Diagnose- bzw. Einweisungskommission. Wenn in der Kommission Einstimmigkeit über eine „Schulbildungsunfähigkeit" des Kindes bestand, wurde es in eine Förder- oder Pflegeeinrichtung eingewiesen. Zuvor konnte es noch zu einer stationären oder ambulanten Abklärung kommen. In der Förder- oder Pflegeeinrichtung galt das erste Jahr als Beobachtungszeit, danach wurde im Zweifelsfall das Kind erneut einem Untersuchungskollektiv vorgestellt.[259] Bei der Zuordnung von „schulbildungsfähigen" schwer- und schwerstgeschädigten Kindern und Jugendlichen arbeiteten die Abteilungen der Volksbildung und des Gesundheits- und Sozialwesens zusammen. Die jeweiligen Kreisärzte und Kreisschulräte waren für eine frühzeitige Erfassung und Diagnostizierung und für die Einleitung, Durchführung und Kontrolle entsprechender Maßnahmen verantwortlich. Sie meldeten Kinder und Jugendliche an die zuständigen Sondereinrichtungen und sprachen die Maßnahmen mit den Erziehungsberechtigten ab. Die Bezirksärzte und Bezirksschulräte traten in Aktion, wenn im Kreis keine Lösung für die Beschulung eines behinderten Kindes gefunden wurde, sie wandten sich dann auch an Einrichtungen anderer Bezirke. Zudem gaben sie ihre Zustimmung bei Verlegungen und Ausschulungen.[260]

Ob und in welchen Einrichtungstyp ein Kind oder Jugendlicher eingewiesen wurde, richtete sich also nach dessen Einstufung. Für pflegebedürftige geistig schwerstbehinderte Kinder und Jugendliche waren psychiatrische Pflegeheime bzw. -stationen zuständig.[261] Dabei konnten Jugendliche ab dem 15. Lebensjahr schon in psychiatrische Pflegeheime für Erwachse-

258 Vgl. Schneider/Hotze: Geschädigte Säuglinge, S. 47.

259 Vgl. Eßbach: Ein Kind kann keine Schule besuchen, S. 172. Barsch: Geistig behinderte Menschen in der DDR, S. 83.

260 Vgl. LAGw, Rep. 200 II 9.1 Nr. 624, Richtlinie des Ministeriums für Gesundheitswesen und des Ministeriums für Volksbildung über das Verfahren zur Sicherung der rechtzeitigen medizinischen Betreuung, Bildung und Erziehung von schulbildungsfähigen schwer- und schwerstgeschädigten Kindern und Jugendlichen, 25.8.1988.

261 Vgl. Verfügung vom 29.8.1989, zitiert nach: Barsch: Geistig behinderte Menschen in der DDR, S. 86.

ne aufgenommen werden, wenn sie körperlich voll entwickelt waren und die Unterbringung in einer Kindereinrichtung unzweckmäßig erschien.[262] Als „bildungsunfähig förderungsfähig" eingestufte Kinder und Jugendliche wurden in Tages- oder Wochenförderstätten bzw. Heimen mit Fördermöglichkeiten untergebracht. „Schulbildungsfähige" behinderte Kinder und Jugendliche wurden unterschiedlich behandelt. Waren sie „normal erziehbar" wurden sie in Sonderschulen und speziellen Internaten beschult. Wurden sie als „schwererziehbar" betrachtet, konnten sie auch in „Spezialheimen" für „bildungsfähige Schwachsinnige" bzw. Hilfsschüler kommen, die der Jugendhilfe unterstanden.[263] Aufgrund ungenügender Behandlungsmöglichkeiten wurden Kinder mit „Intelligenzminderung" häufig in Einrichtungen der Jugendhilfe eingewiesen, wo es für sie durch nicht qualifiziertes Personal keine individuelle Förderung gab.[264] Offenbar kam es auch in anderen Einrichtungen zu Fehlplatzierungen. So wies 1981 Eßbach darauf hin, dass Kinder, die die Voraussetzungen einer Schule oder Hilfsschule erfüllen, nicht aufgrund einer Verhaltensauffälligkeit in eine Förderungseinrichtung eingewiesen werden sollen. Diese Einrichtungen sollten nach seiner Meinung aber auch keine Kinder aufnehmen, bei denen keine Aussicht auf eine erfolgreiche Förderung bestand.[265] Die Kooperation zwischen den Instanzen der Jugendhilfe und den Einrichtungen des Gesundheitswesens war also verbesserungswürdig. Erst mit dem *Beschluss des Ministerrates vom 8. September 1988 über die Entwicklung der Jugendhilfe in der DDR* wurde festgelegt, dass für „schulbildungsunfähige" Kinder und Jugendliche nicht die Einrichtungen der Jugendhilfe zuständig waren.[266]

In der *Verordnung zur weiteren Verbesserung der gesellschaftlichen Unterstützung schwerst- und schwergeschädigter Bürger vom 29. Juli 1976* wurden die Räte der Kreise und Bezirke angewiesen, die Schaffung weiterer Kapazitäten von Pflege- und Förder- und Bildungseinrichtungen für die Betreuung, Bildung und Erziehung physisch und psychisch behinderter Kinder

262 Vgl. LAGw, Rep. 200 9.1 Nr. 379, Bd. 2, Bl. 89–95, Ministerium für Gesundheitswesen, Abt. Sozialwesen, Entwurf Grundsätze für Pflegeheime der Psychiatrie, Berlin, 28.2.1969.

263 Vgl. Bundesministerium für Arbeit und Soziales: Ermittlung der Anzahl, S. 47.

264 Vgl. Mai: Erziehungsschwierig, S. 97.

265 Vgl. Eßbach: Ein Kind kann keine Schule besuchen, S. 172.

266 Vgl. LHAS, 7.11-1-2, Z 132/1991, Nr. 35698, Festlegungen zur Durchführung des Beschlusses des Ministerrates vom 8.9.1988 über die Entwicklung der Jugendhilfe in der DDR im Bezirk Schwerin, 12.7.1989.

und Jugendlicher in die Volkswirtschaftspläne aufzunehmen.[267] Diese wurden dringend benötigt, dennoch erhebt sich die Frage, ob langfristig immer mehr Eltern gedrängt werden sollten, ihre behinderten Kinder in Pflege- und Förderungseinrichtungen abzugeben. Ab Mitte der 1980er Jahren kam es durch die *Verordnung über die besondere Unterstützung der Familien mit schwerstbeschädigten Kindern vom 24. August 1986* zu weiteren Unsicherheiten. Die Verordnung regelte eine monatliche finanzielle Unterstützung in Höhe von 200 Mark für Familien, für deren schwerstbehindertes Kind „vorübergehend kein Platz in einer Einrichtung des Gesundheits- und Sozialwesens bzw. einer Vorschuleinrichtung der Volksbildung zur Verfügung" gestellt werden konnte, so dass Familienangehörige, „durch die Betreuung des Kindes zeitweise die Berufstätigkeit unterbrechen müssen bzw. keine […] aufnehmen können"[268]. In der Praxis bedeutete dies, dass Eltern, um einen Anspruch auf diese finanzielle Unterstützung zu bekommen, ihr Kind für ein Pflegeheim oder eine Förderungseinrichtung anmelden mussten, egal ob sie es zu Hause betreuen wollten oder nicht. In welche Lage diese Verordnung Eltern bringen konnte, macht der Fall einer Mutter aus dem Kreis Lübz im **Bezirk Schwerin** deutlich, die eine zehnjährige blinde schwerstbehinderte Tochter zu Hause betreute. Die Mutter berichtete 1989 in einer Eingabe an den Ministerrat der DDR, dass sie von den örtlichen Organen gedrängt wurde, ihr Kind in ein Heim einzuweisen. Auch Ärzte versuchten sie „mit allen Mitteln von dieser Notwendigkeit zu überzeugen". Wohl um die Verhältnisse in den Einrichtungen wissend, erklärte die Mutter stets, es wäre gegen ihr Gewissen, ihre Tochter „in ein Heim abzuschieben", wo sie „mit absoluter Sicherheit zwangsernährt werde, weil sich kein Mensch auf diese Situation einstellen […] und gar nicht soviel Zeit aufgewendet werden könnte".[269] Tief traf die Ökonomin zudem der Vorwurf, sie würde ihr Kind selbst pflegen, um nicht arbeiten gehen zu müssen, also „aus Faulheit" oder weil sie „jeden Tag Urlaub haben" wollte. Die Unterstützung von 200 Mark bekam sie nicht, denn sie weigerte sich, einen Heimantrag auszufüllen. Sie fragte: „Was ist das für ein Gesetz, daß die Mütter nötigt, ihr Kind in ein Heim einzuweisen? So ein schwerer Schritt, darf doch nicht von der finanziellen Seite abhängig gemacht werden. [Mir wurde gesagt, dass ich] nicht zu

267 Vgl. GBl. I Nr. 33/1976 S. 411.

268 GBl. I Nr. 15/1986, S. 243. Neben diesem Sonderpflegegeld gab es weitere finanzielle Unterstützungen für Familien mit behinderten Kindern wie Pflegegeld und Blindengeld.

269 LHAS, 7.11-1-2, Z 132/1991, Nr. 35698, Eingabe Frau S. M. an den Ministerrat der DDR vom 3.11.1989.

einer Heimeinweisung gedrängt würde, aber allein, daß ich den Heimplatz beantragen müßte, macht mich mißtrauisch. Im gleichen Atemzug wird mir versichert, daß gar nicht genügend Heimplätze gestellt werden können. Wozu dann diesen Heimantrag? Morgen kommt vielleicht ein anderer Kreisjugendarzt, der meine Meinung nicht teilt […].“[270] Mit ihren Fragen wies die Mutter auf die Widersprüche in der Gesetzgebung und zwischen Gesetzgebung und Praxis hin. Auch zeigte sie fehlendes Vertrauen in die staatlichen Stellen. Hier offenbarte sich ein Druck von Seiten des Staates, ein behindertes und pflegebedürftiges Kind in eine Pflegeeinrichtung zu geben, was bei der betroffenen Mutter Unsicherheit auslöste. Dieses Vorgehen erinnert an die Verhältnisse in der Sowjetunion, wo Eltern gedrängt wurden, ihre behinderten Kinder in Heime abzugeben.[271] Allerdings können die sowjetischen Verhältnisse nicht mit der Situation in der DDR gleichgesetzt werden, schon weil im Jahr 1989 nicht ausreichend Pflegeheimplätze für behinderte Kinder und Jugendliche zur Verfügung standen.

Im Falle der „schulbildungsunfähigen förderungsfähigen“ Minderjährigen war es Ziel des Gesetzgebers, diese gemäß ihren Möglichkeiten zu fördern und auf eine spätere Berufstätigkeit vorzubereiten. Dies konnte trotz verschiedener Bemühungen bis zum Ende der DDR nicht um-

270 Ebd.

271 Die Situation behinderter Minderjähriger in der Sowjetunion ist hierzulande noch weitgehend unerforscht. Gemäß Dinah Kohan galt im Alltagsleben der Sowjetunion ein behindertes Kind als gesellschaftlicher Makel. In den Lebensentwürfen sowjetischer Frauen war die Berufstätigkeit zentral. Die Arbeitsaufnahme war für alle verpflichtend. Diejenigen, die aufgrund der Pflege eines behinderten Kindes nicht arbeiten konnten, waren gesellschaftliche Außenseiterinnen und litten also unter einer doppelten Stigmatisierung (vgl. Kohan, Dinah: Migration und Behinderung – Eine doppelte Belastung? Ergebnisse aus einem Projekt zu russischsprachigen Zuwanderern mit einer Behinderung, in: Westphal, Manuela/Wansing, Gudrun [Hg.]: Migration, Flucht und Behinderung. Herausforderungen für Politik, Bildung und psychosoziale Dienste, Wiesbaden 2019, S. 43–60, hier S. 52 f.). Nach Untersuchungen von Filiz Kutluer wurde Frauen geraten, behinderte Kinder in „staatliche Obhut“ zu geben (vgl. Kutluer, Filiz: Das Verständnis von Behinderung in anderen Ländern und seine Auswirkung auf die Inanspruchnahme des Hilfssystems in Deutschland am Beispiel Russland und Türkei, in: Westphal/Wansing: Migration, Flucht und Behinderung, S. 187–205, hier S. 194). Andrej Zarjow, Direktor des Heilpädagogischen Zentrum in Pskow/Russland, bemerkt: „In […] der Sowjetunion gab es die ideologische Grundregel: im Kommunismus existieren keine behinderten Menschen. Ihre Zahl sollte sich in der sozialistischen Gesellschaft kontinuierlich verringern. […] Eltern wurden gedrängt, bei geistigen und schweren Behinderungen ihre Kinder in Heime abzugeben, die in Russland ‚Internate‘ genannt werden. In der Regel brach dann der Kontakt ab. Die Kinder lebten […] oft unter unwürdigen Rahmenbedingungen. Förderung und Bildung waren unbekannt. Wenn die Eltern sich weigerten, ihr Kind abzugeben, geriet die Familie in eine sehr schwierige Situation. Das Kind konnte keine Schule besuchen, weil es als ‚lernunfähig‘ eingestuft wurde. Ein Verdiener fällt aus […], um die Betreuung zu gewährleisten. Die Eltern hatten wenig Ahnung wie und was ihr Kind lernen kann. Es wurde versteckt, um den Schmähungen zu entgehen oder verspottet zu werden.“ (Zarjow, Andrej: Eltern von Kindern mit Behinderungen in Russland, in: Eberl, Klaus: Spuren. Texte – Predigten – Bausteine, o. O. 2017.)

fassend erreicht werden. In Teilen des **Bezirkes Schwerin** plante man für das Jahr 1986 die Einführung einer „Förderpflicht".[272] Dies war noch vor dem Erscheinen des *Ministerratsbeschlusses vom 8. September 1989*, nach dem künftig bei festgestellter „Schulbildungsunfähigkeit" sämtliche Kinder aus Heimen, Haushalten und Hilfsschulen in Förderungseinrichtungen übernommen werden sollten.[273] Für den Bezirk Schwerin waren dies zum damaligen Zeitpunkt 56 Kinder, Jugendliche und junge Erwachsene, darunter zehn Hilfsschulabgänger mit erheblicher geistiger Behinderung.[274] Für „schulbildungsfähige" behinderte Kinder und Jugendliche bestand hingegen seit 1950 die Schulpflicht, auch wenn diese praktisch nie völlig durchgesetzt werden konnte. Eine Internatsunterbringung weitab von zu Hause stellte viele Kinder und Eltern vor große Härten. So im Falle des 1970 geborenen Bernd L., der 1978 zum Test seiner Schulfähigkeit in die Sonderschule für Körperbehinderte nach Tangerhütte (Bezirk Magdeburg) kam. Dort erklärte man sich zu seiner Aufnahme bereit. Die Eltern lehnten diese jedoch ab, da ihr Sohn psychisch völlig verstört aus Tangerhütte zurückgekommen war. Sie versuchten ihn in einer Schweriner Hilfsschule unterzubringen, was am Widerstand des dortigen Direktors scheiterte. Bernds Mutter war verzweifelt und wollte ihn zu Hause behalten. Die zuständige Jugendärztin befürwortete das auch und bestätigte, dass die Mutter ihr Kind mit ganzer Hingabe und fachlich optimal physiotherapeutisch betreue. Die Abteilung Volksbildung beim Rat des Bezirkes lehnte eine Betreuung zu Hause und die Beschulung in Schwerin ab und erklärte, dass für ihn die Sonderschule für Körperbehinderte in Tangerhütte zuständig sei.[275] In einem anderen Fall aus dem **Bezirk Schwerin** bat ein Vater, dass seine schwerstbehinderte Tochter die regionale Schule besuchen könne. Er bot an, den Einbau eines Fahrstuhls an der Schule selbst zu finanzieren. Die Abteilung Volksbildung lehnte wiederum ab und erklärte, es sei eine sonderpädagogische Betreuung angeraten und nur die Körperbehindertenschule in Birkenwerder (Bezirk

272 LHAS, 7.11-1-2, Z 132/1991, Nr. 35652, Beschlussvorlage Rat des Kreises Sternberg, Stand der komplexen Rehabilitationsarbeit, 30.5.1984.

273 Vgl. ebd., Nr. 35698, Festlegungen zur Durchführung des Beschlusses des Ministerrates vom 8.9.1988 über die Entwicklung der Jugendhilfe in der DDR im Bezirk Schwerin, 12.7.1989.

274 Vgl. ebd., Schreiben Bezirksarzt Arno Trzeczak an Rat des Bezirkes Schwerin vom 25.7.1989.

275 Vgl. ebd., Nr. 35656, Schreiben Jugendgesundheitsschutz Kreis Sternberg an Jugendärztin beim Bezirksarzt vom 1.10.1981.

Potsdam) käme in diesem Fall in Betracht.[276] In beiden Fällen ist der weitere Werdegang der Kinder aus den Akten nicht ersichtlich.

Zusammenfassend kann gesagt werden, dass Kinder und Jugendliche je nach der Einstufung ihrer „Bildungs- oder Förderungsfähigkeit" unterschiedlich behandelt wurden. Bei einer „Schulbildungsfähigkeit" wurden sie häufig in weit von ihrer Familie entfernten Sonderschulen mit Internaten beschult. Diese Einrichtungen wurden von der Volksbildung und dem Gesundheitswesen betrieben. Es bestand zwar Schulpflicht, aber es standen nicht ausreichend Plätze zur Verfügung.[277] Kinder und Jugendliche, die als „schulbildungsunfähig, aber förderfähig" betrachtet wurden, kamen in eine Förderstätte, die in den meisten Fällen als Tages- oder Wocheneinrichtung betrieben wurde. Durch fehlende Einrichtungen dieser Art konnte bis zum Ende der DDR in den Nordbezirken eine Förderpflicht nicht flächendeckend eingeführt werden.[278] Pflegebedürftige und als „nicht förderungsfähig" eingestufte Minderjährige wurden im Elternhaus betreut oder in Pflegeheimen bzw. -stationen untergebracht. In psychiatrische Einrichtungen gelangten sie 1. durch eine Einweisung durch die Jugendhilfe, Kinderheime bzw. einen Arzt (bei familiengelösten Kindern), 2. nach Absprache mit den Eltern durch eine Empfehlung bzw. Entscheidung des Kreisjugendarztes bzw. der zuständigen Rehabilitationskommission, 3. wenn die zuständigen Stellen des Gesundheits- und Sozialwesens die Entwicklung des Kindes im Elternhaus gefährdet sahen, durch eine Einweisung nach Untersuchung durch einen Kinderneuropsychiater.

---

276 Vgl. ebd., Rat des Bezirkes Schwerin, Abt. Volksbildung, an Ministerrat DDR, Staatssekretär Volksbildung vom 30.9.1981.

277 Allerdings stand nur eine ungenügende Anzahl solcher Einrichtungen zur Verfügung. Für das Jahr 1973 befanden sich im Bezirk Rostock nach unvollständigen Meldungen der Kreise von 74 „bildungsfähigen körperbehinderten pflegebedürftigen" Kindern und Jugendlichen lediglich 30 in entsprechenden Einrichtungen und 44 zu Hause (vgl. LAGw, Rep. 200 II 9.1, Nr. 87, Meldung bildungsfähiger körperbehinderter pflegebedürftiger Kinder und Jugendlicher Bezirk Rostock, April 1973).

278 So wurden im Bezirk Rostock 1984 661 „schulbildungsunfähige förderungsfähige" Kinder und Jugendliche gezählt, von denen 88 in keiner Fördereinrichtung untergebracht worden waren. In 38 Fällen unterblieb dies wegen fehlender Kapazitäten und in 50 Fällen, weil die Eltern das Kind lieber zu Hause betreuen wollten (vgl. ebd., Nr. 624, Beschluss 11-1/1985 Rat des Bezirkes Rostock, Konzeption zur komplexen Rehabilitation geschädigter Kinder und Jugendlicher sowie physisch und psychisch schwerbehinderter Erwachsener bis 1990).

4. Die Entwicklung in den Nachkriegsjahren 1945 bis 1952 im Land Mecklenburg

4.1 Unterbringung und Betreuung

Die Unterbringung in Kinderheimen und Flüchtlingslagern

Nach dem Ende des Zweiten Weltkrieges herrschten im Land Mecklenburg chaotische Zustände. Seuchen grassierten, allein die Typhus-Epidemie forderte im Jahr 1945 etwa 4.000 Todesopfer.[279] Mecklenburg war in der SBZ das Land mit dem größten Flüchtlingszustrom. Die Zahl der elternlosen Kinder wird für 1946 auf 16.000[280] bis 30.000[281] geschätzt. Es ist unmöglich anzugeben, wie viele Kinder und Jugendliche mit geistigen und körperlichen Behinderungen darunter waren. Viele von ihnen kamen zunächst in provisorischen Einrichtungen wie Kinderheimen oder Flüchtlingslagern unter. Dadurch wuchs nach Kriegsende die Zahl der Kinderheime in Mecklenburg stark an. Im Mai 1945 wurden 38 Heime mit 1.161 Kindern gezählt. 1946 waren schon 103 Heime mit 5.655 Kindern registriert. 65 wurden durch Stadt- und Landkreise verwaltet, vier durch die katholische und 24 durch die evangelische Kirche, eines gehörte zu einer Stiftung und neun waren private Unternehmen. Im Januar 1947 gab es dann 121 Heime mit 5.876 Kindern. Von diesen Heimen waren lediglich zwei für Kinder mit Körperbehinderungen und eines für geistig zurückgebliebene Kinder vorgesehen, so dass sich viele elternlose behinderte Kinder in den anderen Dauerkinderheimen befanden. Die Zahl der Heimplätze reichte bei weitem nicht und

---

279 Vgl. Karge, Wolf/Schmied, Hartmut/Münch, Ernst: Die Geschichte Mecklenburgs von den Anfängen bis zur Gegenwart, 5. aktual. Auflage, Rostock 2011, S. 189.

280 Vgl. BArch DR2/598, Landesregierung Mecklenburg, Landesjugendamt, Tätigkeitsbericht der Abteilung Kinderheime, 30.11.1947.

281 Vgl. Karge/Schmied/Münch: Die Geschichte Mecklenburgs, S. 189.

es herrschte Personalmangel.[282] Da viele Kinderheime aus der Not heraus als Provisorium entstanden, wurden sie den damaligen hygienischen und sanitären Anforderungen nicht gerecht. Dies geht u.a. aus einem Bericht über die Situation der Kinderheime der Abteilung Arbeit und Sozialfürsorge beim Land Mecklenburg vom Mai 1946 hervor, in dem es heißt: „Es fehlt oft am nötigsten an Wäsche, Kleidung, Schuhzeug, Geschirr und den kleinsten Kleinigkeiten, die als Grundbedingung für eine einwandfreie Beachtung hygienischer Maßnahmen erforderlich sind."[283] Dass sich die Verhältnisse nur sehr langsam zum Besseren änderten, macht ein Bericht vom Mai 1948 über das Kinderheim Bellin im Kreis Güstrow deutlich, der große Mängel in der Betreuung und Unterbringung von 194 elternlosen Kindern aufzeigt. Auch eine ärztliche Betreuung konnte nicht gesichert werden. Der Bericht bemerkt dazu: „Der Arzt kommt nur jede Woche einmal, wenn er sich Benzin schwarz beschaffen kann."[284] Problematisch war die Anzahl der Kinder mit sogenannten „geistigen Defekten" in den Kinderheimen, die den Tagesablauf störten und die nach Ansicht der Heimleitungen in Heime für schwererziehbare Kinder verlegt werden sollten. Da solche speziellen Heime 1950 noch nicht zur Verfügung standen, mussten die betreffenden Kinder in den Dauerkinderheimen verbleiben oder wurden in psychiatrische Einrichtungen verlegt.[285] Elternlose Kinder lebten auch in Flüchtlingslagern, beispielsweise waren 1946 in Wiek auf Rügen 600 Kinder untergebracht. Dort hatte die Rote Armee im Laufe des Jahres Beschlagnahmungen von Betten, Schränken, Matratzen, Wäsche usw. vorgenommen, wodurch die Kapazität des Lagers von 1.200 auf 700 gesunken war. Andere Kinder wurden in Privatpflege genommen.[286] 8.400 solcher Privatpflegestellen soll

---

282 Vgl. BArch DR2/598, Landesregierung Mecklenburg, Landesjugendamt, Tätigkeitsbericht der Abteilung Kinderheime, 30.11.1947. LHAS, 6.11-19, Nr. 239, Schreiben Präsident des Landes Mecklenburg-Vorpommern an Chef der SMA Mecklenburg-Vorpommern vom 30.4.1946. Eine andere Quelle nennt 6.613 Kinder bis zum Alter von 16 Jahren, die Ende 1946 in Dauerheimen untergebracht waren (vgl. ebd., Nr. 3596, Amt für Sozialerziehung an Abteilung Gesundheitswesen vom 4.12.1946). Siehe auch Methner: „Diagnose: verhaltensgestört", S. 29 f.

283 LHAS, 6.11-19, Nr. 239, Schreiben der Abt. Arbeit und Sozialfürsorge an den Präsidenten des Landes Mecklenburg-Vorpommern vom 15.5.1946.

284 Ebd., Nr. 3648, Schreiben Zentralverwaltung für deutsche Umsiedlung an den Vorsitzenden der Kommission zur Verteilung der ausländischen Spenden, Berlin vom 21.5.1948.

285 Vgl. ebd., Nr. 3595, Schreiben Landesjugendamt an Landesgesundheitsamt vom 3.5.1950. Ebd., Schreiben Kreisgesundheitsamt Wismar an Landesgesundheitsamt vom 9.1.1950.

286 Vgl. ebd., Nr. 239, Rundschreiben Präsident des Landes Mecklenburg-Vorpommern an Oberbürgermeister, Landräte und Jugendämter im Land vom 2.8.1946.

es nach Kriegsende in Mecklenburg gegeben haben.[287] Wie viele behinderte Kinder und Jugendliche sich in Privatpflege befunden haben, ist nicht bekannt. Ebenso wenig die Anzahl der behinderten Minderjährigen, die in Alten- und Pflegeheimen mit unzureichenden Lebens- und Wohnbedingungen untergebracht waren.[288]

Im Flüchtlingslager Eggesin fanden etwa 1.400 elternlose Kinder Aufnahme, 1947. Fotograf: Otto Donath; Quelle: Bundesarchiv, Bild 183-1983-0422-303.

Die Unterbringung in psychiatrischen Einrichtungen

Nach Kriegsende war die Situation in den psychiatrischen Einrichtungen katastrophal. In der SBZ waren 1945 in 35 psychiatrischen Anstalten statt der 30.000 zu erwartenden Betten nur noch etwa 6.000 übrig, die von verwahrlosten und verhungernden Patienten belegt waren. Die Atmosphäre in der Anstaltspsychiatrie glich eher einer Bewachung als einer Behandlung – der Einsatz von Isolierzellen, Zwangsjacken und Netzbetten

287 Vgl. Geffke, Herta: Die Zusammenarbeit in den Frauenausschüssen trug zur Vereinigung bei, in: Benser, Günter: „Vereint sind wir unbesiegbar", Berlin 1966, S. 679–688.

288 Vgl. Steinhoff/Trobisch: Behindertenhilfe, S. 18.

war an der Tagesordnung.[289] Die Lebenssituation von geistig behinderten Menschen änderte sich auch in den nächsten Jahren kaum, sie wurde nicht als das dringlichste Problem betrachtet. Die Bekämpfung von Seuchen, Tuberkulose und Geschlechtskrankheiten nahm einen großen Teil des medizinischen Personals in Anspruch.[290] Zudem hatte die sowjetische Besatzungsmacht Räumlichkeiten der Psychiatrie beschlagnahmt und bis in die 1960er Jahre für ihre Zwecke verwendet.[291] So wurde die ehemalige LHA Stralsund, die ab Ende 1939 von der SS zweckentfremdet worden war, zunächst als Armeekaserne, Flüchtlingslager, Tuberkulose-Heilstätte und Kinderheim genutzt.[292] Auch das Hauptgebäude der Heil- und Pflegeanstalt Schwerin-Sachsenberg blieb bis 1950 durch die Rote Armee belegt.[293] Noch im April 1951 beschwerte sich Mecklenburgs Arbeits- und Gesundheitsminister Bruno Hirschberg (1899–1976) beim Ministerpräsidenten über Übungen der Besatzungsmacht auf dem Gelände der Heil- und Pflegeanstalt, die sich auf die Patienten gefährlich auswirkten.[294] Im Land Mecklenburg standen Mitte 1947 nur 239 Betten für Kinder und Jugendliche mit psychischen Störungen oder geistigen Behinderungen zur Verfügung, davon 135 Betten in der Heil- und Pflegeanstalt Schwerin-Sachsenberg, 92 Betten in der LHA Ueckermünde und zwölf psychiatrisch-neurologische Kinderbetten in der Psychiatrischen- und Nervenklinik Rostock-Gehlsheim, die 1946 in eine Universitätsnervenklinik umgewandelt worden war.[295] Zusätzlich befanden sich 31 Mädchen und Jungen in einer 28 Betten fassenden geschlossenen Fürsorgeeinrichtung der Jugendabteilung Rostock-Gehlsheim.[296] Die Bettenplätze reichten bei weitem nicht, Rostock-Gehlsheim meldete, dass eine Erweiterung der psychiatrisch-neurologischen Abteilung um 65 Betten unbedingt erforderlich

---

289 Vgl. Zedlick, Dyrk: Psychiatriereform in der DDR, in: Armbruster, Jürgen/Dieterich, Anja/Hahn, Daphne/Ratzke, Katharina (Hg.): 40 Jahre Psychiatrie-Enquête, Köln 2015, S. 103–121. Bach: Entwicklung, S. 25.

290 Vgl. Barsch: Geistig behinderte Menschen in der DDR, S. 54.

291 Vgl. Coché: Psychiatrische Einweisungspraxis, S. 82

292 Vgl. Armbruster/Orlob: Zur Zwischennutzung, S. 127 ff.

293 Vgl. Haack/Kasten/Pink: Die Heil- und Pflegeanstalt Sachsenberg-Lewenberg, S. 149.

294 Vgl. LHAS, 6.11-19, Nr. 3188B, Schreiben Minister Hirschberg an den Ministerpräsidenten Wilhelm Höcker vom 6.4.1951.

295 Vgl. ebd., Nr. 3646, Schreiben Hauptabteilung Gesundheitswesen an Deutsche Zentralverwaltung Gesundheitswesen Berlin in der SBZ vom 26.6.1947. Siehe auch Mai: Erziehungsschwierig, S. 7 f.

296 Vgl. LHAS, 6.11-19, Nr. 3599, Bl. 90a, Land Mecklenburg, Jahresbericht 1947: Offene und geschlossene Fürsorge für seelisch kranke Kinder und Jugendliche.

sei.[297] 1948 hatte sich die Zahl der Betten für Kinder und Jugendliche im Land nur geringfügig auf 256 erhöht.[298]

Die Universitäts-Nervenklinik Greifswald hatte 1947 neben der üblichen Betreuung „psychopathischer Kinder" eine besondere Sprechstunde für „seelisch-kranke" Kinder und Jugendliche eingerichtet. Aufgrund der Resonanz hielt man es in Greifswald für dringend erforderlich, eine Beobachtungsstation einzurichten und bat die Landesregierung um Hilfe.[299] Die zehn Betten zählende „Station für seelisch-kranke Kinder und Jugendliche" wurde am 10. April 1948 in Betrieb genommen, dem Bedarf jedoch in keiner Weise gerecht.[300] Die im Januar 1948 erschienenen *Richtlinien für die psychiatrische Fürsorge*, die den Betrieb in den Kliniken sowie die Vor- und Nachsorge regeln sollten, wurden in den Psychiatrien Mecklenburgs ausgiebig diskutiert.[301] Hanns Schwarz (1898–1977), Direktor der Universitäts-Nervenklinik Greifswald, erklärte, dass Kinder-Abteilungen zur Untersuchung und Beobachtung in allen Anstalten und Kliniken dringend erwünscht seien und dass diese Abteilungen mit allen zuständigen Stellen wie Erziehungsheimen, Kinder-Dörfern, Hilfsschulen oder der Jugendfürsorge „lebhafte Verbindungen" herstellen sollten. Auch ein Neuaufbau der Familienpflege sei dringlich.[302] Hans Heygster (1905–1961) von der Universitätsnervenklinik Rostock-Gehlsheim erklärte der Landesregierung die Notwendigkeit der Einrichtung einer großen psychiatrischen Kinder-Abteilung, wie sie in seiner Klinik bereits in kleinem Umfang vorhanden war. Diese sollte auch die dringliche Aufgabe haben, ärztliche, heilpädagogische und sichernde Maßnahmen bei schwer erziehbaren und kriminellen Jugendlichen festzustellen.[303] Auch Werner Schwechten, Direktor der Schweriner Heil- und Pflegeanstalt Sachsenberg, schrieb in einer Stellungnahme, dass es früher mit der Anstalt Schwerin-Lewenberg eine eigene Kinderabteilung gegeben habe,

297 Vgl. ebd., Nr. 3646, Schreiben Gesundheitsamt der Stadt Rostock an Hauptabteilung Gesundheitswesen Schwerin vom 22.5.1947.

298 Vgl. ebd., Nr. 3597, Offene und geschlossene Fürsorge für seelisch kranke Kinder und Jugendliche, Landeszusammenstellung Mecklenburg, 8.6.1949.

299 Vgl. ebd., Nr. 3646, Schreiben Hanns Schwarz (Universitäts-Nervenklinik Greifswald) an die Hauptabt. Gesundheitswesen Schwerin vom 9.8.1947.

300 Vgl. ebd., Schreiben Hauptabteilung Gesundheitswesen Schwerin an die Stadt- und Kreisgesundheitsämter vom 3.5.1948.

301 Vgl. ebd., Nr. 2981, Richtlinien für die psychiatrische Fürsorge.

302 Ebd., Schreiben Hanns Schwarz (Universitäts-Nervenklinik Greifswald) an Landesregierung Mecklenburg, Hauptabt. Gesundheitswesen vom 16.3.1948.

303 Vgl. ebd., Schreiben Hans Heygster (Psychiatrische- und Nervenklinik Rostock) an Landesregierung Mecklenburg, Hauptabt. Gesundheitswesen vom 16.3.1948.

die ihren Aufgaben in ausreichendem Maße nachgekommen sei, womit er sich offensichtlich auf die Zeit vor 1938 bezog. Er befürworte einen Neuaufbau und hielt „es für notwendig, dass kriminelle Jugendliche von anderen geisteskranken oder geistesschwachen Kindern und Psychopathen nicht nur abteilungsmäßig, sondern auch anstaltsmäßig streng getrennt werden".[304] Diese Überlegungen sollten schließlich zur Errichtung eines „Beobachtungs- und Sichtungsheimes für seelisch-kranke Kinder" führen.

Trotz aller Forderungen hatte die Unterbringung „seelisch kranker" oder geistig behinderter Kinder und Jugendlicher in der medizinischen Versorgung und der Sozialpolitik keine Priorität, andere Probleme wurden vorrangig behandelt. So erklärte das Kreisgesundheitsamt Neustrelitz im August 1948, das Heil- und Erziehungsinstitut Lauenstein e.V. in Seewalde in eine Kinderheilstätte für tuberkulös-gefährdete Kinder umzuwandeln. Nur wenn es die Räumlichkeiten zulassen sollten, sei „fernerhin die Unterbringung von bildungsfähigen aber schwachsinnigen Kindern sowie seelisch defekten Kindern vorgesehen".[305] Anscheinend schien man diesen Schritt noch einmal zu überdenken, denn die Unterbringung der geistig behinderten Kinder machte solche erheblichen Schwierigkeiten, dass im Januar 1949 die Errichtung eines Heimes für „schwachsinnige" Kinder im Kreis Neustrelitz erwogen wurde.[306] Nach der Einrichtung von Landes- und Kreisgesundheitsämtern im März 1949 oblag die Verantwortung für die psychiatrische Versorgung der Bevölkerung dem Landesgesundheitsamt Mecklenburg. Ihm unterstellt waren die Heil- und Pflegeanstalten Schwerin-Sachsenberg und Ueckermünde. Letztere hatte das ehemals anthroposophische Heil- und Erziehungsinstitut Lauenstein in Seewalde, das gemäß einem *Ministerratsbeschluss vom 29. August 1949* zwangsweise verstaatlicht worden war, übernommen und darin eine neue Abteilung geschaffen. Beabsichtigt war die Belegung mit 95 „psychopathisch schwer erziehbaren" Kindern, die dort im Gartenbetrieb und in der Landwirtschaft arbeiten sollten.[307] Angeschlossen war auch eine Sonderschule. Über eine Aufnahme in die Einrichtung verfügte das Landesjugendamt.[308]

304 Ebd., Schreiben Medizinaldirektor Werner Schwechten an Landesregierung Mecklenburg, Hauptabt. Gesundheitswesen vom 5.4.1948.

305 Ebd., Nr. 3646, Kreisgesundheitsamt Neustrelitz an Hauptabteilung Gesundheitswesen Schwerin vom 12.8.1948.

306 Vgl. ebd., Nr. 3595, Besprechung Amt für Gesundheitswesen mit Landesjugendamt 24.1.1949.

307 Vgl. LHAS, 7.11-1-2, Z 131/1991, Nr. 35729, Erläuterung zur Struktur des Landesgesundheitsamtes und seiner nachgeordneten Dienststellen, 1949.

308 Vgl. LHAS, 6.11-19, Nr. 3646, Schreiben der Heimleitung Seewalde an Frau S., Güstrow vom 14.5.1949.

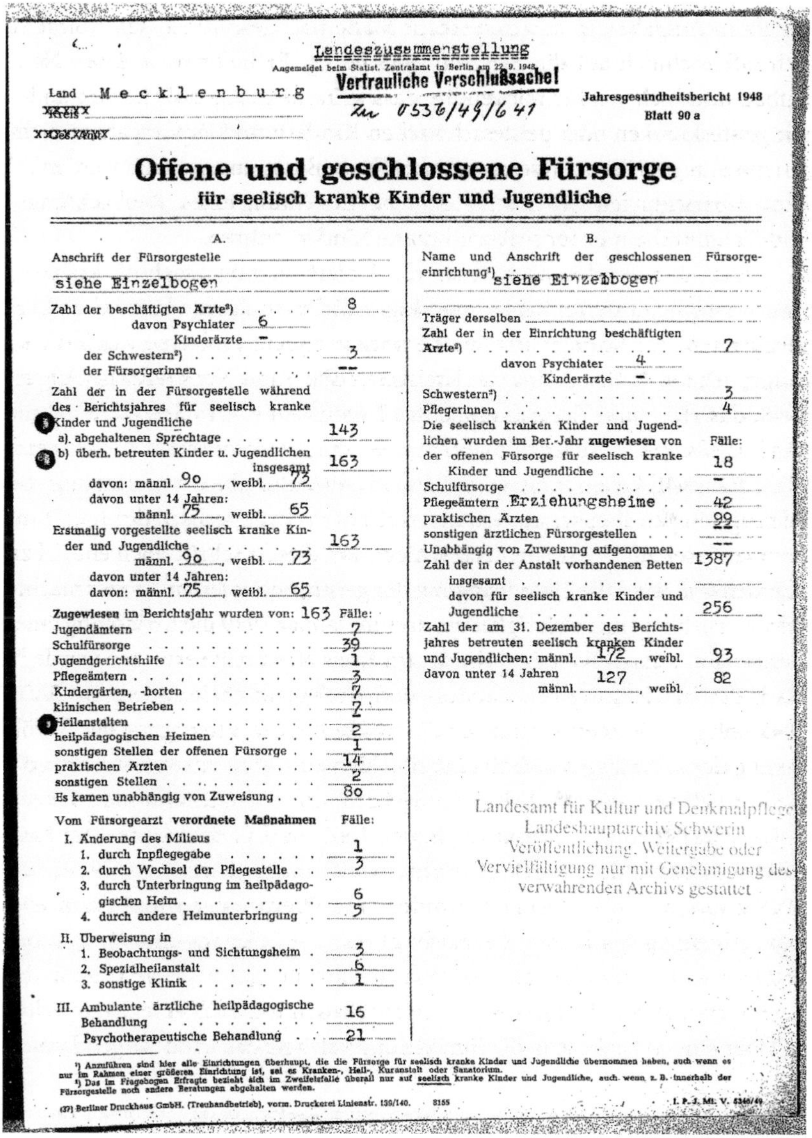

Landeszusammenstellung

Angemeldet beim Statist. Zentralamt in Berlin am 22. 9. 1948.

Vertrauliche Verschlußsache!

Land Mecklenburg

Kreis

Zu 0536/49/6 41

Jahresgesundheitsbericht 1948
Blatt 90 a

Offene und geschlossene Fürsorge

für seelisch kranke Kinder und Jugendliche

A.

Anschrift der Fürsorgestelle
siehe Einzelbogen

Zahl der beschäftigten Ärzte²) 8
davon Psychiater 6
Kinderärzte –
der Schwestern²) 3
der Fürsorgerinnen . . . . –

Zahl der in der Fürsorgestelle während des Berichtsjahres für seelisch kranke Kinder und Jugendliche
a) abgehaltenen Sprechtage 143
b) überh. betreuten Kinder u. Jugendlichen insgesamt 163
davon: männl. 90, weibl. 73
davon unter 14 Jahren: männl. 75, weibl. 65

Erstmalig vorgestellte seelisch kranke Kinder und Jugendliche 163
männl. 90, weibl. 73
davon unter 14 Jahren:
davon: männl. 75, weibl. 65

Zugewiesen im Berichtsjahr wurden von: 163 Fälle:

Jugendämtern	7
Schulfürsorge	39
Jugendgerichtshilfe	1
Pflegeämtern	3
Kindergärten, -horten	7
klinischen Betrieben	7
Heilanstalten	2
heilpädagogischen Heimen	1
sonstigen Stellen der offenen Fürsorge	14
praktischen Ärzten	2
sonstigen Stellen	80
Es kamen unabhängig von Zuweisung	

Vom Fürsorgearzt **verordnete Maßnahmen** Fälle:

I. Änderung des Milieus
1. durch Inpflegegabe 1
2. durch Wechsel der Pflegestelle . . 3
3. durch Unterbringung im heilpädagogischen Heim 6
4. durch andere Heimunterbringung . 5

II. Überweisung in
1. Beobachtungs- und Sichtungsheim . 3
2. Spezialheilanstalt 6
3. sonstige Klinik 1

III. Ambulante ärztliche heilpädagogische Behandlung 16
Psychotherapeutische Behandlung . . 21

B.

Name und Anschrift der geschlossenen Fürsorgeeinrichtung¹) siehe Einzelbogen

Träger derselben

Zahl der in der Einrichtung beschäftigten Ärzte²) 7
davon Psychiater 4
Kinderärzte –
Schwestern²) 3
Pflegerinnen 4

Die seelisch kranken Kinder und Jugendlichen wurden im Ber.-Jahr **zugewiesen** von Fälle:
der offenen Fürsorge für seelisch kranke Kinder und Jugendliche 18
Schulfürsorge . . . . –
Pflegeämtern Erziehungsheime . . 42
praktischen Ärzten 99
sonstigen ärztlichen Fürsorgestellen . . . 22
Unabhängig von Zuweisung aufgenommen . –

Zahl der in der Anstalt vorhandenen Betten insgesamt 1387
davon für seelisch kranke Kinder und Jugendliche 256

Zahl der am 31. Dezember des Berichtsjahres betreuten seelisch kranken Kinder und Jugendlichen: männl. 172, weibl. 93
davon unter 14 Jahren männl. 127, weibl. 82

¹) Anzuführen sind hier alle Einrichtungen überhaupt, die die Fürsorge für seelisch kranke Kinder und Jugendliche übernommen haben, auch wenn es nur im Rahmen einer größeren Einrichtung ist, sei es Kranken-, Heil-, Kuranstalt oder Sanatorium.
²) Das im Fragebogen Erfragte bezieht sich im Zweifelsfalle überall nur auf seelisch kranke Kinder und Jugendliche, auch wenn z. B. innerhalb der Fürsorgestelle noch andere Beratungen abgehalten werden.

(37) Berliner Druckhaus GmbH. (Treuhandbetrieb), vorm. Druckerei Linienstr. 139/140. 8155 I. P. J. Mi. V. 5346/49

Der Jahresgesundheitsbericht des Landes Mecklenburg für 1948 berichtet über die psychiatrische Fürsorge für Kinder und Jugendliche.
Quelle: LHAS, 6.11-19, Nr. 3597.

1949 waren die psychiatrischen Einrichtungen noch immer hoffnungslos überfüllt.[309] Schwerin-Sachsenberg, Rostock-Gehlsheim, Greifswald und Ueckermünde erreichten fast täglich Aufnahmeanträge für Kinder und Jugendliche aus Mecklenburg und anderen Ländern der SBZ, die sie ablehnen mussten. Schwerin-Sachsenberg wandte sich am 25. Juni an das Gesundheitsamt Schwerin und bat, doch bei der Besatzungsmacht wegen des Problems vorstellig zu werden, da „eine geordnete Irrenpflege nicht durchführbar ist, wenn in der Bettenfrage nicht bald Abhilfe geschaffen wird".[310] Zudem wurde ersucht, zwei von Seuchenkranken belegte Häuser auf dem Sachsenberg zu räumen, um sie für die Betreuung für Kinder nutzen zu können. Auch nach der Gründung der DDR bereitete die Unterbringung von „akut erkrankten Geisteskranken" große Schwierigkeiten, denn in allen psychiatrischen Einrichtungen herrschte ein „empfindlicher Bettenmangel", wie aus einer Stellungnahme des Ministeriums für Gesundheitswesen vom August 1951 hervorgeht. Das Ministerium bemerkte, dass die Bevölkerungszahl Mecklenburgs nach Kriegsende zwar um das Doppelte gestiegen sei, Einrichtungen, die früher zur Unterbringung von „Geisteskranken" genutzt wurden, standen jedoch noch immer für „vordringlichere andere Aufgaben" zur Verfügung, etwa um Tuberkulosekranke zu behandeln.[311] Auch die Universitäts-Nervenkliniken waren die psychiatrische Versorgung der Bevölkerung betreffend an ihre Grenzen gestoßen. Die Universitätsnervenklinik Rostock-Gehlsheim war mit „reinen Anstaltsfällen verstopft"[312], Neuaufnahmen waren nicht möglich. Die Universitätsnervenklinik Greifswald ließ es nicht soweit kommen, sie weigerte sich Langzeitpatienten aufzunehmen und richtete sich nach ihren institutionellen Eigeninteressen, der Lehre und Forschung, aus. Sie kam für eine flächendeckende Versorgung der Patienten also nicht infrage.[313]

---

309 Vgl. ebd., Schreiben Landesgesundheitsamt Schwerin an Kreisjugendamt Grimmen vom 12.7.1949.

310 Ebd., Nr. 3644, Amt für Sozialwesen Schwerin an das Bezirksamt Köpenick, Gesundheitsamt vom 3.5.1949. Ebd., Nr. 3646, Schreiben Direktor Heil- und Pflegeanstalten Sachsenberg/Lewenberg an Hauptabteilung Gesundheitsamt Schwerin vom 25.6.1949.

311 Ebd., Nr. 4672, Schreiben Ministerium für Gesundheitswesen Schwerin an Frau S., Loitz, vom 10.8.1951.

312 Ebd., Nr. 2484, Bericht über die Dienstreise am 13.8.1951 an Minister Hirschberg, 31.8.1951.

313 Vgl. Coché: Psychiatrische Einweisungspraxis, S. 86.

Die Betreuung körperbehinderter Minderjähriger

Im Februar 1946 wurde die seit 1900 bestehende klinisch-orthopädische „Landeskrüppelanstalt“ Elisabethheim“ in Rostock von der dortigen Universität übernommen.[314] Sie betreute auch Jugendliche mit Körperbehinderungen und bot Umschulungslehrgänge für Schwerbeschädigte an.[315] Die im Land geforderte Bettenzahl von 200 bis 250 Betten wurde in Rostock jedoch nicht erreicht, die Notwendigkeit einer zweiten Klinik bestand. So strebte man in Greifswald ab 1948 den Aufbau einer Orthopädischen Klinik oder einer selbstständigen Orthopädischen Abteilung im Rahmen der Chirurgischen Universitätsklinik an. Auch sollten Orthopädische Polikliniken sowie mindestens zwei Landheime für „Krüppelkinder“ und erwachsene Körperbehinderte eingerichtet werden. Diese, so der Plan, sollten „mit einem Bettenstand von 50–100 je Bedarf“ ausgerüstet sein, „in bequemer Entfernung von den Orthopädischen Polikliniken“[316] liegen und diesen unterstehen. Das Vorhaben wurde offensichtlich nicht verwirklicht.

Bis 1950 stieg im Land Mecklenburg die Anzahl der stationären Einrichtungen, die körperbehinderte Kinder und Jugendliche behandelten, von drei auf sechs.[317] Einrichtungen für eine Dauerunterbringung waren jedoch kaum vorhanden. So befanden sich körperbehinderte Minderjährige im Elternhaus, in Kinderheimen oder in anderen Einrichtungen. Auf eine Anfrage des Ministeriums für Gesundheitswesen an alle Stadt- und Landkreise vom Dezember 1951 nach der Anzahl von „körperbeschädigten“ Kindern und Jugendlichen, die dringend einer Aufnahme in einem Körperbeschädigten-Dauerheim bedürfen, meldeten lediglich vier Kreise geringe Anzahlen.[318] Das zeigt deutlich, dass den einzelnen Kreisen keine Angaben vorlagen und das Thema in den Kreisleitungen nicht relevant war. Im August 1951 wurden in allen Kinderheimen Mecklenburgs Differenzierungen nach Altersgruppen durchgeführt. Dabei kam das Ministerium für Gesundheits-

---

314 Vgl. Heller, Paul: Von der Krüppelanstalt zur Orthopädischen Universitätsklinik. Das „Elisabethheim“ in Rostock, Dissertation, Rostock 2007, S. 153 f.

315 Vgl. LHAS, 6.11-19, Nr. 1366, Schreiben an das Ministerium für Volksbildung Schwerin vom 20.3.1950; Schreiben des Ministeriums für Sozialwesen an alle Ämter für Arbeit vom 26.1.1949.

316 Ebd., Nr. 2981, Schreiben von Medizinalrat H. Hofer, Bezirksorthopädie Mecklenburg/Ost, an das Ministerium für Sozialwesen der DDR, Hauptabt. Gesundheitswesen vom 11.11.1948.

317 Vgl. ebd., Nr. 3597, Anzahl der Fürsorgeeinrichtungen in Mecklenburg, Bl. 9 des Jahresgesundheitsberichtes 1949.

318 Vgl. ebd., Nr. 3647, Schreiben Ministerium für Gesundheitswesen Schwerin an alle Kreis- und Stadträte Mecklenburgs vom 29.12.1951; Antworten an das Ministerium für Gesundheitswesen.

wesen zu der Feststellung, dass nicht nur überalterte Schul- und Vorschulkinder, sondern vor allem körperbehinderte Kinder die Erziehungsarbeit und den Ablauf in den Heimen stören. Das Ministerium erklärte nicht, worin diese Störungen bestanden. Anzunehmen ist, dass die Kinderheime auf die Pflege und Betreuung von Kindern und Jugendlichen mit Körperbehinderungen überhaupt nicht eingerichtet waren. Daraufhin führte das Land Mecklenburg Verhandlungen mit dem Ministerium für Gesundheitswesen in Berlin, um körperbehinderte Kinder und Jugendliche in entsprechenden Dauerheimen anderer Länder der DDR unterzubringen.[319] Die Antwort des Ministeriums fiel negativ aus. Mecklenburg solle ein eigenes Objekt in ein Dauerheim für körperbehinderte Kinder und Jugendliche umwandeln. Überlegt wurde nun, Objekte in Tarnewitz, Kühlungsborn oder Graal-Müritz für ein Körperbehinderten-Dauerheim zu nutzen. Paul Friedrich Scheel (1883–1959), Direktor der Orthopädischen Universitätsklinik Rostock, regte an, die Einrichtung in der Nähe von Rostock zu errichten, damit die orthopädische Versorgung von der dortigen Universitäts-Klinik übernommen werden könne.[320] Bis eine solche Einrichtung jedoch bestand, blieben die Probleme für die Heime und die Eltern, die mit der Pflege und Betreuung ihrer körperbehinderten Kinder überfordert waren, ungelöst. Nach einer Eingabe von Eltern, deren 16jährige Tochter aufgrund einer Rückgratverkrümmung in der Orthopädischen Universitätsklinik Rostock im Gipsbett lag, antwortete das zuständige Ministerium im Mai 1951: „Ihre Zurückverlegung in ein Kinderdauerheim […] ist wegen Platzmangels und Fehlens einer sachgemäßen Versorgung nicht möglich. Das Land verfügt z. Zt. noch nicht über ein derartiges Spezialheim."[321] Ein Jahr später gab es immer noch keine landeseigene Einrichtung. Betroffenen Heimen und Eltern wurde auf Anfrage mitgeteilt, dass sich lediglich in Züssow im Kreis Greifswald ein Körperbehinderten-Dauerheim der Inneren Mission befände, dass von einem Orthopäden ärztlich betreut werde.[322]

319 Vgl. ebd., Schreiben Ministerium für Gesundheitswesen Schwerin an Ministerium für Volksbildung Abt. Jugendhilfe/Heimerziehung vom 20.8.1951.

320 Vgl. ebd., Schreiben des Ministeriums für Gesundheitswesen Schwerin an Hauptabteilungsleiter Riemenschneider vom 6.12.1951.

321 Ebd., Gesundheitsminister Hirschberg an Ministerium für Gesundheitswesen der DDR vom 30.5.1951.

322 Vgl. ebd., Schreiben des Ministeriums für Gesundheitswesen an Rat des Kreises Güstrow, Abt. Gesundheitswesen vom 22.07.1952; Schreiben des Ministeriums für Gesundheitswesen an Rat des Kreises Parchim, Abt. Gesundheitswesen vom 25.07.1952.

Scheel sagte auf einer Arbeitstagung im Januar 1950, dass die Zahl der Kliniken und Anstalten orthopädischer Art in der DDR in jeder Hinsicht zu gering sei, um den an sie gestellten Anforderungen zu genügen. Er erklärte dies am Beispiel seiner Einrichtung in Rostock, dem früheren „Elisabethheim". Anfang 1950 war die Anstalt immer noch ungenügend ausgestattet, die Bettenzahl war viel zu gering und „trotz ständigen Hinzuflickens würde aus dieser Anstalt niemals eine Orthopädische Universitätsklinik und Heilanstalt für Körperbehinderte werden". Scheel führte weiter aus: „Wie katastrophal die Verhältnisse im Augenblick liegen, mag daraus hervorgehen, daß seit 1946 wegen der Betten-Knappheit immer mehr Patienten, bei welchen im Augenblick keine Gefahr bestand, obgleich sie der Behandlung dringend bedurften, auf spätere Aufnahme vertröstet werden mussten. [...] Für die Aufnahme werden in erster Linie nur noch Jugendliche vorgemerkt, bei welchen eine verhältnismäßig kurze Behandlungsdauer einen praktisch großen Erfolg in Aussicht stellt [...]."[323] Nachgedacht wurde 1950 über die Schaffung einer neuen Klinik mit Poliklinik, Werkstätten, einer Schule und einem Heim für jugendliche und erwachsene Körperbehinderte. Das Vorhaben wurde im März 1950 in einem Schreiben an das Ministerium für Volksbildung folgendermaßen begründet: „Letzten Endes sind aber alle Teile der Anstalt nur auf einen Gesichtspunkt auszurichten: ‚Größtmögliche Erhaltung und Mehrung der Arbeitskraft unseres Volkes, Schutz des Einzelnen zum Besten des Ganzen!'"[324]

323 Ebd., Nr. 2981, „Was ist notwendig, um die Volksgesundheit und die Volkswirtschaft der [DDR] vor den schädlichen Folgen der Körperbehinderung zu schützen und das Los der Körperbehinderten zu bessern?", Vortrag von P. F. Scheel auf der Arbeits-Tagung der Landes-Orthopäden am 25.1.1950 in Berlin.

324 Ebd., Nr. 1366, Schreiben aus Universitätsklinik Rostock an das Ministerium für Volksbildung Schwerin vom 20.3.1950.

4.2 Beschulung

Sonderschulen in Mecklenburg in der SBZ 1945 bis 1949

1947 wurde in einem Jahresbericht der Abteilung Jugendfürsorge beim Land Mecklenburg die Zahl der Schüler aus den regulären Schulen, die als „hilfsschulbedürftig" angesehen wurden, mit 2.066 angegeben.[325] Langsam begann der Aufbau des Sonderschulwesens, 1949 gab es im Land Mecklenburg fünf Hilfsschulen mit 767 Schülern sowie sechs weitere Sonderschulen mit 436 Schülern.[326] Die Bemühungen, Schulkinder mit physisch-psychischen Schädigungen zu erfassen und zu beschulen, erwies sich jedoch im ländlich geprägten Mecklenburg als problematisch. Es gab kaum geeignete Verkehrsverbindungen für den Transport zu den Sonder- und Hilfsschulen und Internatsplätze waren in der Regel nicht vorhanden.[327]

Am Beispiel der Blindenschule an der Landesblindenanstalt Neukloster und der Gehörlosenschule in Ludwigslust soll die schwierige Nachkriegssituation für Sonderschulen an Behinderteneinrichtungen verdeutlicht werden. Die Bewohner der als geschlossene Blindenanstalt Neukloster deklarierten Einrichtung hatten die NS-Herrschaft weitgehend unbeschadet überstanden. Nach Kriegsende musste sie Insassen gleichartiger Einrichtungen aus Stettin, Danzig und Königsberg aufnehmen.[328] Die aus der Landesblindenschule und dem Landesblindenheim Stettin eintreffenden Flüchtlinge kamen fast ohne jeglichen Besitz in Neukloster an. Sie berichteten, dass vor und während ihrer Abreise ihr Gepäck von Banden sowie polnischen Polizisten und Soldaten geplündert worden war.[329] Ende 1945 waren im Land Mecklenburg 507 blinde Menschen gemeldet[330], in Neukloster befanden sich zu diesem Zeitpunkt bei einer Kapazität von 100 Plätzen 175 blinde Menschen, darunter 34 Kinder, die die Blindenschule besuch-

325 Vgl. ebd., Nr. 3599, Bl. 82, Jahresbericht 1947 Land Mecklenburg.

326 Vgl. Werner: Sonderpädagogik, S. 81. Namentlich aufgeführt werden hier die Blindenschule Neukloster, die Schwerhörigen- und Sprachgestörtenschule Ludwigslust, die Gehörlosenschule Güstrow, die Schule für Schwererziehbare Rostock-Michaelshof und die Hilfsschule an der Heil- und Pflegeanstalt Ueckermünde.

327 Vgl. Becker: Rehabilitationspädagogik, S. 63.

328 Vgl. Sill: 130 Jahre Blindenfürsorge, S. 44.

329 Vgl. LHAS, 6.11-19, Nr. 2111, Schreiben Landesregierung, Abt. Arbeit und Sozialfürsorge, an die Oberbürgermeister und Landräte in Greifswald und Neubrandenburg vom 18.9.1945; Abschrift Bericht der Landesblindenschule und Landesblindenheim Stettin über die Verlegung der Betriebe nach der Blindenschule Neukloster, o. D.

330 Vgl. ebd., Nr. 4534, Landesverwaltung, Abt. Sozialfürsorge, Übersicht der Blinden im Land, 10.12.1945.

ten, und 26 jugendliche Lehrlinge.[331] Im Dezember 1946 waren 187 blinde Menschen in der Blindenanstalt, darunter 42 Kinder im Alter von sechs bis 15 Jahren, sowie weitere Jugendliche.[332] Ende 1947 waren 37 schulpflichtige Kinder bis 14 Jahre und 34 Lehrlinge in Neukloster.[333] Der Schulbetrieb war im Oktober 1945 wieder aufgenommen worden.[334]

Die Einrichtung war baulich in einem schlechten Zustand, die Dächer waren undicht und es fehlten sanitäre Anlagen.[335] Ende 1945 wurde durch eine Sammlung von Hilfsgütern versucht, im Blindenheim die größte Not zu lindern.[336] Vor allem wollte man der Überbelegung Herr werden. Der Vorschlag, eine zweite Einrichtung für den Ostteil des Landes zu schaffen, wurde Anfang 1946 vom Ministerium für Sozialwesen abgelehnt. Man sah für ein solches Vorhaben unüberwindbare Schwierigkeiten, weshalb Neukloster den Anforderungen genügen müsse.[337] Die Zahl der Anmeldungen in der Landesblindenanstalt stieg. Im März 1946 sollten trotz der Überbelegung 60 blinde Menschen aus der Heil- und Pflegeanstalt Ueckermünde und aus anderen Orten nach Neukloster verlegt werden. Dort schlug man vor, die arbeitsunfähigen pflegebedürftigen Personen vorläufig in Ueckermünde zu belassen bzw. weitere von Neukloster dorthin zu überführen und im Austausch dafür blinde Schüler und Auszubildende in der Landesblindenanstalt aufzunehmen.[338] Ende 1946 warteten immer noch 70 bis 80 blinde Menschen, darunter auch Kinder, auf einen Platz in der Einrichtung.[339] Das Problem wurde immer dringender, denn die Zahl der blinden Personen vergrößerte sich durch den Flüchtlingsstrom ständig. Die Blindenanstalt in Neukloster war nicht mehr aufnahmefähig und blinde Menschen wurden in Krankenanstalten und Altersheimen untergebracht, wo sie völlig fehl am

---

331 Vgl. ebd., Landesverwaltung, Abt. Sozialfürsorge, Die Blindenschule mit Heim in Neukloster, 5.12.1945. Sill: 130 Jahre Blindenfürsorge, S. 44.

332 Vgl. LHAS, 6.11-19, Nr. 2111, Schreiben Ernst Puchmüller an Landesverwaltung, Abt. Sozialfürsorge, vom 8.12.1946. Ebd., Nr. 3596, Schreiben der Abteilung Gesundheitswesen betr. Zuteilung von Schokolade an Kinder in Krankenhäusern usw. vom 18.12.1946.

333 Vgl. ebd., Nr. 2111, Heimkartei der Staatlichen Blindenanstalt Neukloster, o. D. (1947).

334 Vgl. Sill: 130 Jahre Blindenfürsorge, S. 44.

335 Vgl. Rat der Stadt Neukloster (Hg.): Neukloster 1219–1969. Festschrift zum 750jährigen Bestehen des Ortes Neukloster, Neukloster 1969, S. 20 f.

336 Vgl. LHAS, 6.11-19, Nr. 2111, Sammlung von Hilfsgütern für das Blindenheim Neukloster, Ende 1945.

337 Vgl. ebd., Schreiben Landesverwaltung, Arbeit und Sozialfürsorge, an Medizinalabteilung vom 24.1.1946. Vgl. auch die Diskussion über die Einrichtung einer zweiten Blindenanstalt in: Ebd., Nr. 4534.

338 Vgl. ebd., Nr. 2111, Schreiben Direktor Blindenschule Neukloster an die Landesverwaltung, Abt. Sozialfürsorge, vom 26.3.1946.

339 Vgl. ebd., Schreiben SED Landesvorstand MV an die Landesregierung vom 20.12.1946.

Platz waren.[340] Mitte des Jahres 1949 warteten immer noch etwa 60 blinde Personen, darunter auch Umschüler, auf eine Aufnahme.[341]

Ähnliche Umstände herrschten in der Gehörlosenschule in Ludwigslust. Im April 1945 wurde die Schule geschlossen, viele Kinder gingen zu den Eltern zurück und die taubstummen Kinder wurden in Privatquartieren untergebracht. Als am 1. Oktober 1945 der Schulbetrieb wieder aufgenommen wurde, konnten noch nicht alle Kinder unterrichtet werden. Es mangelte an Unterrichtspersonal und die Beschulung erfolgte im Schichtbetrieb. Ein Taubstummenlehrer hatte zehn Kinder zu unterrichten, was kaum möglich war. Der Lehrermangel im Sonderschulbereich war auch der kompromisslosen Entnazifizierung geschuldet.[342] Durch die Flüchtlingsströme war auch die Zahl der gehörlosen Kinder erheblich gestiegen und diese konnten kaum untergebracht und verpflegt werden. Ein Internat wurde provisorisch eingerichtet, der bauliche Zustand des Gebäudes war schlecht und die Fenster zugenagelt. Viele taubstumme Kinder mussten auf dem Fußboden auf Stroh schlafen. Die staatliche Bezugsstelle unterstützte die Einrichtung, auch Eltern und hilfsbereite Bürger der Stadt schenkten dem Internat Möbel. 1948 wurde eine Lehrwerkstätte für Maßschneiderei eingerichtet und 1950 begann der Bau einer neuen Taubstummenschule.[343] 1947 hatte die Schule 214 Schüler, 1950 waren es 232.[344]

Ausbildungsmöglichkeiten für behinderte Jugendliche gab es u.a. in Wrangelsburg (Kreis Greifswald). Dort unterhielt die evangelische Stiftung Bethesda eine Orthopädische Heil- und Pflegeanstalt sowie Lehrwerkstätten. Im April 1948 plante die Einrichtung mit dem Hilfswerk der Evangelischen Kirche die Umschulungs- und Ausbildungsmöglichkeiten für erwachsene und jugendliche Körperbehinderte zu erweitern. Zu diesem Zeitpunkt waren bereits eine Schuhmacherei, eine Tischlerei, eine Gärtnerei und für weibliche Auszubildende eine kunstgewerbliche Werkstatt vorhanden. Entstehen sollten außerdem eine Korbmacherei, eine Drechslerei und eine Buchbinderei. Die Umschulung sollte bis zur Ablegung der Gesellenprüfung erfolgen. Die Auszubildenden wohnten in einem der Einrichtung

340 Vgl. ebd., Schreiben Landesverwaltung, Abt. Sozialfürsorge, an die Abt. Kultur und Volksbildung vom 9.1.1947.

341 Vgl. ebd., Rat des Kreises Wismar, Aufstellung über Heimpflegekosten für mittellose erblindete Umsiedler in der Staatlichen Blindenanstalt Neukloster, 10.2.1948.

342 Siehe hierzu auch Barsch: Geistig behinderte Menschen in der DDR, S. 52.

343 Vgl. LHAS, 10.34-3, Nr. 850, Erinnerungsbericht von Ewald Grewe, undatiert, nach 1964.

344 Vgl. Werner: Sonderpädagogik, S. 419.

angeschlossenen Heim.[345] Die Unterbringung wurde 1948 vom Ministerium für Sozialwesen als vorbildlich bezeichnet, man sah die Einrichtung nicht nur als Arbeits- sondern auch als Erholungsstätte.[346] 1950 wurde nach einem Beschluss der Landeskommission für Bodenreform der Gebäudekomplex des Schlosses Wrangelsburg den konfessionellen Betreibern gekündigt und die von diesen offenbar erfolgreich aufgebauten Werkstätten vom Kreis weitergeführt.[347] Ähnliche Einrichtungen wurden auch für Sinnesgeschädigte eingerichtet, so entstanden um 1948 in Malchow Umschulungswerkstätten für Blinde, die dort den Bürstenmacherberuf erlernen konnten.[348]

Sonderschulen in Mecklenburg in der frühen DDR 1949 bis 1952

Nach den Meldungen der Kreise für den DDR-Jahresgesundheitsbericht 1949 besuchten in jenem Jahr 73 Schüler die Sonderschule auf dem Michaelshof im Stadtkreis Rostock, 183 Schüler die „Sonderschule für Sinnesgestörte und Körperbehinderte" in Ludwigslust, 42 Schüler eine Sonderschule im Kreis Neustrelitz und 65 Schüler eine Sonderschule im Kreis Waren.[349] Im Jahresgesundheitsbericht für 1950 wurde die Sonderschule auf dem Michaelshof nicht mehr aufgeführt – was der Bildungspolitik der DDR geschuldet war –, dafür gab es eine weitere „Sonderschule für Sinnesgestörte und Körperbehinderte" im Kreis Greifswald, die 65 Schüler besuchten.[350] Hinzu kamen die von den psychiatrischen Großkrankenhäusern bzw. Heil- und Pflegeanstalten eingerichteten Hilfsschulen.[351] Ein Vorschlag, der diskutiert wurde, war die Einrichtung eines Heimes für „Bettnässer". Diese unsinnige Forderung macht die Unkenntnis und Hilflosigkeit der mit der Thematik befassten Institutionen und Personen deutlich. Ein Nervenfacharzt aus Wittenberge erklärte schließlich im Falle der „Bettnässer" „die psychologische und pädagogische Beratung der Eltern [für] notwendiger als die klinische

345 Vgl. LHAS, 6.11-19, Nr. 1373, Schreiben Krüppelheim Bethesda an das Amt für Arbeit, Abt. Umschulung in Greifswald vom 30.4.1948.

346 Vgl. ebd., Bericht über das Krüppelheim Bethesda in Wrangelsburg, 18.5.1948.

347 Vgl. ebd., Schreiben Amt für Arbeit Greifswald an die Landesregierung Mecklenburg vom 9.5.1950.

348 Vgl. ebd., Nr. 2110, Einrichtung von Umschulungswerkstätten für Blinde in Malchow, 1948.

349 Vgl. ebd., Nr. 3598, DDR-Jahresgesundheitsbericht 1949, Jugendgesundheitsfürsorge.

350 Vgl. ebd., DDR-Jahresgesundheitsbericht 1950, Jugendgesundheitsfürsorge.

351 Vgl. ebd., Nr. 3647, Schreiben des Ministeriums für Gesundheitswesen an das Ministerium für Volksbildung Schwerin vom 18.12.1951.

Behandlung der Kinder" und regte an, die „unter häuslichen Verhältnissen nicht heilbaren Bettnässer nicht in einem Sonderheim, sondern im Rahmen der üblichen Kinderheilanstalten aufzunehmen".[352] Sein Vorschlag wurde offenbar aufgegriffen.

Mit der Übernahme aller Sonderschulen durch das Ministerium für Volksbildung wurde Kindern und Jugendlichen, die bestimmte Voraussetzungen nicht erfüllten, die Möglichkeit von Beschulung genommen. Der Fall des Kindes Arthur F., das 1950 als „schwachsinnig, aber noch bildungsfähig"[353] bezeichnet wurde, soll das veranschaulichen. Arthurs Eltern wurde vom Direktor der Landesheil- und Pflegeanstalt Ueckermünde die Aufnahme ihres Sohnes in das Hilfsschulheim Seewalde zugesichert. Auch der dort verantwortliche Arzt Dr. Sch. erklärte zunächst, das Kind sei nur ein wenig zurückgeblieben und könne für sechs Jahre in Seewalde bleiben. Nach dreiwöchiger Beobachtung war Dr. Sch. allerdings der Meinung, dass Arthur für die Hilfsschule nicht geeignet sei. „Es geht nicht an, daß [man] mir alles Mögliche einweist!" erklärte er gegenüber der Mutter und schlug vor, das Kind in Ueckermünde in die Pflegestation zu geben. Durch die als herzlos empfundene Art den Patienten und Bewohnern gegenüber sah sich die Mutter veranlasst, ihren Sohn sofort aus Seewalde herauszunehmen.[354] Nach einer erneuten Untersuchung in Ueckermünde wurde prognostiziert, dass Arthur „kaum bildungsfähig wird"[355] und der Mutter wurden drei Vorschläge unterbreitet: ihren Sohn zunächst in das Beobachtungs- und Sichtungsheim Michaelshof einweisen zu lassen und nach dem Abschluss der Beobachtung über seinen weiteren Verbleib zu entscheiden, ihn in die Heil- und Pflegeanstalt Ueckermünde zu geben oder ihn zu Hause zu belassen, wo er mehr Liebe und Zuneigung hätte.[356] Die Möglichkeit, ihn entsprechend seiner Fähigkeiten zu beschulen und zu fördern, gab es nicht. Für welche Möglichkeit sich die Mutter entschied, lassen die Unterlagen nicht erkennen.

Eine Beschulung sinnesgeschädigter Kinder an den Sonderschulen Mecklenburgs wurde durch einzelne Initiativen dort tätiger Lehrer und

---

352 Ebd., Nr. 3595, Schreiben Dohme an Landesgesundheitsamt Schwerin vom 11.5.1950.

353 Ebd., Nr. 3646, Schreiben Abt. Gesundheitswesen an Städt. Gesundheitsamt Güstrow vom 28.4.1950.

354 Ebd., Bericht der Fürsorgerin an Städt. Gesundheitsamt Güstrow, 22.4.1950.

355 Ebd., Schreiben Abt. Gesundheitswesen an Städt. Gesundheitsamt Güstrow vom 4.5.1950.

356 Vgl. ebd., Schreiben Abt. Gesundheitswesen an Städt. Gesundheitsamt Güstrow vom 28.4.1950; Schreiben Städt. Gesundheitsamt Güstrow an Abt. Gesundheitswesen vom 24.4.1950.

Ärzte unterstützt und vorangetrieben. 1950 bat ein Lehrer der Blindenanstalt Neukloster um die Erfassung und Benennung blinder Kinder im Land. Sein Ziel war es, diese Kinder schon im Vorschulalter von fünf Jahren in die Blindenanstalt aufzunehmen, um sie so auf den Schulbesuch vorzubereiten.[357] Im September 1951 wurde in Güstrow eine neue Landesschule für Gehörgeschädigte bezugsfertig.[358] Die etwa 70 Kinder[359] sollten in einem der Gehörlosenschule angeschlossenen Heim, also von den Eltern getrennt, leben.[360] In der Einrichtung wurde auch ein Kindergarten für gehörlose, stark schwerhörige und „sprachkranke" Kinder[361] vom dritten bis zum sechsten Lebensjahr eingerichtet. Zunächst sollten dort zehn Kleinkinder aufgenommen werden, die nach Erlernung der Sprache ertaubt waren und entweder keine Eltern mehr hatten oder in unzuträglichen Verhältnissen lebten. Aber auch Kinder, deren Eltern von der Notwendigkeit der Früherziehung überzeugt waren, sollten aufgenommen werden. „Es sind Kinder im Land, deren berufstätige Mütter die Aufnahme in den Kindergarten begrüßen"[362], so die Überzeugung des Ministeriums für Volksbildung. Hier wird einmal mehr angedeutet, dass neben der Frühförderung der betroffenen Kinder auch die Einbindung deren Mütter in den Produktionsprozess eine Rolle bei der Errichtung entsprechender Förderungs- und Bildungseinrichtungen spielte. Die Anmeldung von Kindern und Jugendlichen mit Hörbehinderungen stockte jedoch. Mitte 1952 lagen beim Ministerium für Gesundheitswesen trotz Aufforderung an die Kreise keine Anträge auf eine Beschulung gehörloser Jugendlicher vor, was offenbar an deren fehlender Erfassung lag.[363]

Neben der Einrichtung in Güstrow wurde auch die Landesgehörlosenschule in Ludwigslust weiter betrieben.[364] Sie sollte nunmehr auch für die Unterbringung entwicklungsgestörter Kinder genutzt werden, wobei ei-

357 Vgl. ebd., Nr. 3595, Vermerk o. D. (ca. September 1950).

358 Vgl. ebd., Nr. 3647, Schreiben Ministerium für Volksbildung Abt. Allgemeinbildende Schulen an die Kreisschulräte vom 31.03.1951.

359 Vgl. ebd., Schreiben Kreisgesundheitsamt Ludwigslust an Ministerium für Gesundheitswesen vom 24.05.1951.

360 Vgl. ebd., Schreiben Ministerium für Volksbildung Abt. Allgemeinbildende Schulen an Ministerium für Gesundheitswesen vom 31.05.1951.

361 D. h. Kinder mit Sprachstörungen.

362 LHAS, 6.11-19, Nr. 3647, Schreiben Ministerium für Volksbildung Abt. Allgemeinbildende Schulen an Ministerium für Gesundheitswesen vom 02.04.1951.

363 Vgl. ebd., Schreiben Ministerium für Gesundheitswesen an das Ministerium für Volksbildung, Abt. Sonderschulen vom 21.7.1952.

364 Vgl. ebd., Schreiben Rat des Kreises Ludwigslust Kreisgesundheitsamt an Ministerium für Gesundheitswesen vom 24.05.1951.

nerseits die fürsorgerische Arbeit, andererseits eine klinische Beobachtung auf einer Durchgangsstation für entwicklungsgestörte und „schwachsinnige“ Jugendliche gemeint war.[365] Die Lehrer der Landesgehörlosenschule Ludwigslust führten außerdienstlich auf Wunsch der dortigen Poliklinik in Zusammenarbeit mit dem Kreisgesundheitsamt Sondersprachheilkurse für stotternde Kinder durch. Aufgrund der *Sonderschulverordnung vom 5. Oktober 1951* sollten derartige Behandlungen aber künftig stationär in Einrichtungen der Volksbildung durchgeführt werden, weswegen die Sozialversicherung Mecklenburg die Finanzierung dieser Kurse nun ablehnte.[366] Erst im August 1952 wurde es nach einer Einigung der Ministerien für Gesundheitswesen und Volksbildung wieder möglich, ambulante Heilbehandlungen sprachkranker Kinder durch Lehrkräfte der Landesgehörlosenschule Ludwigslust durchzuführen. Man hatte eingesehen, dass entsprechende Einrichtungen der Volksbildung sowie ausgebildete Lehrkräfte nicht vorhanden waren. Die etwa einjährige Unterbrechung war der Bürokratie geschuldet und ging auf Kosten der zu behandelnden Kinder.[367]

365 Vgl. ebd., Schreiben A. Dahme an Kreisgesundheitsamt Ludwigslust vom 27.02.1951.
366 Vgl. ebd., Schreiben Ministerium für Gesundheitswesen an das Ministerium für Volksbildung vom 18.12.1951.
367 Vgl. ebd., Schreiben Sozialversicherung Landesgeschäftsstelle Mecklenburg an das Ministerium für Gesundheitswesen vom 2.8.1952.

4.3 Die konfessionellen Einrichtungen für Kinder und Jugendliche mit Behinderungen in der Nachkriegszeit bis zum Ende der 1950er Jahre

Zwischen Nothilfe, Konfrontation und Kooperation

Viele kirchliche Erziehungs- und Pflegeeinrichtungen mussten nach dem Ende des Zweiten Weltkrieges neu aufgebaut werden. Während der NS-Zeit von der NSV übernommene Einrichtungen wie das „Rettungshaus Hohendorf" bei Greifswald[368], das Kinderheim Werle bei Schwaan[369] und der Michaelshof in Rostock-Gehlsdorf wurden von der sowjetischen Besatzungsmacht zurückgegeben, wenn auch die Freigabe nicht in allen Fällen umgehend erfolgte. In den ersten Nachkriegsjahren war die Arbeit der konfessionellen Einrichtungen und ihrer übergeordneten Träger trotz aller Einschränkungen durch Kooperationsversuche mit der Besatzungsmacht und der deutschen Verwaltung im Zeichen des Wiederaufbaus gekennzeichnet. Die konfessionellen Erziehungs- und Pflegeeinrichtungen wurden benötigt und hin und wieder sogar von Seiten der Landesregierung gelobt. So bescheinigte eine Beauftragte des Dezernats für Sozialfürsorge nach Besichtigungen im November 1947 dem Michaelshof den Eindruck eines Sanatoriums: Es gäbe keine Mauern und Gitter, dafür Blumen und Sauberkeit und auch die Erziehungsarbeit sei fortschrittlich. Das Mädchenheim in Werle mit angeschlossener Schule gleiche keiner Erziehungsanstalt, sondern einer Haushaltsschule.[370]

Da die Kirchen jedoch zu den weltanschaulichen Gegnern der SED gehörten, gerieten ihre Erziehungs- und Pflegeeinrichtungen etwa ab der Jahreswende 1947/48 – also mit Beginn des Kalten Krieges – zunehmend in Schwierigkeiten.[371] Mit Gründung der DDR verschärfte sich die Konfrontation weiter. Das Ziel der SED war es, alle Bereiche der Gesellschaft zu kontrollieren. Es kam zu Verhaftungen von Diakoniemitarbeitern und Beschlag-

368 Vgl. ebd., Nr. 239, Schreiben vom 8.7.1946 und vom 31.7.1946.

369 Vgl. Archiv Michaelshof, Nr. 77, Schreiben vom 8.8.1945.

370 Vgl. ebd., Nr. 93, Bericht über die Besichtigung der Erziehungsheime Michaelshof (24.11.1947) und Werle (25.11.1947) durch eine Beauftragte des Dezernates für Sozialfürsorge.

371 Vgl. Tischner, Wolfgang: Die Kirchen im Umfeld des Volksaufstands vom 17. Juni 1953, in: Historisch-Politische Mitteilungen 7 (2000), S. 151–181, hier S. 152.

nahmungen von Einrichtungen.[372] Die Tätigkeit des in Gesamtdeutschland tätigen Evangelischen Hilfswerks, das finanzielle und materielle Hilfe aus dem westlichen Ausland, vor allem aus den USA, auch für konfessionelle Einrichtungen im Ostteil Deutschlands bot, wurde in einer SED-internen Studie von 1950 als die „zurzeit gefährlichste Infiltrationsstelle"[373] bezeichnet. Die SED versuchte die Arbeit des Evangelischen Hilfswerks zu kontrollieren und von öffentlicher Wirkung abzuschneiden und zugleich die 1945 gegründete Volkssolidarität[374] von einer Massenbewegung und Dachorganisation der Wohlfahrtstätigkeit zu ihrem Instrument zu machen.[375]

Nachdem 1946 das *Gesetz zur Demokratisierung der deutschen Schule* in Kraft getreten war, wurde das gesamte Bildungssystem in der SBZ umgestaltet. Danach waren sämtliche sonderpädagogischen Einrichtungen dem Volksbildungswesen zugeordnet, die schulische Erziehung war ausschließlich Angelegenheit des Staates. Wenn in einigen Fällen auch nicht sofort, so bedeutete das Gesetz das Aus für private und kirchliche Schulen.[376] Der *Befehl Nr. 225 der SMAD vom 26. Juli 1946 über die Leitung der Arbeit in Kinderheimen* legte fest, dass Kinderanstalten zwar auch von Gesellschaftsorganisationen und religiösen Gemeinden unterhalten werden konnten, jedoch der Deutschen Zentralverwaltung für Volksbildung unterstanden. Demnach wurden nichtstaatliche Kinderheime jeglicher Art und Trägerschaft geduldet, die Bildung lag jedoch in den Händen des Staates. Dass diese Situation nicht konfliktfrei blieb und nur eine Zwischenlösung war, zeigt die weitere Entwicklung. Die SED beanspruchte den Bildungssektor für sich, die kirchlichen Kinderheime und Erziehungsanstalten mit ihren Schulen sollten schließlich abgeschafft werden. Im November 1950 führten die SED-Landes-Partei-Kontrollkommission und die Behörde der Landesregierung Staatliche Kontrolle eine Überprüfung kirchlicher Kinderheime durch. Der Heimleitung des evangelischen Kinderheims in Görke im Kreis

---

372 Vgl. Hübner, Ingolf: Diakonie zwischen Selbständigkeit und Kooperation, in: Ingolf Hübner/Jochen-Christoph Kaiser (Hg.): Diakonie im geteilten Deutschland. Zur diakonischen Arbeit unter den Bedingungen der DDR und der Teilung Deutschlands, Stuttgart u. a. 1999, S. 79.

373 Zitiert nach Hübner: Diakonie zwischen Selbständigkeit und Kooperation, S. 79.

374 Die 1945 gegründete Hilfsorganisation Volkssolidarität kümmerte sich zunächst um Bedürftige aller Art (u. a. Kinder und Kriegsheimkehrer), ab den 1950er Jahren dann vorrangig und später ausschließlich um ältere Menschen (vgl. Lattka, Ernst-Günter: Hurra, wir leben! 60 Jahre Volkssolidarität, Berlin 2005).

375 Vgl. Hübner: Diakonie zwischen Selbständigkeit und Kooperation, S. 77.

376 Vgl. Barsch: Geistig behinderte Menschen in der DDR, S. 48. Werner: Sonderpädagogik, S. 366.

Anklam wurde „Schluderei“ vorgeworfen.[377] Ein Bericht erklärt, dort seien schon zehnjährige Kinder zur Feldarbeit herangezogen worden, die Kinder wären nur dürftig gekleidet gewesen und hätten einen verschüchterten Eindruck gemacht. Eine Überprüfung des Bugenhagenstiftes in Ducherow ergab, dass Kinder aufgrund ihnen zugeteilter Arbeit vom Schulbesuch zurückgehalten und weit über die gesetzlich zulässige Zeit beschäftigt wurden. Im evangelischen Kinderheim Stratensee im Kreis Anklam gab es durch die Arbeitsschutzkommission keinerlei Beanstandungen.[378] Diese Überprüfungen erfolgten auch unter ideologischen Gesichtspunkten. In allen drei Heimen wurde eine fehlende ideologische Jugendarbeit beanstandet. Propagandistisch berichtete die in Mecklenburg erscheinende Landeszeitung vom 25. Oktober 1950 unter der Überschrift „Unsaubere Machenschaften in kirchlichen Kinderheimen“ über die Kontrollen, worauf Ende Dezember 1950 die Kreis-Partei-Kontrollkommission Anklam im Kinderheim Görke eine Nachkontrolle durchführte. Einige Mängel waren abgeschafft worden, die Kinder wussten aber nicht, was ihr Eigentum war, da die Heimleitung die Kleidung wahllos verteilte. Auch wurde bemängelt, dass die Wandzeitung der „Jungen Pioniere“ noch immer nicht aufgehängt worden war.[379] Bei einer weiteren Kontrolle Anfang 1951 fand man zwar im Aufenthaltsraum die Bilder von Präsident Wilhelm Pieck (1876–1960) und Ministerpräsident Otto Grotewohl (1984–1964) und auch die Wandzeitung an ihrem Platz, die Lehrkräfte der Schule leisteten jedoch keine Pionierarbeit, auch eine FDJ-Gruppe gab es nicht. Die Kommission stellte fest: „Die Schule Görke ist wegen ihrer schlechten Pionierarbeit im Kreise bekannt. Gerade in diesen Orten müsste ein politisch klarer Lehrer sein, der die Kinder dem kirchlichen Einfluß des Heimes entzieht.“[380] Auch im Bugenhagenstift in Ducherow waren Mängel abgestellt worden. Hier wurde jedoch vermerkt, dass die Heimleitung nach wie vor eine selbstständige Heimpioniergruppe ablehne.[381] Positiv fiel der SED und der Behörde Ende 1950 hingegen das Katholische Kinderheim „St. Joseph“ in Stralsund auf. Hier gebe es „ein gutes Beispiel der Heimerziehung“, von 74 Kindern gehörten 55 den „Jungen

---

377 Vgl. LHAS, 10.34-7, Nr. 463, Notiz des Amtes für Information, Abt. Informationskontrolle vom 2.11.1950.

378 Vgl. ebd., SED-Landes-Partei-Kontrollkommission an die Kreis-Partei-Kontrollkommission (KPKK) Anklam vom 15.11.1950.

379 Vgl. ebd., KPKK Anklam an die SED-Landes-Partei-Kontrollkommission vom 29.12.1950.

380 Ebd., FDJ Landesvorstand Mecklenburg an die SED-Landes-Partei-Kontrollkommission vom 6.2.1951.

381 Vgl. ebd., KPKK Anklam an die SED-Landes-Partei-Kontrollkommission vom 29.12.1950.

Pionieren" an, und die Schwestern sorgten dafür, dass die Pionierarbeit gut läuft. „Der kirchliche Einfluß auf die Kinder ist gering. Sie werden nicht angehalten in die Kirche zu gehen", stellte die Kontrollkommission zufrieden fest.[382] Im Juli 1951 sicherte sich das Ministerium für Volksbildung schließlich mit der *Verordnung über Heimerziehung* den Zugriff auf alle in der DDR bestehenden Heime. Im Dezember 1951 wurden Durchführungsbestimmungen erlassen, die konfessionellen Erziehungsheimen weitere Einschränkungen auferlegten.[383] Da diese angeblich das staatliche Erziehungsmonopol untergruben, sollten Kinder und Jugendliche, auch schwererziehbare, aus diesen Heimen herausgenommen werden. In Mecklenburg gab es Versuche, die Kinder in staatliche Heime zu überführen, die beispielsweise vom Kinderheim „Haus Sonnenschein" in Ludwigslust 1951 noch zum großen Teil verhindert werden konnten.[384] 1952 erhielt jedes Heim, das weitergeführt werden durfte, eine Bestätigungsurkunde.[385] So wurde im April 1952 das Stift „Kinderfreude Zarrendorf" der Inneren Mission Greifswald kontrolliert. Man stellte fest, dass eine Wandzeitung und eine „Friedensecke" vorhanden seien und vermerkte, dass gegen eine Fortführung der Erziehungsarbeit keine Bedenken bestünden.[386]

Der größte Teil der konfessionellen Heime und Waisenhäuser musste Anfang der 1950er Jahre in Behinderteneinrichtungen umgewandelt werden, die dem Ministerium für Gesundheitswesen unterstanden. Das gleiche traf auf private Einrichtungen zu. Die Schulbildung lag allein in der Hoheit des Staates, die konfessionellen Träger sollten sich um die Versorgung schwerbehinderter Menschen kümmern, die aus dem Verantwortungsbereich des Bildungs- und Erziehungswesens ausgesondert und als „bildungsunfähige" Menschen eingestuft worden waren. Insgesamt konnte dies nur langfristig umgesetzt werden, weil entsprechende staatliche Bildungseinrichtungen fehlten. Erst Ende 1954 schloss die letzte Privatschule der DDR.[387]

---

382 Ebd., Notiz des Amtes für Information, Abt. Informationskontrolle vom 2.11.1950.

383 Vgl. LAGw, Rep. 200 8.2 Nr. 25, Bl. 1–6, Rat des Bezirkes Rostock, Abt. Volksbildung, Ref. Jugendhilfe-Heimerziehung, undatiert, 1958

384 Vgl. Archiv Michaelshof, Nr. 93, Innere Mission der Evang.-Luther. Landeskirche Mecklenburgs, Jahresbericht 1951.

385 Vgl. LAGw, Rep. 200 8.2, Nr. 6, Bl. 1, Rat des Bezirkes Rostock, Abt. Volksbildung, Ref. Jugendhilfe-Heimerziehung, undatiert, 1958.

386 Vgl. ebd., Nr. 25, Bl. 36–49, Rat des Kreises Grimmen, Dezernat Volksbildung, Bericht über die am 4.4.1952 im Stift Kinderfreude Zarrendorf stattgefundene Überprüfung.

387 Vgl. Methner: „Diagnose: verhaltensgestört", S. 40–44.

Wandzeitung und „Friedensecke" im Stift Kinderfreude Zarrendorf, 1952. Fotograf: unbekannt; Quelle: LAGw, Rep. 200 8.2 Nr. 25, Bl. 43.

Schulen in konfessioneller Trägerschaft existierten teilweise noch bis zum Ende der 1950er Jahre. Die Kirchen unterhielten schließlich ersatzweise Konvikte, in denen Schüler lebten, während sie tagsüber eine staatliche Schule besuchten.[388] Auch Kindergärten galten in der SBZ und in der DDR als pädagogische Einrichtungen und damit als Teil der Einheitsschule.[389] Dennoch konnten kirchliche Kindergärten bis zum Ende der DDR weiterexistieren. Ihre Zahl nahm etwas ab, insbesondere weil keine neuen mehr gegründet werden durften.[390] Konfessionelle Kinderheime sind in den DDR-Nordbezirken noch bis zum Ende der 1950er Jahre nachweisbar. Es gelang dem SED-Regime zwar die Anzahl der konfessionellen Heime in der DDR erheblich zu verringern, ganz beseitigt werden konnten sie jedoch nicht.[391]

Die auf der Zweiten Parteikonferenz der SED im Juli 1952 beschlossenen Grundlagen des Sozialismus wirkten sich auch auf die Arbeit der kirchlichen Einrichtungen aus: Den diakonischen Trägervereinen wurde die Rechtsfähigkeit entzogen, Heimen die Finanzierungsgrundlagen genommen und Krankenhäuser, Alten- oder Kinderheime wurden unter kommunale Verwaltung gestellt bzw. ganz geschlossen.[392] Die SED wollte die Wirkung der Arbeit von Caritas und Innerer Mission in die Gesellschaft verringern. Dazu initiierte sie staatliche Kontrollen in kirchlichen Einrichtungen, um angebliche oder tatsächliche Missstände aufzudecken. Berichte über diese Kontrollen wurden in den Medien verbreitet, mit der Hoffnung, einen Teil der Bevölkerung hinter sich zu haben, wenn es zu Beschlagnahmungen kam.[393] So erschien 1952 in der Presse ein negativer Bericht über Zustände im Feierabendheim Augusten-Stift in Schwerin, der vom Mecklenburger Ministerium für Gesundheitswesen mit den Worten kommentiert

388 Vgl. Grelak, Uwe/Pasternack, Peer: Konfessionelles Bildungswesen in der DDR. Elementarbereich, schulische und nebenschulische Bildung, Halle-Wittenberg, 2017, S. 30. Lediglich eine Schule in kirchlicher Trägerschaft, die katholische Theresienschule in Berlin (eine Oberschule für Mädchen), existierte bis 1989 (vgl. ebd., S. 30, 35).

389 Im Gesetz über die sozialistische Entwicklung des Schulwesens in der DDR vom 02.12.1959 heißt es im § 13: „In Kindergärten und anderen Einrichtungen der vorschulischen Erziehung sind die drei- bis sechsjährigen Kinder auf die Schule vorzubereiten, an das sozialistische Leben heranzuführen und mit dem Schaffen der werktätigen Menschen bekanntzumachen." (GBl. DDR I Nr. 67/1959, S. 859.)

390 Vgl. Grelak/Pasternack: Konfessionelles Bildungswesen in der DDR, S. 15 ff. 1989 gab es 275 evangelische und 142 katholische Kindergärten, damit waren 2,9 Prozent aller Kindergärten in der DDR in konfessioneller Trägerschaft (vgl. ebd., S. 6).

391 Während es 1952 in der DDR noch mindestens 152 konfessionelle Kinderheime gab, waren es 1987 nur noch 41 (vgl. ebd., S. 36).

392 Vgl. Hübner: Diakonie zwischen Selbständigkeit und Kooperation, S. 24 f.

393 Vgl. Tischner: Die Kirchen, S. 154.

wurde: „Der Umstand, daß die Alten, Siechen und Debilen in der Hauptsache notgedrungenerweise in kirchlichen Heimen und Anstalten untergebracht werden müssen, weil kommunale und staatliche Einrichtungen noch nicht genügend vorhanden sind, gibt der Kirche sowieso auf diesem Gebiet ein Übergewicht, dass sie in vielen Fällen propagandistisch ausnützt.“[394] Nach dem Gespräch vom 10. Juni 1953 zwischen der Staatsführung und den evangelischen Kirchen wurde der offene Kirchenkampf abgebrochen und die meisten antikirchlichen Maßnahmen rückgängig gemacht. So beschloss eine außerordentliche Sitzung des Politbüros des ZK der SED im Juni 1953, dass in Zukunft keinerlei Aktionen mehr gegen kirchliche Einrichtungen einzuleiten und beschlagnahmte Einrichtungen zurückzugeben seien. Dies sah nach einem Verhandlungserfolg der evangelischen Kirche aus, war aber auf sowjetischen Druck hin passiert. Gleichzeitig bereitete die SED ein wirkungsvolleres antikirchliches Vorgehen im ideologischen Bereich vor.[395]

1958 wurde gegen die letzten kirchlichen Kinderheime in den DDR-Nordbezirken vorgegangen. Die Abteilung Volksbildung beim Rat des Bezirkes Rostock stellte fest, dass durch die Selbstständigkeit der konfessionellen Heime es immer noch unmöglich sei, auf die „Erziehungsarbeit den notwendigen Einfluß zu nehmen. In keinem der bestehenden konfessionellen Heime wurden und werden die Kinder im Sinne unserer marxistischen Weltanschauung erzogen. […] Um auch für diese Kinder eine Erziehung im Sinne unserer Erziehungsziele zu sichern, gibt es nur den Weg: sie diesem Einfluss zu entziehen und die konfessionellen Heime zu beseitigen.“[396] Bisher hatte man die Einrichtungen benötigt, da der Bedarf an Heimplätzen durch staatliche Heime bei weitem nicht gedeckt werden konnte. Maßnahmen zur Beseitigung religiöser Einflüsse bei der Erziehung der Heimkinder wurden im **Bezirk Rostock** schon seit 1952 systematisch und seit 1955 planmäßig durchgeführt. In der DDR gab es 1958 noch 141 konfessionelle Kinderheime mit 7.000 Plätzen. Im Bezirk Rostock war die Anzahl dieser Heime von elf Einrichtungen mit 471 Plätzen im Jahr 1952 auf drei Einrichtungen mit 147 Plätzen im Jahr 1958 gesunken und man schuf die Voraussetzungen dafür,

394 LHAS, 6.11-19, Nr. 3647, Aktenvermerk des Ministeriums für Gesundheitswesen Land Mecklenburg vom 5.2.1952.

395 Vgl. Tischner: Die Kirchen, S. 167. Spaar/Funke: Dokumentation Gesundheitswesens DDR, Teil 3, S. 178 f.

396 LAGw, Rep. 200 8.2 Nr. 6, Bl. 1, Rat des Bezirkes Rostock, Abt. Volksbildung, Ref. Jugendhilfe-Heimerziehung, undatiert, 1958.

auch die letzten konfessionellen Heime zu schließen.[397] So führten Presseberichte über scheinbare oder tatsächliche Missstände im katholischen Kinderheim „St. Joseph“ in Stralsund zur Schließung der Einrichtung, trotz des Protestes der darin lebenden Kinder.[398] Das Waisenhaus „Malepartus“ in Kühlungsborn wurde ebenfalls aufgelöst.[399] Und auch eine Übernahme der Odebrecht-Stiftung in Greifswald wurde erwogen, um den „religiösen Einfluss [in] der Erziehung der Kinder“ zurückzudrängen.[400] In das katholische Kinderheim in Wismar waren 1954 durch die Abteilung Volksbildung noch 50 Kinder eingewiesen worden. Ab 1958 wurden keine Heimeinweisungen mehr vorgenommen[401] und die sechs verbliebenen Kinder wurden in staatliche Heime verlegt.[402] Tatsächlich hatte sich ab 1954 der antikirchliche Kurs der SED wieder verstärkt. Konfliktpunkte waren neben der Kooperation der ostdeutschen Landeskirchen mit den westlichen auch die 1954 eingeführte Jugendweihe als Gegenstück zur Konfirmation und die zunehmende Militarisierung, die 1962 zur Einführung der allgemeinen Wehrpflicht führte. Für die dem Gesundheitswesen zugeordneten konfessionellen Einrichtungen begannen ab Mitte der 1950er Jahre die Schwierigkeiten hingegen abzunehmen. Solange die gesundheitliche Versorgung der Bürger allein von staatlicher Seite nicht zu bewältigen war, tolerierten Staat und Partei konfessionelle Krankenhäuser und Behinderteneinrichtungen, die nun teilweise in den ehemaligen Kinderheimen entstanden. Der Staat zog aus den konfessionellen Gesundheitseinrichtungen einen erheblichen Nutzen und machte in den folgenden Jahrzehnten den Kirchen erhebliche Zugeständnisse in der sonst sehr restriktiven Reise- und Informationspolitik.[403]

---

397 Vgl. ebd., Bl. 2, 3, Rat des Bezirkes Rostock, Abt. Volksbildung, Ref. Jugendhilfe-Heimerziehung, undatiert, 1958. 1952 gab es im Land Mecklenburg 19 Kinderheime der Diakonie mit 1.078 Plätzen und 13 Kinderheime der Caritas mit 903 Plätzen (vgl. Laudien, Karsten/Sachse, Christian: Expertise 2. Erziehungsvorstellungen in der Heimerziehung der DDR, in: Arbeitsgemeinschaft für Kinder- und Jugendhilfe [Hg.]: Aufarbeitung der Heimerziehung in der DDR. Expertisen, Berlin 2012, S. 125–297, hier S. 211).

398 Vgl. ebd., Bl. 19, Schreiben der Kinder des Kinderheimes „St. Joseph“ an das Jugendamt Rostock vom 21.4.1958.

399 Vgl. ebd., Nr. 25, Bl. 8, 9, Rat des Bezirkes Rostock, Abteilung Volksbildung, Bericht über die am 8.8.1958 durchgeführte Überprüfung im evangelischen Kinderheim „Sonnenhaus“ Nienhagen, im „Lindenhof“ Kühlungsborn und „Haus Malepartus“ Kühlungsborn, 8.8.1958.

400 Ebd., Bl. 10–16, Rat des Bezirkes Rostock, Abteilung Volksbildung, Bericht über die Situation in den konfessionellen Erziehungseinrichtungen im Bezirk Rostock, 1958.

401 Vgl. ebd., Bl. 29, Schreiben Rat der Stadt Wismar, Abt. Volksbildung an Rat des Bezirkes Rostock, Abt. Volksbildung vom 24.7.1958.

402 Vgl. ebd., Bl. 30, Schreiben Rat der Stadt Wismar, Abt. Volksbildung an Rat Regierung der DDR vom 18.7.1958.

403 Vgl. Steinhoff/Trobisch: Behindertenhilfe, S. 20.

Die Evangelische Erziehungs- und Behinderteneinrichtung Michaelshof in Rostock-Gehlsdorf 1945 bis 1952

Von der Erziehungs- zur Pflegeanstalt (1945 bis 1950)

Am Beispiel der Erziehungsanstalt Michaelshof in Rostock-Gehlsdorf soll der durch die SED-Politik verursachte Wechsel einer Erziehungs- zu einer Behinderteneinrichtung verdeutlicht werden. Der Michaelshof war 1845 von der Inneren Mission als Rettungshaus für Knaben – und fünf Jahre später auch für Mädchen – gegründet worden. Die Einrichtung wurde ab 1927 als Evangelisches Erziehungsheim Gehlsdorf bezeichnet und beheimatete im Laufe der Jahrzehnte neben einem Kinderheim auch eine Jugendverwahranstalt und eine sogenannte „Beobachtungsstelle für Psychopathen". 1940 wurde der Michaelshof als Fürsorgeeinrichtung der NSV unterstellt.[404] Kurz vor dem Einmarsch der sowjetischen Truppen flohen viele Heimkinder Richtung Westen, so dass nur noch 50 in der Einrichtung waren. Der Michaelshof wurde zum Kriegsende durch sowjetische Soldaten besetzt und teilweise verwüstet, ältere Mädchen und Erzieherinnen waren Belästigungen ausgesetzt und die Kinder vier Wochen eingesperrt. Eine Kindergruppe trug noch den Namen „Werwolf" und wurde umgehend in „St. Michael" umbenannt, um weitere Vergeltungsmaßnahmen des sowjetischen Militärs abzuwenden. Die Einrichtung wurde Ende Mai 1945 schließlich wieder an die Innere Mission zurückgeführt. Im Dezember 1945 übernahm Heino Staak die Leitung.[405] Noch zum Jahresende wurden Nahrungsmittel durch die Stadt Rostock beschlagnahmt[406] und die Sowjetische Militäradministration (SMA) bestand auf der vollen Erfüllung der Lieferungspflicht der am Michaelshof angebauten landwirtschaftlichen Erzeugnisse.[407] Im Winter 1945/46 war die Ernährungslage deshalb ernst und es gab große Sorgen wegen der mangelhaften Beheizung.[408] Im März 1946 lebten 104 Kinder zwischen drei und 16 Jahren auf dem Michaelshof, da-

---

404 Vgl. Haack/Kumbier: Der Michaelshof Rostock-Gehlsdorf, S. 291 ff.

405 Vgl. Archiv Michaelshof, Nr. 77, Bericht Michelshof, 1.6.1945; Schreiben Vorstand Michaelshof an den Kommandanten der Stadt Rostock vom 29.5.1945. Michaelshof Rostock (Hg.): 150 Jahre Michaelshof in Rostock 1845–1995, Rostock 1995, S. 82f.

406 Vgl. Archiv Michaelshof, Nr. 79, Schreiben Michaelshof an Präsidenten des Landes Mecklenburg vom 24.11.1945; Schreiben Michaelshof an Oberkirchenrat vom 22.12.1945

407 Vgl. ebd., Nr. 77 Schreiben Oberkirchenrat an Heino Staak vom 22.3.1946.

408 Vgl. ebd., Nr. 159, Bericht Fortführung Arbeit auf dem Michaelshof, 12.12.1945.

von 64 „erziehungsschwierige“ Heiminsassen und 40 Pflegekinder.[409] Der Notstand wurde immer größer: Die Ernährung der Kinder war weiterhin nicht gesichert, es fehlten u. a. Kleidung, sanitäre Gebrauchsgegenstände und Medikamente.[410] Erst 1948 konnte die Ernährung der Kinder dauerhaft verbessert werden.[411]

Im Juni 1946 wurde das Erziehungsheim Michaelshof vom Rostocker Oberbürgermeister Albert Schulz (1895–1974) „als Kinderheim auf Dauer“ als „untragbar“ eingeschätzt.[412] Die Pflegekinder seien zwar von den schwererziehbaren Kindern getrennt untergebracht, aber in der Freizeit und beim Arbeiten seien sie zusammen. Schulz wollte den Michaelshof zu einem reinen Erziehungsheim machen.[413] 1947 befanden sich 110 schwererziehbare Kinder auf dem Michaelshof, 25 wurden als „psychopathisch veranlagt“ und 47 als „eher schwachsinnig“ bezeichnet.[414] Die meisten der Kinder waren bei der Aufnahme verwahrlost, einige hatten kriminelle Handlungen begangen. Auf einer Tagung des Landesjugendamtes in Schwerin wurde 1948 die Erziehungsarbeit auf dem Michaelshof ausdrücklich anerkannt, denn Erziehungserfolge hatten sich eingestellt. Einzig die Arbeit in der Landwirtschaft und Gärtnerei machte noch Sorgen, denn die dort Verantwortlichen hatten keine pädagogischen Ziele im Sinn: „Der Grundsatz, daß Landwirtschaft und Gärtnerei für die Kinder da sind und nicht umgekehrt, ist strikt festzuhalten und muß des Öfteren energisch ins Gedächtnis zurückgerufen werden.“[415] Ab dem Alter von zwölf Jahren wurden die Kinder im Michaelshof zu Arbeiten herangezogen, die drei Stunden je Tag nicht überschreiten sollten.[416] Doch Mitte 1949 kam es zu Konflikten, als das Landesjugendamt sich in die Erziehungsarbeit einzumischen begann. Dem sollte, so der Evangelische Reichs-Erziehungs-Verband e.V. (EREV) in Berlin-Dahlem, von Seiten des Kuratoriums des Michaelshofs „deutlich, wenn auch höflich und möglichst entgegenkommend“ gegengesteuert werden, sonst führe „diese Einrichtung zu einer kalten Säkularisierung. Bei der zurzeit gespannten

---

409 Vgl. ebd., Nr. 77, Bericht über die Fortführung über die Arbeit auf dem Michaelshof, 1.3.1946.
410 Vgl. ebd., Nr. 79, Schreiben Michaelshof an Oberkirchenrat vom 19.3.1946.
411 Vgl. ebd., Nr. 159, Bericht des Vorstehers des Michaelshofes auf der Vorstandssitzung am 23.6.1948.
412 Ebd., Nr. 77, Bericht Oberbürgermeister Schulz an Präsidenten des Landes Mecklenburg-Vorpommern vom 3.6.1946.
413 Vgl. ebd., Bericht Oberbürgermeister Schulz an Präsidenten des Landes Mecklenburg-Vorpommern vom 3.6.1946.
414 Vgl. ebd., Nr. 93, Michaelshof, Bericht über die Einrichtung, 1947.
415 Ebd., Nr. 159, Bericht des Vorstehers des Michaelshofes auf der Vorstandssitzung vom 23.6.1948.
416 Vgl. ebd., Nr. 77, Staak, Aufbaubericht Michaelshof, 15.4.1946.

Lage zwischen Kirche und Staat wird es nicht ganz leicht sein, den rechten Weg zu gehen."[417]

Das *Einheitsschulgesetz* war seit 1946 in Kraft und verlangte die Trennung von Schule und Kirche. Der Michaelshof betrieb nach Kriegsende auch eine Heimschule. Die meisten in der Einrichtung untergebrachten Kinder rechnete man den Hilfsschülern zu.[418] Das Landesjugendamt hatte Anfang 1949 verfügt, dass auf dem Michaelshof nur noch Mädchen und Jungen unter 14 Jahren untergebracht werden sollten. Das bedeutete für 40 Kinder, das Heim zu verlassen. Ausnahmen sollten bei Jugendlichen gemacht werden, die auf dem Michaelshof zum Gärtner oder Bauern ausgebildet wurden und einen Lehrvertrag abschlossen sowie bei „über 14jährigen hochgradig schwachsinnigen Mädchen", die man offenbar nirgendwo anders unterbringen konnte.[419] Demzufolge verfügte das Landesjugendamt am 19. September 1949 einen Aufnahmestopp erziehungsschwieriger Kinder für den Michaelshof. Dieser war nun unterbelegt und Überlegungen entstanden, die Einrichtung auch anderweitig zu nutzen.[420] Der Michaelshof geriet im Konflikt zwischen Staat und Kirche in den Fokus des Jugendamtes Rostock. Diesem war schon im Juni 1949 ein anonymes Schreiben zugespielt worden, das zwei Fälle von Gewalt Kindern gegenüber anzeigte. Dabei handelte es sich um das Fehlverhalten der Wirtschaftsleiterin, die unter Depressionen litt und Kinder geschlagen hatte sowie einer Aushilfe, die gegenüber einer „hartnäckigen Daumenlutscherin entschieden zu weit gegangen" war. Man stritt diese Vorfälle gegenüber dem Jugendamt nicht ab, beteuerte aber, dass dies schon geahndete Ausnahmen gewesen seien, und äußerte die „grundsätzliche Bitte", die schwierige Erziehungsarbeit nicht durch solche Einzelfälle zu belasten: „Dass von Zeit zu Zeit einmal Entgleisungen vorkommen und Fehler gemacht werden, ist jedem Einsichtigen verständlich; sie werden von uns […] unnachgiebig geahndet."[421]

---

417 Ebd., Schreiben Evangelischer Reichs-Erziehungs-Verband an Heino Staak vom 21.6.1949.

418 Vgl. ebd., Staak, Aufbaubericht Michaelshof, 15.4.1946.

419 Vgl. ebd., Nr. 159, Bericht des Leiters des Michaelshofes auf der Vorstandssitzung des Michaelshofes vom 25.2.1949.

420 Vgl. ebd., Nr. 76, Sitzungsprotokoll des Vorstandes, 14.11.1949

421 Ebd., Nr. 77, Schreiben Leiter Michaelshof an Rat der Stadt Rostock, Jugendamt, vom 22.6.1949.

Kinder und Mitarbeiter des Michaelshofs, Rostock-Gehlsdorf, zwischen 1949 und 1950. Fotograf: unbekannt; Quelle: Archiv Michaelshof, Nr. 299.

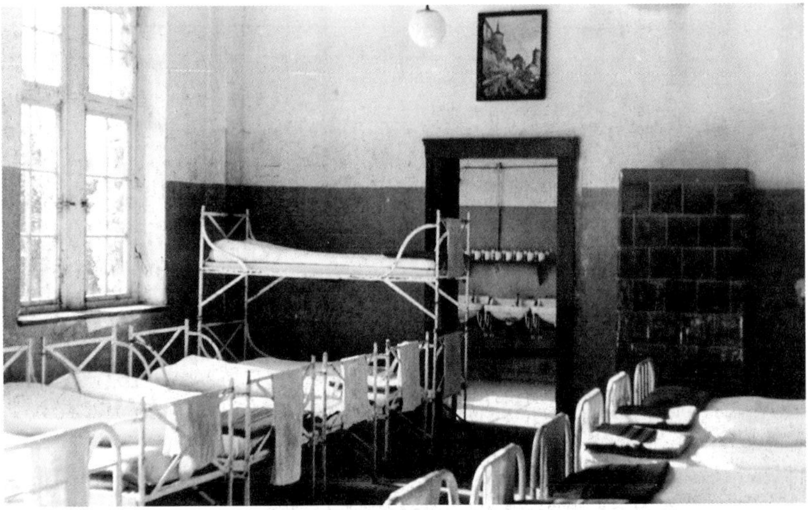

Dicht gestellte Betten in einem Schlafsaal des Michaelshofs, Rostock-Gehlsdorf, zwischen 1949 und 1950. Fotograf: unbekannt; Quelle: Archiv Michaelshof, Nr. 299.

Jungen (oben) und Mädchen im Michaelshofs, Rostock-Gehlsdorf, zwischen 1946 und 1950. Fotograf: unbekannt; Quelle: Archiv Michaelshof, Nr. 299.

Das Jugendamt führte am 14. November 1949 eine Kontrolle auf dem Michaelshof durch. Es stellte einen Mangel an Fußbekleidung sowie einen „höchst unfreundlichen“ Schulraum fest. Diese Mängel waren für die Nachkriegszeit nicht untypisch. In der Hauptsache störte sich das Jugendamt jedoch an der fehlenden politischen Erziehung und erklärte: Schon die Gebäude und Räume ließen „rein äußerlich kaum den Geist des Fortschritts spüren. Es war kein Anklingen an den Demokratisierungsprozess, der in unserer Demokratischen Republik vor sich gegangen ist, zu bemerken. Kein Hinweis auf die gegenwärtigen politischen Ereignisse war festzustellen“, also kein Wandschmuck, keine Losungen, keine Fotos führender Politiker. Und: „Das völlige Fehlen einer Wandzeitung ist ein Manko, dass unbedingt abgestellt werden muss.“ Außerdem bedürfe die Bücherei unbedingt der Aufbesserung, was auf fehlende Werke kommunistischer Autoren hinweisen mag.[422] Kurz darauf kam es zu einem Gespräch zwischen dem Leiter der Einrichtung Heino Staak, dem Oberkirchenrat Otto Maercker (1899–1978) und Mitarbeitern des Landesjugendamtes, welche andeuteten, die Beziehungen zum Michaelshof lösen zu wollen. Die Lage war Ende 1949 also ungeklärt. Am 25. April 1950 kam eine Gruppe Heimerzieher eines sozialpädagogischen Seminars nach einer Besichtigung des Michaelshofs zu dem Schluss, dass die Erzieher wohl eine positive Einstellung hätten, das Erziehungsziel aber nicht in allem der „heutigen“ Auffassung entspräche. Es gäbe keinen „Kollektivgedanken“ und die Kinder kämen zu wenig mit der Außenwelt in Berührung. Zudem seien die immer noch gebräuchlichen Strafen wie „Eckenstehen“ und „Bettruhe“ abzulehnen.[423]

Im Laufe des Jahres 1950 ergab sich ein weiteres Problem. Mitarbeiter des Michaelshofes beschwerten sich im Februar in einem Schreiben an den Landessuperintendenten über die Leitungsqualitäten von Staak. Sie vermissten bei ihm eine „innere zielsichere Führung“, sahen die Arbeit auf dem Michaelshof gefährdet und baten um seine Ablösung.[424] Tatsächlich erhielt er zum 1. Oktober seine Kündigung[425] und Nachfolger wurde Helmut Kuessner.[426] Am 10. Juli 1950 beschloss der Vorstand des Michaelshofs die

---

422 Ebd., Bericht über die am 14.11.49 im Sonderheim Michaelshof durchgeführte Kontrolle durch das Jugendamt Rostock, 22.11.1949.

423 Vgl. ebd., Nr. 93, Bericht der Gruppe Heimerzieher des Sozialpädagogischen Seminars über die Besichtigung des Michaelshofs am 25.3.1950.

424 Vgl. ebd., Nr. 98, Schreiben Mitarbeiter Michaelshof an Landessuperintendent vom 28.2.1950.

425 Vgl. ebd., Nr. 76, Sitzungsprotokoll des Vorstandes, 6.5.1950.

426 Vgl. ebd., Nr. 77, Vorstand des Michaelshofes an Heino Staak vom 16.5.1950.

Arbeit künftig von „erziehungsfähigen“ auf „nicht bildungsfähige aber arbeitsfähige“ Kinder beiderlei Geschlechts und auf weibliche Jugendliche bis zum Alter von 20 Jahren umzustellen. Falls ein größerer Bedarf entstehe, könne auch eine Gruppe von „nichtarbeitsfähigen nur pflegebedürftigen“ Kindern eröffnet werden. Diesem Beschluss ist die Absicht anzumerken, die Selbstversorgung der Anstalt aufrechtzuerhalten. Auch der Gesetzeslage und den Forderungen des Landesjugendamtes wurde damit Rechnung getragen. Ab dem 1. August sollten keine erziehungsfähigen Kinder mehr aufgenommen und die in der Einrichtung befindlichen Kinder in andere Heime verlegt werden. Die Umstellung des Heimes sollte bis zum 1. September abgeschlossen sein.[427] Durch eine Rundverfügung erklärte das Ministerium für Gesundheitswesen die Eröffnung des Heimes für „schwachsinnige“ pflegebedürftige Kinder auf dem Michaelshof zum 10. November 1950.[428] Ende des Jahres war die Umwandlung einer Fürsorgeanstalt für schwererziehbare Kinder in eine evangelische Pflegeanstalt für „geistesschwache“ Kinder und Jugendliche beendet, obwohl sich immer noch schwererziehbare Kinder in der Beobachtungs- und Sichtungs-Abteilung befanden.

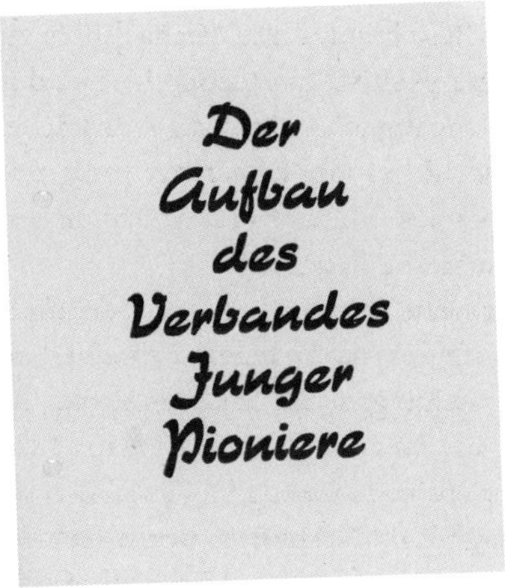

Auch in kirchlichen Einrichtungen sollten die politischen Vorgaben des Bildungssystems umgesetzt werden, hier eine Anleitung zum „Aufbau des Verbandes Junger Pioniere“ in Bildungseinrichtungen, die dem Michaelshof um 1949 zugestellt wurde.

Quelle: Archiv Michaelshof, Nr. 93.

427 Vgl. ebd., Nr. 98, Schreiben Leiter Michaelshof an Landesregierung Mecklenburg, Ministerium für Gesundheitswesen, vom 1.8.1950.

428 Vgl. LHAS, 6.11-19, Nr. 4672, Rundverfügung Nr. 351/50 der Landesregierung Mecklenburg, Ministerium für Gesundheitswesen.

Drei Probleme zeichneten sich für die Einrichtung von Anfang an ab: Zum einen überstiegen die Bitten um Aufnahmen die Möglichkeiten. Es lagen Ende 1950 zwischen 50 und 60 Voranmeldungen vor. Zum anderen gab es keine Nachfolgeeinrichtungen, die die herangewachsenen Jugendlichen mit geistigen Behinderungen aufnahmen. 1950 waren schon 24 Jungen und Mädchen über 15 Jahre alt. Im Land Mecklenburg gab es keine kirchliche Einrichtung für Erwachsene mit geistigen Behinderungen. Die Einrichtung in Züssow begann man zwar in dieser Hinsicht zu erweitern, doch auch hier waren keine Plätze frei. Das dritte Problem betraf die künftige Selbstversorgung der Einrichtung. Zwar wurden die behinderten Jugendlichen zur Arbeit in den anstaltseigenen Einrichtungen herangeführt und sollten in der Schuhmacherei und Hausmeisterei, in der Küche und Hauswirtschaft und im Garten arbeiten. Ihre Arbeitsleistung sei aber im Unterschied zu den vorher untergebrachten Kindern und Jugendlichen ohne Behinderungen – so der Jahresbericht 1951 – sehr gering.[429] Die Selbstversorgung der Einrichtung durch Mitarbeit von Heimbewohnern war durch die Umwidmung also in Frage gestellt worden.

Der Michaelshof wurde zeitgleich durch den Staatssicherheitsdienst überwacht. Dies macht ein Vorgang vom Dezember 1950 deutlich. Kuessner wurde zur Staatssicherheit nach Rostock bestellt, wo er gesagt bekam, „es stinke auf dem Michaelshof".[430] Mitarbeiter der Staatsicherheit hatten dort zwei Tage inkognito Untersuchungen angestellt. Kuessner wurde eine Mappe mit angeblich auf dem Michaelshof gefundenen Kriegsbildern gezeigt, dazu eine Reihe westlicher Zeitungen und Zeitschriften. Außerdem hatte das MfS Protokolle über das Verhalten und die Gespräche von Jugendlichen auf dem Michaelshofes angefertigt.[431]

Das Beobachtungs- und Sichtungsheim auf dem Michaelshof (1949 bis 1951)

Am 31. November 1946 gab die Deutsche Zentralverwaltung für das Gesundheitswesen in der SBZ *Richtlinien für die Gesundheitsämter* heraus, die die Organisation der Fürsorge und die Erfassung der seelisch kranken

429 Vgl. Archiv Michaelshof, Nr. 93, Innere Mission der Evang.-Luther. Landeskirche Mecklenburgs, Jahresbericht 1951.
430 Ebd., Nr. 79, Schreiben Helmut Kuessner an Oberkirchenrat vom 1.1.1951.
431 Vgl. ebd., Schreiben Helmut Kuessner an Oberkirchenrat vom 1.1.1951.

Kinder und Jugendlichen regeln sollten.[432] Nur wenige Tage später erging ein Schreiben an die Landesverwaltung Mecklenburg-Vorpommern mit dem Vorschlag, ein Beobachtungs- und Sichtungsheim für „psychisch und charakterlich schwierige“ Kinder und Jugendliche in der Nähe von Rostock zu errichten. Die Massenunterbringung elternloser Kinder in Kinderheimen und Flüchtlingslagern wurde als „soziale Gefahr“ wahrgenommen, Jugendkriminalität würde dadurch begünstigt und Privatpflegestellen beschwerten sich über die „Schwererziehbarkeit“ angenommener Kinder. Beobachtungs- und Sichtungsheime sollten als „Filterorgane“ dienen, sie sollten Kinder nach ihrer körperlichen und seelisch-geistigen Beschaffenheit „sichten“. Als „Schwachsinnige“, „Epileptische“ und „evtl. Psychotiker“ bezeichnete Kinder sollten ebenso eingewiesen werden, wie „neurotische und schwer milieugeschädigte“ Kinder. Der Aufenthalt sollte so lange dauern, bis ein umfassendes Gutachten über die körperlichen, geistigen und seelischen Fähigkeiten des einzelnen Kindes gegeben werden konnte und der begutachtende Arzt über den weiteren Verbleib entschied.

Das Gutachten konnte die Unterbringung in einem Kinderheim, einer psychiatrischen Klinik, einem psychiatrischen Spezialheim, einem Kur- oder Erholungsheim oder bei Pflegeeltern zur Folge haben. Die Unterbringung in einem Beobachtungs- und Sichtungsheim sollte durchschnittlich sechs bis acht Wochen betragen, aber auch die Möglichkeit einer längeren Beobachtung bestand, wie es die Deutsche Zentralverwaltung Gesundheitswesen in Berlin anwies: „Es muss die Möglichkeit einer über den Durchschnitt dauernden Beobachtung gegeben sein, da sich in manchen Fällen herausstellen wird, daß ein geringer Prozentsatz wegen besonderer [...] Schwierigkeiten nicht sofort einem neuen Milieuwechsel ausgesetzt werden darf. Hier ist eine längere Beobachtung durch den Sichtungsarzt unerläßlich unter Mitwirkung heilpädagogischer Kräfte.“[433]

1948 war das Beobachtungs- und Sichtungsheim noch nicht eingerichtet worden und das Problem in den Kinderheimen und Flüchtlingslagern bestand nach wie vor. Laut einer *Verfügung der Landesregierung vom*

---

[432] Vgl. LHAS, 6.11-19, Nr. 3646 Richtlinien für die Gesundheitsämter zur Einrichtung der offenen Fürsorge für seelisch kranke Kinder und Jugendliche der Deutschen Zentralverwaltung für das Gesundheitswesen in der SBZ vom 31.11.1946.

[433] Ebd., Nr. 3644, Schreiben Deutsche Zentralverwaltung Gesundheitswesen in der SBZ an Landesverwaltung Mecklenburg-Vorpommern vom 4.12.1946.

24. August 1948 sollten in jedem Kreis Durchgangsheime für kriminell gefährdete Kinder und Jugendliche eingerichtet werden. An der Universitätsnervenklinik Greifswald gab es eine Beratungsstelle und eine Station für seelisch-kranke Kinder und Jugendliche, der allerdings nur zehn Betten zur Verfügung standen.[434] In Rostock wurden weibliche Jugendliche im „Haus der Arbeit“ und männliche Jugendliche im Kinderheim „Kinderland Bramow“ durch einen Heimarzt psychiatrisch betreut. In den Landkreisen Demmin und Grimmen hatte man ebenfalls entsprechende Beratungsstellen geschaffen, in allen anderen Kreisen gab es keine derartigen Einrichtungen.[435] Der Kreis Ueckermünde hatte mit der Landesheil- und Pflegeanstalt Ueckermünde die Vereinbarung getroffen, von der Polizei aufgegriffene kriminell gefährdete Jugendliche vorübergehend in der Heilanstalt unterzubringen.[436] Es bestand also weiterhin das Problem, dass Kinder aufgrund ihrer Behinderung, Erkrankung, psychischen Verfassung oder ihres sozialen Verhaltens in Kinderheimen und in anderen Unterbringungsorten als störend empfunden wurden.[437] Am 5. Mai 1949 veranlasste das Landesgesundheitsamt eine Sichtung „seelisch kranker Kinder“ in Dauerheimen, um einen Überblick über die Zahl und Einordnung der „schwachsinnigen Kinder“[438] zu erhalten. Noch immer war man auf der Suche nach einer entsprechenden Einrichtung auf Landesebene. Das Landesjugendamt wollte in Zusammenarbeit mit dem Amt für Gesundheitswesen ein „Landes-Aufnahme- und Beobachtungsheim als Zentrale für alle Aufnahmen und die Weiterleitung an Spezialheime“ errichten. Gedacht wurde zunächst an ein Heim in Rostock-Bramow.[439] Anfang 1949 kam das erste Mal das Evangelische Erziehungs- und Kinderheim Michaelshof zur Sprache. Die Einrichtung unterhielt Beziehungen zur nahegelegenen Universitätsnervenklinik

---

434 Vgl. ebd., Nr. 3646, Schreiben Hauptabteilung Gesundheitswesen an Stadt- und Kreisgesundheitsämter vom 3.5.1948.

435 Vgl. ebd., Nr. 3597, Zusammenstellung zur Verfügung vom 24.5.1948 betr. Durchgangsheime für kriminell gefährdete Kinder und Jugendliche.

436 Vgl. ebd., Nr. 3600, Schreiben Rat des Kreises Ueckermünde an die Landesregierung, Abt. Gesundheitswesen, vom 8.1.1949.

437 Vgl. ebd., Nr. 3646, Schreiben Landeskinderheim Wiek auf Rügen an Kreisjugendamt Rügen vom 1.5.1949.

438 Vgl. ebd., Schreiben Landesgesundheitsamt an Landesjugendamt vom 2.5.1949.

439 Vgl. ebd., Nr. 3595, Besprechung Amt für Gesundheitswesen mit dem Landesjugendamt, 24.1.1949.

und sie konnte auf entsprechende Erfahrungen zurückgreifen.[440] Das Landesjugendamt schlug vor, eine Station auf dem Michaelshof als künftiges Sichtungs- und Beobachtungsheim zu nutzen. Die Hauptabteilung Gesundheitswesen sollte mit der Inneren Mission deswegen in Verbindung treten.[441]

Am 9. Mai 1949 stimmte der Vorstand des Michaelshofs dem Ersuchen der Landesregierung grundsätzlich zu. Die Absicht, des Weiteren ein „Aufnahme- und Verteilungshaus für Kinder mit ungenügender Aufsicht" zu errichten, lehnte er jedoch ab.[442] Die Landesregierung bat Staak, die Voraussetzungen zur Aufnahme von 30 Jugendlichen bis Ende Juni 1949 zu schaffen. Gleichzeitig erklärte sie dem Leiter der kirchlichen Einrichtung, dass die Kinderanstalt laut dem *SMAD-Befehl 225* der deutschen Verwaltung für Volksbildung unterstehe, unabhängig von wem sie unterhalten werde.[443] Dies sorgte für Diskussionen. Beim EREV holte sich der Pastor Rat. Dort glaubte man nicht, dass der Befehl 225 dem Landesjugendamt die Vollmacht gäbe, eine Arbeit im Michaelshof zu betreiben, die nicht christlich bestimmt sei, wie es ja die Statuten festschrieben. Auch die Auswahl der Erzieher könne nicht durch Vorgaben staatlicher Instanzen geschehen. Staak erhielt die Empfehlung, dies in entgegenkommender Form der Landesregierung deutlich zu machen.[444] Es kam zunächst am 7. Juli 1949 zu einer Vereinbarung zwischen ihm und Hans Heygster von der Universitätsnervenklinik Rostock über die Einrichtung einer Beobachtungs- und Sichtungs-Abteilung für seelisch-kranke Kinder. Im Wichernhaus wurden 20 Betten dafür eingerichtet, später sollten bis zu 50 daraus werden.[445] An einem entsprechenden Vertrag zwischen dem Michaelshof und dem Landesjugendamt wurde gearbeitet. In einem undatierten Entwurf des Michaelshofs wurde festgeschrieben, dass

---

440 Vgl. Archiv Michaelshof, Nr. 76, Sitzungsprotokoll des Vorstandes, 18.4.1947. Schon in den 1920er Jahren kam es zu einer ähnlichen Zusammenarbeit der Gehlsheimer Nervenklinik (spätere Universitätsnervenklinik) mit der damaligen Rettungsanstalt Gehlsdorf (heute Michaelshof). An der Nervenpoliklinik wurden ambulante Untersuchungen durchgeführt, in der Gehlsheimer Klinik war eine Beobachtungsstation eingerichtet worden und in der Rettungsanstalt sollten so genannte Psychopathen erzogen werden. Dazu wurde dort 1927 eine „Abteilung für Heilerziehung psychopathischer Minderjähriger beiderlei Geschlechts im Alter von mindestens 6 Jahren" errichtet (vgl. Haack, Kathleen: „Vor der Verwahrlosung und dem … Verbrechertum gerettet": Psychopathenfürsorge in Rostock, in: Beiträge zur Geschichte der Stadt Rostock, Bd. 33, Rostock 2014, S. 81–103).

441 Vgl. LHAS, 6.11-19, Nr. 3595, Besprechung Amt für Gesundheitswesen mit dem Landesjugendamt, 11.2.1949.

442 Vgl. Archiv Michaelshof, Nr. 76, Sitzungsprotokoll des Vorstandes, 9.5.1949.

443 Vgl. ebd., Nr. 43, Schreiben Landesregierung Mecklenburg an Heino Staak vom 9.6.1949.

444 Vgl. ebd., Nr. 77, Schreiben EREV an Heino Staak vom 21.6.1949.

445 Vgl. ebd., Vereinbarung Michaelshof mit Hans Heygster, Universitäts-Nervenklinik Rostock, 7.7.1949; Schreiben Vorstand Michaelshof an Hans Heygster, Universitäts-Nervenklinik Rostock, vom 17.2.1951.

der Michaelshof eine christliche Anstalt sei. Der christliche Charakter müsse auch im Aufnahme- und Beobachtungsheim gewährt bleiben. Deshalb sollten auch die dort untergebrachten Jugendlichen an Heimandachten und am Gottesdienst teilnehmen, ebenso am Tischgebet zu den Mahlzeiten.[446] Letztendlich schien man sich aber nicht auf einen gemeinsamen Vertragstext einigen zu können.

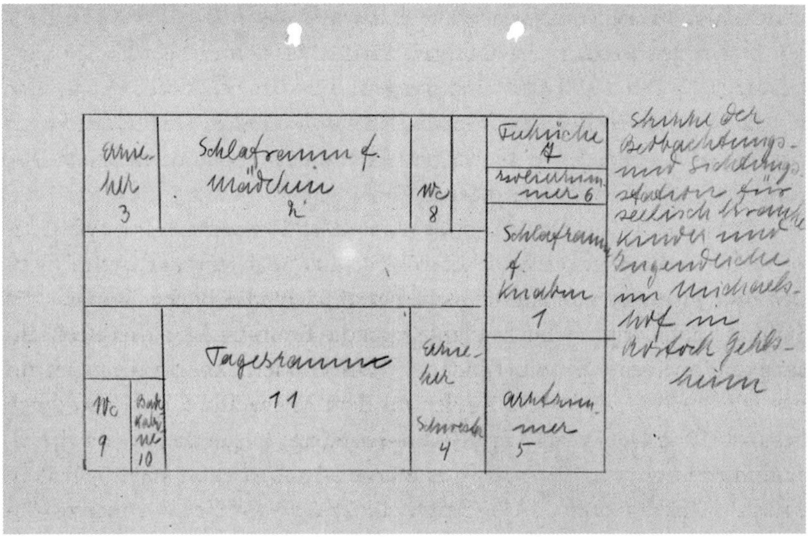

Handgezeichneter Plan der Sichtung- und Beobachtungsstation auf dem Michaelshof, Mai 1949. Quelle: Archiv Michaelshof, Nr. 43

Im Herbst 1949, nach der Gründung der DDR, waren die Verhandlungen immer noch in der Schwebe. Trotz des im September durch das Landesjugendamt verfügten Aufnahmestopps erziehungsschwieriger Kinder für den Michaelshof, wurde am 12. Dezember 1949 die Beobachtungs- und Sichtungsabteilung eröffnet und zum Jahresende waren die ersten neun Kinder auf der Station für seelisch kranke Kinder eingetroffen.[447] Dies widersprach

446 Vgl. ebd., Vertragsentwurf zwischen dem Michaelshof und dem Landesjugendamt über die Haltung eines Aufnahme- und Beobachtungsheimes, o. D. [1949].

447 Vgl. ebd., Nr. 76, Sitzungsprotokoll des Vorstandes, 6.5.1950. Ebd., Nr. 77, Schreiben Michaelshof an Pastor Fritz, Diakonissenhaus Teltow, vom 17.12.1949.

nicht dem *Einheitsschulgesetz*, da die in Zusammenarbeit mit der Universitätsnervenklinik Rostock betriebene Station weniger Erziehungsaufgaben, als vielmehr – zeitlich begrenzt – medizinisch-psychiatrische Aufgaben wahrnahm. Im Juli 1950 befanden sich zehn Kinder auf der Beobachtungsstation, die wahrscheinlich nur einige Wochen dort verblieben, bevor sie in andere Einrichtungen verlegt wurden. Beanstandet wurde die Arbeit der Minderjährigen in der Landwirtschaft und Gärtnerei. Die Kinder und Jugendlichen, so die Vorgaben des Jugendamtes, sollten nur mit Schularbeiten beschäftigt werden, „im Übrigen dürften sie sich nur als Jungpioniere betätigen".[448] Für 1950 sind Verlegungen von Kindern und Jugendlichen in die Jugendwerkhöfe nach Lüttgendorf-Blücherhof und Krassow, in das Kreiskinderheim Fürstenberg sowie in das Erziehungsheim „Käthe Kollwitz" in Neubrandenburg belegt.[449]

Der im Juli 1950 durch den Vorstand des Michaelshofs ergangene Beschluss, künftig statt „erziehungsfähigen" nun „nicht bildungsfähige" Kinder und Jugendliche aufzunehmen, betraf nicht die Beobachtungs- und Sichtungsabteilung. Vielmehr plante man die Eröffnung von drei Beobachtungsstationen mit je zehn Kindern.[450] Die Kinderheimstatistik nennt für das Jahr 1950 insgesamt 82 Kinder auf dem Michaelshof, zwei von ihnen besuchten die Oberschule und 70 die gesonderte Heimschule.[451] Die Beobachtungsstation war 1950 mit einer Stärke zwischen neun und 30 Kindern belegt.[452] Anfang Januar 1951 fertigte die Treuhandstelle der Inneren Mission der Evangelisch-Lutherischen Landeskirche Mecklenburg ein Gutachten über die Rentabilität der Beobachtungs- und Sichtungs-Abteilung auf dem Michaelshof an. Darin wurde auf die Erfahrungen des Jahres 1950 hingewiesen und festgestellt, es habe sich gezeigt, dass die Führung der Station eine große Belastung in wirtschaftlicher und finanzieller Beziehung bedeute und die nun eigentliche Aufgabe – die Arbeit an geistesschwachen Kindern – zu kurz käme.[453] Die Landesregierung erklärte sich am 11. Januar 1951

448 Ebd., Nr. 76, Niederschrift Vorstandssitzung des Michaelshofes am 10.7.1950.

449 Vgl. Ebd., Nr. 92, Verlegung schwererziehbarer Kinder in JWH und Sonderheime, 1947–1949.

450 Vgl. Ebd., Nr. 98, Schreiben Kuessner an Leitung des Ev. Diakonievereins Berlin Zehlendorf vom 10.08.1950.

451 Vgl. Ebd., Nr. 93, Kinderheimstatistik Michaelshof 1950.

452 Vgl. Ebd., Nr. 43, Belegungsstärke der Beobachtungsstation November, Dezember 1950.

453 Vgl. ebd., Gutachten der Treuhandstelle der Inneren Mission der Evangelisch-Lutherischen Landeskirche Mecklenburg über die Rentabilität der Beobachtungs- und Sichtungs-Abteilung auf dem Michaelshof, 7.1.1951.

mit der Auflösung der Beobachtungsstation einverstanden und plante, eine entsprechende Station in der Heil- und Pflegeanstalt Schwerin-Sachsenberg einzurichten. Im Austausch sollten pflegebedürftige Kinder aus der Heil- und Pflegeanstalt in den Michaelshof überwiesen werden.[454] Dieser Vorschlag wurde von Kuessner am 24. Januar dem Vorstand unterbreitet.[455] Der Vorstand kündigte zum 1. April 1951 die mit der Universitätsnervenklinik Rostock am 7. Juli 1949 getroffene Vereinbarung über die Einrichtung einer Beobachtungs- und Sichtungs-Abteilung für seelisch-kranke Kinder und begründete dies damit, dass diese Vereinbarung ein Alleingang von Staak gewesen sei und es immer noch keinen richtigen Vertrag gebe.[456] Kuessner teilte der Landesregierung am 25. April den Entschluss des Vorstandes mit und bat die ausgesprochene Kündigung der Beobachtungs- und Sichtungs-Abteilung für seelisch-kranke Kinder als endgültig anzusehen. Das Hauptaufgabengebiet des Michaelshofes sei künftig die Fürsorge und Pflege „schwachsinniger" Kinder mit dem Ziel der größtmöglichen Förderung.[457]

Im August 1951 befanden sich immer noch 16 Kinder auf der Beobachtungstation.[458] Die Überführung der Kinder nach Schwerin-Sachsenberg war offenbar gescheitert. Heygster war mit der Auflösung einverstanden und bemerkte, die Zusammenarbeit mit dem Michaelshof habe sich in letzter Zeit verschlechtert. Er hielt eine Überführung der Beobachtungsstation in die Universitätsnervenklinik Rostock für möglich. Die Nervenklinik wäre derzeit jedoch mit reinen Anstaltsfällen „verstopft"[459], so dass Neuaufnahmen nicht möglich seien. Die Kinder wurden in verschiedene Einrichtungen verlegt, u. a. in das Kreiskinderheim Nienhagen, das Kinderheim Graal-Müritz, in ein Durchgangslager nach Rostock, in die Heil- und Pflegeanstalt Ueckermünde sowie in das Erziehungsheim „Käthe Kollwitz" nach Neubrandenburg.[460] Andere Kinder blieben, zumindest vorerst, im Michaelshof, weil keine anderen Unterbringungsmöglichkeiten im Land bestanden.

---

454 Vgl. ebd., Schreiben Landesregierung Mecklenburg, Ministerium für Gesundheitswesen an die Leitung des Michaelshof vom 11.1.1951.

455 Vgl. ebd., Nr. 159, Niederschrift Vorstandssitzung des Michaelshofes vom 24.1.1951.

456 Vgl. ebd., Nr. 43, Schreiben Vorstand Michaelshof an Hans Heygster vom 17.2.1951.

457 Vgl. ebd., Nr. 98, Schreiben Helmut Kuessner an Landesregierung Mecklenburg, Ministerium für Gesundheitswesen, vom 25.4.1951.

458 Vgl. ebd., Nr. 43, Liste der noch auf dem Michaelshof in der Beobachtungs- und Sichtungs-Abteilung für seelisch-kranke Kinder befindlichen Kinder, o. D. (1951).

459 Vgl. LHAS, 6.11-19, Nr. 2484, Bericht an Minister Hirschberg über Dienstreise vom 13.8.1951.

460 Vgl. Archiv Michaelshof, Nr. 43, Vermerk der Landesregierung Mecklenburg vom 5.5.1949.

5. Die Entwicklung in den DDR-Nordbezirken 1952 bis 1969

5.1 Unterbringung und Rehabilitation

Fehlende Unterbringungsmöglichkeiten für geistig behinderte Kinder

In den 1950 Jahren waren in den Nordbezirken immer noch viele Kinder und Jugendliche mit physischen und psychischen Behinderungen in Säuglings- und Kinderheimen untergebracht und die Heimleitungen drängten auf ihre Herausnahme.[461] 1954 sprachen Mitarbeiter der Abteilung Gesundheitswesen beim **Bezirk Rostock** von einem „großen Engpass", was die Unterbringung „geistesschwacher" Kinder betraf. Eine „nicht kleine Masse" dieser Kinder befand sich demnach in Säuglingsheimen und stellte „eine Gefahr für die gesunden Kinder" dar.[462] Im Bezirk gab es keine Unterbringungsmöglichkeiten für sie und auch die Einrichtungen Ueckermünde und Schwerin-Sachsenberg in den Nachbarbezirken waren überfüllt. Die Errichtung eines Heimes im Bezirk für etwa 100 Kinder wurde als dringend erforderlich angesehen.[463] Diesem Vorhaben war in den nächsten Jahren kein Erfolg beschieden. Die Absicht, in Schmoldow im Kreis Greifswald-Land eine Einrichtung für „bildungsunfähige" Kinder zu errichten, wurde wegen fehlender finanzieller Mittel nicht realisiert. Die beiden Universitätskliniken Rostock und Greifswald lehnten es ab, Kinder für eine dauerhafte stationäre Pflege aufzunehmen. Mit der Schließung der Heil- und Pflegeanstalt Ueckermünde 1954 verschlimmerte sich die Situation vollends, auch die 1957 im BKH Stralsund-West eingerichtete kleine Kinderstation schaffte kaum Abhilfe. Der Bezirk Rostock versuchte, die Kinder auf staatliche Ein-

---

461 Vgl. LAGw, Rep. 200 9.1, Nr. 14, Bl. 15 f., Schreiben Kreisarzt Greifswald Herbert Knabe an den Rat des Bezirkes Rostock, Abt. Gesundheits- und Sozialwesen, vom 25.3.1957.

462 Ebd., Nr. 56, Bl. 12, Rat des Bez. Rostock, Bericht über die Arbeit der Abteilung Gesundheitswesen 1953/54 vom 20.3.1954.

463 Vgl. ebd., Bl. 12, Rat des Bez. Rostock, Bericht über die Arbeit der Abteilung Gesundheitswesen 1953/54 vom 20.3.1954.

richtungen anderer Bezirke bzw. auf konfessionelle Einrichtungen zu verteilen.[464] Im **Bezirk Schwerin** war 1953 das kinderpsychiatrische Pflegeheim Dessin eröffnet worden, welches aber auch schon bald an Aufnahmekapazitätsgrenzen stieß.[465] Auch das Problem der Überalterung der Pflegepatienten machte sich bemerkbar. So sah man sich 1957 in der Heil- und Pflegeanstalt Seewalde im **Bezirk Neubrandenburg** „nicht in der Lage, das Heim für bildungsunfähige Kinder in ein Heim für Erwachsene umzuwandeln, nur weil die älteren Patienten nicht verlegt werden können."[466]

Mit Beginn der 1960er Jahre und der Einrichtung von Rehabilitationskommissionen auf Bezirksebene wurden neue Einrichtungen zur Unterbringung „bildungsunfähiger" Minderjähriger eröffnet, so 1963 eine Kinderstation für pflegebedürftige Kinder in Dobbertin[467] als Teil der Außenstelle der BNK Schwerin und ein psychiatrisches Pflegeheim für Kinder in Glaserhorst als Außenstation des Kreiskrankenhauses (KKH) Hagenow.[468] Dennoch verbesserte die Arbeit der Kommissionen die Situation noch nicht wesentlich. 1962 wurde beim Rat des **Bezirkes Schwerin** die psychiatrische und kinderpsychiatrische Versorgung als eine „Notlage" beschrieben.[469] Auch im **Bezirk Neubrandenburg** war die Betreuung und Unterbringung behinderter Kinder und Jugendlicher mehr als nur angespannt. Die Kreispoliklinik Neubrandenburg erklärte 1963, dass die jugendpsychiatrische Fürsorge im Kreis Neubrandenburg „unter den augenblicklichen Verhältnissen gar nicht realisierbar" sei.[470] Dies betraf zum einen die Unterbringung „hirngeschädigter, bildungsunfähiger" Kinder bis zum Alter von fünf Jahren. Das konfessionelle Pflegeheim Waldhof in Templin sah für diese Kinder trotz Dringlichkeit eine Wartezeit von bis zu zwei Jahren vor. Und auch die Förderung von sogenannten „psychisch leicht retardierten"

---

464 Vgl. ebd., Nr. 14, Bl. 14, Schreiben der stellvertretenden Bezirksärztin Rostock Annemarie Hempel an den Rat des Kreises Greifswald, Abt. Gesundheits- und Sozialwesen, vom 5.4.1957.

465 Vgl. Giercke, Klaus (Hg.): Bezirksnervenklinik Schwerin 1830 bis 1980, Schwerin 1979, S. 18.

466 LAGw, Rep. 200 9.1, Nr. 14, Bl. 10, Schreiben Bezirksärztin Neubrandenburg Edith Ackermann an stellvertretende Bezirksärztin Rostock Hempel vom 10.4.1957.

467 Vgl. LHAS, 7.11-1-2, Z 131/1991, Nr. 35722, Klaus Giercke, Analyse der Patientenbetreuung und Perspektiven der Klinik für Kinder und Neuropsychiatrie BNK Schwerin, Bereich Dobbertin, vom 22.6.1983.

468 Vgl. LHAS, 7.11-1/31, Nr. 77, Vorlage für den Rat des Bezirkes Schwerin über Veränderungen der staatlichen Aufgaben in den Kreisen Ludwigslust und Lübz, 12.10.1962.

469 Ebd., Vorlage für den Rat des Bezirkes Schwerin über Reorganisation der stationären psychiatrischen Versorgung des Bezirkes, 29.10.1962.

470 LHAS, 7.21-1-2, Z 1/1986, Nr. 1585, Schreiben Kreispoliklinik Neubrandenburg an den Rat des Bezirkes Neubrandenburg, Abt. Gesundheits- und Sozialwesen, vom 19.3.1963.

Kindern in Kindergärten war nicht möglich. Ein entsprechender Versuch in Neubrandenburg blieb erfolglos, da sämtliche Kindergärten überfüllt waren. Auch die Einweisung von schulpflichtigen Kindern in psychiatrische Einrichtungen mit Sonderschulen und die Unterbringung von schulentlassenen Jugendlichen in Spezialeinrichtungen mit Beschäftigungs- und Ausbildungsmöglichkeiten waren im Kreis Neubrandenburg nicht gegeben.[471] Dabei erschwerten insbesondere Kinder mit psychischen Behinderungen weiter die Arbeit in den Kinderkrippen und Kinderheimen, denn die Erzieherinnen hatten weder eine Ausbildung noch die Zeit zu deren Betreuung und Förderung. So schrieb 1963 beispielsweise im Kreis Demmin die Abteilung Gesundheitswesen und Sozialfürsorge an den Rat des Bezirkes Neubrandenburg und bat, diese Kinder doch in einem entsprechenden Heim unterzubringen. Ein Verbleib in den Kinderkrippen und Kinderheimen wäre nicht möglich, da – so das Schreiben – die „normalen Kinder alle Unarten und Absonderheiten dieser [Kinder] nachahmen".[472]

Auch in der zweiten Hälfte der 1960er Jahre hatte sich die Situation kaum gebessert. Für den Zeitraum 1966/67 berichteten die Kreise im **Bezirk Neubrandenburg**, dass die Unterbringung von Kindern und Jugendlichen in psychiatrischen Einrichtungen „sehr zu wünschen übriglasse"[473]. Im Kreis Prenzlau warteten 50 Minderjährige auf eine Aufnahme, darunter einige schon seit vier Jahren.[474] Aus dem Kreis Altentreptow kam die Erklärung: „Dieses Problem wird von Jahr zu Jahr schwieriger, da immer wieder Neuzugänge zu verzeichnen sind."[475] Im Kreis Ueckermünde waren mehr als hundert Kinder auf der Vormerkliste, trotz Wiedereröffnung der Psychiatrischen Klinik 1958. Schwierigkeiten bereitete dort für die Abgänger der Sonderschule auch weiterhin die Eingliederung in den Arbeitsprozess. Auch Mangel an Pflegepersonal sowie an Pädagogen bestand nach wie vor.[476] Im Kreis Waren/Müritz wurde die ungenügende Anzahl von Heimplätzen und

471 Vgl. ebd., Schreiben Kreispoliklinik Neubrandenburg an den Rat des Bezirkes Neubrandenburg, Abt. Gesundheits- und Sozialwesen, vom 19.3.1963.

472 Ebd., Schreiben Rat des Kreises Demmin, Abt. Gesundheitswesen, an den Rat des Bezirkes Neubrandenburg, Abt. Gesundheits- und Sozialwesen, vom 20.2.1963.

473 Ebd., Nr. 1584, Aufteilung Neuzugänge Kinder und Jugendliche mit geistigen Störungen im Kreis Prenzlau 1966/67, 23.10.1967.

474 Vgl. ebd., Aufteilung Neuzugänge Kinder und Jugendliche mit geistigen Störungen im Kreis Prenzlau 1966/67, 23.10.1967.

475 Ebd., Kreisjugendärztin Altentreptow, Analyse Altentreptow, 23.10.1967.

476 Vgl. ebd., Aufteilung Neuzugänge Kinder und Jugendliche mit geistigen Störungen im Kreis Ueckermünde 1966/67, 25.10.1967.

Förderungsmöglichkeiten sowie das Fehlen eines Hilfsschulinternates beklagt.[477] Auch im **Bezirk Rostock** war es unmöglich, alle geistig behinderten Kinder und Jugendlichen in Pflegeeinrichtungen unterzubringen. Ende 1961 lagen 256 Aufnahmeanträge vor[478] und die Einrichtungen waren überfüllt, was wiederum die Arbeit in der psychiatrischen Fürsorge erschwerte.[479] Die einzelnen Kreise berichteten Mitte der 1960er Jahre häufig von besonders dringenden Fällen und nannten die Situation der Unterbringung „katastrophal".[480] Sie erklärten, dass die Diskussion mit den Elternhäusern immer schwieriger werde, da manche schon Jahre warten.[481] Besondere Notlagen bestanden, wenn ein Kind sofort in eine psychiatrische Einrichtung verlegt werden musste.[482] Der psychiatrischen Fürsorge könne zudem aus personellen Gründen nicht die erforderliche Zeit gewidmet werden.[483] 1965 unterrichtete der Kreis Greifswald den Rat des Bezirkes Rostock, dass Kinder aus der Universitätsklinik Greifswald nach einer Therapie häufig wieder in das negative häusliche Milieu zurückkehren, da keine Langzeiteinrichtungen vorhanden waren.[484] Ende 1966 gestand man sich beim Rat des Bezirkes ein, dass die Unterbringung „nicht bildungsfähiger" Kinder und Jugendlicher auch in Zukunft Schwierigkeiten machen werde.[485] Diese waren nicht nur in den Elternhäusern, sondern noch immer auch in Säuglingsheimen, Kinderkrippen, Vorhilfsschulheimen, Sonderschulheimen und Kinderkliniken notdürftig untergebracht.[486] Mitte der 1960er Jahre versuchte man durch die Umprofilierung von Tbc-Betten mehr Plätze zu schaffen, auch plante man

477 Vgl. ebd., Nr. 1673, Geistige Störungen, Analyse zur Berichterstattung des Jahres 1968/69 Kreis Waren/Müritz, 28.10.1969.

478 Vgl. LAGw, Rep. 200 9.1, Nr. 61, Bl. 1, Analyse zum Bericht über Kinder und Jugendliche mit geistigen Störungen im Bezirk Rostock 1960/61. 25.11.1961.

479 Vgl. ebd., Nr. 33, Bl. 23, Analyse zum Jahresbericht 1960, 7.4.1961.

480 Ebd., Nr. 234, Bl. 10 ff., Analyse zum Bericht über Kinder und Jugendliche mit geistigen Störungen im Kreis Bad Doberan 1965/66, 4.10.1966.

481 Vgl. ebd., Bl. 49, Analyse zum Bericht über Kinder und Jugendliche mit geistigen Störungen im Kreis Rügen 1964/65, 1.10.1965.

482 Vgl. ebd., Bl. 14 f., Analyse zum Bericht über Kinder und Jugendliche mit geistigen Störungen im Kreis Greifswald 1965/66, 1.10.1966.

483 Vgl. ebd., Bl. 27 f., Analyse zum Bericht über Kinder und Jugendliche mit geistigen Störungen im Kreis Wismar 1965/66, 1.11.1966.

484 Vgl. ebd., Bl. 73 f., Analyse zum Bericht über Kinder und Jugendliche mit geistigen Störungen im Kreis Greifswald 1964/65, 15.10.1965.

485 Vgl. ebd., Bl. 3 f., Anlage zur Bezirkszusammenstellung 1965/66, 5.1.1967

486 Vgl. ebd., Nr. 147, Bl. 40, Rat des Bez. Rostock, Abt. Gesundheitsschutz, Listen der debilen Kinder, die in ein Heim eingewiesen werden müssen, August 1964.

weitere Plätze in konfessionellen Heimen zu gewinnen.[487] Diese Maßnahmen reichten bei weitem nicht aus.

Im Januar 1963 hatte der VI. Parteitag der SED die *weitere Verbesserung des Gesundheits- und Sozialwesens* beschlossen.[488] Die Bezirke waren angewiesen worden, über die Entwicklung der Kapazitäten im stationären und ambulanten Bereich bis zum Jahr 1970 zu berichten. Im **Bezirk Rostock** tagte die Ständige Kommission Gesundheits- und Sozialwesen beim Bezirkstag am 5. März 1963 zu dieser Frage, musste jedoch feststellen, dass mit Strukturveränderungen im Gesundheitswesen in der nächsten Zeit nicht zu rechnen sei.[489] Bei der Tagung kam auch die Überbelegung des Michaelshofes in Rostock-Gehlsdorf zur Sprache. Die stellvertretende Bezirksärztin Annemarie Hempel forderte auch die Erhöhung von Pflegeheimplätzen und schlug vor, diese durch die Umprofilierung kleinerer Krankenhäuser, die dem Bild eines modernen Krankenhauses nicht mehr entsprachen, zu schaffen. Sie erklärte: „Ich sehe die Schaffung von weiteren Pflegeheimplätzen [als] genauso wichtig an, wie die Schaffung von weiteren Kinderkrippenplätzen."[490] Eine bemerkenswerte Sichtweise, wurde doch letzterem Bereich viel Aufmerksamkeit geschenkt. In der Folgezeit wurden Kapazitätserweiterungen, Umprofilierungen bzw. Umwidmungen, Rekonstruktionen und Neubauten in Wismar, Rostock, Stralsund, Wolgast, Boltenhagen und Grimmen geplant. Die Umsetzung erfolgte jedoch nur langfristig und häufig um Jahre verspätet.[491]

487 Dies geht aus verschiedenen Schriftwechseln des Rates des Bezirkes Rostock mit den Abteilungen für Gesundheitswesen der einzelnen Kreise hervor (vgl. ebd.).

488 Vgl. Spaar: Dokumentation Gesundheitswesens DDR, Teil 4, S. 40.

489 Vgl. LAGw, Rep. 200 9.1, Nr. 93, Bl. 1, Ständige Kommission Gesundheits- und Sozialwesen beim Bezirkstag Rostock, Protokoll Beratung vom 5.3.1963.

490 Ebd., Bl. 2, Ständige Kommission Gesundheits- und Sozialwesen beim Bezirkstag Rostock, Protokoll Beratung vom 5.3.1963.

491 Vgl. ebd., Nr. 130, Bl. 51–54, Die Lage im Gesundheitswesen und die Aufgabenstellung nach dem VI. Parteitag der SED bis 1970, o. A., o. D. (etwa 1963/64).

Wie sich der Platzmangel in Pflegeeinrichtungen auf Kinder und deren Angehörige auswirkte, machen Einzelfälle deutlich. Näher untersucht und so in den Unterlagen der Abteilungen Gesundheitswesen bei den Räten der Bezirke dokumentiert wurden solche Fälle nur, wenn sich Kinderheime an übergeordnete Instanzen wandten oder verzweifelte Eltern mittels einer Eingabe oder Staatsratsbeschwerde versuchten, Hilfe zu bekommen. Hierzu einige Beispiele:

Dieter D. kam 1959 im Alter von drei Jahren in das „Lieselotte-Hermann-Haus" nach Loitz im Kreis Demmin, **Bezirk Neubrandenburg**, dem ein Vorschulheim angeschlossen war. Zu diesem Zeitpunkt war er geistig und körperlich stark zurückgeblieben. 1960 wurde seine körperliche Entwicklung als normal bezeichnet, seine geistige Entwicklung machte jedoch weiter Sorge. Im Interesse der anderen Kinder, die Dieters Verhalten nachahmten, wollte man ihn aus dem Heim entlassen und stellte einen Antrag zur Unterbringung in die BNK Ueckermünde.[492] Als sich die Heimleitung 1961 nach dem Stand des Antrages erkundigte, stellte sie fest, dass das Landambulatorium Loitz die Weitergabe versäumt hatte und das Kind nun wieder an letzter Stelle der Warteliste stand. 1963 befand sich Dieter im siebenten Lebensjahr und immer noch im Vorschulheim, eine Verlegung nach Ueckermünde war noch nicht erfolgt.[493] Über seine weitere Entwicklung geben die ausgewerteten Unterlagen keinerlei Hinweise. Gleiches trifft für die im Folgenden beschrieben Kinder und ihren weiteren Werdegang zu.

Im März 1965 wandte sich die Mutter der sechsjährigen Dora M. mit einer Bitte an den Vorsitzenden des Rates des **Bezirkes Rostock**. Ihre Tochter war taub, stumm und blind und wurde als schwachsinnig und nicht bildungsfähig eingestuft. Sie bedürfe ständiger Aufsicht und Pflege. Dora befand sich im katholischen Säuglings- und Kinderheim St. Ansgar in Teterow, wo sie aber herausgenommen werden sollte, da sie „unter den normalen Kindern dort nicht tragbar sei"[494]. Die Mutter fand keine andere geeignete

---

492 Vgl. LHAS, 7.21-1-2, Z 14/1988, Nr. 286, Vorschulheim „Lieselotte-Hermann-Haus" Loitz, Entwicklungsbericht B. B., August 1961.

493 Vgl. ebd., Schreiben Bezirksärztin Ackermann an das Vorschulheim „Lieselotte-Hermann-Haus" Loitz vom 9.5.1963.

494 LAGw, Rep. 200 9.1, Nr. 327, Bl. 32, Schreiben M. D. an den Vorsitzenden des Rates des Bezirkes Rostock vom 14.3.1965.

Pflegemöglichkeit. Sie selbst arbeitete als Pflegerin in der Tuberkulosestation der Kreiskinderklinik Graal-Müritz und stand kurz davor, ihre Arbeit zu kündigen.[495] Die Kreiskinderklinik wollte ihre Arbeitskraft nicht verlieren. Die Familie hatte zwei weitere Kinder und die Wohnverhältnisse waren sehr beengt.[496] Deshalb bat der stellvertretende Bezirksarzt das Kinderheim, von einer Entlassung abzusehen, bis eine bessere Unterbringungsmöglichkeit gefunden sei.[497] Dieses erklärte sich schließlich mit einem vorläufigen Verbleib einverstanden.[498] Inzwischen hatte sich auch die Mutter mit einer Eingabe an das Ministerium für Gesundheitswesen der DDR gewandt und um Hilfe gebeten, welches die Angelegenheit an den Bezirk zurückleitete.[499] Anfang 1966 war immer noch keine Lösung in Sicht. Der Verbleib Doras in Teterow war nicht mehr vertretbar, der Rat des Bezirkes teilte der Mutter mit, sie müsse das Kind nach Hause nehmen. Dora stehe zwar auf der Dringlichkeitsliste, dem Wunsch nach einer schnellen Heimunterbringung könne aber nicht entsprochen werden.[500]

Ähnlich erging es im **Bezirk Neubrandenburg** 1963 der Familie der einjährigen Anett B., bei der aufgrund einer diagnostizierten Toxoplasmose schwerwiegende Sinnesbeeinträchtigungen bestanden. Das unruhige Mädchen bedurfte einer Rund-um-die-Uhr-Pflege, so dass die Mutter ihre Arbeitsstelle aufgeben musste. Die vierköpfige Familie hatte nur eine Ein-Zimmer-Wohnung und kam nachts nicht zur Ruhe. Die Eltern sahen sich gezwungen, das Kind in einer Pflegeeinrichtung unterzubringen. Nachdem man ihnen in Prenzlau erklärt hatte, dass in drei Jahren ein Heimplatz frei wäre, schrieb die Familie im September 1963 eine Eingabe an den Staatsratsvorsitzenden. Diese wurde zeitnah geprüft und der Familie im Oktober 1963 mitgeteilt, dass der Bezirk Neubrandenburg nicht in der Lage sei, zu helfen. Versuche, das Kind in den Nachbarbezirken unterzubringen, waren ebenso fehlgeschlagen. Damit war die Bearbeitung der Eingabe erledigt.[501]

---

495 Vgl. ebd., Bl. 32, Schreiben M. D. an den Vorsitzenden des Rates des Bezirkes Rostock vom 14.3.1965.

496 Vgl. ebd., Bl. 36, Schreiben Rat des Bezirkes Rostock, Ref. Jugendgesundheitsschutz, an den Rat des Bezirkes Rostock, Abt. Gesundheits- und Sozialwesen, vom 15.4.1965.

497 Vgl. ebd., Bl. 39, Schwelgengräber, stellvertretender Bezirksarzt Rostock, an das Kinderheim St. Ansgar in Teterow vom 27.3.1965.

498 Vgl. ebd., Bl. 34, Notiz vom 15.5.1965.

499 Vgl. ebd., Bl. 42, Eingabe von M. D. an das Ministerium für Gesundheitswesen der DDR vom 2.5.1965.

500 Vgl. ebd., Bl. 31, Schreiben Kreisjugendpsychiater Rostock, an M. D. vom 12.1.1966.

501 Vgl. LHAS, 7.21-1-2, Z 14/1988, Nr. 286, Eingabe an den Staatsratsvorsitzenden der DDR vom 19.9.1963.

A b s c h r i f t !

[redacted]
Prenzlau
[redacted]

Prenzlau, den 19. 9. 1963

Sehr geehrter Herr Staatsratsvorsitzender!

Da bis zum heutigen Tage bei den örtlichen Organen in Prenzlau mir in meiner schwierigen Situation nicht geholfen wurde und in den ersten 3 Jahren kein anderer Ausweg geschaffen wird, wende ich mich mit nachstehender Bitte an Sie.
Bin am [redacted] in Stettin geb. Stamme aus einer Arbeiterfamilie, Vater vermißt, Mutter beim Kraftverkehr als Busschaffnerin tätig. Im Jahre 1962 ging ich mit [redacted], [redacted] eine Ehe ein, aus dieser Ehe gehen zwei Kinder hervor.
Meine Tochter, welche am [redacted] geboren wurde, leidet an einer Toxoplasmose-Krankheit, dieses Kind ist unheilbar, weil die 5 Sinne fehlen.
Das Kind war bis Juli 1963 stets in Behandlung, bis die richtige Krankheit festgestellt wurde. Man gab uns das Kind mit dem Bemerken zurück, in ca. 3 Jahren einen Platz im Heim dafür zu bekommen.
Am [redacted] wurde unser Sohn geboren. Da ich Kinder sehr gern habe, fühle ich mich sehr unglücklich, ein krankes Kind zur Welt gebracht zu haben. Das Kind bekomme ich nirgends untergebracht.
Aus diesem Grunde mußte ich meine Arbeitsstelle als Hortlehrerin aufgeben, um mein Kind zu pflegen.
Durch den unruhigen Schlaf des Kindes wird uns die nächtliche Ruhe genommen, da wir nur 1 Zimmer, Küche und Flur bewohnen.
Wir sind noch sehr jung und mein größter Wunsch wäre, so schnell wie möglich meine alte Tätigkeit wieder aufzunehmen, um die Wirtschaft zu vervollkommnen. Dieses kann jedoch nur erfolgen, wenn baldmöglichst unser Kind im Heim aufgenommen wird.
Mein Mann arbeitet beim Holz-Kontor Waren/Müritz, Auslieferungslager Prenzlau und hat ein monatliches Nettoeinkommen von 410,- DM.

Für eine baldige Nachricht wären wir Ihnen sehr dankbar.

Hochachtungsvoll

[redacted]

„Man gab uns das Kind mit dem Bemerken zurück, in ca. 3 Jahren einen Platz im Heim dafür zu bekommen." Eingabe von Frau B. an den Staatsratsvorsitzenden der DDR vom 19. September 1963. Quelle: LHAS, 7.21-1-2, Z 14/1988, Nr. 286.

Die vierjährige Lisa U. aus der Nähe von Teterow galt als „psychisch geschädigt“. Im November 1963 befand sie sich im Krankenhaus Parchim im **Bezirk Schwerin**, wo sie in verwahrlostem Zustand aufgenommen worden war. Offenbar konnte sie nicht in ihr Elternhaus zurück. Eine Fürsorgerin aus Teterow hatte sich vergeblich bemüht, in Schwerin einen Platz für Lisa zu bekommen. Das Pflegeheim Waldhof in Templin schien am besten geeignet, hatte aber keine Kapazitäten. Auch im 1958 wiedereröffneten Bezirksfachkrankenhaus (BFKH) Ueckermünde warteten noch etwa 350 Kinder auf Aufnahme, darunter 50 Dringlichkeitsfälle, und die Wartezeit betrug zwei bis drei Jahre. Lisas Vater, der sich zwischenzeitlich im Gefängnis befunden hatte, suchte mittels einer Eingabe an den Staatsrat die Sache voranzubringen.[502] Danach war man in Schwerin-Sachsenberg bereit, das Kind aufzunehmen. Nachdem jedoch bekannt wurde, dass die Mutter zwischenzeitlich in den **Bezirk Neubrandenburg** verzogen sei, nahm man diese Zusage wieder zurück.[503] Wie das Beispiel zeigt, gestaltete sich die Zusammenarbeit zwischen den Bezirken bzgl. der Unterbringung „bildungsunfähiger“ Kinder schwierig. Im Februar 1965 erklärte der Bezirksarzt des **Bezirkes Rostock**, Helmut Kluge, seiner Kollegin in Neubrandenburg, dass die Aufnahme eines Kindes nicht möglich sei, da die „Einrichtungen für psychisch geschädigte Kinder überfüllt sind und sich allein in dem konfessionellen Heim in Rostock-Gehlsdorf […] 10 Kinder und Jugendliche [aus dem Bezirk Neubrandenburg] befinden. […] Wie in allen Bezirken der DDR ist die Unterbringung psychisch erkrankter Kinder ein sehr großes und mit viel Mühen verbundenes Problem.“[504]

SED-Mitglied Franz R. und seine Frau zogen ihren als „bildungsunfähig“ eingestuften Enkelsohn Ralf K. auf. Auch ein weiteres erst zweieinhalb Jahre altes Enkelkind lebte bei ihnen. Das Rentnerehepaar war krank und mit der Situation überfordert. In einer Staatsratseingabe bat Franz R. im Oktober 1963, bei der Unterbringung des Enkelkindes behilflich zu sein. Daraufhin erklärte ihm die **Neubrandenburger** Bezirksärztin Edith Ackermann, dass alle derartigen Heime im **Bezirk** und auch in den Nachbarbe-

502 Vgl. ebd., Schreiben der Bezirksärztin Neubrandenburg Edith Ackermann an den Ratsvorsitzenden Lothar Geißler vom 20.11.1963.

503 Vgl. ebd., Schreiben Rat des Bezirkes Neubrandenburg an die Bezirksärztin vom 16.12.1963.

504 Ebd., Z 1/1986, Nr. 1585, Schreiben Bezirksarzt Rostock Kluge an Rat des Bezirkes Neubrandenburg vom 19.2.1965.

zirken voll belegt seien und bei der Abteilung Gesundheitswesen bereits Anträge vorliegen, die erst in den nächsten Jahren Berücksichtigung fänden. Die Bezirksärztin schrieb der Kanzlei des Staatsrates, dass solche Eingaben „verstärkt in der Wahlvorbereitung deutlich" werden und sprach das Problem an: „Es darf hierbei nicht verschwiegen werden, daß die Pflege dieser Kinder sehr aufwendig mit Arbeitskräften ist."[505] Sie wolle sich bemühen Herrn R. zu helfen, die Aussichten seien aber schlecht, da die Aufnahmekapazitäten schon erschöpft seien. Nach zwei weiteren Beschwerdeschreiben und einem Hausbesuch der stellvertretenden Bezirksärztin Ursula Händel wurde der Familie lediglich erklärt, man wolle versuchen, das gesunde Geschwisterkind im örtlichen Kindergarten unterzubringen, um so etwas Entlastung zu verschaffen. Ein Heimplatz für den behinderten Enkelsohn war nicht absehbar.[506]

Familien mit schwerbehinderten Kindern hatten häufig kaum Möglichkeiten, diese bedürfnisgerecht zu versorgen. Auch waren in der Regel beide Ehepartner erwerbstätig, um den Lebensunterhalt zu verdienen und „die sozialistische Gesellschaftsordnung aufzubauen". Die Eltern der 1962 in Wismar, **Bezirk Rostock** geborenen geistig behinderten Inge B. standen vor erheblichen Problemen. Inge befand sich nach der Geburt in verschiedenen Kinderkliniken und wurde im Juni 1963 von der Großmutter betreut, die sich jedoch noch um weitere pflegebedürftige Verwandte kümmerte.[507] Eine Unterbringung im BKH Stralsund-West war nicht möglich.[508] Im Mai 1965 machte die Abteilung Gesundheits- und Sozialwesen beim Rat des Kreises Wismar einen wiederholten Versuch und bat die Bezirksärztin um die Unterbringung von Inge und weiteren „bildungsunfähigen" Kindern und Jugendlichen, welche nur „einige der vielen, ebenfalls dringenden Fälle" wären.[509]

505 Ebd., Z 14/1988, Nr. 286, Schreiben Bezirksärztin Neubrandenburg Ackermann an die Kanzlei des Staatsrates der DDR vom 22.10.1963.

506 Vgl. ebd., Z 14/1988, Nr. 286, Schreiben des stellvertretenden Bezirksarztes Neubrandenburg Händel an den Ratsvorsitzenden Lothar Geißler vom 28.11.1963.

507 Vgl. LAGw, Rep. 200 9.1, Nr. 327, Bl. 23, 24, Bericht über die Lebensverhältnisse der Familie B., Wismar-Wendorf, 23.7.1963.

508 Vgl. ebd., Bl. 20, Schreiben BKH Stralsund-West, Chefarzt Rudolf Groß an den Rat der Stadt Wismar, Abt. Gesundheits- und Sozialwesen vom 30.9.1963.

509 Ebd., Bl. 25, Schreiben Rat des Kreises Wismar, Abt. Gesundheits- und Sozialwesen, an Bezirksärztin Rostock Annemarie Peters vom 15.5.1964.

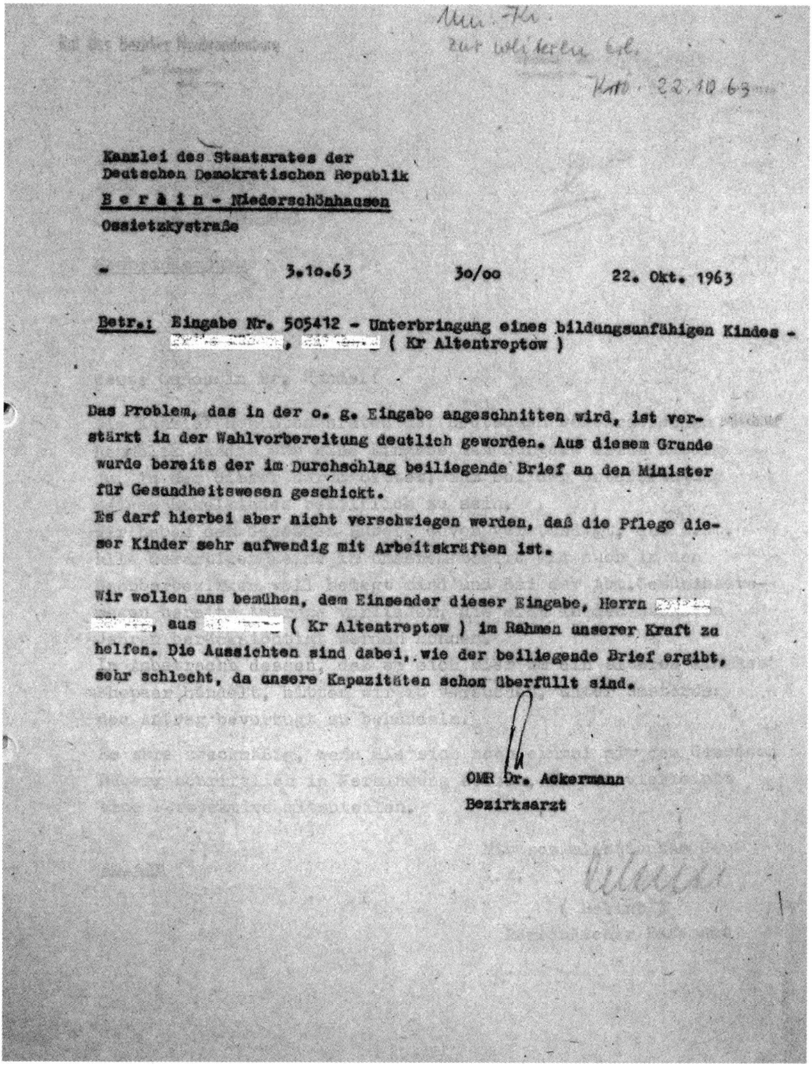

Kanzlei des Staatsrates der
Deutschen Demokratischen Republik
B e r l i n - Niederschönhausen
Ossietzkystraße

3.10.63 30/oo 22. Okt. 1963

Betr.: Eingabe Nr. 505412 - Unterbringung eines bildungsunfähigen Kindes - [redacted], [redacted] (Kr Altentreptow)

Das Problem, das in der o. g. Eingabe angeschnitten wird, ist verstärkt in der Wahlvorbereitung deutlich geworden. Aus diesem Grunde wurde bereits der im Durchschlag beiliegende Brief an den Minister für Gesundheitswesen geschickt.
Es darf hierbei aber nicht verschwiegen werden, daß die Pflege dieser Kinder sehr aufwendig mit Arbeitskräften ist.

Wir wollen uns bemühen, dem Einsender dieser Eingabe, Herrn [redacted], aus [redacted] (Kr Altentreptow) im Rahmen unserer Kraft zu helfen. Die Aussichten sind dabei, wie der beiliegende Brief ergibt, sehr schlecht, da unsere Kapazitäten schon überfüllt sind.

OMR Dr. Ackermann
Bezirksarzt

„Es darf hierbei nicht verschwiegen werden, daß die Pflege dieser Kinder sehr aufwendig mit Arbeitskräften ist." Schreiben der Bezirksärztin Ackermann an die Kanzlei des Staatsrates der DDR vom 22. Oktober 1963 über die Eingabe von Franz R. betreffs der Heimunterbringung seines Enkelsohnes. Quelle: LHAS, 7.21-1-2, Z 14/1988, Nr. 286.

Im Dezember 1965 schilderte der Vater dem Rat des Bezirkes noch einmal das Problem und bat um Hilfe: Er arbeite mit seiner Frau im Schichtdienst, in „Brigaden der sozialistischen Arbeit". Sie hätten noch drei weitere Kinder, die in Kindergärten bzw. -krippen untergebracht seien. Die Familie versuche seit drei Jahren einen Heimplatz für Inge zu bekommen, im nächsten Jahr wäre es nicht mehr möglich, sie zu Hause zu behalten.[510] Dennoch gab es keine Lösung: Alle Unterbringungsmöglichkeiten in Pflegeheimen für geistig behinderte Kinder waren restlos ausgeschöpft.[511]

Ähnliches erlebte die unverheiratete Mutter des zweieinhalbjährigen André A. aus dem Kreis Wolgast, die versuchte, das Kind im September 1966 in einer Pflegeeinrichtung unterzubringen. André hatte eine Hirnschädigung, lag vorwiegend im Bett und war sehr unruhig. Er hatte noch zwei Geschwister und eine Großmutter, die im selben Haushalt lebten. Die Großmutter konnte sich aufgrund eigener gesundheitlicher Probleme nicht um das Kind kümmern. Die zuständige Beratungsstelle Jugendgesundheitsschutz hielt die Unterbringung des Kindes für dringend erforderlich.[512] Dies war nicht möglich. Auch nach einer Eingabe der Arbeitsstelle der Mutter, einer Großhandelsgesellschaft (GHG) für Lebensmittel, Obst und Gemüse, an den Staatsrat im Juni 1967 war keine Lösung in Sicht. Der Rat des Bezirkes Rostock schrieb nach Berlin: „Die Unterbringung psychiatrisch kranker Kinder bereitet uns nach wie vor große Sorgen. Nachdem es uns gelungen ist, im Kreis Wolgast neue Aufnahmekapazitäten zu schaffen, fehlt es dort immer noch an ausreichend Personal."[513] Mit den neuen Aufnahmekapazitäten war das als Außenstelle des Krankenhauses Heringsdorf gerade eingerichtete Kinderpsychiatrische Pflegeheim in Neuhof auf der Insel Usedom gemeint. Der GHG wurde mitgeteilt, dass es an Pflegepersonal und Bettenkapazität fehle und deswegen seit längerer Zeit keine Neuaufnahmen erfolgen können. Und auch ein Termin für eine grundlegende Veränderung der Situation konnte nicht genannt werden. André stehe zwar auf der Dringlichkeitsliste, jedoch sei man außerstande, in absehbarer Zeit eine Einweisung vorzunehmen.[514]

---

510 Vgl. ebd., Bl. 19, Schreiben Herr B. an den Rat des Bezirkes Rostock vom 26.12.1965.

511 Vgl. ebd., Bl. 18, Schreiben stellvertretender Bezirksarzt Schwelgengräber an Herrn B. vom 21.1.1966.

512 Vgl. ebd., Bl. 5, Schreiben Beratungsstelle Jugendgesundheitsschutz Seebad Heringsdorf an Rat des Bezirkes Rostock, Abt. Gesundheits- und Sozialwesen, vom 14.6.1967.

513 Ebd., Bl. 6, Schreiben Rat des Bez. Rostock, Abteilung Gesundheits- und Sozialwesen an die Kanzlei des Staatsrates der DDR vom 13.6.1967.

514 Vgl. ebd., Bl. 11 f., Schreiben Rat des Bezirkes Rostock, Abt. Gesundheits- und Sozialwesen an die GHG für Lebensmittel, Obst und Gemüse vom 2.8.1967.

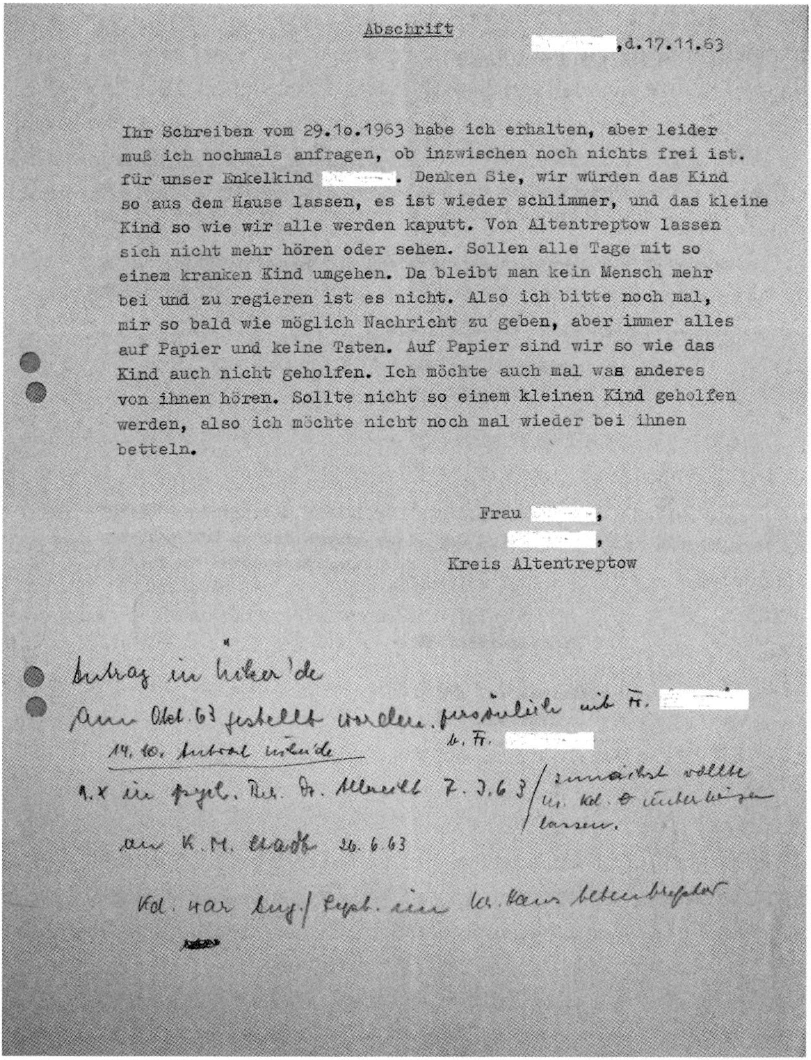

Abschrift

[redacted],d.17.11.63

Ihr Schreiben vom 29.1o.1963 habe ich erhalten, aber leider muß ich nochmals anfragen, ob inzwischen noch nichts frei ist. für unser Enkelkind [redacted]. Denken Sie, wir würden das Kind so aus dem Hause lassen, es ist wieder schlimmer, und das kleine Kind so wie wir alle werden kaputt. Von Altentreptow lassen sich nicht mehr hören oder sehen. Sollen alle Tage mit so einem kranken Kind umgehen. Da bleibt man kein Mensch mehr bei und zu regieren ist es nicht. Also ich bitte noch mal, mir so bald wie möglich Nachricht zu geben, aber immer alles auf Papier und keine Taten. Auf Papier sind wir so wie das Kind auch nicht geholfen. Ich möchte auch mal was anderes von ihnen hören. Sollte nicht so einem kleinen Kind geholfen werden, also ich möchte nicht noch mal wieder bei ihnen betteln.

Frau [redacted],
[redacted],
Kreis Altentreptow

Antrag in [illegible]
Am [illegible] Okt. 63 festgestellt worden. persönlich mit Fr. [redacted]
u. Fr. [redacted]
14.10. Antrag [illegible]
1.X in psych. Beh. Dr. [illegible] 7.9.63 / zunächst sollte [illegible] Kd. [illegible] lassen.
an K.M. Stadt 26.6.63
Kd. war [illegible] / psych. [illegible]

„Das kleine Kind so wie wir alle werden kaputt." Abschrift eines Schreibens an den Vorsitzenden des Rates des Bezirkes Neubrandenburg vom 17. November 1963, in dem Frau R. erneut nach einem freien Heimplatz fragt und die häusliche Situation in eindringlichen Worten schildert. Quelle: LHAS, 7.21-1-2, Z 14/1988, Nr. 286.

Kurz darauf schaltete sich die Kreisärztin ein, denn die Situation hatte sich drastisch verschlimmert. Die Großmutter war ins Krankenhaus gekommen und André unbeaufsichtigt zu Hause, „da die Mutter alleinstehend und auf den Beruf angewiesen“ sei.[515] Die Abteilung Gesundheits- und Sozialwesen beim Rat des Bezirkes antwortete: „Eine Einweisung kann vorerst nicht erfolgen. Ich gehe sicher in der Annahme, daß auch Ihnen das Problem Kinderpsychiatrie hinlänglich bekannt ist. [...] Gegenwärtig ist es nicht einmal möglich, allerdringendste Anträge zu berücksichtigen.“[516] Es folgte der Hinweis, auf Kreisebene ambulante Voraussetzungen für die Betreuung solcher Kinder zu schaffen.

Dass sich die Betriebe von Eltern für eine Unterbringung derer behinderten Kinder in Pflegeeinrichtungen einsetzten, war keine Seltenheit, waren doch Arbeitskräfte rar. Auch im Falle der Familie F. aus Wismar, deren neunjährige Tochter Sandra in einem Pflegeheim untergebracht werden sollte, schrieb der VEB Kraftverkehr und Spedition an den Rat des Bezirkes und wies darauf hin, dass der Vater durch die unausgeglichene Familiensituation in seinen Arbeitsleistungen wesentlich nachgelassen habe. Trotz wiederholter Bitten sei aber noch kein Heimplatz zugewiesen worden.[517] Um die Situation der Kinder schien man sich hingegen weit weniger Sorgen zu machen.

Probleme bei der Unterbringung körperbehinderter Minderjähriger

Die Versorgung von Kindern und Jugendlichen mit Körperbehinderungen oder Sinnesschädigungen war im Vergleich zu der Versorgung geistig behinderter Minderjähriger zwar etwas bessergestellt, dennoch kam es auch hier zu erheblichen Mängeln, wie die Berichte der Kreise aus dem **Bezirk Rostock** in den 1960er Jahren zeigen. Im Berichtszeitraum 1961/62 bereitete die Unterbringung von fünf Heranwachsenden in orthopädische Einrichtungen Schwierigkeiten. Außerdem fehlten für einige Kinder Plätze in

515 Ebd., Bl. 13, Schreiben Beratungsstelle Jugendgesundheitsschutz Seebad Heringsdorf an den Rat des Bezirkes Rostock, Abt. Gesundheits- und Sozialwesen vom 21.7.1967.

516 Ebd., Bl. 14, 15, Schreiben Rat des Bezirkes Rostock, Abt. Gesundheits- und Sozialwesen an die Beratungsstelle Jugendgesundheitsschutz Seebad Heringsdorf vom 1.8.1967.

517 Vgl. ebd., Bl. 58, 59, Schriftverkehr zur Unterbringung des Kindes H. H.

Kindergärten für Gehörlose bzw. Hörbehinderte.[518] 1964/65 konnte auf der Insel Rügen „von einer fürsorgerischen, orthopädischen Betreuung [...] überhaupt keine Rede sein".[519] Im Kreis Ribnitz-Damgarten war im gleichen Zeitraum nicht ein einziges körperbehindertes Kind in einer für ihn vorgesehenen Einrichtung untergebracht worden. Der Kreis Wolgast hatte seine Orthopädische Abteilung ganz geschlossen, seitdem war eine Betreuung von Kindern und Jugendlichen nicht mehr möglich. Weitere Kreise meldeten Kinder und Jugendliche, die noch auf eine Unterbringung in einer Einrichtung für Körperbehinderte warteten.[520] Über die Situation in den Jahren 1965/66 analysierte der Bezirk Rostock „ungünstig" lange Wartezeiten in den orthopädischen Kliniken und Fachabteilungen, Schwierigkeiten bei der Unterbringung körperbehinderter Kinder in Sonderschulen – hier besonders bei einer zusätzlichen Einschränkung der Bildungsfähigkeit – sowie Probleme in deren Berufsvermittlung, denn die Zahl der Ausbildungsplätze war zu gering. Zudem gab es im Bezirk Rostock kein Heim für körperbehinderte Hilfsschüler.[521]

Die im Mai 1965 eingereichte Staatsratseingabe der Eltern des fünfjährigen Robert S. von der Insel Rügen zeigt, dass noch nicht einmal die Diagnostik einer Behinderung oder Krankheit gesichert war. Der Vater war Hochseefischer und wenig zu Hause, die Mutter kümmerte sich neben Robert um zwei weitere Kinder. Ein Hausarzt kam zu dem Schluss, dass Robert sofort in stationäre Behandlung müsse, da ihm zu helfen sei. In den entsprechenden Kliniken sei jedoch kein Bett frei und die Eltern wurden immer wieder vertröstet. „Sollen wir noch fünf Jahre warten oder bis es zu spät ist. Wann wird dem Jungen geholfen!"[522] fragten die Eltern in der Eingabe. In diesem Fall kam Bewegung in die Sache. Robert wurde schon im Juni 1965 für einige Monate in die Universitätsnervenklinik Rostock zur Untersuchung gebracht und erhielt hier einen Befund. Auch über seinen weiteren Werdegang ist nichts bekannt.[523]

---

518 Vgl. ebd., Nr. 61, Bl. 14, Analyse zum Bericht über Kinder und Jugendliche mit Körperbehinderungen im Bezirk Rostock 1961/62, 22.11.1962

519 Ebd., Nr. 233, Bl. 48, Bericht des Kreises Rügen über Kinder und Jugendliche mit Körperbehinderungen 1964/65, 22.10.1965.

520 Vgl. ebd., Nr. 233, verschiedene Berichte der Kreise des Bez. Rostock über Kinder und Jugendliche mit Körperbehinderungen 1964/65.

521 Vgl. ebd., Bl. 6 ff., Analyse zum Bericht über Kinder und Jugendliche mit Körperbehinderungen im Bezirk Rostock 1965/66, 4.1.1967.

522 Vgl. ebd., Nr. 327, Bl. 70–83, Schriftverkehr zur Unterbringung des Kindes R. S.

523 Vgl. ebd., Bl. 70–83, Schriftverkehr zur Unterbringung des Kindes R. S.

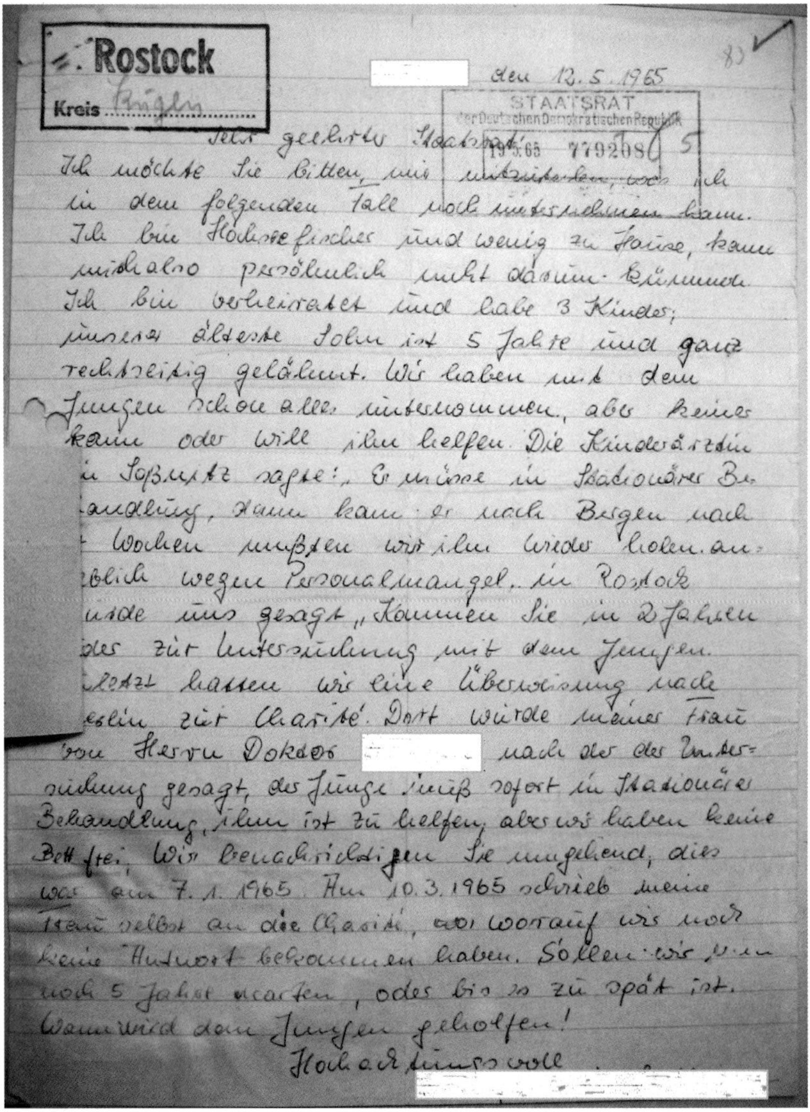

Rostock
Kreis Rügen

[redacted] den 12.5.1965

STAATSRAT der Deutschen Demokratischen Republik 19.5.65 779208 5

83

Sehr geehrter Staatsrat!
Ich möchte Sie bitten, mir mitzuteilen, was ich in dem folgenden Fall noch unternehmen kann. Ich bin Hochseefischer und wenig zu Hause, kann mich also persönlich nicht darum kümmern. Ich bin verheiratet und habe 3 Kinder; unserer älteste Sohn ist 5 Jahre und ganz rechtseitig gelähmt. Wir haben mit dem Jungen schon alles unternommen, aber keiner kann oder will ihm helfen. Die Kinderärztin in Saßnitz sagte: „Er müsse in stationärer Behandlung, dann kam er nach Bergen nach [illegible] Wochen mußten wir ihn wieder holen, angeblich wegen Personalmangel. In Rostock wurde uns gesagt „Kommen Sie in 2 Jahren wieder zur Untersuchung mit dem Jungen. Zuletzt hatten wir eine Überweisung nach Berlin zur Charité. Dort würde meiner Frau von Herrn Doktor [redacted] nach der der Untersuchung gesagt, der Junge muß sofort in stationäre Behandlung, ihm ist zu helfen, aber wir haben keine Bett frei. Wir benachrichtigen Sie umgehend, dies war am 7.1.1965. Am 10.3.1965 schrieb meine Frau selbst an die Charité, wo worauf wir noch keine Antwort bekommen haben. Sollen wir nun noch 5 Jahre warten, oder bis es zu spät ist. Wann wird dem Jungen geholfen!
Hochachtungsvoll
[redacted]

„Sollen wir noch 5 Jahre warten, oder bis es zu spät ist?" Eingabe der Familie S. an den Staatsrat der DDR vom 12. Mai 1965. Quelle: LAGw, Rep. 200 9.1, Nr. 327, Bl. 83.

Der Aufbau von Rehabilitationsmaßnahmen

Ein wichtiger Schritt zum Aufbau geplanter und gezielter Rehabilitationsmaßnahmen für behinderte Kinder und Jugendliche wurde mit der Gründung der „Forschungsgruppe Rehabilitation" im Jahr 1957 gemacht. Eine um 1963 verfasste Mitgliederliste der Forschungsgruppe listet 131 Mediziner und Pädagogen aus der gesamten DDR auf, davon sechs aus dem Bezirk Rostock[524] und einer aus dem **Bezirk Neubrandenburg**[525]. Aus dem **Bezirk Schwerin** war niemand vertreten.[526] Angeregt durch eine im Juni 1958 in Leipzig stattgefundene Tagung der Forschungsgruppe zur Rehabilitation, Dispensairebetreuung und Prämorbidität erarbeiteten 1959 Ärzte und Funktionäre im **Bezirk Rostock** einen Beschluss, den die Rostocker Stadtverordnetenversammlung einstimmig annahm. Daraufhin gründete die Städtische Poliklinik Rostock eine Abteilung „Rehabilitation und Arbeitshygiene" mit verschiedenen Beratungsstellen. Von fünf Aktiven (Arbeitsgruppen) widmete sich eines der Rehabilitation und organsierte beispielweise die Teilnahme von körperbehinderten Jugendlichen an Berufsberatungen außerhalb des Bezirkes.[527] Auch den Rehabilitationseinrichtungen kam die Gründung des „Aktivs Rehabilitation" zugute. So war die Ausstattung der Rheuma- und Kinderheilstätte Bad Sülze sehr rückständig und es gab personelle Schwierigkeiten, denn nur zwei Schwestern und zwei Hilfskräfte führten die Einrichtung. Mit Hilfe des „Aktivs Rehabilitation" konnten Maßnahmen zur Verbesserung der Situation festgelegt werden.[528] Auch wurde eine als „Modell Rostock" bezeichnete Initiative eingeführt, die darauf abzielte, Patienten schon vor einer zu erwartenden Invalidität zu erfassen. 1962 wurde ein *Entwurf zur Bildung von Rehabilitationseinrichtungen in den Kreisen* erarbeitet und an das Ministerium für Gesundheitswesen weitergeleitet. Für 1963 plante das „Aktiv Rehabilitation", dass in der Rheuma- und Kinderheilstätte Bad Sülze eingeführte Rehabilitationsprogramm

524 Gerhard Göllnitz von der Universitätsnervenklinik Rostock, Diplom-Psychologe Geissler und Eduard Kersten (1920–2003) vom Institut für Hygiene Rostock, Dr. Haase von der Städtischen Poliklinik Rostock, Harry Schoknecht von der Sprachheilschule Rostock sowie Herbert Knabe (1918–2009) vom Institut für Sozialhygiene Greifswald.

525 Willi Schmitz (*1915), Ärztlicher Direktor der BKH Ueckermünde für Psychiatrie und Neurologie.

526 Vgl. LAGw, Rep. 200 9.1, Nr. 93, Bl. 64–68, Liste der Forschungsgruppe Rehabilitation.

527 Vgl. ebd., Nr. 246, Bl. 28, Rudolf Grauert, Entwicklung auf dem Gebiete der Rehabilitation in Stadt und Bezirk Rostock, o. D. (1962).

528 Vgl. ebd., Nr. 93, Bl. 18, Protokoll über die Aktivleiterbesprechung der Ständigen Kommission Gesundheitswesen am 7.5.1962.

auf den Bezirk auszuweiten. Ebenso sollte die Einführung von Arbeitstherapie ambulant und stationär anlaufen. Und es sollte mehr Augenmerk auf die Ergebnisse der psychiatrischen Rehabilitation in Heimen und Außenstellen der Heilanstalten gelegt werden.[529]

1966 wurde in der Kreiskinderklinik Graal-Müritz eine Rehabilitationsstätte für Kinder mit rheumatischem Fieber und Herz-Kreislauf-Erkrankungen eröffnet, die Patienten aus der gesamten DDR aufnehmen sollte. Der Aufenthalt in dieser klinischen Einrichtung sollte mindestens vier Monate betragen.[530] Ebenfalls 1966 entstanden im Bezirk Rostock Pläne, „bildungsunfähige förderungsfähige" Kinder im Elternhaus zu belassen und in Tagesstätten zu fördern. Lediglich Kinder aus den ländlichen Bereichen sollten in Dauer- oder Wochenheimen untergebracht werden. Heime für „förderungsunfähige pflegebedürftige" Kinder sollten nicht mehr zentral geleitet, sondern auf Kreisebene eingerichtet werden.[531] Als Fortschritt in der Rehabilitation körperbehinderter Kinder und Jugendlicher betrachtete man das 1959 erstmals durchgeführte Zeltferienlager für Körperbehinderte am Salzhaff in Pepelow. In den folgenden Jahren wurde es ausgebaut und bekam durch einen Austausch mit Einrichtungen für Körperbehinderte der ČSSR und Ungarn einen internationalen Charakter. 1967 entschied das Ministerium für Gesundheitswesen, das Zeltferienlager zu einer ständigen Rehabilitationseinrichtung des Gesundheitswesens zu machen. Bis 1970 erfolgte der weitere Aufbau.[532]

Auf der Suche nach einer Rehabilitationseinrichtung für körperbehinderte Kinder und Jugendliche im **Bezirk Neubrandenburg** überlegte man 1964, das Tuberkulose-Kurheim Matgendorf zu nutzen. Diese dort befindliche, nach Kriegsende in einem ehemaligen Herrenhaus behelfsmäßig eingerichtete medizinische Einrichtung entsprach jedoch den Anforderungen einer Rehabilitationseinrichtung in baulicher und ausstattungsmäßiger Hinsicht nicht.[533]

---

529 Vgl. ebd., Nr. 246, Bl. 27, 29, Rudolf Grauert, Entwicklung auf dem Gebiete der Rehabilitation in Stadt und Bezirk Rostock, o. D. (1962).

530 Vgl. VuM Nr. 4/1968, S. 26.

531 Vgl. LAGw, Rep. 200 9.1, Nr. 147, Bl. 11, Schreiben Gerhard Göllnitz, Universitäts-Nervenklinik Rostock, an die Beratungsstelle Jugendgesundheitsschutz im Seebad Heringsdorf vom 4.2.1966.

532 Vgl. LAGw, Rep. 200 II 9.1, Nr. 420, Entwurf für ein Programm zur weiteren Entwicklung des internationalen Rehabilitations-Ferienzeltlagers Pepelow am Salzhaff, 5.5.1974.

533 Vgl. LHAS, 7.11-1-2, Z 45/1996, Nr. 79, Besichtigung des Tuberkulose-Kurheimes Matgendorf am 15.10.1964.

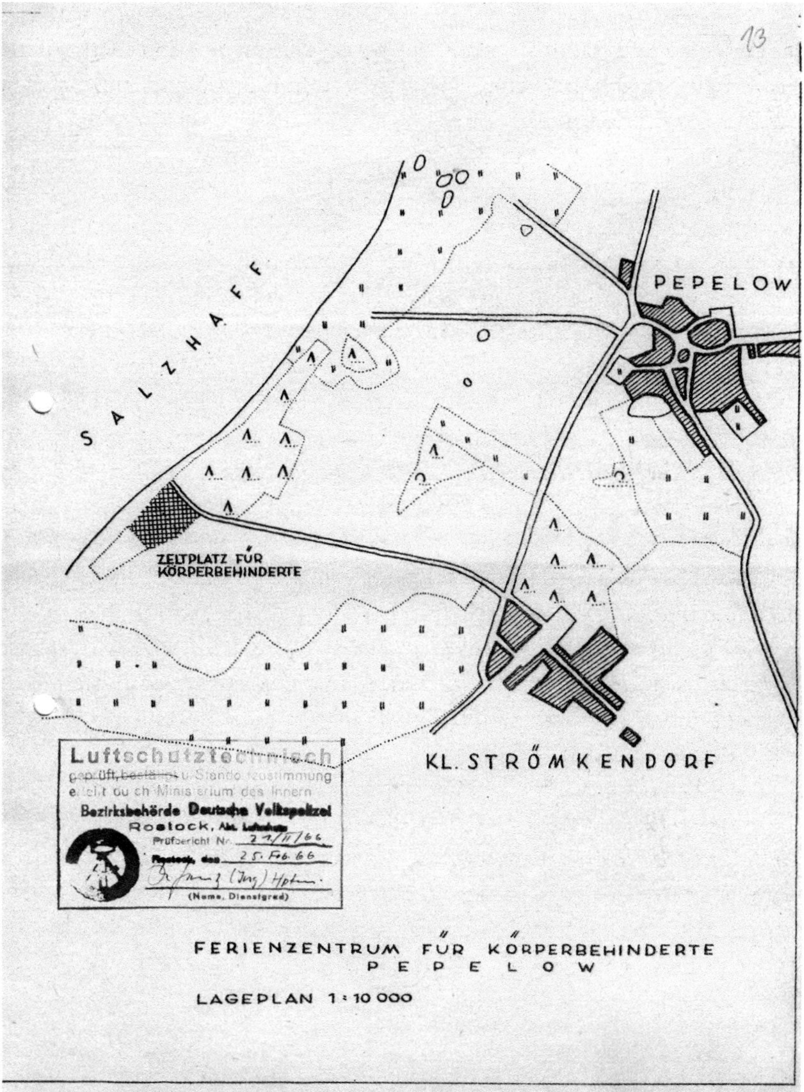

Lageplan des Ferienzentrums für Körperbehinderte in Pepelow, 1966.
Quelle: LAGw, Rep. 200 9.1 Nr. 203, Bl. 13.

Ab 1969 begann gemäß dem im gleichen Jahr bekanntgegebenen *Ministerratsbeschluss über Maßnahmen zur Förderung, Beschulung und Betreuung geschädigter Kinder und Jugendlicher sowie psychisch behinderter Erwachsener* die Umprofilierung der Heilstätte in eine Kindereinrichtung mit einer Sonderschule.[534]

[534] Vgl. ebd., Nr. 80, Schreiben Lungenheilstätte Matgendorf an den Rat des Bezirkes Neubrandenburg, Abt. Gesundheits- und Sozialwesen, vom 14.10.1969. Jun: Kinder, die anders sind, S. 178. Becker: Rehabilitationspädagogik, S. 85.

5.2 Die Entwicklung in der Psychiatrie

Die Entwicklung in den 1950er Jahren

Die Gebietsreform von 1952 und die damit verbundene Einführung von Bezirken hatte auch Umstrukturierungen der psychiatrischen Großkrankenhäuser zur Folge. Die psychiatrischen Anstalten fielen zunächst in Zuständigkeit der Kreise, nach der *Rahmen-Krankenhausordnung vom 5. November 1954* wurden Krankenhäuser dann in vier Aufgabengruppen eingeteilt. So entstanden neben Krankenhäusern für die Versorgung der örtlichen Bevölkerung auch die Kreis- und die Bezirkskrankenhäuser (KKH, BKH). Zudem gab es Einrichtungen der medizinischen Fakultäten der Universitäten, Medizinischen Akademien und zentralen Forschungsinstitute. Alle vier Bereiche sollten der einheitlichen medizinischen Versorgung der Bevölkerung dienen.[535] Für die Nordbezirke bedeutete dies, dass die Heil- und Pflegeanstalt Ueckermünde zur Bezirksnervenklinik (BNK) für den **Bezirk Neubrandenburg** und die Heil- und Pflegeanstalt Schwerin-Sachsenberg zur BNK für den **Bezirk Schwerin** erklärt wurden. Für den **Bezirk Rostock** waren neben dem BKH Stralsund-West auch die Universitätsnervenkliniken Greifswald und Rostock zuständig.

Die ohnehin angespannte Situation in der Psychiatrie wurde 1954 verschlimmert, als im **Bezirk Neubrandenburg** die Heil- und Pflegeanstalt Ueckermünde geschlossen und die Gebäude für militärische Zwecke genutzt wurden. Dadurch gingen über 1.000 psychiatrische Betten verloren, auch sämtliche Betten für Kinder und Jugendliche.[536] Erst 1958 kam es zu einer Rückgabe des Objektes an das Gesundheitswesen. Nach einer zweckmäßigen Instandsetzung mit dem Ziel der raschen Wiederbelegung – obwohl eine Rekonstruktion notwendig gewesen wäre – eröffnete man die Einrichtung als Bezirkskrankenhaus für Neurologie und Psychiatrie.[537] Aus Ueckermünde waren 1953 die Mehrzahl der Patienten in die LHA Brandenburg und zunächst 30 Patienten in eine neueröffnete psychiatrische Station in-

---

535 Vgl. Spaar/Funke: Dokumentation Gesundheitswesens DDR, Teil 3, S. 235.

536 Vgl. LAGw, Rep. 200 9.1, Nr. 14, Bl. 1 ff., Karl-Heinz Elsaesser: Über die Situation in der Versorgung von psychiatrischen und neurologischen Patienten, o. D. (1957).

537 Vgl. Kliewe, W.: Psychiatrie in Ueckermünde: Gestern – Heute – Morgen, in: Feilcke, Claus-Hinrich (Hg.): Schritte. Der Weg der Christophorus-Krankenhaus GmbH Ueckermünde 1989–1996. Festschrift, Ueckermünde 1996, S. 59–70, hier S. 60 f.

nerhalb der Tuberkulose-Heilstätte Stralsund-West untergebracht worden. Am 1. November 1954 wurde dort eine Psychiatrische Klinik mit 200 Betten eingeweiht und der weitere Ausbau der Klinik fortgesetzt, um die abgebaute Kapazität aus Ueckermünde zu kompensieren.[538] Im **Bezirk Rostock** entstanden in den 1950er Jahren weitere psychiatrische Einrichtungen. Im März 1957 richtete man im Städtischen Krankenhaus Wismar eine neurologisch-psychiatrische Abteilung mit 50 Betten ein. Im gleichen Jahr wurde in Neubukow ein ehemaliges Tbc-Krankenhaus in ein psychiatrisches Krankenhaus mit einer Kapazität von 41 Betten umgewandelt, in das Patienten aus dem BKH Stralsund-West aufgenommen wurden, wo der freigewordene Platz zur Unterbringung von Kindern genutzt wurde.[539] Am 1. Juni 1957 eröffnete dort eine Kinderpsychiatrische Abteilung[540], die im September 1958 erweitert wurde. Nach der Wiedereröffnung von Ueckermünde 1958 und der Verlegung von erwachsenen Patienten aus Stralsund-West dorthin sollte in den folgenden Jahren in Stralsund eine große Kinderpsychiatrische Abteilung entstehen.[541] Der **Bezirk Schwerin** hatte mit der BNK Schwerin und dem 1953 eröffneten kinderpsychiatrischen Pflegeheim in Dessin mehr Möglichkeiten zur Unterbringung von Kindern und Jugendlichen als der Bezirk Rostock. Dennoch waren auch hier die Kapazitäten ausgeschöpft.[542]

An der Universitätsnervenklinik Rostock-Gehlsheim bemühte sich Gerhard Göllnitz (1920–2003) schon Anfang der 1950er Jahre um die Einrichtung einer kinderneuropsychiatrischen Station. Neben der Beobachtungsstation im Michaelshof hatte auch noch die Infektionsabteilung der Universitätsklinik Betten für Kinder und Jugendliche zur Verfügung gestellt. Göllnitz ermöglichte 1953 schließlich die Gründung einer kinderneuropsychiatrischen Station, die zunächst 14 Betten und 1955 dann 20 Betten hatte. 1959 war die Zahl der Betten auf 50 gestiegen, die auf drei Stationen verteilt waren. 1960 wurde eine Schule in das Konzept eingefügt. In Rostock wurde 1958 – auch vertreten durch Göllnitz – der erste Lehrstuhl für Kin-

538 Vgl. Armbruster/Orlob: Zur Zwischennutzung, S. 130 f.

539 Vgl. LAGw, Rep. 200 9.1, Nr. 14, Bl. 7 ff., Schreiben stellvertretende Bezirksärztin Rostock Hempel an die Zentrale Kommission für staatliche Kontrolle Rostock vom 7.6.1957.

540 Vgl. Jarisch, Anne: Wiedereröffnung der Psychiatrischen Klinik 1953 und die Entwicklung als Bezirkskrankenhaus in der DDR, in: Armbruster/Freyberger (Hg.): Verwahrung. Vernichtung. Therapie, S. 141–173, hier S. 146.

541 Vgl. StAS, Rep. 58 Nr. 30, Bl. 1, Perspektivplanung des Gesundheitswesens bis 1965.

542 Vgl. Giercke, Bezirksnervenklinik Schwerin, S. 18. LHAS, 7.11-1/31, Nr. 167, Protokoll über Betriebsbegehung in der Heil- und Pflegeanstalt Dessin, 10.12.1958.

derneuropsychiatrie im Osten Deutschlands eingerichtet. Göllnitz plädierte 1963 in Übereinstimmung mit den aktuellen Entwicklungen der Psychiatrie (Rodewischer Thesen) für Zwei-, Vier- und Sechsbettzimmer mit wohnlicher, klinikfremder Ausstattung und Dekoration sowie entsprechenden Überwachungsmöglichkeiten, ebenso für Räume zur Beschäftigung, zum Turnen und für Spielplätze.[543]

1954 begannen die psychiatrischen Einrichtungen in der DDR vermehrt Patienten im Rahmen von Arbeitstherapien auf Außenstationen zu verlegen. In Ueckermünde war nach der Schließung der Heil- und Pflegeanstalt eine kleine Kolonie „Geisteskranker" vor Ort verblieben. In Stralsund-West wurde auf Vorschlag des Ministeriums für Gesundheitswesen mit der „Kolonisierung von Geisteskranken" auf Volkseigenen Gütern (VEG) im **Bezirk Rostock** begonnen. Es entstanden zunächst in Velgast und Böhlendorf zwei solcher Abteilungen mit insgesamt 60 Plätzen. In der Praxis gab es jedoch nur wenige Patienten, die sich für diese Art von Kolonisierung eigneten. Das Ministerium für Gesundheitswesen verfolgte die Linie jedoch weiter und regte 1957 an, ehemalige Tbc-Heilstätten in entsprechende Objekte umzuwandeln. Dass dies an der Praxis vorbeiging, zeigt nicht nur der weiterhin vorhandene Mangel geeigneter Patienten, sondern auch, dass die Heilstätten – in der Regel ehemalige Herrenhäuser – baulich für diesen Zweck ungeeignet waren.[544] Für die Außenstation Velgast wurde 1958 eine Schließung erwogen, weil die dortigen hygienischen Verhältnisse unvertretbar waren. Trotz einer nur geringfügigen Verbesserung der Verhältnisse blieb die Einrichtung geöffnet. Noch 1960 mussten in Velgast 30 Rehabilitanden auf einem Strohlager schlafen. Nach wiederholter Intervention der Klinik wurde nach fast zehnjährigem Bestehen der Außenstelle der Bau eines Wohnheimes initiiert.[545] Auch in der Außenstelle Böhlendorf hatten sich Ende der 1950er Jahre die der Abteilung Gesundheitswesen

543 Vgl. Kumbier, Ekkehardt/Häßler, Frank: 50 Jahre universitäre Kinderneuropsychiatrie in Rostock, in: Zeitschrift für Kinder- und Jugendpsychiatrie und Psychotherapie, 38, 3/2010, S. 155–160, hier S. 156. Zu den politischen Hintergründen siehe Kumbier, Ekkehardt: Die Aufteilung des psychiatrischen Lehrstuhls 1958. Notwendige Fächerdifferenzierung oder politisches Kalkül?, in: Reisinger, Emil C./Haack, Kathleen (Hg.): Die Medizinische Fakultät der Universität Rostock. 600 Jahre im Dienst der Menschen (1419–2019), Köln 2019, S. 357–368.

544 Vgl. StAS, Rep. 58, Nr. 104, Bl. 15 f., Leistungsverbesserung im Krankenhaus Stralsund-West, 8.6.1962. LAGw, Rep. 200 9.1, Nr. 14, Bl. 7 ff., Schreiben stellvertretende Bezirksärztin Hempel an die Zentrale Kommission für staatliche Kontrolle Rostock vom 7.6.1957.

545 Vgl. Armbruster, Jan: Zur Entwicklung der Arbeitstherapie in der DDR unter besonderer Berücksichtigung des Bezirkskrankenhauses Stralsund, in: Kumbier/Steinberg: Psychiatrie in der DDR, S. 261–274, hier S. 267 f.

beim Rat des Bezirkes Rostock „schon seit langem bekannten mißlichen Verhältnisse […] weiter verschlimmert". Man erklärte Böhlendorf als „auch vom pflegerischen Standpunkt […] als psychiatrische Außenstelle nicht länger tragbar"[546] und schloss die Einrichtung zum Jahresende 1958. Alternativ dachte man über die Gründung einer psychiatrischen Einrichtung in Griebenow nach.[547]

Auch in der BNK Schwerin wurde 1954 begonnen, Patienten verstärkt zur Arbeit heranzuziehen. Im Rahmen der Arbeitstherapie waren dort 229 Personen in verschiedenen Abteilungen eingesetzt. Darunter befanden sich auch 20 männliche und eine weibliche Jugendliche, die in den Abteilungen Feldkolonne, Gartenkolonne, Versuchskolonne, Tischlerei, Schneiderei, Malerei, Holzhof und Kuhstall arbeiteten.[548] 1957 wurde die Arbeitstherapie weiter ausgebaut, nun wurden Patienten aus Schwerin-Sachsenberg auch in anstaltsfremden Betrieben beschäftigt, etwa bei der Deutschen Post oder der Schweriner Zentralmolkerei. 1960 kam es im **Bezirk Schwerin** zur Einrichtung der ersten außenstationären Rehabilitationsabteilungen in Böken, Klein Medewege und Lewitz. In den 1960er Jahren kamen weitere solcher arbeitstherapeutischer Außenstationen oder Rehabilitationsheime hinzu, so in Groß Medewege (1961), Rastow (1962), Kirch Stück (1962), Neuhof bei Lübz (1963 geplant), Malliß (1965) und Hagenow (1969). Der Arbeitseinsatz erfolgte in der Regel auf einer Landwirtschaftlichen Produktionsgenossenschaft (LPG), einem VEG oder in einem Betrieb. Später richteten einige Betriebe neben Geschützten Betriebsabteilungen auch Rehabilitandenwohnheime ein. Außerdem entstanden im Elisabeth-Haus in Werle und in Dehmen zwei Diakonische Rehabilitationsstationen, die von der BNK Schwerin betreut wurden.[549]

---

546 StAS, Rep. 56, Nr. 164, Bl. 3, Protokoll über die Sitzung Abt. Gesundheitswesen beim Rat des Bezirkes Rostock am 16.5.1958.

547 Vgl. ebd. Tatsächlich entstand eine Einrichtung für behinderte Kinder. Griebenow wurde auch Kreispflegeheim (www.schloss-griebenow.de/historie; abgerufen am 24.4.2019).

548 Vgl. LHAS, 7.11-1/31, Nr. 73, Liste „Zur Arbeitstherapie einzusetzende Patienten", Sachsenberg, 13.3.1954.

549 Vgl. ebd., Nr. 73; 77.

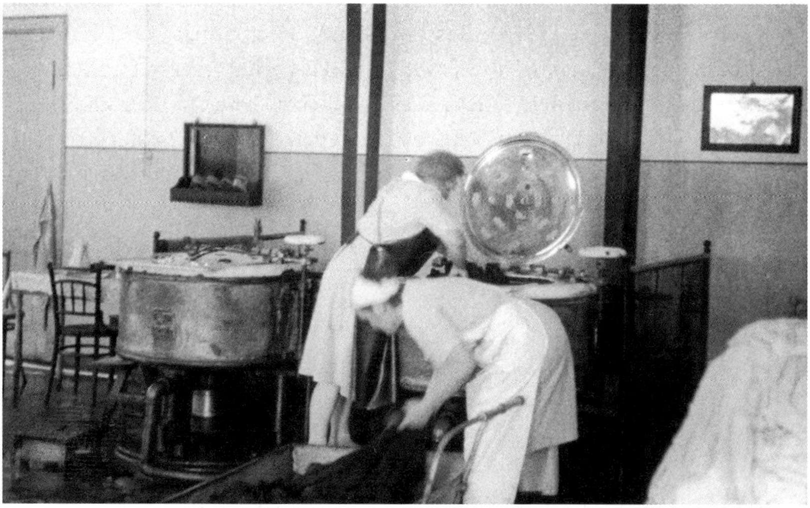

Patientinnen und Patienten beim Arbeitseinsatz in der BNK Schwerin, 1957. Aus der Fotodokumentation „Anfänge erweiterte Arbeitstherapie Schwerin-Sachsenberg, 1957". Fotograf: unbekannt; Quelle: LHAS 7.11-1/31, Nr. 12.

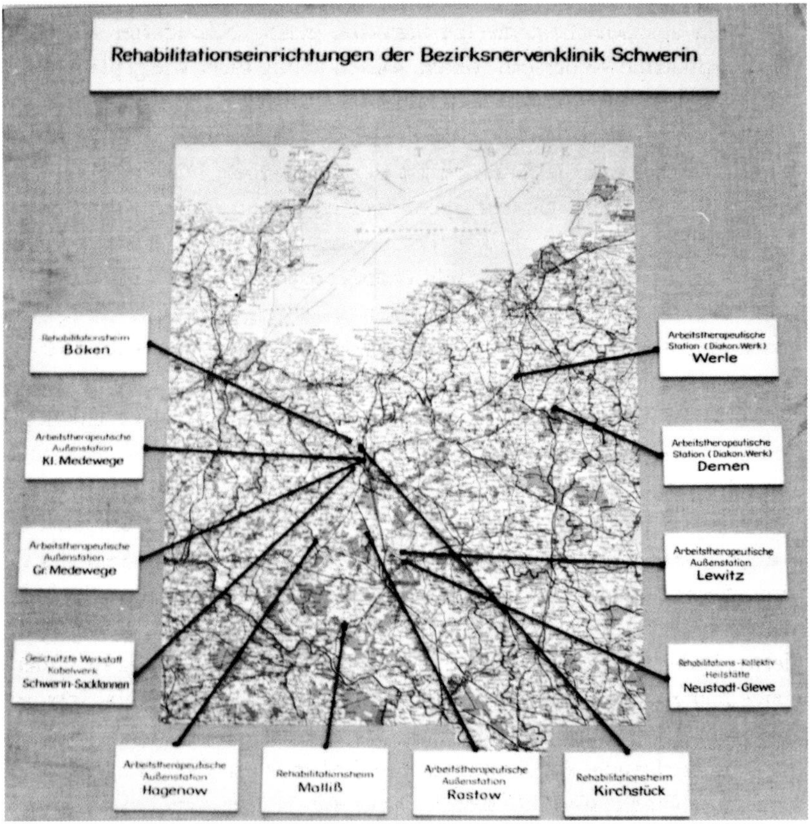

Die Rehabilitationseinrichtungen der BNK Schwerin, ca. 1960.
Aus der Fotodokumentation „Arbeit als Mittel psychiatrischer Therapie Schwerin-Sachsenberg, 1957–1960". Fotograf: unbekannt; Quelle: LHAS, 7.11-1/31, Nr. 13.

Die Entwicklung in den 1960er Jahren

Die Entwicklung der Psychiatrie in der DDR in den 1960er Jahren wird als eine „Suche nach Alternativen"[550] beschrieben und erste Reformansätze sollten mit den Rodewischer Thesen 1963 ihren vorläufigen Höhepunkt finden. Auch für die Nordbezirke sind um das Jahr 1963 verschiedene

550 Loos, Herbert: „Anerkannte Unterordnung" – ein Rückblick auf die Psychiatrie-Entwicklung in der DDR, in: Picard/Reimer (Hg.): Grundlagen, S. 174–180.

Vorhaben auszumachen, die die Situation geistig behinderter Kinder in den Psychiatrien verbessern sollten, jedoch häufig nicht wie geplant ausgeführt werden konnten. Anfang der 1960er Jahre beklagten die psychiatrischen Einrichtungen weiterhin eine permanente Überbelegung. Besonders schwerwiegend war die Situation im **Bezirk Rostock**. Die Psychiatrischen Anstalten versuchten dem entgegenzuwirken, indem sie den Aufnahmebereich eingrenzten. In Stralsund-West wollte man Ende 1960 nur noch Patienten aus den Kreisen Stralsund-Stadt, Stralsund-Land, Rügen, Grimmen und Ribnitz-Damgarten statt wie bisher aus dem gesamten Bezirk Rostock sowie den nördlichen Kreisen der Bezirke Neubrandenburg und Schwerin aufnehmen. Dieser Aufnahmebereich für die Psychiatrische Abteilung deckte sich ungefähr mit dem Einzugsbereich der anderen Abteilungen des BKH.[551] Im **Bezirk Schwerin** hatte man mit Beginn der 1960er Jahre durch die Schaffung weiterer Betten die Aufnahmekapazitäten für Kinder und Jugendliche erhöht. 1961 waren in der BNK Schwerin statt der benötigten 400 lediglich 45 Pflegebetten für „bildungsunfähige" Kinder vorhanden. Zur Lösung dieses Problems wurden verschiedene Wege vorgeschlagen. So dachte man darüber nach, das Krankenhaus Dömitz in ein Heim für geistig behinderte Kinder aus dem gesamten Bezirk umzuwandeln. Geistig behinderte Jugendliche sollten in einer gesonderten Pflegeabteilung der BNK Schwerin untergebracht werden.[552] Dieser Plan kam nicht zur Umsetzung, ebenso wenig die Überlegung, das Kinderheim in Gadow in ein Heim für „bildungsunfähige" Kinder umzuwandeln.[553] Stattdessen wurde zum 1. Februar 1962 das Kreisfeierabendheim Dobbertin zu einem der BNK unterstellten psychiatrischen Pflegeheim.[554] Zu diesem Zeitpunkt ging auch das 1953 eröffnete kinderpsychiatrische Pflegeheim in Dessin von der Verantwortung des Kreises in die Obhut bzw. Verwaltung der BNK über.[555]

551 Vgl. StAS, Rep. 58 Nr. 104, Bl. 5 ff., Aufgabenstellung der psychiatrischen Abteilung im Plan des Versorgungs- und Einzugsbereiches des BKH Stralsund, 28.11.1960.

552 Vgl. LHAS, 7.11-1/31, Nr. 77, Schreiben Rat des Bezirkes Schwerin an den Rat des Kreises Lübz vom 17.10.1961.

553 Vgl. ebd., Ratsvorlage Bezirk Schwerin über Veränderungen der staatlichen Aufgaben in den Kreisen Ludwigslust und Lübz, 12.10.1962.

554 Vgl. ebd., Ratsvorlage Bezirk Schwerin über Verbesserungen auf dem Gebiet des Gesundheits- und Sozialwesens, 29.12.1961.

555 Vgl. ebd., Erklärung Rat des Kreises Sternberg, Abt. Gesundheits- und Sozialwesen, 19.11.1962. Giercke, Bezirksnervenklinik Schwerin, S. 18.

Dr. Küster   Stralsund, d.8.6.62   31

Leist ngsverbesserungen im Krankenhause West, die einen wesentlichen Beitrag zum Produktionsaufgebot darstellen:

Psychiatr. Abteilung:

1) Schaffung von bisher 40 zusätzlichen kinderpsychiatrischen Betten, wodurch die bis dahin durch die Versorgung der defekten Kinder gebundenen Familienangehörigen für den Einsatz in der Produktion frei wurden.
Die Aufnahme weiterer 40 defekter Kinder ist räumlich bereits vorbereitet und wird in allernächster Zeit durchgeführt.

2) Bildungsunfähige defekte Kinder werden jetzt anstelle der Schulausbildung auf einfachste Arbeiten in der Produktion vorbereitet (vorwiegend Gartenarbeiten).

3) Errichtung einer Außenstelle auf dem volkseigenem Gut Dudendorf mit 20 ~~Betten~~ Plätzen. Hier werden im Rahmen der Arbeitstherapie und Rehabilitation 20 Patienten direkt in produktiver landwirtschaftlicher Arbeit eingesetzt.

4) Erweiterung der Außenstelle auf dem volkseigenen Gut Velgast von bisher 15 auf 20 Plätze, wo die Pat. ebenfalls produktive landwirtschaftliche Arbeit leisten.

5) Einführung neuer industrieller Arbeitsgänge auf der eigenen Abteilung im Rahmen der Arbeitstherapie. Hier wird z.B. für folgend Betriebe produktive Arbeit geleistet: Volkswerft, Möbelwerke, Essigfabrik, Brauerei, Apparate-und Maschinenbau, Spachtereibetrieb.
Durch den Ausbau der Arbeitstherapie Zi.3 - 5 wird die Verweildaue der Patienten verkürztder Durchgang beschleunigt und eine frühere Eingliederung in den Produktionsprozess ermöglicht.

Neurologische Abt.

Besetzung einer ambulanten nervenärztlichen Sprechstunde in Bergen, wodurch Reisegelder eingespart und der zeitliche Ausfall der Pat. auf dem Arbeitsplatz verkürzt wird.

Orthopädische Abt.:

Schaffung einer orthopädischen Ambulanz und jetzt auch stationären Abt., was eine wesentliche Verbesserung der ärztl. Versorgung der Pat. bedeutet. Auch die orthopäd. Abt. führt Sprechstunden in Bergen durch.-

Moser
(Prof. Dr. Moser)

„Bildungsunfähige defekte Kinder werden jetzt anstelle der Schulausbildung auf einfachste Arbeiten in der Produktion vorbereitet." Die vom stellvertretenden Ärztlichen Direktor des BKH Stralsund-West Kurt Erich Moser erarbeiteten „Leistungsverbesserungen im Krankenhaus West, die einen wesentlichen Beitrag zum Produktionsaufgebot darstellen", 8. Juni 1962. Quelle: StAS, Rep. 58 Nr. 104, Bl. 31.

Nachdem im Januar 1963 auf dem VI. Parteitag der SED auch eine weitere Verbesserung des Gesundheits- und Sozialwesens versprochen wurde, zog die Zweite Plenartagung des Rates für Planung und Koordinierung der medizinischen Wissenschaft beim Ministerium für Gesundheitswesen im Juni 1963 Zwischenbilanz und diskutierte kritisch den Entwicklungsstand des Gesundheitswesens und dabei auch die Lage der Psychiatrie.[556] Die Diskussion spiegelte sich in den Bezirken wider. Im **Bezirk Schwerin** war im Psychiatrischen Pflegeheim Dobbertin 1963 die erste Kinderstation für pflegebedürftige Kinder mit zunächst 60 Kinderbetten eröffnet worden.[557] 1964/65 wurde in der dortigen Kinderpsychiatrischen Station dann die Einrichtung einer neuen rehabilitationspädagogischen Station für „bildungsunfähige" Kinder, auch Förderungsabteilung genannt, mit 100 Betten geplant. Bis zum Jahr 1970 sollten 50 Prozent der Kinder in der Förderungsabteilung untergebracht werden.[558] Im folgenden Jahr verlegte die BNK Schwerin[559] die letzten „schulbildungsunfähigen förderungsfähigen" Kinder in die rehabilitationspädagogische Station.[560] Im Bezirk Schwerin entstanden weitere Einrichtungen für geistig behinderte Kinder und Jugendliche. Im Kreis Hagenow wurde die Unterbringung von 120 Kindern in die Heime Tessin, Luckwitz und Dreilützow geplant, wobei letzteres eine katholische Einrichtung war.[561] Die Einrichtung in Tessin wurde ab 1963 von einem Pflegeheim für psychisch Kranke in ein Kreispflegeheim umgewandelt. Dafür wurde in Glaserhorst eine psychiatrische Pflegestation für Kinder als Außenstation des Kreiskrankenhauses Hagenow eingerichtet.[562]

Im **Bezirk Rostock** analysierte man nach dem Parteitag die Lage. Der größte Mangel an Betten bestand nach wie vor in der Psychiatrie, dort fehlten bezirksweit 600 bis 700 Betten. Im Bereich der Neurologie gab es nach

556 Vgl. Spaar: Dokumentation Gesundheitswesens DDR, Teil 4, S. 40, 43.

557 Vgl. LHAS, 7.11-1-2, Z 131/1991, Nr. 35722, Klaus Giercke, Analyse Patientenbetreuung und Perspektiven der Klinik für Kinder und Neuropsychiatrie im Bereich Dobbertin, 22.6.1983. LHAS, 7.11-1/31, Nr. 77, Schreiben Horst Berthold, BNK Schwerin, an den Rat des Kreises Lübz, Abt. Gesundheits- und Sozialwesen, vom 20.9.1962.

558 Vgl. ebd., Schreiben Horst Berthold, BNK Schwerin, an den Bezirksarzt Schwerin vom 2.5.1965. Ebd., Nr. 163, Psychiatrisches Pflegeheim Dobbertin, Entwurf zum Perspektivplan 1965–1970, 14.9.1964.

559 Ab 1.1.1964 wurde die BNK Schwerin der Abteilung Gesundheits- und Sozialwesen beim Rat des Bezirkes Schwerin unterstellt.

560 Vgl. LHAS, 7.11-1-2, Z 131/1991, Nr. 35722, Klaus Giercke, Analyse Patientenbetreuung und Perspektiven der Klinik für Kinder und Neuropsychiatrie im Bereich Dobbertin, 22.6.1983.

561 Vgl. LHAS, 7.11-1/31, Nr. 77, Ratsvorlage Schwerin über Verbesserungen auf dem Gebiet des Gesundheits- und Sozialwesens, 29.12.1961.

562 Vgl. ebd., Schreiben Kreisarzt Hagenow an Horst Berthold, BNK Schwerin, vom 5.10.1962.

der Statistik ein Zuviel an Betten, insbesondere an den Universitätskliniken, welche aber wiederum durch Patienten aus den Nachbarbezirken ausgelastet waren. In der Stadt Rostock war die stationäre Versorgung besonders kritisch. Deshalb folgte der Vorschlag, im neu zu bauenden Stadtteil Lütten Klein den Bau eines Bettenhauses zu planen, um dann die im Krankenhaus am Schröderplatz vorhandenen Betten für die Psychiatrie nutzen zu können. Als „Mindestforderung" wurde u. a. die Rekonstruktion des Michaelshofes für etwa 150 Betten bis 1970 betrachtet. Die Situation dort entspannte sich jedoch erst 1972 durch den Neubau dreier Gebäude mit finanzieller Hilfe aus der Bundesrepublik. Eine weitere Empfehlung betraf das BKH Wismar-Friedenshof. Hier wurde am 30. August 1969 die neurologisch-psychiatrische Abteilung in Betrieb genommen. Das Kreiskrankenhaus Wolgast sollte Betten dreier Fachdisziplinen zugunsten der Psychiatrie reduzieren oder umprofilieren. Für den Kreis Grevesmühlen wollte man das Krankenhaus Boltenhagen zum Kindersanatorium machen. Und im Kreis Grimmen sollte das Krankenhaus Bartmannshagen durch Umprofilierung für die Psychiatrie genutzt werden.[563] Auch eine Einrichtung für „bildungsunfähige förderungsfähige" Kinder in Kölpinsee auf der Insel Usedom war in Planung, wurde aber offenbar nicht errichtet.[564] Im BKH Stralsund-West wurde der Neubau eines Bettenhauses für die Kinderpsychiatrie bis 1970 gefordert. Die Planungen dafür hatten schon Ende 1960 begonnen. Der Bettenhausneubau sollte 280 psychiatrische Kinder unterbringen und modernen Richtlinien entsprechen, wie aus den Projektunterlagen hervorgeht: „Die Baukörper und Räume sollen dem Zweck entsprechend ohne besonderen Aufwand heiter und leicht gestaltet werden, kindergemäss, keine Burgen oder Kasernen alten Stils, ohne jeden falschen architektonischen Pomp und Aufwand. Auf jeden Fall soll der Eindruck der Abgesondert[en] und Abgesperrten vermieden werden, keine Gitter."[565] Die Errichtung des Neubaus wurde in den nächsten Jahren immer wieder verschoben, letztlich sollte er nie entstehen.[566]

563 Vgl. LAGw, Rep. 200 9.1, Nr. 130, Bl. 52, 53, Die Lage im Gesundheitswesen und die Aufgabenstellung nach dem VI. Parteitag der SED bis 1970, o. A., o. D. (etwa 1963/64).

564 Vgl. ebd., Nr. 147, Bl. 11 f., Schreiben Gerhard Göllnitz, Universitätsnervenklinik Rostock, an die Beratungsstelle Jugendgesundheitsschutz Seebad Heringsdorf vom 4.2.1966.

565 StAS, Rep 56, Nr. 359, Bl. 3, Erläuterungsbericht zum Bettenhausneubau, 15.12.1960.

566 Erst 1988 wurde auf dem Gelände der BNK Stralsund-West ein „Dienstleistungshaus" errichtet und der Kinder- und Jugendpsychiatrie dort Platz für drei Stationen zugewiesen (vgl. Müller, Ulrich/Herberhold, Martin: Die Entwicklung der Kinder- und Jugendpsychiatrie, Psychotherapie und Psychosomatik, in: Armbruster/Freyberger (Hg.): Verwahrung. Vernichtung. Therapie, S. 211–230, hier S. 214).

Stattdessen wurde zum Jahresbeginn 1962 die Psychiatrische Abteilung um 80 Betten erweitert, was jedoch nur für die dringendsten Fälle Abhilfe schaffte. Immer noch fehlten 180 Plätze.[567] Auch zwei Jahre später waren noch 177 Kinder unterzubringen.[568] Die geplanten Kapazitätserweiterungen wurden im Juni 1962 auch mit ökonomischen Argumenten begründet. So sollten gemäß einem Papier zur „Leistungsverbesserungen im Krankenhaus West, die einen wesentlichen Beitrag zum Produktionsaufgebot darstellen" durch die „Schaffung von [...] 40 zusätzlichen kinderpsychiatrischen Betten, [...] die bis dahin durch die Versorgung der defekten Kinder gebundenen Familienangehörigen für den Einsatz in der Produktion frei werden". Weiter heißt es: „Bildungsunfähige defekte Kinder werden jetzt anstelle der Schulausbildung auf einfachste Arbeiten in der Produktion vorbereitet (vorwiegend Gartenarbeiten)."[569] Das vom stellvertretenden Ärztlichen Direktor des BKH Kurt Erich Moser (1895–1982) unterzeichnete Schreiben scheint darauf hinzudeuten, dass bei Kindern und Jugendlichen, denen die Bildungsfähigkeit abgesprochen wurde, statt einer individuellen Förderung vielmehr der (spätere) ökonomischen Nutzen im Vordergrund stand. Auch ihre Unterbringung – sprich Verwahrung – erfolgte unter dem Gesichtspunkt, die Eltern „für den Einsatz in der Produktion frei zu bekommen". Demgegenüber stand der vom Chefarzt der BNK Friedrich Rudolf Groß (*1920) seit 1960 immer wieder verkündete Leitsatz: „Die Arbeit ist für den Patienten, nicht aber der Patient für die Arbeit da."[570] Die Psychiatrische Station im BKH Stralsund-West war 1965 völlig mit Dauerpflegefällen überbelegt, die nicht zur Entlassung kamen, so dass man konstatierte: „Abgänge durch Tod sind selten, so daß das Freiwerden eines Bettes ein äußerst seltenes Ereignis ist."[571] Groß beklagte, dass auf den Stationen doppelt so viele Menschen wie vor dem Zweiten Weltkrieg lagen. Diese „unmögliche Raumenge"[572] hatte er bereits mehrfach dem Ministerium in Berlin gemeldet, jedoch kam von dort keine Reaktion. Er bezeichnete 1965 die Psychiatrische Abteilung des BKH Stralsund-West als die „wahrscheinlich in der DDR am

567 Vgl. LAGw, Rep. 200 9.1, Nr. 61, Bl. 7, Analyse zum Bericht über Kinder und Jugendliche mit geistigen Störungen im Bezirk Rostock 1961/62, 22.11.1962.

568 Vgl. ebd., Nr. 234, Bl. 87, Gerhard Göllnitz, Anlage vom 2.12.1964.

569 StAS, Rep. 58, Nr. 104, Psychiatrische Klinik des Bezirkskrankenhauses Stralsund im KH West, Bl. 31.

570 Armbruster/Jarisch: Im Spannungsfeld, S. 365.

571 LAGw, Rep. 200 9.1, Nr. 147, Bl. 31, Schreiben Rat des Kreises Grevesmühlen, Abt. Gesundheits- und Sozialwesen, an Rat des Bezirkes Rostock, Abt. Gesundheits- und Sozialwesen, vom 27.9.1965.

572 StAS, Rep. 58, Nr. 104, Bl. 22 f., Entwurf Protokoll über die Chefärztebesprechung am 25.6.1965.

primitivsten eingerichtete und auch sonst rückständigste psychiatrische Einrichtung".[573] Statt dem versprochenen Neubau des Bettenhauses wurde der Kinder- und Jugendpsychiatrie wiederum lediglich empfohlen, die Kinderstation zu vergrößern. Die Bettennot in Stralsund-West war 1963 so groß, dass es nicht nur an Plätzen für psychiatrische Dauerpflegefälle fehlte, sondern auch akute Notfälle nicht aufgenommen werden konnten.[574] Im Dezember 1965 legte das Ministerium für Gesundheitswesen fest, dass die BNK Ueckermünde nur noch für den Bezirk Neubrandenburg zuständig sei. Der Bezirk Rostock müsse alle psychiatrisch-neurologischen Probleme selbst lösen. Eine Ausnahme bildeten lediglich die Kreise Grevesmühlen und Wismar, für die aufgrund ihrer Lage weiterhin die BNK Schwerin zuständig war.[575] 1966 wurde als weitere Maßnahme in Neuhof ein dem Krankenhaus Seebad Heringsdorf/Koserow angeschlossenes kinderpsychiatrisches Pflegeheim eröffnet. Aus dem BKH Stralsund-West wurden 21 als „förderungsunfähig" bezeichnete schwer hirngeschädigte Kinder dorthin verlegt. In Stralsund befanden sich zu diesem Zeitpunkt Betten für 70 als „bildungsunfähig", aber förderungsfähig und 80 als „förderungsunfähig" eingestufte Kinder. Ab Oktober 1966 sollten die bisher nicht systematisch geförderten Kinder in Anfangsgruppen erfasst werden, um einfachste Stufen sozialer Anpassung und Einordnung zu erlangen.[576] Für 1967 wurde der weitere Ausbau der Förderung „förderungsfähiger" Kinder geplant sowie die als „Umlagerung" bezeichnete Verlegung von chronisch psychiatrisch erkrankten Kindern in die neuen Objekte im Bereich des Bezirkes, um mehr Kapazität für die unmittelbare psychiatrische Behandlung zu bekommen.[577] Mit der Ernennung von Horst Giermann (1930–2013) zum Chefarzt der Psychiatrischen Abteilung Stralsund-West im Jahre 1966 sollte der Kinderpsychiatrie insgesamt mehr Aufmerksamkeit geschenkt werden. Dringend nötig wurde die Einrichtung einer Chefarztstelle in der Kinderpsychiatrie, die erst 1972 durch Ulrich Müller besetzt wurde. Ein weiteres ungelöstes Problem war die Unterbringung von überalterten Kindern. 1969 hatten 32 Kinder die Größe von 1,40 Meter überschritten, waren aber immer noch in zu kleinen

573 Zitiert nach: Jarisch: Wiedereröffnung der Psychiatrischen Klinik, S. 149 f.

574 Vgl. StAS, Rep. 58, Nr. 104, Bl. 22, Schreiben Rudolf Groß an den ärztlichen Direktor des BKH Heinz Popp vom 19.2.1963.

575 Vgl. Jarisch: Wiedereröffnung der Psychiatrischen Klinik, S. 150.

576 Vgl. LAGw, Rep. 200 9.1, Nr. 234, Bl. 1, Jahresanalyse kinderpsychiatrische Abteilung BKH Stralsund-West 1965/66, 22.9.1966.

577 Vgl. StAS, Rep. 58, Nr. 20, Bl. 1, Entwurf des Planes des BKH Stralsund 1967, 15.12.1966.

Betten untergebracht. Eine Verlegung in die Erwachsenenstation war aus Platzgründen nicht möglich.[578] Trotz aller Vorsätze stellte der stellvertretende Bezirksarzt für Rostock Karl-Adolf Schwelgengräber im Juni 1967 wiederum fest, dass die stationäre psychiatrische Versorgung im Bezirk nicht ausreiche und etwa 1.600 Betten fehlten.[579]

Auch im **Bezirk Neubrandenburg** konnte die BNK Ueckermünde und das konfessionelle Pflegeheim Waldhof den Bedarf an Plätzen für geistig behinderte Kinder nicht decken. Um Abhilfe zu schaffen, sollte eine Außenstelle der BNK errichtet werden. Nach einer Besichtigung der ehemaligen Försterei Marienthal im Kreis Pasewalk stellte man zwar fest, dass sich diese Einrichtung nicht zur Unterbringung von Kindern eigne, dennoch plante man 1965 dort eine Außenstelle für Erwachsene zu schaffen, um in Ueckermünde 30 Plätze für Kinder freizubekommen. Die Erwachsenen sollten auf dem in der Nähe befindlichen VEG Borken oder in der LPG Marienthal arbeiten.[580]

Zusammenfassung

Die Kinder- und Jugendpsychiatrie der 1950er und 1960er Jahre stand vor großen Problemen. Für die 1950er Jahre deutet alles darauf hin, dass in den DDR-Nordbezirken eine Verbesserung der psychiatrischen Versorgung für die politischen Entscheidungsträger überhaupt kein Thema war. Tatsächlich verschlechterten verschiedene Entscheidungen die ohnehin schlechte Situation in den Psychiatrien wesentlich. So verschärfte die Gebietsreform von 1952 die Unterversorgung der psychiatrischen Anstalten. Die Einführung von Bezirken war von der DDR-Führung überstürzt vorgenommen und auf Länderebene nicht abgesprochen worden. Die damit in allen Bereichen verbundenen Umstrukturierungen sollten Jahre in Anspruch nehmen.[581] Die psychiatrischen Anstalten fielen nun zunächst in die Zuständigkeit der Kreise, die damit finanziell und personell überlastet waren. Auch die Kooperation der verschiedenen Einrichtungen wurde durch die Aufteilung er-

578 Vgl. Jarisch: Wiedereröffnung der Psychiatrischen Klinik, S. 150, 153.

579 Vgl. LAGw, Rep. 200 9.1, Nr. 147, Bl. 1 f., Schwelgengraber, Aktennotiz über die Beratung psychiatrischer Probleme am 24.6.1967.

580 Vgl. LHAS, 7.21-1-2, Z 1/1986, Nr. 1585, Notiz, 20.4.1964; Schreiben stellvertretende Bezirksärztin Neubrandenburg Händel an das Ministerium für Gesundheitswesen vom 16.6.1964.

581 Vgl. Karge/Schmied/Münch: Die Geschichte Mecklenburgs, S. 205.

schwert. Die Kreisverwaltungen waren überfordert, die Lage der Bereiche des Gesundheitswesens zu erkennen, die über die Kreisgrenzen hinausgingen.[582] Erst mit der Einrichtung der Bezirkskrankenhäuser 1954 wurden die Kreise entlastet.

Der Betten- und Personalmangel in den Psychiatrien und der schlechte bauliche Zustand der Gebäude wurden bereits deutlich herausgestellt. Wie rückschrittlich hier die Entwicklung im ersten Jahrzehnt der DDR war, verdeutlicht auch ein Vergleich mit der Situation vor dem Zweiten Weltkrieg, den Horst Berthold, Ärztlicher Direktor der BNK Schwerin im **Bezirk Schwerin**, zog. 1962 gab es auf dem Territorium der drei Nordbezirke etwas mehr als 2.000 psychiatrische Pflegebetten. Im Gegensatz dazu lag 1937 die Zahl der Betten bei etwa 4.500. Und, fügte Berthold hinzu, gegenüber 1939 habe es eine Bevölkerungszunahme von 30 Prozent gegeben.[583] Der Tatsache, dass die Verweildauer in stationären psychiatrischen Einrichtungen erheblich über der normaler Krankheitsfälle lag, schenkten die übergeordneten Stellen nicht das notwendige Verständnis. Im BKH Stralsund-West betrug 1961 die Verweildauer der Patienten beispielsweise durchschnittlich 354,4 Tage.[584] Der bauliche Zustand der Gesundheitseinrichtungen bereitete beständig Sorgen. In den 1950er Jahren waren im **Bezirk Rostock** viele Einrichtungen in baufälligen Baracken untergebracht. Dringende Bauvorhaben mussten aufgrund fehlender Mittel immer wieder aus den Investitionsplänen herausgenommen werden.[585] Nicht nur mangelnde Finanzen und die damit immer wieder einhergehende Verschiebung von Rekonstruktionen waren die Ursache der schlechten Bausubstanz, sondern auch die fehlen-

---

582 Vgl. Coché: Psychiatrische Einweisungspraxis, S. 82. LAGw, Rep. 200 9.1, Nr. 14, Bl. 7 ff., Schreiben stellvertretende Bezirksärztin Rostock Hempel an die Zentrale Kommission für staatliche Kontrolle Rostock vom 7.6.1957. Jarisch: Wiedereröffnung der Psychiatrischen Klinik, S. 146.

583 Vgl. LHAS, 7.11-1/31, Nr. 77, Notizen des Ärztlichen Direktors Schwerin-Sachsenberg Horst Berthold zur Umwandlung der Einrichtung in Dobbertin, 14.3.1962.

584 Vgl. Ehemaliges Archiv des Hanse-Klinikums Stralsund (AHKS), Genz, Peter: Chronik des Bezirkskrankenhauses Medizinisches Zentrum Stralsund, Teil 1, S. 101.

585 Vgl. LAGw, Rep. 200 9.1, Nr. 14, Bl. 7 ff., Schreiben stellvertretende Bezirksärztin Rostock Hempel an die Zentrale Kommission für staatliche Kontrolle Rostock vom 7.6.1957.

den Bauarbeiter und Handwerker.[586] Im BKH Stralsund-West wurde Ende 1965 der Zustand der Gebäude als „schlecht" bezeichnet. Die erforderlichen Dachdecker- und Putzarbeiten konnten nicht im notwendigen Umfang durchgeführt werden, wodurch sich der Zustand der Gebäude weiter verschlechterte. In einem Gebäude war bereits Schwamm festgestellt worden.[587] Ähnlich wurde im **Bezirk Schwerin** der Zustand der BNK Schwerin bewertet. 1968 wurde festgestellt, dass die Fassaden fast aller Häuser in schlechtem Zustand seien.[588]

So wurde Mitte der 1960er Jahre dem **Bezirk Rostock** eine „katastrophal schlechte [medizinische] Versorgung" bescheinigt und dies auf das „trauriges Erbe der Ausbeutung" geschoben.[589] Dabei war die „Ausbeutung" bereits seit 20 Jahren abgeschafft und viele Probleme waren eher hausgemacht. Denn medizinische Fachkräfte verließen die DDR, weil ihnen Arbeit und Leben schwergemacht wurden. 1958 waren beispielsweise aus dem **Bezirk Neubrandenburg** 132 medizinische Fachkräfte in die Bundesrepublik geflohen, 1959 weitere 82, unter ihnen 15 Ärzte.[590] Es ist eine Tatsache, dass die Prioritäten der medizinischen und sozialen Versorgung in jener Zeit nicht bei den psychiatrischen Problemen lagen. Bis in die 1960er Jahre verwendete die sowjetische Besatzungsmacht Räumlichkeiten der Psychiatrie für andere Zwecke.[591] In den drei Nordbezirken scheinen schon in den 1950er Jahren die entsprechenden Gebäude von der Besatzungsmacht geräumt worden zu sein. Ende der 1940er Jahre wurde die Kasernierte Volkspolizei (KVP) gegründet, aus der 1956 die Nationale Volksarmee (NVA) hervorging. Im **Bezirk Neubrandenburg** war man auf der Suche nach

---

586 Zumindest ein Fall weist auch auf fehlende Arbeitsmoral hin: Der Verwaltungsdirektor des BFKH Ueckermünde wurde im September 1962 vom Kreisgericht Ueckermünde wegen Untreue zu zwei Jahren und fünf Monaten Gefängnis und einer hohen Schadenersatzleistung verurteilt sowie aus der SED ausgeschlossen wurde. Er hatte durch Manipulationen über 10.000 Mark dem Haushalt entzogen und sich am Eigentum mehrerer Patienten vergriffen. Das Geld gab er für Rauchwaren und alkoholische Getränke aus. Er führte als Entschuldigung an, diese Waren auch an Arbeiter für Baubrigaden ausgegeben zu haben, „um sie für Bauarbeiten am Bezirkskrankenhaus gefügiger zu machen" (LHAS, 10.34-7, Nr. 776, Kreisgericht Ueckermünde, Beschluss in der Strafsache gegen W. D. vom 26.9.1962; Bezirks-Partei-Kontrollkommission, Vorlage zur Beschlussfassung bzgl. W. E. vom 4.9.1962).

587 Vgl. StAS, Rep. 58, Nr. 49, Bl. 1, Bericht über die Arbeit des BKH an das Sekretariat der SED-Kreisleitung Stralsund, 12.11.1965.

588 Vgl. LHAS, 7.11-1-2, Z 45/1996, Nr. 145, BNK Schwerin, Großerhebung der Bausubstanz, Juni 1968.

589 LAGw, Rep. 200 9.1, Nr. 130, Bl. 44, Die Lage im Gesundheitswesen und die Aufgabenstellung nach dem VI. Parteitag der SED bis 1970, o. A., o. D. (etwa 1963/64).

590 Vgl. LHAS, 10.34-7, Nr. 776, Gegenüberstellung der Republikfluchten in den Jahren 1958 und 1959 im Gesundheitswesen Bezirk Neubrandenburg.

591 Vgl. Coché: Psychiatrische Einweisungspraxis, S. 82

Kasernen auf die Gebäude der Heil- und Pflegeanstalt Ueckermünde gestoßen. Anfang der 1950er Jahre waren sämtliche Gebäude der Heil- und Pflegeanstalt in der Bausubstanz vernachlässigt, nach und nach sollten sie rekonstruiert werden, die einzelnen Häuser wurden so freigezogen. 1954 waren fast alle Patienten in andere Einrichtungen verlegt worden.[592] Im September 1954 wurde die Heil- und Pflegeanstalt Ueckermünde aufgelöst, der Grund war jedoch nicht der schlechte Zustand der Gebäude. Vielmehr benötigte die KVP die Gebäude. Dass damit über 1.000 Betten wegfielen und die Psychiatrie im Norden der DDR vor unlösbare Probleme gestellt wurde, interessierte die verantwortlichen Stellen offenbar nicht. 1958 ging das Objekt an das Gesundheitswesen zurück. Ob man sich dabei der dringenden Probleme der Psychiatrie bewusst war oder die Gebäude von der KVP nach Fertigstellung neuer Kasernenneubauten nun nicht mehr benötig wurden, sei dahingestellt. Ein anderes Problem mit der NVA ergab sich im **Bezirk Schwerin**. Wiederholt beschwerte sich 1967 Horst Berthold von der BNK Schwerin über NVA-Fahrzeuge, die trotz Sperrschildern auf dem Gelände des Psychiatrischen Pflegeheims Dobbertin fuhren. Sie verursachten nicht nur Schäden auf den leicht befestigten Wegen, auch die Heimbewohner wurden dadurch ernsthaft gefährdet.[593] Im Psychiatrischen Pflegeheim Neu-Damerow gab es ähnliche Probleme. Das Pflegeheim lag neben einem NVA-Objekt und Armeefahrzeuge zerstörten die Wege und gefährdeten so die Versorgung.[594] Dem Aufbau der militärischen Strukturen wurde Vorrang eingeräumt, die Sorge um die Behandlung psychisch kranker und behinderter Menschen war zweitrangig. Als 1975/76 ein leitender Arzt aus dem Kreis Altentreptow den Reservistendienst antreten sollte, bat der Rat des Kreises um eine Rücknahme der Einberufung, da sonst die medizinische Versorgung im Kreis nicht mehr gewährleistet wäre. Der Bitte wurde nicht entsprochen.[595] Noch 1980 wurde dem Ärztlichen Direktor des BFKH Ueckermünde Hans Eichhorn (1924–2016) nach dessen Hinweis auf

592 Vgl. Albrecht, Hans-Eberhard: Das Krankenhaus am Rande der Stadt. Das Fachkrankenhaus in der Ueckermünder Ravensteinstraße im Wandel der Zeit von 1875 bis 2000, Ueckermünde 2000, S. 28.

593 Vgl. LHAS, 7.11-1/31, Nr. 77, Horst Berthold, BNK Schwerin, an den Standortkommandeur der NVA in Goldberg vom 5.4.1967.

594 Vgl. ebd., Horst Berthold, BNK Schwerin, an das NVA-Wehrbezirkskommando Schwerin vom 15.7.1969. 1968 hatte es einen Unfall mit tödlichem Ausgang gegeben, weil ein Soldat nachts in einen elektrischen Weidezaun geriet, der vom Hausmeister der Pflegeeinrichtung an eine Lichtleitung angeschlossen worden war. Der Hausmeister und eine Hilfsschwester erhielten eine Bewährungsstrafe (vgl. ebd.).

595 Der Vorgang findet sich in: LHAS, 7.21-1-2, Z 108/1991, Nr. 11789a.

die Probleme der Einrichtung von einem Vertreter der SED-Bezirksleitung erklärt, er verstehe seine Sorgen, doch müsse er zugeben, „dass die weitere Erhaltung des Weltfriedens vorrangig sei".[596]

5.3 Beschulung

Auch in den Nordbezirken wurde nach dem Erlass der *Sonderschulverordnung von 1951*, die Kinder und Jugendliche mit Behinderungen in „bildungsfähig" und „bildungsunfähig" einteilte, mit deren Umsetzung begonnen. So findet sich in einer *Verfügung des Rates des* **Bezirkes Rostock** *vom 17. Oktober 1952 über die Klärung der Zuständigkeit für psychisch und physisch anormale Kinder und Jugendliche* der Hinweis, dass „die Betreuung und Versorgung von bildungsunfähigen Schwachsinnigen jetzt Aufgabe des Gesundheitswesens" sei.[597] Die „bildungsunfähigen" Kinder und Jugendlichen sollten entweder im Elternhaus verbleiben oder in den staatlichen und kirchlichen Einrichtungen untergebracht werden. So wurde im Rostocker Michaelshof schon im Mai 1952 eine Station für „schwachsinnige Mädchen" zwischen sechs und 16 Jahren eröffnet, die als nicht schulfähig im Sinne der Hilfsschule galten.[598] Praktisch gab es noch in den 1960er Jahren für zu „schulbildungsunfähig" erklärte Kinder vielfach keine Möglichkeiten der Bildung und Förderung, wie das Beispiel von Susanna S. aus einem kleinen Dorf auf der Insel Usedom im **Bezirk Rostock** verdeutlicht. Ihre Mutter war verstorben und ihr kranker Vater bereits 68 Jahre alt. Eine Wirtschafterin, die im Haus half, hatte für Susanna kein Verständnis. 1966 wurde das Mädchen bei einem Aufnahmeverfahren der Hilfsschule in Koserow als „schulbildungsunfähig" eingestuft. Im nächsten Jahr schaltete sich der Bürgermeister des Dorfes ein und erklärte in einem Schreiben an den Bezirksschulrat Anton Türmer: „Das Kind [...] ist neun Jahre alt [...]. Der verantwortliche Kreisjugendarzt Dr. L. [...] hat das Kind untersucht und es stellte sich heraus, daß [es] an epileptischen Anfällen leidet und da-

596 Eichhorn, Hans: DDR-Psychiatrie: Skizze eines Rückblicks, in: Sozialpsychiatrische Informationen, Heft 1/1992, S. 9–13, hier S.11.

597 LHAS, 6.11-19, Nr. 4672, Schreiben Rat des Bezirkes Rostock, Abteilung Jugendhilfe/Heimerziehung an die Abteilung Gesundheits- und Sozialwesen vom 7.11.1952.

598 Vgl. Archiv Michaelshof 1845–1990, Nr. 91, Schreiben Helmut Küssner, Michaelshof, an das Ministerium für Gesundheitswesen vom 2.5.1952.

durch nicht in der Lage ist, die Hilfsschule in Koserow zu besuchen. […] Der Rat der Gemeinde muss Ihnen leider mitteilen, daß bis zum heutigen Tag die verantwortlichen Stellen es noch nicht fertiggebracht haben, das Kind in eine schulische Erziehung unterzubringen. Die Bevölkerung der Gemeinde und auch der Rat ist der Meinung, daß das Kind im Denken nicht zurückgeblieben ist, da [es] unsere Bevölkerung überwiegend kennt."[599] Die Bewohner des Dorfes hatten somit eine andere Einschätzung von der Bildungsfähigkeit des Mädchens als der Kreisjugendarzt. Mit Hinweis darauf, dass der Vater SED-Mitglied sei und schon vor 1933 der KPD angehört hatte, bat Türmer daraufhin den Bezirksarzt: „Bitte berücksichtigen Sie auch diesen Aspekt für Ihre Entscheidung. Das ganze Dorf hofft, daß es gelingen wird, diesem alten Genossen und damit dem Kind zu helfen. Dieses Problem wird auch bei der Vorbereitung der Wahlen im Ort eine Rolle spielen."[600] Die Antwort fiel trotz dieser „Drohung" aufgrund fehlender Kapazitäten negativ aus: „Die Unterbringung geisteskranker und geistig zurückgebliebener Kinder bereitet dem Gesundheitswesen erhebliche Sorgen. Es stehen hierfür nur geringe Aufnahmemöglichkeiten zur Verfügung und die Zahl der dringenden Anträge beträgt einige Hundert. […] Sobald neue Aufnahmemöglichkeiten gegeben sind, werden wir uns wieder mit Ihnen in Verbindung setzen."[601] Die Möglichkeit der Beschulung in einer Hilfsschule war damit noch nicht einmal in Betracht gezogen worden, stattdessen sollte die Unterbringung in einer kinderpsychiatrischen Einrichtung – wo wesentlich geringere Lern- und Fördermöglichkeiten zur Verfügung standen – erfolgen. Über den weiteren Werdegang des Mädchens ist nichts bekannt.

Im **Bezirk Rostock** kam es nach Inkrafttreten des *Schulgesetzes von 1965* – das bestimmte, „bildungsunfähige aber förderungsfähige" Minderjährige in Einrichtungen des Gesundheitswesens unterzubringen – zu einer Vereinbarung zwischen den Abteilungen Volksbildung und Gesundheitswesen.

599 LAGw, Rep. 200, 9.1, Nr. 327, Bl. 69, Schreiben Rat der Gemeinde K. an den Bezirksschulrat Rostock Türmer vom 16.1.1967.

600 Ebd., Bl. 67, Schreiben Rat des Bezirkes Rostock, Abt. Volksbildung, an den Bezirksarzt Rostock Kluge vom 5.5.1967.

601 Ebd., Bl. 66, Schreiben Rat des Bezirkes Rostock, Abt. Gesundheits- und Sozialwesen, an den Rat der Gemeinde K. vom 16.5.1967.

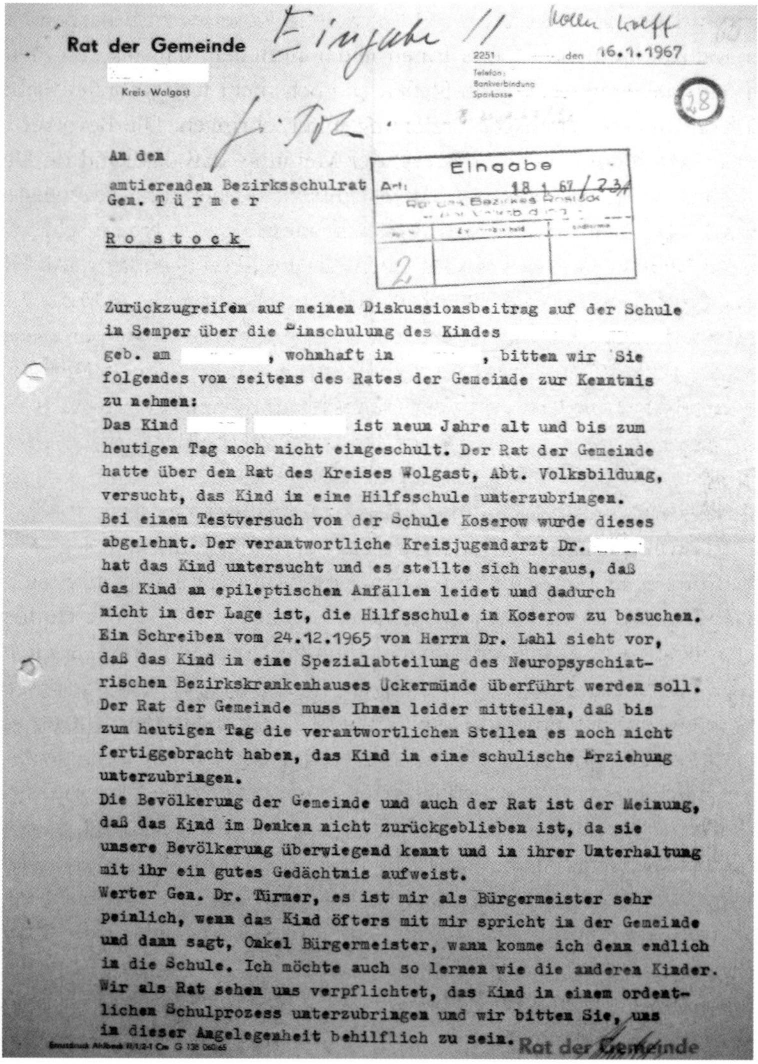

Rat der Gemeinde

[redacted]

Kreis Wolgast

2251 [redacted] den 16.1.1967

Telefon:
Bankverbindung
Sparkasse

(28)

Am den

amtierenden Bezirksschulrat
Gen. T ü r m e r

R o s t o c k

Eingabe
Art: 18.1.67 / 234
Rat des Bezirkes Rostock

2

Zurückzugreifen auf meinen Diskussionsbeitrag auf der Schule im Semper über die Einschulung des Kindes [redacted]
geb. am [redacted], wohnhaft in [redacted], bitten wir Sie folgendes von seitens des Rates der Gemeinde zur Kenntnis zu nehmen:
Das Kind [redacted] ist neun Jahre alt und bis zum heutigen Tag noch nicht eingeschult. Der Rat der Gemeinde hatte über den Rat des Kreises Wolgast, Abt. Volksbildung, versucht, das Kind in eine Hilfsschule unterzubringen.
Bei einem Testversuch von der Schule Koserow wurde dieses abgelehnt. Der verantwortliche Kreisjugendarzt Dr. [redacted] hat das Kind untersucht und es stellte sich heraus, daß das Kind an epileptischen Anfällen leidet und dadurch nicht in der Lage ist, die Hilfsschule in Koserow zu besuchen.
Ein Schreiben vom 24.12.1965 von Herrn Dr. Lahl sieht vor, daß das Kind in eine Spezialabteilung des Neuropsychiatrischen Bezirkskrankenhauses Ückermünde überführt werden soll.
Der Rat der Gemeinde muss Ihnen leider mitteilen, daß bis zum heutigen Tag die verantwortlichen Stellen es noch nicht fertiggebracht haben, das Kind in eine schulische Erziehung unterzubringen.
Die Bevölkerung der Gemeinde und auch der Rat ist der Meinung, daß das Kind im Denken nicht zurückgeblieben ist, da sie unsere Bevölkerung überwiegend kennt und in ihrer Unterhaltung mit ihr ein gutes Gedächtnis aufweist.
Werter Gen. Dr. Türmer, es ist mir als Bürgermeister sehr peinlich, wenn das Kind öfters mit mir spricht in der Gemeinde und dann sagt, Onkel Bürgermeister, wann komme ich denn endlich in die Schule. Ich möchte auch so lernen wie die anderen Kinder.
Wir als Rat sehen uns verpflichtet, das Kind in einem ordentlichen Schulprozess unterzubringen und wir bitten Sie, uns in dieser Angelegenheit behilflich zu sein.

Rat der Gemeinde

„Es ist mir als Bürgermeister sehr peinlich, wenn das Kind öfters mit mir spricht in der Gemeinde und dann sagt, Onkel Bürgermeister, wann komme ich denn endlich in die Schule." Schreiben des Bürgermeisters der Gemeinde K. an den Bezirksschulrat Rostock Türmer vom 16. Januar 1967.
Quelle: LAGw, Rep. 200, 9.1 Nr. 327, Bl. 69.

Die Vereinbarung regelte die Erfassung behinderter Kinder, die dem Jugendgesundheitsschutz oblag und gemäß der 1954 eingeführten Meldepflicht von Behinderungen sowie der jährlich stattfindenden Einschulungsuntersuchungen durchgeführt wurde. Die spezielle Diagnostik psychisch geschädigter Kinder und Jugendlicher war hingegen eine medizinisch-pädagogische Gemeinschaftsarbeit. Der Jugendgesundheitsschutz sollte die betreffenden als „schwachsinnig" bezeichneten Kinder bereits im Vorschulalter in Fachkliniken überweisen, wo Gutachten erstellt wurden, wenn bei einer vorherigen Vorstellung in einer kinderneuropsychiatrischen Abteilung keine eindeutige Aussage möglich war. Die Entscheidung über eine Einschulung bzw. Aufnahme in eine Sonderschule übernahm der Kreisschulrat. Die Sonderschulen sollten auch alle Kinder melden, die sich nicht als „bildungsfähig" im Sinne der Hilfsschule erwiesen. Für körperbehinderte, aber im Sinne der Polytechnischen Oberschule (POS) „schulbildungsfähige" Minderjährige sollten gesonderte Einrichtungen geschaffen werden. Die Abteilungen Volksbildung und Gesundheitswesen gründeten schließlich eine Arbeitsgruppe, um sich des Themas anzunehmen.[602]

Praktisch umgesetzt wurde das *Schulgesetz* auch im **Bezirk Neubrandenburg**, wo man 1965 18 Jungen und Mädchen aus Vorschulkinderheimen und Hilfsschulheimen auflistete, „deren Förderung im Rahmen der Volksbildungseinrichtungen nicht mehr möglich" sei, da Bildungsversuche zu keinen befriedigenden Ergebnissen geführt hatten. Diese Kinder konnten aber auch nicht in das „ungünstige häusliche Milieu" zurück,[603] weswegen eine Einweisung in das BFKH Ueckermünde angestrebt wurde. Nach der Verabschiedung des *Schulgesetzes 1965* entstanden in den drei Nordbezirken entsprechende Sonderschulen, so 1966 eine achtklassige Sonderschule in der Kreiskinderklinik Graal-Müritz im **Bezirk Rostock**, der eine Rehabilitationsstätte für Kinder mit rheumatischem Fieber und Herz-Kreislauf-Erkrankungen angeschlossen war.[604] Im **Bezirk Schwerin** wurden in der BNK Schwerin in der zweiten Hälfte der 1960er Jahre 52 von 75 dort stationär

602 Vgl. LAGw, Rep. 200 II 9.1, Nr. 87, Vereinbarung der Abteilungen Volksbildung und Gesundheitswesen beim Rat des Bezirkes Rostock, 3. Entwurf, 25.11.1966.

603 LHAS, 7.21-1-2, Z 1/1986, Nr. 1585, Schreiben Bezirksschulrat Neubrandenburg Rudolf Parr an den Rat des Bezirkes Neubrandenburg, Referat Mutter und Kind, vom 16.6.1965.

604 Vgl. VuM Nr. 4/1968, S. 26.

behandelten Kindern in einer klinikeigenen Sonderschule beschult.[605] In Matgendorf im **Bezirk Neubrandenburg** wurde 1969 mit der Umprofilierung einer Tbc-Heilstätte in eine Einrichtung für körperbehinderte Kinder mit angeschlossener Sonderschule begonnen.[606] Jedoch waren die Abteilungen Gesundheits- und Sozialwesen und Volksbildung in den Kreis- und Bezirksebenen sowohl vor als auch nach Inkrafttreten des *Schulgesetzes von 1965* nicht in der Lage, ausreichend Sonderschulplätze zu schaffen. So konnten im Kreis Bad Doberan im **Bezirk Rostock** im Schuljahr 1963/64 von 123 gemeldeten Kindern nur 45 in eine Sonderschule aufgenommen werden, da keine freien Plätze verfügbar waren. Die anderen verblieben in der allgemeinbildenden Schule oder wurden nicht beschult.[607] Dies war kein Einzelfall: Zum Beispiel wurden im Kreis Röbel im **Bezirk Neubrandenburg** 1964 zwölf „psychisch gestörte Kinder" gemeldet, die keine Sonderschule besuchen konnten, weil die Voraussetzungen fehlten. Sie waren sich selbst überlassen. Bis zur „Sozialisierung der Landwirtschaft"[608] wurden sie von den Eltern betreut. Mit der Gründung von LPGs und den dadurch erhöhten Arbeitseinsatz „lungern sie oft im Dorfe umher und entbehren jegliche Obhut"[609], wie es die Abteilung Jugendgesundheitsschutz im Kreis Röbel formulierte. Im Oktober 1967 berichtete die für den Kreis Altentreptow tätige Kreisjugendärztin, dass es kaum Unterbringungsmöglichkeiten für körperbehinderte Kinder in einem Hilfsschulinternat gebe. Sie hoffte, die Kinder künftig im Nachbarbezirk Potsdam unterbringen zu können.[610] Der Kreis Malchin stellte im gleichen Jahr fest, dass die Hilfsschulen Malchin und Stavenhagen ausreichend Plätze hatten, im Gegensatz zur Hilfsschule Dargun, wo hilfsschulbedürftige Kinder weiter eine allgemeinbildende Schule besuchen mussten.[611] Auch für das Jahr 1969 berichtete der Bezirk Neubrandenburg über zu wenig Hilfsschulplätze. Im Kreis Anklam konnten

605 Vgl. LHAS, 7.11-1/31, Nr. 163, Erläuterungen zum Perspektivplan 1965–1970 der BNK Schwerin und des Psychiatrischen Pflegeheims Dobbertin, o. D. In der Heil- und Pflegeanstalt Schwerin-Sachsenberg existierte schon 1946 eine Schule mit etwa 40 Schülern (vgl. StA SN, R 31, Nr. 93, Jahresarbeitsplan der Hilfsschule des Kinderheims Sachsenberg 1954/55).

606 Vgl. LHAS, 7.11-1-2, Z 45/1996, Nr. 80, Lungenheilstätte Matgendorf an den Rat des Bezirkes Neubrandenburg, Abt. Gesundheits- und Sozialwesen, vom 14.10.1969.

607 Vgl. LAGw, Rep. 200 9.1, Nr. 234, Bl. 85, Analyse zur Statistik über Kinder und Jugendliche mit geistigen Störungen im Kreis Doberan 1963/64.

608 Gemeint war die Zwangskollektivierung.

609 LHAS, 7.21-1-2, Z 1/1986, Nr. 1585, Schreiben Jugendgesundheitsschutz Röbel an den Rat des Bezirkes Neubrandenburg, Abt. Gesundheits- und Sozialwesen, vom 5.12.1964.

610 Vgl. ebd., Nr. 1584, Analyse Kreis Altentreptow, 23.10.1967.

611 Vgl. ebd., Analyse Kreis Malchin, 20.9.1967.

19 Kinder keine Hilfsschule besuchen.[612] Der Kreis Waren berichtete von 11 Kindern und erklärte, dass die ungenügende Anzahl von Heimplätzen und Förderungsmöglichkeiten sowie das Fehlen eines Hilfsschulinternates die Arbeit erschwere.[613] Und auch das BFKH Ueckermünde meldete 1969, dass entlassungsfähige Kinder nicht verlegt werden konnten, da die Kapazität der Hilfsschulheime und Internate beschränkt war und keine Sozialeinrichtung für „verhaltensgestörte schwachsinnige" Kinder bestand. So verblieben sie in Ueckermünde.[614] Auch wenn behinderte Kinder und Jugendliche eine Sonderschule besuchen konnten, waren sie häufig gegenüber anderen Schülern benachteiligt. Dies wird aus einem Bericht über die Berufsberatung für körperbehinderte Jugendliche im Bezirk Neubrandenburg aus dem Jahr 1963 deutlich. Aus ihm geht hervor, dass viele körperbehinderte Jugendliche nach einem achtjährigen Schulbesuch aus der Schule entlassen wurden. Sie hatten aufgrund ihrer Behinderung und damit verbundenen langwierigen Krankenhausaufenthalten jedoch nur das Ziel der 7. Klasse erreicht. Der Bericht mahnte Veränderungen an und forderte, dass sich die Abteilung Volksbildung mehr mit dem Thema Rehabilitation beschäftigen müsse.[615] Auf ein anderes Problem machte 1969 der Kreis Röbel aufmerksam. Dort waren zwar 42 Kinder in Sonderschulen aufgenommen worden, eine Berufsausbildung für geistig behinderte Jugendliche fehlte im Kreis aber völlig.[616]

612 Vgl. ebd., Nr. 1673, Analyse Kreis Anklam 1968/69, 10.11.1969.

613 Vgl. ebd., Analyse Kreis Waren/Müritz 1968/69, 28.10.1969.

614 Vgl. ebd., Willi Schmitz: Aufteilung der Neuzugänge von Kindern und Jugendlichen mit geistigen Störungen 1968/69 im BFKH Ueckermünde, 25.10.1969.

615 Vgl. LAGw, Rep. 200 9.1, Nr. 93, Bl. 76, Bericht über Berufsberatung für körperbehinderte Jugendliche, 25.4.1963.

616 Vgl. LHAS, 7.21-1-2, Z 1/1986, Nr. 1673, Analyse Kreis Röbel 1968/69, 24.10.1969.

5.4 Die konfessionellen Behinderteneinrichtungen

Mitte der 1950er Jahre verringerte sich die Konfrontation zwischen Staat und Kirche in Bezug auf konfessionelle Gesundheitseinrichtungen. Der Staat tolerierte schließlich die konfessionellen Krankenhäuser und Behinderteneinrichtungen. Offenbar war erkannt worden, dass diese Einrichtungen auch im sozialistischen Gesellschaftssystem benötigt wurden.[617] Welche Arbeit die konfessionellen Einrichtungen bei der Betreuung behinderter Kinder und Jugendlicher leisteten, wird deutlich, wenn man die Kapazitätskennziffern der Einrichtungen des Gesundheits- und Sozialwesens im **Bezirk Rostock** betrachtet. Mitte der 1960er Jahre waren sämtliche 231 Heimplätze für „bildungsunfähige" Kinder im Bezirk in konfessioneller Trägerschaft.[618] Einer Erweiterung konfessioneller Pflegeeinrichtungen stand somit von staatlicher Seite meist nichts im Wege. Als Beispiel soll noch einmal die Situation auf dem Rostocker Michaelshof herangezogen werden. Dort stieg die Zahl der zu betreuenden Minderjährigen stetig an. Wurden Ende 1952 noch 137 Kinder und Jugendliche[619] in der Einrichtung betreut, waren es Ende 1954 schon 167.[620] Die Unterbringungsmöglichkeiten waren auch hier alles andere als optimal. Die Stationen waren bis auf den letzten Platz belegt und „Epileptiker und Schwachsinnige [zusammen auf] engen Raum"[621] untergebracht, wie eine Kommission 1953 feststellte. Und auch das Problem der Überalterung begann sich einzustellen. 1957 waren bereits 96 Jugendliche über 15 Jahre alt und „die Wandlung der Struktur des Michaelshofes [von einem] Kinder- und Jugendheim in ein Erwachsenenheim"[622] setzte ein, wie es der Jahresbericht 1957 ausdrückte. 1965 waren von 185 Kindern und noch so bezeichneten Jugendlichen 63 im Alter von ein bis 14 Jahren, 23 im Alter von 15 bis 18 Jahren und 99 im Alter von über 18 Jahren.[623] Die

---

617 Vgl. Barsch: Geistig behinderte Menschen in der DDR, S. 107 f.

618 Vgl. LAGw, Rep. 200 9.1, Nr. 133, Bl. 2, Schnellbericht über die Erfüllung wichtiger Kapazitätskennziffern 1967 des Rates des Bezirkes Rostock, Abt. Gesundheits- und Sozialwesen, an das Ministerium für Gesundheitswesen der DDR vom 5.1.1968; Bl. 8, Schnellbericht über die Erfüllung wichtiger Kapazitätskennziffern 1966 des Rates des Bezirkes Rostock, Abt. Gesundheits- und Sozialwesen, an das Ministerium für Gesundheitswesen der DDR vom 4.1.1967.

619 Vgl. Archiv Michaelshof, Nr. 76, Niederschrift Vorstandssitzung des Michaelshofes vom 8.12.1952.

620 Vgl. ebd., Nr. 98, Jahresbericht des Michaelshofes 1954, o. A., o. D.

621 Ebd., Bericht der Besuchskommission über die Anstalt „Michaelshof", Besuch am 10.11.1953.

622 Ebd., Jahresbericht des Michaelshofes 1957, o. A., o. D.

623 Vgl. LAGw, Rep. 200 9.1, Nr. 234, Bl. 65, Bericht über Kinder und Jugendliche mit geistigen Störungen in der Pflegeanstalt „Michaelshof" 1964/65, 5.10.1965.

Einrichtung war überfüllt und „pausenlos“[624] – so der Jahresbericht 1966 – schienen neue Anträge zur Heimaufnahme einzutreffen. Selbst staatliche Stellen konnten die Probleme des Michaelshofs nicht mehr ignorieren. 1963 legte die Rostocker Bezirksärztin Annemarie Hempel der Ständigen Kommission Gesundheits- und Sozialwesen beim Bezirkstag Rostock nahe, dem Michaelshof unbedingt Hilfe zu leisten. Dort seien bei einer Kapazität von 60 Betten gegenwärtig 184 Jugendliche untergebracht, diese waren vor kurzem noch Kinder und benötigten mehr Räumlichkeiten. Inzwischen seien selbst die Boden- und Kellerräume belegt. Die konkrete Bitte um Unterstützung betraf nicht etwa die nötigen Finanzen, denn die schienen vorhanden, vielmehr die Suche nach einer Baufirma, die die notwendigen Arbeiten zu einer Erweiterung der Einrichtung durchführe.[625]

Ende der 1960er Jahre erreichten die Probleme einen weiteren Höhepunkt, wie aus dem Jahresbericht 1967 zu ersehen ist: „Ein schweres Problem ist das schnelle Heranwachsen und Altern der bisherigen Kinder. Es wachsen die Räume, die Quadratmeter nicht mit. Der Michaelshof braucht mehr Raum, um die bedrückende Engigkeit aufzulockern.“[626] Viele Bewohner erreichten zu dieser Zeit das 30. Lebensjahr und damit ihren geistigen und körperlichen Leistungshöhepunkt, andere hatten ihn bereits überschritten, weswegen Veränderungen in der Einrichtung immer nötiger wurden. Auch in der Gärtnerei gab es Probleme, wie der Jahresbericht weiter deutlich macht. Der bisherige Gärtner war 75 Jahre alt, bekam nur ein „sehr einfaches Gehalt“ und hatte eine lange Arbeitszeit. Ein neuer Gärtner würde nicht mehr unter solchen Bedingungen arbeiten. Der Bericht erklärt, dass Gärtnerei und Landwirtschaft auf dem Michaelshof der Arbeitstherapie und damit der Beschäftigung der Heimbewohner dienten. Dennoch gab es auch einen wirtschaftlichen Aspekt, denn es heißt weiter: „Das schließt aber nicht aus, daß beide wirtschaftlichen Einrichtungen […] nach den Prinzipien der Ökonomie arbeiten müssen.“[627] Hier wird einmal mehr deutlich, dass sich zur damaligen Zeit viele Einrichtungen in einem schwierigen Spagat zwischen einer sinnvollen Arbeitstherapie und der Beschäftigung von Bewohnern bzw. Patienten zur notwendigen Selbstversorgung befanden.

---

624 Archiv Michaelshof, Nr. 159, Jahresbericht Michaelshof 1966, 10.3.1967.

625 Vgl. ebd., Nr. 170, Bl. 2, Protokoll Beratung der Ständigen Kommission Gesundheits- und Sozialwesen beim Bezirkstag Rostock, 5.3.1963.

626 Ebd., Nr. 159, Jahresbericht Michaelshof 1967, 20.3.1968.

627 Ebd., Jahresbericht Michaelshof 1967, 20.3.1968.

In den Nordbezirken entstanden in den 1950er und 1960er Jahren weitere konfessionelle Behinderteneinrichtungen. Im **Bezirk Neubrandenburg** wurden ehemalige Kinderheime umprofiliert.[628] Der Michaelshof übernahm 1956 das Kostkinderheim in Stavenhagen, wo etwa 40 geistig behinderte Kinder Aufnahme fanden.[629] Mitte der 1960er Jahre verfügte die Diakonie über zwei Rehabilitationsstationen im **Bezirk Schwerin**. In der Arbeitstherapeutischen Station Elisabeth-Haus in Werle lebten 25 leicht geistig behinderte weibliche Jugendliche, die vorwiegend zu Arbeiten in der Küche, der Wäscherei, der Gärtnerei und der Landwirtschaft herangezogen wurden. In der Arbeitstherapeutischen Station Domgut Dehmen war Platz für 25 „schwer imbezille“ männliche Jugendliche, die in der Landwirtschaft arbeiteten, aber auch industrielle Fertigungen sowie Reinigungs- und Hilfsarbeiten im nahegelegenen Pflegeheim für frühkindlich hirngeschädigte Kinder durchführten.[630] Diese Arbeitstherapeutischen Stationen sollten den jungen Erwachsenen ein Unterkommen bieten und so die kirchlichen Pflegeeinrichtungen entlasten.

Als schwerer Einschnitt für die konfessionellen Einrichtungen kann der Mauerbau 1961 bezeichnet werden, der den Kontakt zur Behindertenhilfe in Westdeutschland sehr einengte und einen Erfahrungs- und Konzeptionsaustausch erschwerte. Erst Mitte der 1960er Jahre wurde dieser wieder in die Themenliste der Deutschen Diakonenschaft aufgenommen.[631]

---

628 Vgl. LHAS, 7.21-1-2, Z 1/1986, Nr. 1585, Schreiben stellvertretende Bezirksärztin Neubrandenburg Händel an das Ministerium für Gesundheitswesen der DDR vom 16.6.1964.

629 Vgl. Archiv Michaelshof, Nr. 98, Jahresbericht des Michaelshofes 1956, o. A., o. D.

630 Vgl. LHAS, 7.11-1/31, Nr. 73, Störk, G.: Geschützte Einrichtungen in vorwiegend ländlicher Umgebung, Sonderdruck aus „Das stationäre und ambulante Gesundheitswesen“, Bd. 22.

631 Vgl. Steinhoff/Trobisch: Behindertenhilfe S. 19.

6. Die Entwicklung in den DDR-Nordbezirken 1970 bis 1990

6.1 Rehabilitation

Der Aufbau von Rehabilitationseinrichtungen in den 1970er Jahren

1973 räumte das Politbüro des ZK der SED im streng vertraulichen *Beschluss zur weiteren Entwicklung der Rehabilitation nach ausgewählten Schwerpunkten vom 16. August 1973* und in einem *Gemeinsamen Beschluss mit dem Ministerrat der DDR und dem Bundesvorstand des FDGB vom 25. September 1973 über weitere Maßnahmen zur Durchführung des sozialpolitischen Programms* die Probleme im Bereich der Rehabilitation ein und gab den weiteren Kurs für die einzelnen Bezirke und Kreise vor. Positive Erwähnung fanden das Ferienlager für Diabetiker in Garz und das zentrale Rehabilitationszeltlager Pepelow im **Bezirk Rostock**, die Vorbildcharakter für andere Bezirke hatten. Auch die BNK Schwerin wurde wegen einem einheitlichen System der medizinischen Behandlung, rehabilitativen Förderung und Betreuung sowie der Vorbereitung zur produktiven Tätigkeit Jugendlicher gelobt.[632] In Folge entwarf man in den Bezirken ein langfristiges Entwicklungskonzept.[633] Es fehlte nicht an Beschlüssen zur Verbesserung der Situation behinderter Minderjähriger, wohl aber an deren Umsetzung. Die bis 1975 vorgegebenen Ziele wurden in den Nordbezirken bei weitem nicht erreicht und immer wieder in die nächsten Fünfjahrespläne übertragen.[634] So blieben über einen langen Zeitraum viele Probleme ungelöst.

---

632 Vgl. LHAS, 7.11-1-2, Z 132/1991, Nr. 24243/1, Büro des Ministerrates der DDR, Beschluss zur weiteren Entwicklung der Rehabilitation nach ausgewählten Schwerpunkten, 16.8.1973.

633 Für den Bezirk Schwerin vgl. LHAS, 7.11-1-2, Z 45/1996, Nr. 120, Langfristiges Entwicklungskonzept, o. D. (1973/74).

634 Vgl. LAGw, Rep. 200 II 9.1, Nr. 781, Schreiben stellvertretender Bezirksarzt Rostock Eberhard Schenk an den Rat der Stadt Rostock, Büro für Stadtplanung, vom 3.1.1977. LHAS, 7.21-1-2, Z 108/1991, Nr. 28735, stellvertretende Bezirksärztin Neubrandenburg Elisabeth Witt, Konzeption zur Erarbeitung der Ratsvorlage „Die Entwicklung der komplexen Betreuung psychisch geschädigter Bürger im Bezirk mit besonderer Berücksichtigung des BFKH Ueckermünde“, 9.2.1978.

Im **Bezirk Neubrandenburg** berichteten die einzelnen Kreise Anfang der 1970er Jahre über vielfaltige Probleme bei der Förderung, Beschulung und Betreuung behinderter Kinder und Jugendlicher: In einigen Kreisen gab es, trotz der schon 1960 ergangenen Anweisung, keine arbeitsfähigen Rehabilitationskommissionen. Die Unterbringung geistig behinderter Kinder – ob als „schulbildungsfähig" oder „schulbildungsunfähig" eingestuft – in Fördergruppen von Kindergärten und Kinderkrippen, in Förderstätten, ihr Schulbesuch sowie die spätere berufliche Eingliederung waren nicht gesichert. Auch wurde im Bezirk eine hohe Dunkelziffer geistig behinderter Kinder vermutet. Einzig im Stadtkreis Neubrandenburg waren entsprechende Fördermöglichkeiten vorhanden.[635] 1975 bescheinigte das Ministerium für Gesundheitswesen der DDR dem Bezirk einen Tempoverlust gegenüber anderen Territorien in der stationär-medizinischen Versorgung der Bevölkerung.[636]

Ähnlich war die Lage im **Bezirk Rostock**, wie Bezirksarzt Kluge am 2. November 1970 in einer Einschätzung auf Anfrage von Gesundheitsminister Mecklinger mitteilte. Der Versorgungsgrad „schulbildungsunfähiger, förderungsfähiger", hirngeschädigter Kinder und Jugendlicher bereite dem Bezirksarzt „sehr ernste Schwierigkeiten".[637] Für etwa 900 der unter 18jährigen ständen nur 247 Betten bzw. Tagesplätze zur Verfügung. Zudem sei in den Einrichtungen ein großer Teil der Patienten überaltert und Folgeeinrichtungen fehlten völlig. Man bemühte sich zwar seit Jahren, in den Städten Tages- und in den Landkreisen Wochenförderstätten einzurichten, dies konnte jedoch nicht realisiert werden. Die Anstrengungen der Kreise blieben erfolglos, entweder fanden sie keine geeigneten Objekte oder diese – häufig alte Gutshäuser – waren abgelegen und aufgrund dessen fehlten Arbeitskräfte oder die Kosten für eine Instandsetzung waren zu hoch. Einzig in der Stadt Rostock hatte man ein ehemaliges Entbindungsheim zur Fördertagestätte umprofiliert. Auch eine Eingliederung geförderter Jugendlicher in Geschützte Arbeitsplätze fand nicht statt. Diese Probleme sollten

---

635 Vgl. die Berichterstattungen der einzelnen Kreise in: LHAS, 7.21-1-2, Z 1/1986, Nr. 1713.

636 Vgl. LHAS, 10.34-7, Nr. 2775, Ministerium für Gesundheitswesen der DDR, Information über Ergebnisse des Inspektionseinsatzes im Juni 1975 im Bezirk Neubrandenburg, 13.8.1975.

637 LAGw, Rep. 200 II 9.1, Nr. 87, Schreiben Bezirksarzt Rostock Kluge an das Ministerium für Gesundheitswesen, HA Soziale Betreuung/Rehabilitation, vom 2.11.1970.

– so der Vorsatz – in den Jahren 1971–1975 gelöst werden.[638] 1972 erarbeitete der Rat des Bezirkes eine *Konzeption zur Förderung und Betreuung geistig retardierter Kinder* und fasste die Probleme noch einmal zusammen: Die komplexe Betreuung sei unzureichend, was auch die „zahlreichen berechtigten Eingaben der Bürger“ deutlich machten, in denen „Verzweiflung, Resignation [und] Zweifel an den Prinzipien und Errungenschaften [der] sozialistischen Gesellschaft“ zum Ausdruck kamen.[639] Sowohl für sogenannte „bildungsunfähige förderungsfähige“ als auch für „bildungsunfähige, förderungsunfähige“ Kinder und Jugendliche bestanden gemäß der Konzeption erhebliche Mängel bei der Unterbringung in Einrichtungen des Gesundheitswesens. Für „förderungsfähige“ Minderjährige gab es 1972 im Bezirk neben der Förderstation im BKH Stralsund-West nur in Rostock und Stralsund je eine Tagesförderstätte mit insgesamt 61 Plätzen. Es bedürfe, so die Konzeption, großer Anstrengungen, um bis 1975 weitere Einrichtungen zu schaffen und so dem Fünfjahrplan gerecht zu werden. In den einzelnen Kreisen hatte man sich auf die Suche nach geeigneten Objekten begeben, was sich als schwierig erwies. Besonders problematisch war die Situation im Kreis Rügen, wo keinerlei Objekte vorhanden waren, die noch eine Rekonstruktion rechtfertigten. Da sonderpädagogische Förderungseinrichtungen aus finanziellen und materiellen Gründen nicht in jedem Kreis errichtet werden konnten, erschien eine zentrale Einrichtung im Bezirk zweckmäßig. Für die Kreise Bad Doberan, Rostock-Stadt und Rostock-Land bot sich eine Kooperation an und eine Förderungseinrichtung in Rostock-Lichtenhagen wurde projektiert, die 380 Dauerplätze und 40 Tagesförderplätze umfassen sollte. In dieser sollten sowohl gelähmte „geistig normale“ Kinder bis zur Schulreife als auch gelähmte „schulbildungsunfähige“ Kinder aufgenommen werden. Erwachsen gewordene geistig behinderte Personen wollte man in Einrichtungen der Kreise unterbringen; den örtlichen Räten oblagen die Aufgaben, Geschützte Wohnheime und Geschützte Arbeitsplätze bereitzustellen.[640] Die Abteilung für Gesundheitswesen beim Rat des Bezirkes Rostock stimmte die Konzeption mit der Abteilung Volksbildung ab, weil,

638 Vgl. ebd., Schreiben Bezirksarzt Rostock Kluge an das Ministerium für Gesundheitswesen, HA Soziale Betreuung/Rehabilitation, vom 2.11.1970.

639 Ebd., Erster Entwurf der Ratsvorlage „Konzeption zur Förderung und Betreuung geistig retardierter Kinder im Bezirk Rostock“, 12.7.1972.

640 Vgl. ebd., Erster Entwurf der Ratsvorlage „Konzeption zur Förderung und Betreuung geistig retardierter Kinder im Bezirk Rostock“, 12.7.1972.

so heißt es in einem Schreiben, „das Problem der physisch geschädigten schulbildungsfähigen Kinder ebenso brennend für Sie steht, wie für uns das Problem der psychisch geschädigten schulbildungsunfähigen Kinder".[641] Um das Problem der Unterbringung pflegebedürftiger körperbehinderter Kinder zu lösen, kam es 1973 auch zu einer Absprache mit dem Bezirk Erfurt, in dessen Einrichtungen Kinder aus dem Bezirk Rostock aufgenommen werden sollten, sofern dort Plätze vorhanden waren.[642] Ende des Jahres 1977 befanden sich 582 „schulbildungsunfähige" Kinder und Jugendliche, und damit beinahe die Hälfte der erfassten Personengruppe im Bezirk, zu Hause und nicht in einer Pflege- oder Förderungseinrichtung. Zur selben Zeit meldete Bezirksarzt Eberhard Fleischer dem Ministerium für Gesundheitswesen nach Berlin, dass „mit der Schaffung von Dauereinrichtungen mit Tagesförderstätten für psychisch geschädigte Kinder und Jugendliche noch in diesem Fünfjahresplanzeitraum in den Städten Rostock und Stralsund begonnen" werde.[643] Mitte 1979 erklärte der Rat der Stadt Rostock, dass in der Stadt in den letzten Jahren Fortschritte bzgl. der Betreuung und Rehabilitation von „förderungsfähigen" und physisch geschädigten Kindern gemacht wurden. Nach wie vor bestanden aber große Probleme bei der Betreuung von „nichtbildungsfähigen" Kindern und psychisch „geschädigten" Erwachsenen.[644] Und in den einzelnen Kreisen waren die Probleme noch nicht einmal ansatzweise gelöst. So existierten 1979 im Kreis Bad Doberan weder Heime für eine soziale Betreuung noch Geschützte Werkstätten, noch eine Förderstätte für behinderte Kinder.[645]

Auch im **Bezirk Schwerin** waren Anfang der 1970er Jahre die Unterbringung und Förderung behinderter Kinder und Jugendlicher noch vielfach ungelöst. Die Heime – darunter drei konfessionelle – waren überbelegt und es gab erhebliche Personalprobleme. Die Eltern machten ihrem Unmut immer häufiger Luft. Der Kreis Lübz berichtete 1971: „Durch das Unverständnis der Eltern bei der Nichtunterbringung der Kinder in Heimen, müssen wir immer wieder große Überzeugungsarbeit leisten. Wobei

641 Ebd., Schreiben Bezirksarzt Rostock Kluge an die Abteilung Volksbildung vom 25.7.1972.
642 Vgl. ebd., Schreiben Bezirksinspektion Gesundheitsschutz Rostock an Räte der Kreise bzw. Städte vom 20.3.1974.
643 Ebd., Nr. 659, Bezirksarzt Rostock Eberhard Fleischer an die stellvertretende Gesundheitsministerin Anneliese Toedtmann vom 30.11.1977.
644 Vgl. ebd., Schreiben Rat der Stadt Rostock an den Rat des Bezirkes Rostock vom 11.6.1979.
645 Vgl. ebd., Medizinisches Zentrum Kreis Bad Doberan, Kreispoliklinik, Tätigkeitsbericht der Psychologischen Abteilung, 7.8.1979.

wir in Einzelfällen kaum noch die Verantwortung tragen können, da die gesamten familiären Verhältnisse darunter leiden."[646] Nicht nur die fehlenden Heimplätze, auch die völlig unzureichenden Fördermöglichkeiten wurden kritisiert. 1973 waren im Bezirk noch 117 „pflegebedürftige" und 128 „förderungsfähige" Kinder und Jugendliche in entsprechenden Einrichtungen unterzubringen.[647] Ein Großteil der „Fälle" wurde als „außerordentlich dringlich" bezeichnet.[648] Der Kreisjugendarzt des Kreises Güstrow bemerkte, „daß bei den Eltern derart geschädigter Kinder eine erhebliche Verbitterung darüber besteht, daß die Förderung der Kinder nicht erfolgen kann".[649] In anderen Kreisen herrschte eine ähnliche Situation. Im Kreis Ludwigslust wurde festgestellt, dass die Förderung von Kindern oft erst beginne, wenn diese 14 Jahre alt seien.[650] Auch für schwerstkörperbehinderte Kinder und Jugendliche fehlten Unterbringungs- und Beschulungsmöglichkeiten. Erst für 1975 wurde mit der Inbetriebnahme einer Körperbehindertenschule in der Stadt Schwerin gerechnet. Die Tagesförderstätte in Schwerin sollte ab September 1973 von 15 auf 55 Plätze erweitert werden.[651] Ein *Beschluss des Bezirkstages Schwerin vom 24. Oktober 1972 über Maßnahmen der Rehabilitation geschädigter Kinder und Jugendlicher* erklärte, die Probleme im Wesentlichen bis 1975 lösen zu wollen. Dazu sollten in allen Kreisen Sondertagesstätten für „förderungsfähige" Kinder, Geschützte Werkstätten und in allen Betrieben mit hauptamtlich tätigen Betriebsärzten Rehabilitationskollektive geschaffen werden.[652] Im Februar 1977 stellte die Abteilung Gesundheitswesen beim Rat des Bezirkes Schwerin jedoch fest, dass aufgrund nicht ausreichend vorhandener Förderstätten immer noch 224 Kinder und Jugendliche nicht gefördert werden können.[653] 1978 fehlten auch weiterhin

646 LHAS, 7.11-1-2, Z 131/1991, Nr. 35552, Bericht über Kinder und Jugendliche mit geistigen Störungen, 1970/71.

647 Vgl. ebd., Z 45/1996, Nr. 120, Langfristiges Entwicklungskonzept, o. D. (1973/74).

648 Ebd., Z 132/1991, Nr. 24243/1, Bericht über die Entwicklung des Rehabilitationsgeschehens im Bezirk Schwerin 1974, o. A., o. D. [1975].

649 Ebd., Z 131/1991, Nr. 35552, Bericht über Kinder und Jugendliche mit geistigen Störungen, 1970/71.

650 Vgl. ebd., Bericht über Kinder und Jugendliche mit geistigen Störungen, 1970/71.

651 Vgl. ebd., Z 132/1991, Nr. 24240, Rat des Bezirkes Schwerin, Büro für Sozialhygiene, Leitungsinformation über Stand Entwicklung und Planerfüllung ausgewählter Bereiche Gesundheits- und Sozialwesen im Bezirk Schwerin, 1972.

652 Vgl. ebd., Nr. 24243/1, Beschluss Bezirkstag Schwerin Nr. 36-6/72 vom 24.10.1972 über Maßnahmen Rehabilitation geschädigter Kinder und Jugendlicher.

653 Vgl. LHAS, 7.12-3, Z 31/1990, Nr. 425, Bericht zur Kontrolle der Sicherung des Rechts auf Arbeit unter geschützten Bedingungen für physisch schwerst- und psychisch schwergeschädigte Bürger, 3.2.1977. LHAS, 7.11-1-2, Z 132/1991, Nr. 35505, Rat des Bezirkes Schwerin, Kurzanalyse Förderungseinrichtungen, Heime, Geschütze Arbeit für das Jahr 1977, 30.1.1978.

Plätze zur Betreuung „schulbildungsunfähiger“, pflegebedürftiger Kinder und Jugendlicher.[654]

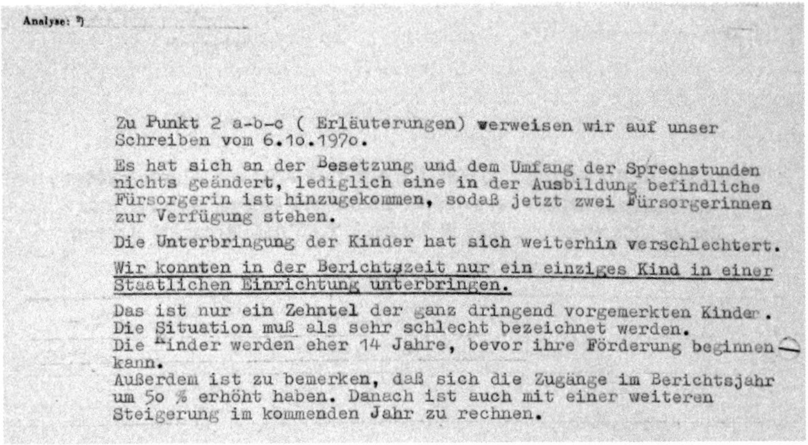

Analyse: *)

Zu Punkt 2 a-b-c (Erläuterungen) verweisen wir auf unser Schreiben vom 6.1o.197o.

Es hat sich an der Besetzung und dem Umfang der Sprechstunden nichts geändert, lediglich eine in der Ausbildung befindliche Fürsorgerin ist hinzugekommen, sodaß jetzt zwei Fürsorgerinnen zur Verfügung stehen.

Die Unterbringung der Kinder hat sich weiterhin verschlechtert.

Wir konnten in der Berichtszeit nur ein einziges Kind in einer Staatlichen Einrichtung unterbringen.

Das ist nur ein Zehntel der ganz dringend vorgemerkten Kinder. Die Situation muß als sehr schlecht bezeichnet werden. Die Kinder werden eher 14 Jahre, bevor ihre Förderung beginnen kann.
Außerdem ist zu bemerken, daß sich die Zugänge im Berichtsjahr um 5o % erhöht haben. Danach ist auch mit einer weiteren Steigerung im kommenden Jahr zu rechnen.

„Die Kinder werden eher 14 Jahre, bevor ihre Förderung beginnen kann.“ Auszug aus dem Bericht über Kinder und Jugendliche mit geistigen Störungen im Kreis Ludwigslust vom 28. September 1971. Quelle: LHAS, 7.11-1-2, Z 131/1991, Nr. 35552.

Personalprobleme

Das Fehlen von Fach- und Hilfspersonal stellte in den Gesundheitseinrichtungen weiterhin ein großes Problem dar. Darüber berichteten Anfang der 1970er Jahre die einzelnen Kreise des **Bezirkes Neubrandenburg**. Ihnen fehlten Psychologen und Fachärzte für Kinder- und Jugendpsychiatrie, manchmal auch Schreibkräfte.[655] Für den Kreis Anklam schätzte das Ministerium für Gesundheitswesen der DDR 1975 „die Einsatzbereitschaft der Mitarbeiter des Gesundheits- und Sozialwesens […] ausserordentlich hoch ein […], zumal durch die nicht ausreichende ärztliche Besetzung von den vorhandenen Ärzten grosse zusätzliche Belastungen übernommen

654 Vgl. ebd., Z 131/1991, Nr. 35551, Schreiben Rat des Bezirkes Schwerin, Abt. Gesundheits- und Sozialwesen an die Bezirksleitung der SED vom 30.1.1978.

655 Vgl. die Berichterstattungen der einzelnen Kreise in: Ebd., Z 1/1986, Nr. 1673; Nr. 1713. Geistige Störungen, Analyse zur Berichterstattung des Jahres 1971/72, Kreis Teterow, Eva Gatzek, 19.10.1972

werden müssen".[656] Besonders im Kreiskrankenhaus Anklam, dem eine Kinderabteilung angeschlossen war, litten die Ärzte unter „chronischer Unterbesetzung".[657] Auch andere Bereiche des Gesundheitswesens waren personell nicht abgedeckt. So stand im Feierabendheim Böhmitz für die Betreuung 16 pflegebedürftiger Bürger nur eine 68jährige Hilfsschwester für den Tag- und Nachtdienst zur Verfügung.[658] In den Kreisen Malchin, Waren und Teterow fehlten 1974/75 Psychiater, Neurologen und Psychologen, so dass auch die Beratungsstellen der Kreise zum Teil nicht mehr besetzt werden konnten.[659] Auch die Körperbehindertenschule Matgendorf im Kreis Templin stand vor Herausforderungen, was die ärztliche Betreuung der Kinder betraf, denn 1976 stand kein orthopädischer Arzt zur Verfügung. Außerdem bestanden Schwierigkeiten bei der ärztlichen Betreuung der Kinder durch die Poliklinik und das BKH Neubrandenburg, weshalb die Anforderungen an das eigene Pflegepersonal sehr hoch waren.[660] Vor ähnlichen Problemen stand auch der **Bezirk Rostock**, wo 1979 einige Kreise auf das Fehlen von psychiatrischer und psychotherapeutischer Behandlungskapazität für Kinder aufmerksam machten.[661]

Probleme beim Neubau bzw. bei Rekonstruktionen von Behinderteneinrichtungen

Um die Unterbringung der verschiedenen Gruppen behinderter Minderjähriger zu gewährleisten und zu verbessern, waren umfangreiche Baumaßnahmen nötig. Für den Fünfjahrplan 1976 bis 1980 hatte das Politbüro entsprechende Vorgaben gemacht. Zwar entstanden ab Mitte der 1970er Jahre durch den „komplexen Wohnungsbau" auch in den Nordbezirken Tages-

656 LHAS, 10.34-7, Nr. 2775, Ministerium für Gesundheitswesen der DDR, Information über Ergebnisse des Inspektionseinsatzes im Juni 1975 im Bezirk Neubrandenburg, 13.8.1975.

657 Ebd., Ministerium für Gesundheitswesen der DDR, Information über Ergebnisse des Inspektionseinsatzes im Juni 1975 im Bezirk Neubrandenburg, 13.8.1975.

658 Vgl. ebd., Ministerium für Gesundheitswesen der DDR, Information über Ergebnisse des Inspektionseinsatzes im Juni 1975 im Bezirk Neubrandenburg, 13.8.1975.

659 Vgl. LHAS, 7.21-1-2, Z 1/1986, Nr. 1713, Geistige Störungen, Analyse zur Berichterstattung über geistige Störungen 1973/74 im Kreis Malchin, 10.10.1974; Geistige Störungen, Analyse zur Berichterstattung über geistige Störungen 1973/74 im Kreis Waren, 21.10.1974; Geistige Störungen, Analyse zur Berichterstattung über geistige Störungen 1974/75 im Kreis Teterow, 22.10.1975.

660 Vgl. ebd., 7.45/1996, Nr. 80, Bericht Körperbehindertenheim Matgendorf an den Rat des Bezirkes Neubrandenburg, Abt. Gesundheits- und Sozialwesen, vom 2.3.1977.

661 Vgl. LAGw, Rep. 200 II 9.1, Nr. 659, Medizinisches Zentrum Kreis Bad Doberan, Tätigkeitsbericht der Psychologischen Abteilung, 7.8.1979; Schreiben Medizinisches Zentrum Stralsund, Ambulanter Bereich an das Medizinische Zentrum Stralsund, Poliklinik Mitte, vom 9.8.1979.

stätten, Wohnheime, Pflegeheime und Polikliniken. Dem Bedarf wurden die Einrichtungen jedoch nicht gerecht. Schon finanzielle Mittel und Baumaterialien waren knapp, Handwerker und Bauarbeiter jedoch kaum aufzutreiben. Dies sollte sich bis 1989 nicht ändern. Einige Beispiele sollen dies belegen. Im **Bezirk Neubrandenburg** war das Heim für körperbehinderte Kinder in Matgendorf in einem ehemaligen Gutshaus untergebracht. Da sich in der Einrichtung kein Fahrstuhl befand, mussten die Mitarbeiter die Kinder in die Unterrichtsräume tragen. Die Bauarbeiten am Fahrstuhl wurden immer wieder unterbrochen, viele Kinder fanden aus diesem Grund keine Aufnahme. Diese Situation währte zehn Jahre, erst 1979 wurden Treppenhaus und Personenaufzug fertiggestellt.[662] 1975 befand eine Inspektion im Kreis Prenzlau die dortigen Feierabend- und Pflegeheime in „äußerst schlechtem Zustand" und die „Unterbringungs- wie Arbeitsbedingungen nicht zumutbar".[663] Ebenfalls bemängelt wurde, dass die Kinderabteilung des Kreiskrankenhauses Anklam in einer unzureichenden Steinbaracke untergebracht war.[664] Das BKH Stralsund-West im **Bezirk Rostock** benötigte schon ab 1960 dringend ein Bettenhaus für psychiatrisch erkrankte Kinder. Immer wieder wurde dieses Bauvorhaben verschoben und das Bettenhaus wurde letztlich nie errichtet.[665] 1980 wies das Ministerium für Gesundheitswesen den Rostocker Bezirksarzt an, auf die Erfüllung des Fünfjahrplanes 1981 bis 1985 stärkeren Einfluss zu nehmen. Man hatte festgestellt, dass beim Bau von Kindergarten-und-Krippen-Kombinationen, Feierabend- und Pflegeheimen, Förderungseinrichtungen und Geschützten Werkstätten Kosten zu Lasten der Funktionen der Einrichtungen gespart wurden, was schlechtere Arbeits- und Lebensbedingungen zur Folge hatte. Häufig wurde auch versucht, die vom Gesundheitsministerium festgelegten Normen und Qualitätsvorgaben zu umgehen bzw. zu unterschreiten, so blieben funktionelle Nachteile und Baumängel nicht aus.[666] Beispielsweise hatte man die

---

662 Vgl. LHAS, 7.11-1-2, Z 132/1991, Nr. 35656, Aktennotiz, 17.5.1978; Schreiben stellvertretender Bezirksarzt Schwerin Müller an den Ministerrat der DDR vom 15.6.1978. Ebd., Z 45/1996, Nr. 80, Bericht Körperbehindertenheim Matgendorf an den Rat des Bezirkes Neubrandenburg vom 7.3.1980.

663 LHAS, 10.34-7, Nr. 2775, Ministerium für Gesundheitswesen der DDR, Information über Ergebnisse des Inspektionseinsatzes im Juni 1975 im Bezirk Neubrandenburg, 13.8.1975.

664 Vgl. ebd., Ministerium für Gesundheitswesen der DDR, Information über Ergebnisse des Inspektionseinsatzes im Juni 1975 im Bezirk Neubrandenburg, 13.8.1975.

665 Vgl. LAGw, Rep. 200 9.1, Nr. 130, Bl. 54, Die Lage im Gesundheitswesen und die Aufgabenstellung nach dem VI. Parteitag der SED bis 1970, o. A., o. D. (etwa 1963/64), S. 11.

666 Vgl. LAGw, Rep. 200 II 9.1, Nr. 778, Schreiben Ministerium für Gesundheitswesen an den Bezirksarzt Rostock Fleischer vom 11.6.1980.

Kinderförderungseinrichtung Rostock-Lichtenhagen 1981 zwar planmäßig als „modernste Fördereinrichtung für Geschädigte" mit Platz für 136 Kinder der Nutzung übergeben, dies jedoch ohne einen Personenaufzug. Auch eine Schwachstromanlage wurde erst 1983 nachträglich gebaut.[667] Der Rat der Stadt Rostock nannte 1979 das Problem beim Namen und machte gleichzeitig einen Vorschlag: „Wir gehen davon aus, daß uns für die Schaffung von Heimplätzen für geschädigte Kinder gegenwärtig ökonomische Grenzen gesetzt sind, daß uns insbesondere keine Möglichkeiten zur Neuinvestition zur Verfügung stehen. Deshalb könnte durch die Verwendung zur Zeit stillgelegter ‚Schwarzbauten', die Heimcharakter haben, unabhängig vom Standort innerhalb unseres Bezirkes, zur Lösung dieser dringenden [...] Betreuungsaufgabe beigetragen werden."[668] Um was für „Schwarzbauten" es sich hierbei gehandelt hat, geht aus den Unterlagen nicht hervor, ebenso wenig ob der Vorschlag aufgegriffen und umgesetzt wurde. Für den Kreis Güstrow im **Bezirk Schwerin** wurde 1971 der Bau einer Tagesförderstätte gefordert, auch um Kinder aus den Pflegeeinrichtungen Dobbertin und Dreilützow herausnehmen und fördern zu können. Auch in diesem Fall erwiesen sich die fehlenden Bauhandwerker als das zentrale Problem, denn obwohl Finanzierung und Materialbeschaffung durch die Kirche gesichert waren, sah sich der Kreis Güstrow nicht in der Lage, die Baukapazitäten zur Verfügung zu stellen.[669] Für das psychiatrische Pflegeheim in Dobbertin wurde im Juli 1976 durch die BNK Schwerin bemängelt, dass die baulichen Probleme nicht beseitigt würden.[670] Im Dezember erklärte Bezirksarzt Arno Trzeczak, dass die Aufgaben der Betreuung in Dobbertin nicht erfüllt werden können, da die Bauarbeiten nicht zum Abschluss kommen.[671] Besonders hinderlich für den Baufortschritt waren verwaltungstechnische Gründe, nämlich die mangelnde Absprache zwischen der Stadt Schwerin und dem Kreis Lübz.[672] Noch 1982 wurde darauf hingewiesen, dass sowohl Stadt als auch Kreis nicht in der Lage waren, die benötigten materiellen Abdeckungen zuzusi-

---

667 Vgl. die entsprechenden Unterlagen in: ebd., Nr. 417. Siehe auch ebd., Nr. 781, Zeitungsartikel (wahrscheinlich Ostsee-Zeitung [OZ]), o. D. (Anfang Januar 1981).

668 Ebd., Nr. 659, Schreiben Rat der Stadt Rostock an den Rat des Bezirkes Rostock vom 11.6.1979.

669 LHAS, 7.11-1-2, Z 131/1991, Nr. 35552, Bericht über Kinder und Jugendliche mit geistigen Störungen, 1970/71.

670 Vgl. ebd., Z 45/1996, Nr. 120, Schreiben BNK Schwerin, Klaus Giercke, an den Bezirksarzt Schwerin Horst Hartwig vom 9.7.1976.

671 Vgl. ebd., Bezirksarzt Schwerin Arno Trzeczak, Protokoll zur Kontrollberatung am 30.11.1976 zum Brandschaden Dobbertin, 7.12.1976.

672 Vgl. ebd., Schreiben BNK Schwerin, Klaus Giercke, an den Bezirksarzt Schwerin Hartwig vom 9.7.1976.

chern.[673] 1984 gab es mehrere Begehungen durch einen Sicherheitsinspektor, der zum wiederholten Mal feststellte, dass für 19 Schornsteinköpfe eine unmittelbare Absturzgefahr bestehe. Der mit der Reparatur beauftragte Handwerksbetrieb konnte die Arbeiten nicht ausführen, da das Kreisbauamt ihn mit anderen Aufgaben beauflagt hatte.[674] Eine Aufzählung weiterer Beispiele für nicht erfolgte oder mangelhafte Rekonstruktionsmaßnahmen von Behinderteneinrichtungen ließe sich mühelos für die drei Nordbezirke bis in das 1989 fortsetzen.[675]

Der Aufbau einer „Rehabilitationskette"

Bereits 1960 waren die Abteilungen Gesundheits- und Sozialwesen der Räte der Bezirke, Stadt- und Landkreise vom Ministerrat der DDR angewiesen worden, Rehabilitationskommissionen zu bilden, die die Integration Behinderter in die Gesellschaft zum Ziel hatten. Nur langsam begannen diese arbeitsfähig zu werden. Am Beispiel des **Bezirkes Schwerin** soll die Entwicklung in den 1970er Jahren skizziert werden. Am 16. Januar 1974 kam es beim Arbeitsbereich Rehabilitation des Bezirkes zu einer Beratung mit dem Ziel, die bestehende, aber nicht aktive Bezirksrehabilitationskommission wieder in Tätigkeit zu setzen.[676] Als Bezirksbeauftragter für Rehabilitation wurde der Arzt Nowak eingesetzt, mit Günter Störk (1916–1972) und Werner Panther (*1932) waren zwei Ärzte aus der BNK Schwerin vertreten, mit dem Arzt Scholz ein Orthopäde. Des Weiteren gehörten auch Mitarbeiter der Abteilungen Berufsausbildung, Volksbildung, Wirtschaftrat, Arbeit und Finanzen des Rates des Bezirkes der Kommission an.[677] Im gleichen Jahr wurde in der Abteilung Gesundheits- und Sozialwesen eine Bezirksstelle für ärztliche Begutachtung und Rehabilitation eingerichtet, in der neben dem

673 Vgl. ebd., Nr. 227, Abteilung Technik der BNK Schwerin, Dokumentation zur Bestätigung der Grundsatzentscheidung zu Werterhaltungsmaßnahmen im Pflegeheim Dobbertin, Mai 1982.

674 Vgl. ebd., Schreiben Rat des Bezirkes Schwerin Abt. Gesundheits- und Sozialwesen an den Bezirksbaudirektor Schwerin Wolfgang Kellermann vom 28.8.1984.

675 Wie groß der Mangel an Handwerkern und Bauarbeitern bis zum Ende der DDR war, macht eine Pressemitteilung in der Zeitung „Markt" vom März 1989 deutlich, die eine Tombola in Ueckermünde ankündigte. Darin wurde als erster Preis eine Heizungsreparatur, als zweiter Preis eine Baureparatur und als dritter Preis eine Fahrerlaubnisanmeldung ausgeschrieben (vgl. LHAS, 7.21-1-2, Z 108/1991, Nr. 28734, stellvertretender Bezirksarzt Neubrandenburg Kröger, Notiz über Gespräche mit Mitarbeitern des BFKH Ueckermünde, 13.3.1989).

676 Vgl. LHAS, 7.11-1-2, Z 132/1991, Nr. 24243/1, Arbeitsbereich Rehabilitation, Protokoll über die Arbeitsberatung vom 16.1.1974.

677 Vgl. ebd., Liste der Mitglieder der Bezirksrehabilitationskommission, März 1974.

Bezirksbeauftragten für Rehabilitation auch eine Fürsorgerin und eine Arztsekretärin tätig waren. Ebenso kam es zur Bildung einer zentralen Einweisungskommission, die über die Aufnahme in Einrichtungen entschied und den Kreisen jährlich einmal die Möglichkeit gab, dringende Einweisungsfälle zu begründen.[678] Ebenfalls 1974 wurden Kreisrehabilitationskommissionen gebildet bzw. wiederbelebt.[679] Diese hatten die Aufgabe in Zusammenarbeit mit örtlichen Räten Geschützte Werkstätten bzw. Betriebsabteilungen zu schaffen, um den Verbleib geförderter Jugendlicher im Heimatort bzw. -kreis zu garantieren.[680] In den Kreisrehabilitationskommissionen sollte es – wie im Kreis Perleberg 1977 – zur Gründung einer Arbeitsgruppe mit dem Titel „Das geschädigte Kind" kommen.[681]

Die Bemühungen und Fortschritte beim Aufbau einer sogenannten „Rehabilitationskette" in den 1970er Jahren soll für die drei Nordbezirke im Folgenden dargestellt werden. In Neubrandenburg übernahm Volker Keßling im Januar 1974 die kurz zuvor eröffnete erste Tagesstätte für geistig behinderte „förderungsfähige" Kinder im **Bezirk Neubrandenburg**. In der Einrichtung waren nach damaligen Maßstäben „optimale Bedingungen"[682] für Kinder und Mitarbeiter vorhanden. Keßling war fachkundig und couragiert und sollte für den Bezirk Neubrandenburg im Bereich der Rehabilitation behinderter Kinder und Jugendlicher bis 1990 und darüber hinaus eine wichtige Rolle spielen. So gründete er mit betroffenen Eltern Ende der 1970er Jahre einen Verein, der sich für die Belange behinderter Kinder einsetzten wollte. Nach dringendem Anraten der Kreisärztin wurde daraus eine Arbeitsgruppe der Kreisrehabilitationskommission; ein Beispiel für die Lenkung privater Initiativen in „sozialistische Bahnen".[683]

---

678 Vgl. ebd., Bericht über die Entwicklung des Rehabilitationsgeschehens im Bezirk Schwerin 1974, o. A., o. D. [1975].

679 Vgl. LHAS, 7.12-3, Z 31/1990, Nr. 425, Bericht zur Kontrolle der Sicherung des Rechts auf Arbeit unter geschützten Bedingungen für physisch schwerst- und psychisch schwergeschädigte Bürger, 3.2.1977.

680 Vgl. LHAS, 7.11-1-2, Z 132/1991, Nr. 35505, Bezirksarzt Schwerin Hartwig, Analyse zur Berichterstattung 1974 über Förderungseinrichtungen und Heime, 18.2.1975.

681 Vgl. LHAS, 7.12-3, Z 31/1990, Nr. 425, Bericht zur Kontrolle der Sicherung des Rechts auf Arbeit unter geschützten Bedingungen für physisch schwerst- und psychisch schwergeschädigte Bürger, Schwerin 3.2.1977, Anlage zum Kreis Perleberg. Siehe auch Keßling, Volker: Tagebuch eines Erziehers, Berlin 1980 und Interview Falk Bersch mit Volker und Bettina Keßling am 11.9.2018 in Neubrandenburg.

682 LHAS, 10.34-7, Nr. 2775, Ministerium für Gesundheitswesen der DDR, Information über Ergebnisse des Inspektionseinsatzes im Juni 1975 im Bezirk Neubrandenburg, 13.8.1975.

683 Vgl. Interview Falk Bersch mit Volker und Bettina Keßling am 11.9.2018 in Neubrandenburg.

Volker Keßling und Kinder der Förderungseinrichtung Neubrandenburg auf einem Ausflug anlässlich eines Ferienlageraufenthaltes in der Nähe von Malchow, 1974. Fotograf: unbekannt; Quelle: Privatarchiv Volker Keßling.

Im Januar 1975 eröffnete in Schwichtenberg im Kreis Neubrandenburg-Land dann die nächste Förderungseinrichtung.[684] Andere Kreise folgten, 1979 fehlte nur noch der Kreis Pasewalk. In jenem Jahr gab es 16 staatliche Förderungseinrichtungen mit 329 Plätzen sowie zwei konfessionelle mit 56 Plätzen im Bezirk. Insgesamt waren zehn Tagesstätten und fünf Wocheneinrichtungen sowie eine Förderabteilung im BFKH Ueckermünde mit 36 Plätzen vorhanden. Die Plätze waren im ländlich geprägten Bezirk Neubrandenburg allerdings nur zu 74,8 Prozent ausgelastet, weil Kinder aus den Kreisgebieten verkehrstechnisch die Tagesstätten nicht erreichen konnten. Deswegen wurde angeregt, in Zukunft mehr Augenmerk auf die Einrichtung von Wocheneinrichtungen zu legen. 1979 konnten den Kindern der Förderungseinrichtungen ein Ferienlageraufenthalt oder eine Teilnahme an

684 Vgl. LHAS, 7.21-1-2, Z 1/1986, Nr. 1713, Aufteilung der Neuzugänge von Kindern und Jugendlichen mit geistigen Störungen für 1974/75 im Landkreis Neubrandenburg, 15.10.1975.

örtlichen Ferienspielen ermöglicht werden.[685] Körperbehinderten Kindern war die Teilnahme jedoch, so ein Hinweis für das Jahr 1977, aus – wie es hieß – „Sicherheitsgründen" nicht möglich.[686] Trotz der Fortschritte lag der Bezirk Neubrandenburg mit einem Versorgungsgrad von 26 Plätzen in Förderungseinrichtungen je 10.000 Kinder und Jugendliche von 3–18 Jahren im DDR-Durchschnitt (36 Plätze) an vorletzter Stelle.[687] Auch die Förderung in Dauerheimen, wie dem konfessionellen Heim Waldhof in Templin, stellte ein weiteres schwer lösbares Problem dar. Und ebenso kam der Aufbau von Geschützten Arbeitsplätzen nur langsam voran. 1979 gab es in Neubrandenburg-Stadt, Dewitz, Neustrelitz und Schwichtenberg lediglich 57 Plätze in Geschützten Werkstätten und in fünf Geschützten Betriebsabteilungen standen 60 Arbeitsplätze zur Verfügung. In Matgendorf wurden weiterhin schwerstkörperbehinderte Kinder und Jugendliche betreut und unterrichtet. 1979 gab es dort eine Vorschulgruppe sowie Unterstufen der Klassen 1 bis 4. Die Kinder kamen auch aus den Bezirken Schwerin und Rostock und sollten nach Beendigung der vierten Klasse in ihre Heimatbezirke zurückverlegt werden. Die Einrichtungen dort waren, sofern überhaupt vorhanden, jedoch ausgelastet. Für 1980/81 plante man die Eröffnung einer neuen Körperbehindertenschule in Neubrandenburg mit 240 Plätzen.[688]

Im **Bezirk Rostock** gab es Mitte der 1970er Jahre im Bereich der Rehabilitation von Kindern und Jugendlichen unterschiedliche Entwicklungsstufen. Während die Stadt Rostock Fortschritte meldete[689], waren in den Kreisen westlich von Rostock immer noch 60 Kinder in Haushalten und Kindereinrichtungen ohne eine Förderung.[690] Bei der Einrichtung von

---

685 Vgl. LHAS, 10.34-7, Nr. 3207, Analyse der Fördereinrichtungen, Heime und Geschützten Arbeit, 31.12.1979. LHAS, 7.21-1-2, Z 108/1991, Nr. 28735, stellvertretende Bezirksärztin Neubrandenburg Elisabeth Witt, Konzeption zur Erarbeitung der Ratsvorlage „Die Entwicklung der komplexen Betreuung psychisch geschädigter Bürger im Bezirk mit besonderer Berücksichtigung des BFKH Ueckermünde", 9.2.1978.

686 Ebd., Bericht Körperbehindertenschule Matgendorf an den Rat des Bezirkes Neubrandenburg, Abt. Gesundheits- und Sozialwesen, vom 10.3.1978. Diese Ferienlager waren nicht integrativ organisiert, d.h. sie wurden nur für behinderte Kinder und Jugendliche durchgeführt (vgl. Schreiben Volker Keßling an Falk Bersch vom 3.4.2020).

687 Vgl. LHAS, 10.34-7, Nr. 3207, Institut für die Organisation des Gesundheitsschutzes Berlin, Interner Bericht Bezirk Neubrandenburg, 1980.

688 Vgl. ebd., Analyse der Fördereinrichtungen, Heime und Geschützten Arbeit, 31.12.1979.

689 Vgl. LAGw, Rep. 200 II 9.1, Nr. 659, Schreiben Rat der Stadt Rostock an den Rat des Bezirkes Rostock vom 11.6.1979.

690 Vgl. ebd., Nr. 688, Erster Entwurf der Konzeption der Betreuung psychisch geschädigter Kinder, Jugendlicher und Erwachsener für die Kreise Grevesmühlen, Wismar-Stadt und Land, Bad Doberan unter Einbeziehung von Überlegungen zum Betreuungsbedarf in der Stadt Rostock, 3.8.1976.

Förderstätten ging man andere Wege als die Nachbarbezirke und plante Großprojekte, in denen mehr als einhundert Kinder und Jugendliche untergebracht werden sollten. So war vorgesehen, bis 1980 in Wismar, Stralsund und Rostock kinderpsychiatrische Förderungseinrichtungen mit etwa 120 Plätzen zu errichten. Verwirklicht wurde am Ende nur der Standort Rostock-Lichtenhagen.[691]

Verstärkt wurden ab 1977 in Greifswald, Stralsund und Rostock Sondergruppen in Kinderkrippen geschaffen.[692] Auch in Glowe auf Rügen bestand 1978 im Säuglingsheim „Clara Zetkin" eine Sondergruppe für sechs behinderte Kinder. Der Rat des Bezirkes hatte die Bildung von Sondergruppen nur in den Städten und Kreisen angeregt, wo eine Übergabe der Kinder in eine Nachfolgeeinrichtung, also eine Sondergruppe in einem Kindergarten bzw. eine Vorschulgruppe in einer Förderungseinrichtung, gewährleistet war.[693] In anderen Orten, wie Wismar, wurden noch 1979 betroffene Säuglinge und Kleinkinder in allgemeinen Kinderkrippen betreut.[694] Stolz war man im Bezirk auf die Durchführung des Zeltferienlagers für Körperbehinderte am Salzhaff in Pepelow, das 1970 vergrößert worden war. 1974 gab es im Laufe des Sommers vier Durchgänge mit je 80 bis 100 Kindern und Jugendlichen, wovon der letzte Durchgang versuchsweise mit psychisch behinderten Kindern durchgeführt wurde, was man als Erfolg verbuchte. Sinn und Zweck des Lagers war neben dem gesundheitlichen Nutzen auch die „Erziehung zu politisch-bewußten Bürgern" und die Stärkung der „Liebe zur Heimat".[695] Es bestand ein Freundschaftsvertrag des Kinderferienlagers mit dem Pionierferienlager der Volksmarine „Wilhelm Reichpietsch" in Kühlungsborn.[696] 1979 übernahm das Medizinische Zentrum Bad Doberan das Ferienzentrum und plante eine Erweiterung.[697] Dazu kam es aus Kostengründen jedoch nicht, stattdessen wurde ab 1980 auch eine Kinder-Kur-

691 Vgl. ebd., Nr. 418, Rat des Bezirkes Rostock, Bezirksplankommission, Übersicht über die Schwerpunktaufgaben bei der Entwicklung des Gesundheits- und Sozialwesens in Wismar-Stadt und Land, 4.12.1976. Ebd., Nr. 781, VEB Wohnungsbaukombinat Rostock, Niederschrift über Beratung am 22.1.1976 zum Vorhaben „Kinderpsychiatrie Rostock-Lichtenhagen", 3.2.1976; Schreiben stellvertretender Bezirksarzt Rostock Eberhard Schenk an den Rat der Stadt Rostock, Büro für Stadtplanung, vom 3.1.1977.

692 Vgl. die Unterlagen zur Problematik der Auflösungen von Krippenplätzen in: Ebd., Nr. 618.

693 Vgl. ebd., Nr. 545, Abfrage Sondergruppen in Kinderkrippen Bezirk Rostock, 1978.

694 Vgl. ebd., Abfrage Sondergruppen in Kinderkrippen Bezirk Rostock, 30.6.1979.

695 Ebd., Nr. 420, Internationales Behinderten-Zeltlager für Rehabilitation, Programmentwurf zur weiteren Entwicklung, 5.5.1974.

696 Vgl. ebd.

697 Vgl. ebd., Schreiben Rat des Kreises Bad Doberan an den Bezirksarzt Rostock Fleischer vom 22.10.1979.

einrichtung in Wiek auf Rügen für die Feriengestaltung behinderter Kinder genutzt.[698]

Ende der 1970er Jahre fehlten in sechs Kreisen des Bezirkes Rostock immer noch Förderungseinrichtungen für „schulbildungsunfähige förderungsfähige“ Kinder und Jugendliche.[699] In einigen Kreisen wie Bad Doberan und Grimmen existieren weder eine Förderstätte, noch Geschützte Werkstätten, noch Heime für eine soziale Betreuung.[700] Im Kreis Rügen hatte man noch gar nicht alle psychisch schwer- und schwerstbehinderten Personen erfasst. Dort konnten in Lietzow und Glowe zwar zwei Förderstätten eingerichtet werden, Sorge bereitete jedoch die Unterbringung geistig behinderter Erwachsener. Es gab kein Beschütztes Wohnheim und staatliche Betriebe stellten keine Geschützten Arbeitsplätze oder Betriebsabteilungen zur Verfügung.[701]

1974 gab es im **Bezirk Schwerin** lediglich in der Stadt Schwerin eine Tagesförderstätte, in der die Unterbringung und Förderung der Kinder als vorbildlich bewertet wurde. Auch Kinder aus dem Landkreis Schwerin waren dort untergebracht. Angesichts ihres aufwendigen Transportes wurde künftig der Schwerpunkt auf die Schaffung von Wochenförderstätten in den ländlichen Gebieten gelegt. In den Kreisen Perleberg, Ludwigslust und Güstrow entstanden ab 1975 55 Tagesförderplätze, die die Dauerheime entlasten sollten.[702] Auch in der BNK Schwerin wurde eine Förderabteilung eingerichtet.[703] Im Bezirk Schwerin wurden ebenfalls Ferienlager für behinderte Kinder durchgeführt, so gab es in Mentin ein Sonderferienlager für Anfallskranke, andere Ferienlager befanden sich in Mühlen-Eichsen und in Hellberg bei Goldberg. Weitere behinderte Kinder verbrachten ihre Ferien in den FDGB-Heimen in Plau und Klein Labenz. Auch gab es einen Austausch mit anderen Bezirken. 1976 hatte man im Bezirk vier Kinderferienla-

698 Vgl. ebd., Schreiben Rat des Bezirkes Rostock an das Ministerium für Gesundheitswesen der DDR vom 10.6.1980.

699 Vgl. LHAS, 7.11-1-2, Z 132/1991, 35698, Information des Ministerrates der DDR über den Stand der Durchsetzung der Verordnung zur weiteren Verbesserung der gesellschaftlichen Unterstützung schwerst- und schwergeschädigter Bürger, 8.10.1979.

700 Vgl. LAGw, Rep. 200 II 9.1, Nr. 659, Medizinisches Zentrum Kreis Bad Doberan, Kreispoliklinik, Tätigkeitsbericht der Psychologischen Abteilung, 7.8.1979; Protokoll Sitzung der Arbeitsgruppe „Psychiatrie“, Ende November 1979.

701 Vgl. ebd., Schreiben Kreisarzt Rügen an den Rat des Bezirkes Rostock vom 8.12.1979.

702 Vgl. LHAS, 7.11-1-2, Z 132/1991, Nr. 35505, Bezirksarzt Schwerin Hartwig, Analyse zur Berichterstattung 1974 über Förderungseinrichtungen und Heime, 18.2.1975.

703 Vgl. ebd., Nr. 24243/1, Arbeitsgruppe für Rehabilitation Schwerin, Protokoll über Arbeitsberatung vom 23.4.1975.

ger für 146 behinderte Kinder durchgeführt.[704] 1976 beriet die Medizinische Arbeitsgruppe für Rehabilitation in Schwerin erstmals über therapeutisches Reiten für Kinder und Jugendliche.[705] Das Programm wurde Ende der 1970er Jahre in Redefin umgesetzt, 1982 allerdings schon wieder eingestellt, weil keine Möglichkeiten bestanden, die betroffenen Kinder aus dem Kreis Hagenow in das Gestüt zu transportieren.[706]

1977 waren im Bezirk immer noch viele behinderte Kinder und Jugendliche ohne eine Förderung und, so stellte die Abteilung Gesundheits- und Sozialwesen beim Rat des Bezirkes fest, es konnte auch nicht allen behinderten Bürgern das Recht auf Arbeit gewährleistet werden. Die wesentlichen Ursachen wurden in der „politisch-ideologischen Unklarheit von staatlichen Leitern örtlicher Organe und Leitern von Betrieben und Gesundheitseinrichtungen bei der Wahrnehmung ihrer Verantwortung in der Rehabilitationsarbeit" gesehen.[707] Hingegen galt die BNK Schwerin den einzelnen Kreisen als Beispiel für eine „umfassende Rehabilitationsarbeit", da dort ein stufenweises System der Rehabilitation aufgebaut wurde, bestehend aus Klinikstationen, Außenstationen und Rehabilitationswohnheimen. Was jedoch auch dort noch fehlte, war eine ausreichende Anzahl Geschützter Betriebsabteilungen sowie Wohnmöglichkeiten für Rehabilitanden, so dass die Betten der Klinik und der Außenstationen blockiert waren und Jugendliche nicht in den Arbeitsprozess kommen konnten.[708] Dabei hatte man schon Anfang der 1970er Jahre begonnen, junge Erwachsene in den arbeitstherapeutischen Außenstationen und Rehabilitationsheimen der BNK in Lewitz, Rastow, Groß Medewege, Klein Medewege, Malliß, Böken, Kirch Stück und Hagenow unterzubringen. Auch zwei Wohnheime mit Arbeitstherapieeinsatz unter der Leitung des Diakonischen Werkes in Dehmen und Werle existierten. Zudem gab es 1974 in der Heilstätte Neustadt-Glewe, der Medizinischen Klinik Schwerin, der Frauenklinik Schwerin, der HNO-Kli-

---

704 Vgl. ebd., Nr. 35505, Schreiben Bezirksstelle für ärztliches Begutachtungswesen und Rehabilitation an Bezirksarzt Schwerin Arno Trzeczak vom 15.3.1977 (Jahresbericht 1976).

705 Vgl. ebd., Nr. 24243/1, Arbeitsgruppe für Rehabilitation Schwerin, Protokoll über Arbeitsberatung vom 24.3.1976.

706 Vgl. ebd., Z 131/1991, Nr. 35814, Einladung und Programm zur Arbeitstagung Therapeutisches Reiten, 20.–22.11.1979 in Redefin. Ebd., Nr. 35551, Kreisjugendärztin Kreis Hagenow, Analyse über Kinder und Jugendliche mit geistigen Störungen im Kreis Hagenow, 1982/83.

707 LHAS, 7.12-3, Z 31/1990, Nr. 425, Bericht zur Kontrolle der Sicherung des Rechts auf Arbeit unter geschützten Bedingungen für physisch schwerst- und psychisch schwergeschädigte Bürger, 3.2.1977.

708 Vgl. ebd., Bericht zur Kontrolle der Sicherung des Rechts auf Arbeit unter geschützten Bedingungen für physisch schwerst- und psychisch schwergeschädigte Bürger, 3.2.1977.

nik im Bereich der BNK Schwerin sowie der Lungenklinik Schwerin-Lankow einzelne, meist in Personalwohnungen untergebrachte, Rehabilitandengruppen.[709] Den häufig von Betrieben gestellten und mit Geschützten Betriebsabteilungen in Zusammenhang stehenden Unterkünften mangelte es jedoch an Wohnqualität, insbesondere fehlten Möbel.[710] Zudem schienen eine Reihe behinderter junger Erwachsener nicht in diese Einrichtungen zu gehören. Dr. Scholz, der Orthopäde in der Rehabilitationskommission, vertrat 1974 die Ansicht, dass körperbehinderte Personen nicht in Geschützten Werkstätten, sondern auf Geschützten Arbeitsplätzen eingesetzt werden sollten, die damals noch fehlten.[711] Mitte der 1970er Jahre trat man mit verschiedenen Betrieben im Bezirk in Verhandlung. Der Anteil der Schwer- und Schwerstbeschädigten lag in 158 Betrieben mit 99.800 Beschäftigten bei 4 Prozent. „In vielen Betrieben schlummern noch Reserven",[712] so stellte die Arbeitsgruppe Rehabilitation 1974 fest. 1975 waren im Bezirk in 118 Betrieben schon 334 Rehabilitanden beschäftigt, was den Bedarf aber noch nicht deckte, denn aus den Förderungseinrichtungen standen immer wieder Jugendliche zur Entlassung an und auch aus den psychiatrischen Krankenhäusern und Pflegeeinrichtungen hätten Patienten entlassen werden können, wenn in Betrieben Geschützte Abteilungen und entsprechende Wohnheime existierten. Viele Betriebe taten sich schwer, Rehabilitanden einzustellen. So fanden beim Industriekomplex Schwerin-Süd die Hinweise der Abteilung Gesundheits- und Sozialwesen zur Schaffung einer Geschützten Betriebsabteilung keine Beachtung. Im Kreis Hagenow erklärte sich von 28 Betriebsleitern lediglich einer bereit, einen Schwerbeschädigten einzustellen.[713] Ende der 1970er Jahre bestand das größte Problem der Rehabilitationsarbeit also nicht mehr in der Einrichtung von Förderungseinrichtungen für Kinder und Jugendliche, sondern in deren späterer Eingliederung in den Arbeitsprozess. Obwohl die Zahl der Betriebe, die Rehabilitanden einstellten, wuchs – 1977 standen im Bezirk bereits 759 Geschützte Arbeitsplätze zur

709 Vgl. LHAS, 7.11-1-2, Z 132/1991, Nr. 24243/1, BNK Schwerin, Störk, Einschätzung der Situation der Rehabilitation in der Erwachsenenpsychiatrie, 5.2.1974.
710 Vgl. ebd., Arbeitsbereich Rehabilitation Schwerin, Protokoll über Arbeitsberatung vom 1.3.1974.
711 Vgl. ebd., Arbeitsbereich Rehabilitation Schwerin, Protokoll über Arbeitsberatung vom 11.4.1974.
712 Ebd., Vortragsmanuskript für Erfahrungsaustausch Rehabilitation, o. A., 22.5.1975.
713 Vgl. ebd., Nr. 35505, Information über geschädigte Bürger, o. D. [1976].

Verfügung – wurde der Bedarf im Bezirk nicht gedeckt.[714] Dennoch war der Bezirk Schwerin mit der Entwicklung der berufsbezogenen Rehabilitation seinen Nachbarbezirken Rostock und Neubrandenburg weit voraus.

Die Entwicklung der Rehabilitation in den 1980er Jahren

1981 – im Zuge des *Internationalen Jahrs der Behinderten* – wurde auch in den Nordbezirken auf die Probleme behinderter Menschen aufmerksam gemacht. Im **Bezirk Neubrandenburg** nutzte der Ärztliche Direktor des BFKH Ueckermünde Hans Eichhorn das erwachende Interesse an der Thematik, um die gravierenden Probleme seiner Einrichtung aufzuzeigen.[715] Bezirksarzt Möwius blendete die Probleme nicht aus, wies aber die SED-Bezirksleitung Neubrandenburg in jenem Jahr vor allem auf die „sicht- und spürbaren Fortschritte in der Betreuung und Förderung von schulbildungsunfähigen förderungsfähigen Kindern und Jugendlichen“ im Bezirk hin, insbesondere auf die eingerichteten Förderstätten. Er lobte die Betreuungsarbeit des Blinden- und Sehschwachenverbandes und die Bedeutung von Presse, Rundfunk und Fernsehen bei der „Überwindung noch vorhandener ideologischer Vorbehalte gegenüber Geschädigten in der Bevölkerung und auch bei Betriebsleitern“[716]. Insbesondere das Fernsehen spielte nach seinen Worten eine besondere Rolle, da es Filme wie „Ein Leben im Rollstuhl“, „Humanität im Examen“ und „Diagnose: Hirngeschädigt“ sendete.[717] Im **Bezirk Schwerin** wurden zum *Jahr der Geschädigten* spezielle Maßnahmenpläne verfasst und die erreichten Ergebnisse in der Rehabilitationsarbeit herausgestellt.[718] In der Stadt Schwerin war es 1981 zu einer Aktivierung des Versehrtensportes und zur Gründung des „Clubs der Behinderten“ (nicht „Geschädigten“!) gekommen und es wurden kulturelle und Disko-

---

714 Vgl. ebd., Nr. 35502, ABI DDR, Bezirkskomitee Schwerin, Bericht über die Kontrolle zur Sicherung des Rechts auf Arbeit unter geschützten Bedingungen für physisch schwerst- und psychisch schwergeschädigte Bürger, 3.2.1977.

715 Vgl. ebd., Z 108/1991, Nr. 28698 B, Bl.15 f., Grundlagen für das Gespräch mit Hans Eichhorn am 5.6.1981.

716 LHAS, 10.34-7, Nr. 2895, Bezirksarzt Neubrandenburg Möwius, Vorlage für das Sekretariat der Bezirksleitung der SED Neubrandenburg, 4.3.1981.

717 Vgl. ebd.

718 Vgl. die verschiedenen Maßnahmen in: LHAS, 7.11-1-2, Z 132/1991, Nr. 35502.

veranstaltungen für Jugendliche aus der Tagesstätte durchgeführt.[719] Zudem fand am 22. Oktober 1981 eine Konferenz statt, auf der eine *Ausstellung zur Darstellung der im Jahr der Geschädigten erbrachten Leistungen im Bezirk Schwerin* präsentiert wurde. Aussteller waren drei Tagesförderstätten, sieben Wochenförderstätten sowie eine konfessionelle Förderungseinrichtung aus dem Bezirk.[720]

Der weitere Aufbau von Förderungseinrichtungen

Das 1981 vom Präsidium des Ministerrates der DDR beschlossene *Konzept über die Aufgaben zur weiteren Verbesserung der psychiatrischen Betreuung für die Jahre 1981 bis 1985* betonte erneut, dass die psychiatrischen Betreuungsaufgaben auf Kreisebene zu lösen seien. Ein Aus- und Aufbau differenzierter Rehabilitationseinrichtungen sollte vorgenommen werden, um, wie es hieß, eine stufenweise Rückführung der Patienten aus den psychiatrischen Großeinrichtungen in den sozialen Raum zu ermöglichen. Auch für Pflegefälle sollte es eine Dauerbetreuung in den Kreisen geben.[721] In den drei Nordbezirken wurde das Konzept unterschiedlich umgesetzt. Ziel war es, ein „nahtloses System der Rehabilitation und Betreuung psychisch Behinderter aufzubauen"[722], wie es Stadt- und Landkreis Greifswald 1981 in einer gemeinsamen Konzeption formulierten. Auch der Begriff einer „geschlossenen" oder „lückenlosen Rehabilitationskette" ist in den 1980er Jahren in den Unterlagen der Abteilung Gesundheits- und Sozialwesen der Kreise und Bezirke immer wieder auszumachen. Die 1985 nicht erreichten Ziele des Konzeptes wurden wie üblich jeweils in den nächsten Fünfjahrplan übernommen.

---

719 Vgl. BArch DC/14/1735, Bl. 3, ABI DDR, Bezirkskomitee Schwerin, Bericht über die Kontrolle zur gesellschaftlichen Fürsorge und Förderung psychisch schwerstgeschädigter und psychisch schwergeschädigter Bürger, 21.5.1982.

720 Vgl. LHAS, 7.11-1-2, Z 132/1991, Nr. 35502, Ablaufplan der Konferenz und Ausstellung zur Darstellung der im Jahr der Geschädigten erbrachten Leistungen im Bezirk Schwerin, 22.10.1981.

721 Vgl. LAGw, Rep. 200 II 9.1, Nr. 688, Die Aufgaben zur weiteren Verbesserung der psychiatrischen Betreuung 1981–1985, o. A., 25.9.1981. Siehe auch: Weise: Konzeptionen, S. 14 ff.

722 LAGw, Rep. 200 II 9.1, Nr. 659, Rat der Stadt Greifswald, Gemeinsame Konzeption zur komplexen sozialen Betreuung psychisch geschädigter Bürger des Stadt- und Landkreises Greifswald, 27.5.1981.

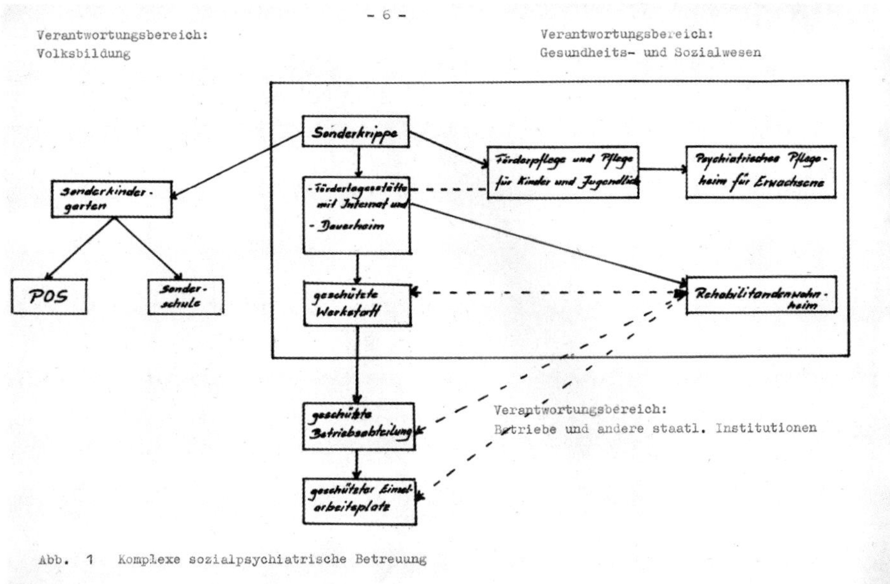

Darstellung der „komplexen sozialpsychiatrischen Betreuung" mit den einzelnen zugewiesenen Verantwortungsbereichen. Quelle: LAGw, Rep. 200 II 9.1 Nr. 659.

Für den **Bezirk Neubrandenburg** hatte Bezirksarzt Möwius 1981 für die SED-Bezirksleitung eine *Vorlage betreffs der sozialen und gesellschaftlichen Betreuung der körperlich und geistig geschädigten Bürger* erarbeitet. Danach sollte die Betreuung der „geistig Geschädigten" mit der Erfassung beginnen, Kleinkinder sollten ab dem dritten Lebensjahr in einer Sonderkrippengruppe betreut werden und von dort je nach Schädigungsgrad in eine Vorschulabteilung der Hilfsschule oder in eine Förderungseinrichtung kommen. Um Kindern in ländlichen Gebieten die Aufnahme in einer solchen Einrichtung zu ermöglichen, wurde den Räten der Kreise die Aufgabe gestellt, Tagesplätze in Wochenplätze umzuwandeln. Aus den Förderungseinrichtungen sollten Jugendliche schließlich in Geschützte Werkstätten gelangen, die jedoch nur in geringem Umfang vorhanden waren.[723] Drei Jahre später besuchte eine vom Ministerium für Gesundheitswesen eingesetzte Expertengruppe

723 Vgl. LHAS, 10.34-7, Nr. 2895, Bezirksarzt Neubrandenburg Möwius, Vorlage für das Sekretariat der Bezirksleitung der SED Neubrandenburg, 4.3.1981.

des Fachgebietes Neurologie/Psychiatrie verschiedene Einrichtungen des Bezirkes Neubrandenburg und befasste sich mit dem Entwicklungsstand der Rehabilitation. Die Expertengruppe stellte fest, dass es inzwischen in zehn von 15 Kreisen in den Kinderkrippen Sondergruppen für geschädigte Kinder bis zu drei Jahren gab, in denen 90 Kinder untergebracht werden konnten. In Vorbereitung war auch eine Sonderkrippe in einem Dauerheim. Geschätzt wurde ein Bedarf von 150 Plätzen.[724] Besichtigt wurden von der Kommission auch die Förderungseinrichtungen Neubrandenburg und Schwichtenberg, wobei besonders letztere durch die gute Ausstattung und das therapeutische Angebot auffiel.[725] Förderungseinrichtungen waren im Bezirk Neubrandenburg inzwischen in allen Kreisen entstanden, so in Woldegk[726], Siedenbrünzow (Kreis Demmin)[727], Neustrelitz[728], Löcknitz (Kreis Pasewalk)[729] und Ueckermünde[730]. Bis 1985 sollten weitere 80 Plätze hinzukommen, wenn das erreicht sei, so die Kommission, könne der Bezirk Neubrandenburg eine „Förderpflicht" einführen. 1988 wurden in Karchow (Kreis Röbel)[731] und Dewitz (Kreis Neubrandenburg-Land)[732] weitere Förderungseinrichtungen eröffnet. Diese Tages- und Wochenstätten waren voll ausgelastet, sie deckten den Bedarf aber noch nicht.[733] Probleme bestanden auch weiterhin bei Bildungs- und Betreuungsmaßnahmen von mehrfach-

---

724 Vgl. LHAS, 7.21-1-2, Z 108/1991, Nr. 28698 A, Ministerium für Gesundheitswesen der DDR, HA Medizinische Betreuung, Bericht über die Tätigkeit der vom Minister für Gesundheitswesen eingesetzten Expertengruppe im Bezirk Neubrandenburg, 14.6.1984.

725 Vgl. ebd., Vorläufige Ergebnisse des Besuches einer Expertengruppe des Fachgebietes Neurologie/Psychiatrie im Bezirk Neubrandenburg, 7.6.1984; Ministerium für Gesundheitswesen der DDR, HA Medizinische Betreuung, Bericht über die Tätigkeit der vom Minister für Gesundheitswesen eingesetzten Expertengruppe im Bezirk Neubrandenburg, 14.6.1984.

726 Vgl. ebd., Schreiben Kreisarzt Strasburg Eixner an den Bezirksarzt Neubrandenburg Möwius vom 27.4.1984.

727 Vgl. ebd., Schreiben Kreisarzt Demmin an den Bezirksarzt Neubrandenburg Möwius vom 30.4.1984.

728 Vgl. ebd., Nr. 28997 A, Analyse der Jahresstatistik Kinder und Jugendliche mit geistigen Störungen Kreis Neustrelitz 1984/85, 4.10.1985.

729 Vgl. ebd., Analyse der Jahresstatistik Kinder und Jugendliche mit geistigen Störungen Kreis Pasewalk 1984/85.

730 Vgl. ebd., Anlage zum Bericht über Kinder und Jugendliche mit geistigen Störungen, Kreis Ueckermünde, 10.10.1985.

731 Vgl. ebd., Anlage zum Bericht über Kinder und Jugendliche mit geistigen Störungen 1987/88, Kreis Röbel, 22.9.1988.

732 Vgl. ebd., Anlage zum Bericht über Kinder und Jugendliche mit geistigen Störungen 1987/88, Kreis Neubrandenburg-Land, 28.9.1988.

733 Vgl. ebd., Anlage zum Bericht über Kinder und Jugendliche mit geistigen Störungen 1987/88, Kreis Ueckermünde, 3.10.1988.

behinderten Kindern.[734] 1988 wurde als dringendstes Problem der Förderstätten die Überalterung der Jugendlichen gesehen. So befand sich in der Löcknitzer Einrichtung der älteste „Jugendliche" im 21. Lebensjahr.[735] Die angestrebte „Rehabilitationskette" war im Bezirk Neubrandenburg also weder 1984 noch 1988 geschlossen.

Auch im **Bezirk Rostock** versuchten die einzelnen Kreise die psychiatrische Versorgung der Bevölkerung bis 1985 selbstständig zu gewährleisten, wobei die Universitätsnervenkliniken und das BKH Stralsund-West überregional weiterhin eine Rolle spielten.[736] Um den Herausforderungen zu begegnen, wurde der Bezirk in vier Kooperationsbereiche eingeteilt.[737] Als erstes „Glied" der „Rehabilitationskette" wurde die Anzahl der Sondergruppen in den Kinderkrippen erhöht. 1984 gab es in Rostock sechs, in Stralsund zwei, in Wismar eine und in Greifswald drei Sondergruppen.[738] Später kamen im Bezirk weitere Sondergruppen hinzu, so 1988 zwei in Ribnitz-Damgarten.[739] Auch die Anzahl der Förderstätten stieg, dabei kam es selten zu Neubauten, eher wurden vorhandene Einrichtungen umgewidmet. So plante man 1981, das Kreissäuglingsheim Bad Doberan in eine Wocheneinrichtung für „schulbildungsunfähige förderungsfähige" Kinder umzuwandeln, es hatte mit nur noch fünf Heimkindern den Charakter eines Dauerheimes verloren.[740] Bis 1985 waren zehn Förderstätten im Bezirk vorhanden, darunter das 1981 fertiggestellte Großprojekt Rostock-Lichtenhagen.[741] Allerdings waren etwa 50 der insgesamt 615 Förderplätze im Bezirk von überalterten Jugendlichen und von als „förderungsunfähig" eingestuften Kindern belegt.[742] 1986 gab es 13 staatliche und konfessionelle Förde-

---

734 Vgl. ebd., Nr. 28698 A, Ministerium für Gesundheitswesen der DDR, HA Medizinische Betreuung, Bericht über die Tätigkeit der vom Minister für Gesundheitswesen eingesetzten Expertengruppe im Bezirk Neubrandenburg, 14.6.1984.

735 Vgl. ebd., Nr. 28997 A, Analyse zu den Berichten über Kinder und Jugendliche bis mit geistigen Störungen 1987/88 der Kreise Pasewalk, Anklam und Ueckermünde.

736 Vgl. LAGw, Rep. 200 II 9.1, Nr. 659, Schreiben Kreisarzt Wismar Sadowski an den Rat des Bezirkes Rostock vom 21.10.1981.

737 Vgl. ebd., Liste Kinderpsychiatrie, 1979.

738 Vgl. ebd., Nr. 545, Auswertung Sondergruppen in Krippen 1984.

739 Vgl. ebd., Nr. 620, Jahresanalyse Bezirk Rostock 1988.

740 Vgl. ebd., Nr. 545, Schreiben Rat des Kreises Bad Doberan an den Rat des Bezirkes Rostock vom 24.4.1981.

741 Vgl. ebd., Nr. 688, Bezirkliche Orientierung im Fachgebiet Psychiatrie bis 1985 zur Verbesserung der Erfassung und Behandlung psychisch Kranker und Betreuung psychisch Geschädigter, o. A., 24.6.1981.

742 Vgl. ebd., Nr. 624, Rat des Bezirkes Rostock, Beschluss 11-1/1985, Konzeption zur komplexen Rehabilitation geschädigter Kinder und Jugendlicher sowie physisch und psychisch schwerbehinderter Erwachsener bis 1990.

rungseinrichtungen. Darunter waren – laut Angaben aus dem Jahr 1988 – fünf Tagestätten, fünf Wochenheime sowie Förderabteilungen in zwei Heimen und einem Krankenhaus. Im Rahmen der Rehabilitation wurden 1.023 „förderungsunfähige pflegebedürftige" Kinder betreut und es waren 605 Plätze in Förderungseinrichtungen und 621 in Pflegeeinrichtungen, nun als Plätze „mit rehabilitativer Elementarförderung" bezeichnet, vorhanden. Allerdings waren inzwischen 392 der Förderplätze mit über 18-Jährigen belegt.[743]

1982 erklärte der Rat des **Bezirkes Schwerin** in einer *Aufgabenstellung auf dem Gebiet der Rehabilitation nach dem X. Parteitag der SED* die Förderung und Betreuung „geschädigter" Kinder und Jugendlicher bis 1985 zu einer Schwerpunktaufgabe.[744] Bei der Feriengestaltung für behinderte Kinder hatte man bereits 228 Plätze in Ferienlagern für Schüler aus POS und 110 Plätze für Kinder aus Förderstätten eingerichtet.[745] 1986 konnten 36 nierenkranke Kinder ihre Ferien in Bützow verbringen.[746] 1988 wurde auch einigen „anfallskranken" sowie körperbehinderten Kindern die Teilnahme an einem Ferienlager ermöglicht.[747] In den einzelnen Kreisen war die Arbeit der Kreisrehabilitationsgruppen aufgegliedert in die Arbeitsgruppe (AG) Geschützte Arbeit – hier in einigen Kreisen noch unterteilt in AG Industrie und AG Landwirtschaft – und die AG Geschädigte Kinder und Jugendliche. Im Kreis Güstrow hatte man zusätzliche noch die AG Kulturelle Betreuung ins Leben gerufen.[748] 1982 wurde die „Dispensairebetreuung" in allen Kreisen des Bezirkes Schwerin weiter aufgebaut.[749] Kindergärtnerinnen und Unterschullehrer wurden geschult, Schädigungen zu erkennen.[750] 1987 war

---

743 Vgl. ebd., Nr. 688, Wolfgang Fischer, Uni-Klinik Greifswald, Einschätzung der weiteren Entwicklung der Psychiatrie und Neurologie im Bezirk Rostock, 4.1.1988. LAGw, Rep. 200 II 9.1 Nr. 624, Hintergrundinformation zum Referat „Über die Realisierung der Maßnahmen" vom 27.9.1989.

744 Vgl. LHAS, 7.11-1-2, Z 132/1991, Nr. 35505, Aufgabenstellung auf dem Gebiet der Rehabilitation nach dem X. Parteitag der SED im Bezirk Schwerin, o. D. [1982].

745 Vgl. Institut für Technologie und Grundfondsökonomie (Hg.): Analyse der Sonderwohnformen im Bezirk Schwerin, Berlin-Buch 1982, S. 53, in: LHAS, 7.11-1-2, Z 45/1996, Nr. 238.

746 Vgl. ebd., Z 132/1991, Nr. 35652. Schreiben Kreisärztin Bützow an den Bezirksarzt Schwerin Arno Trzeczak vom 15.10.1986.

747 Vgl. ebd., Z 131/1991, Nr. 35551, Analyse zum Bericht über Kinder und Jugendliche mit geistigen Störungen Kreis Schwerin; Analyse über Kinder und Jugendliche mit Körperbehinderungen im Kreis Perleberg, 11.10.1988.

748 Vgl. Institut für Technologie und Grundfondsökonomie (Hg.): Analyse der Sonderwohnformen im Bezirk Schwerin, Berlin-Buch 1982, S. 53, in: LHAS, 7.11-1-2, Z 45/1996, Nr. 238.

749 Vgl. ebd., Z 132/1991, Nr. 35505, Rat des Bezirkes Schwerin, Berichterstattung über Förderungseinrichtungen, Heime und Geschützte Arbeit für 1981, 28.1.1982.

750 Vgl. LHAS, 7.12-3, Z 31/1990, Nr. 257, ABI Schwerin-Stadt, Information zur Kontrolle „Rehabilitation von physisch und psychisch geschädigten Kindern und Jugendlichen", 6.3.1987.

durch den Jugendgesundheitsschutz in den meisten Kreisen eine lückenlose Erfassung und Betreuung der behinderten Kinder und Jugendlichen in den unterschiedlichen Dispensairegruppen gewährleistet. Auch die Kinder und Jugendlichen, die im Haushalt ihrer Eltern lebten, waren erfasst.[751] Im Kreis Ludwigslust war die Situation allerdings noch unbefriedigend, eine planmäßige Rehabilitationsarbeit sei „kaum andeutungsweise nachgewiesen"[752], auch eine frühzeitige Erfassung erfolgte nicht. Auch im Kreis Gadebusch gab es „noch Reserven"[753] bei der Erfassung und Meldung geschädigter Kinder.

Die Betreuungskette sollte mit der Frühförderung in Sondergruppen der Kinderkrippen beginnen. 1981 wurden in Schwerin in der Kinderkombination „Lilo Hermann" in zwei Sondergruppen zwölf Kinder betreut, außerdem gab es eine weitere Sondergruppe mit nochmals zwölf Kindern. Im Säuglingsheim Dersenow (Kreis Hagenow) waren fünf Kinder in einer Sondergruppe und im Säuglingsheim Güstrow zwölf schwersthörgeschädigte Kinder untergebracht.[754] Die meisten geistig und körperlich behinderten Säuglinge und Kleinkinder befanden sich allerdings noch zu Hause oder in allgemeinen Kinderkrippen und -gärten.[755] Daran änderte sich in den nächsten Jahren nicht viel, 1985 gab es lediglich in Parchim in der Kinderkrippe „Jenny Marx" eine weitere 13 Kinder fassende Sondergruppe. Dort fehlte jedoch bis 1986 als „Anschlussstück" ein Kindergarten für körperbehinderte Kinder.[756] In einigen Kreisen kam es in den folgenden Jahren zur Einrichtung weiterer Sondergruppen in Kinderkrippen und -gärten. In anderen Kreisen waren noch 1988 keine entsprechenden Gruppen vorhanden.[757] Für die älteren als „schulbildungsunfähig förderungsfähig" eingestuften Kinder

---

751 Vgl. LHAS, 7.11-1-2, Z 132/1991, Nr. 35502, ABI Bezirkskomitee Schwerin, Information über Kontrolle „Rehabilitation von physisch und psychisch geschädigten Kindern und Jugendlichen", 20.3.1987.

752 LHAS, 7.12-3, Z 31/1990, Nr. 429, ABI, Bericht Kontrolle „Rehabilitation physisch und psychisch geschädigter Kinder und Jugendlicher" im Kreis Ludwigslust, 9.3.1987.

753 Ebd., Nr. 36, ABI, Bericht über die Kontrolle „Rehabilitation von physisch und psychisch geschädigten Kindern und Jugendlichen" im Kreis Gadebusch, 9.3.1987.

754 Vgl. Institut für Technologie und Grundfondsökonomie (Hg.): Analyse der Sonderwohnformen im Bezirk Schwerin, Berlin-Buch 1982, S. 53, in: LHAS, 7.11-1-2, Z 45/1996, Nr. 238.

755 Vgl. als Beispiel der Kreis Perleberg 1984: Ebd., Z 132/1991, Nr. 35506 B, Schreiben Rat des Kreises Perleberg, Abt. Gesundheits- und Sozialwesen an den Rat des Bezirkes Schwerin vom 30.6.1984.

756 Vgl. ebd., Z 131/1991, Nr. 35551, Analyse zum Jahresbericht Kinder und Jugendlicher mit Körperbehinderungen und geistigen Störungen Kreis Parchim 1984/85. Ebd., Z 132/1991, Nr. 35652. Schreiben Bezirksstelle für Rehabilitation Schwerin an den Bezirksarzt Schwerin Arno Trzeczak vom 20.3.1986.

757 Vgl. ebd., Nr. 35502, Schreiben Kreisarzt Stadt Schwerin Brigitta Köppen an den Bezirksarzt Schwerin Arno Trzeczak vom 26.4.1989. Ebd., Nr. 35652, Rat des Kreises Sternberg, Beschlussvorlage zur Schaffung einer Sondergruppe und Fördergruppe in der Kinderkrippe Sternberg, 22.9.1989.

gab es 1981 in 15 Einrichtungen des Bezirkes 395 Förderplätze und 168 Pflegeplätze. In konfessionellen Einrichtungen wurden weitere 189 Kinder und Jugendliche betreut. Allerdings waren 26 Prozent aller Einrichtungen überbelegt und nicht alle Einrichtungen entsprachen den gesetzlichen Vorgaben. Der Bau einer Tagesstätte in Ludwigslust wurde beispielsweise ohne eine Konsultation mit der Bezirksgutachterstelle Rehabilitation vom Kreis entschieden, was sich in ungünstigen funktionellen und baulichen Bedingungen wie einer zu steilen Treppe, dem Fehlen von Fluchtwegen und unzureichenden Sanitäranlagen widerspiegelte. In den meisten Einrichtungen war aufgrund der baulichen Gegebenheiten eine Aufnahme von Rollstuhlfahrern nicht möglich. Auch lag beinahe die Hälfte aller Tagesstätten und Heime verkehrsmäßig ungünstig, so dass es Schwierigkeiten beim Transport der Kinder gab. Auch das Fehlen geeigneter Folgeeinrichtungen – Förderwerkstätten und Geschützte Werkstätten – machte sich bemerkbar, so dass Jugendliche häufig in den Tagesstätten verblieben und jüngere Kinder nicht nachrücken konnten. Hier bildete lediglich der Kreis Perleberg eine Ausnahme.[758] Dieser hatte bis Ende der 1980er Jahre im Bezirk einen Vorbildcharakter inne. 1986 gab es dort für „förderungsfähige" Kinder neben Kindergartenplätzen und Plätzen in zwei Förderungseinrichtungen in Wittenberge auch schon eine 60 Plätze bietende Rehabilitationswerkstatt mit 24 Internatsplätzen sowie zwei Geschütze Betriebsabteilungen.[759] 1987 kam das Kreiskomitee Perleberg der Arbeiter-und-Bauern-Inspektion (ABI) nach einer Kontrolle zu dem Schluss, dass im Kreis die „Betreuungskette bis zur Vollendung des 18. Lebensjahres im Wesentlichen geschlossen" sei.[760] Auch dem Kreis Parchim schien dies 1987 gelungen zu sein.[761] Das waren jedoch Ausnahmen. 1982 hatte das ABI-Bezirkskomitee Schwerin festgestellt, dass der Bedarf an Förder- und Pflegeplätzen für „schulbildungsunfähige förderungsfähige" Jugendliche im Bezirk nicht voll gedeckt werden konnte. So fehlten im Kreis Bützow 110 Plätze. Weiter wurde angemerkt, dass die Mitarbeiter der Tages- und Wochenstätten Qualifizierungslehrgän-

758 Vgl. Institut für Technologie und Grundfondsökonomie (Hg.): Analyse der Sonderwohnformen im Bezirk Schwerin, Berlin-Buch 1982, S. 53, in: LHAS, 7.11-1-2, Z 45/1996, Nr. 238.

759 Vgl. ebd., Z 132/1991, Nr. 35652, Kreisarzt Perleberg Willi Stoltenberg, Bericht über die Ergebnisse der Rehabilitation, 10.8.1986.

760 LHAS, 7.12-3, Z 31/1990, Nr. 295, ABI, Bericht über die Kontrolle „Rehabilitation von physisch und psychisch geschädigten Kindern und Jugendlichen" im Kreis Perleberg, 2.3.1987.

761 Vgl. ebd., Nr. 429, ABI, Bericht Kontrolle „Rehabilitation physisch und psychisch geschädigter Kinder und Jugendlicher" im Kreis Parchim, 4.3.1987.

ge benötigten.[762] 1984 hatte sich die Zahl der Plätze für „förderungsfähige" Kinder und Jugendliche im Bezirk leicht erhöht. Nunmehr gab es 17 Einrichtungen mit 581 Plätzen, unterteilt in fünf Tagesstätten mit 124 Plätzen, sieben Wochenheimen mit 176 Plätzen, vier konfessionellen Heimen mit 141 Plätzen und einem Krankenhaus mit 140 Plätzen. Außerdem gab es in einem Krankenhaus 20 Plätze für „schulbildungsfähige" schwerstkörperbehinderte pflegebedürftige Kinder und Jugendliche.[763] 1986 hatte man eine weitere Wochenförderstätte gegründet und eine Tagesstätte in eine solche umgewandelt.[764] Problematisch blieb die Situation im Kreis Ludwigslust, wo ein Großteil der „förderungsfähigen" Kinder in Einrichtungen anderer Kreise untergebracht war. Erst 1987 wurde mit der Eröffnung einer Förderstätte gerechnet.[765] Auch in den Kreisen Sternberg[766] und Gadebusch fehlten Einrichtungen, in letzterem gab es noch 1988 überhaupt keine Fördermöglichkeiten.[767] Bis 1995 war deshalb die Entstehung weiterer Wochenförderstätten in der Stadt Schwerin und den Kreisen Gadebusch, Sternberg und Schwerin-Land geplant.[768] Im DDR-weiten Vergleich lag der Bezirk Schwerin 1987 mit 47,6 Förderplätzen auf 10.000 Kinder und Jugendliche über dem Republikwert von 43,9 Plätzen. Den Förderungseinrichtungen wurde eine gute Betreuung, Fürsorge und Förderung bescheinigt, kritisiert wurden in der Hälfte der Einrichtungen jedoch große bauliche Mängel, ungenügende Sicherheitsvorkehrungen und zu wenig Spielzeug.[769]

---

762 Vgl. LHAS, 7.11-1-2, Z 132/1991, Nr. 35502, ABI, Bezirkskomitee Schwerin, Bericht über die Kontrolle zur gesellschaftlichen Fürsorge und Förderung physisch schwerstgeschädigter und psychisch schwergeschädigter Bürger, 21.5.1982.

763 Vgl. ebd., Nr. 35498, Berichterstattung über staatliche Förderungseinrichtungen im Bezirk Schwerin 1984.

764 Vgl. ebd., Z 126/91 Nr. 35683, Büro für Sozialhygiene Schwerin, Informationen über Ergebnisse der Jahresberichterstattung 1986, 3.3.1987.

765 Vgl. ebd., Z 132/1991, Nr. 35652, Analyse zur Berichterstattung 1986 im Kreis Ludwigslust, 14.1.1987.

766 Vgl. LHAS, 7.12-3, Z 31/1990, Nr. 383, ABI, Bericht über die Kontrolle „Rehabilitation von physisch und psychisch geschädigten Kindern und Jugendlichen" im Kreis Sternberg. 5.3.1987. LHAS, 7.11-1-2, Z 131/1991, Nr. 35551. Analyse zum Bericht über Kinder und Jugendliche mit geistigen Störungen Kreis Sternberg, 19.9.1988.

767 Vgl. ebd., Z 132/1991, Nr. 35652, Schreiben Kreisarzt Gadebusch an den Rat des Bezirkes Schwerin, Abt. Gesundheits- und Sozialwesen vom 26.2.1988.

768 Vgl. ebd., Nr. 35698, Schreiben Bezirksarzt Schwerin Arno Trzeczak an den Vorsitzenden des Rates des Bezirkes Schwerin Rudi Fleck vom 25.7.1989.

769 Vgl. ebd., Nr. 35502, ABI Bezirkskomitee Schwerin, Information über Kontrolle „Rehabilitation von physisch und psychisch geschädigten Kindern und Jugendlichen", 20.3.1987.

Die Probleme der weiteren Förderung behinderter junger Erwachsener, die die Förderstätten verlassen mussten, sollen im Folgenden konkret aufgezeigt werden, wobei besonders am Beispiel des **Bezirkes Schwerin** die Entwicklung nachvollzogen werden kann. Tatsächlich wurden dort die größten Fortschritte bei der berufsbezogenen Rehabilitation Jugendlicher erreicht. Einige Förderstätten waren bereits so konzipiert, dass im Rahmen der Arbeitstherapie eine Förderwerkstatt integriert war, um die Jugendlichen auf spätere Berufstätigkeiten vorzubereiten. Dies war schon 1981 in der Sondertagestätte Ludwigslust der Fall[770], blieb zu diesem Zeitpunkt jedoch noch die Ausnahme.[771] Erst ab Mitte der 1980er Jahre wurde in den Förderstätten mehr Wert auf arbeitstherapeutische Fördermöglichkeiten gelegt. In der Wochenstätte Zietlitz im Kreis Güstrow wurden von älteren Kindern Zulieferarbeiten für das VEB Kleiderwerk Güstrow getätigt[772], dort sollten bis Ende 1988 auch gärtnerische Tätigkeiten und Werkstatttätigkeiten eingeführt werden.[773] Auch in den Wochenstätten in Bützow[774] und Plau-Quetzin[775] sollten Ende der 1980er Jahre Anlernwerkstätten entstehen. In anderen Einrichtungen, wie in Boizenburg, übernahmen Jugendliche Haus-, Hof- und Gartenarbeiten oder führten Arbeiten für Fabriken aus, so im Falle der Förderstätten Hagenow und Luckwitz. In Luckwitz hatten zwei Jugendliche über abgeschlossene Rehabilitationsverträge Arbeitsaufträge in einer Fabrik erhalten.[776]

Für körperbehinderte und sinnesgeschädigte Jugendliche führte die Abteilung Berufsbildung und Berufsberatung Sonderberufsberatungen durch. So hatten 1982 im Bezirk Schwerin 718 hörgeschädigte Jugendliche Berufs-

---

770 Vgl. ebd., Nr. 35506 B, Schreiben Rat des Kreises Ludwigslust, Abt. Gesundheits- und Sozialwesen, an den Rat des Bezirkes Schwerin vom 29.1.1981.

771 Vgl. ebd., Schreiben Rat des Kreises Lübz, Abt. Gesundheits- und Sozialwesen, an den Rat des Bezirkes Schwerin vom 26.3.1981.

772 Vgl. ebd., Nr. 35652, Rat des Kreises Güstrow, Abt. Gesundheits- und Sozialwesen, Verbale Analyse Stand auf dem Gebiet der Rehabilitation im Kreis Güstrow 1986, vom 3.12.1986

773 Vgl. ebd., Bericht über die Aufgabenerfüllung auf dem Gebiet der Rehabilitation im Kreis Güstrow 1987, o. A.

774 Vgl. ebd., Schreiben Bezirksarzt Schwerin Arno Trzeczak an den Vorsitzenden des Rates des Kreises Bützow Gradinger vom 10.6.1987.

775 Vgl. ebd., Schreiben Bezirksarzt Schwerin Arno Trzeczak an den Vorsitzenden des Rates des Kreises Lübz Lembcke vom 10.6.1987.

776 Vgl. ebd., Z 131/1991, Nr. 35551, Analyse über Kinder und Jugendliche mit geistigen Störungen im Kreis Hagenow 1987/88, 14.10.1988.

beratungen erhalten.[777] 1984 war 37 Jugendlichen eine Berufsausbildung vermittelt worden, 13 von ihnen hatten eine POS und 24 eine Hilfsschule besucht.[778] Die körperbehinderten Jugendlichen konnten nach dem Schulabschluss der jeweiligen Körperbehindertenschule eine Berufsausbildung in örtlicher Nähe ihres Wohnortes oder in einem der Rehabilitationszentren der DDR erhalten.[779] Der „Vorbildkreis" Perleberg berichtete 1987 über seine Vorgehensweise und die Erfolge: Zur rechtzeitigen Erfassung körperbehinderter Schüler wurden diese nach einer Untersuchung in der sechsten Klasse dem Berufsberatungszentrum gemeldet. Ab der siebenten Klasse wurden berufsorientierte Gespräche geführt. In der neunten Klasse erfolgte die „Berufslenkung". Jedes Jahr wurden im Kreis 35 bis 40 Lehrstellen bereitgestellt, vorwiegend zu einer Ausbildung als Fachverkäufer, Wirtschaftskaufmann, Mechaniker oder Laborant. Jugendliche mit zerebralen Bewegungsstörungen oder mit einem zerebralen Anfallsleiden (Epilepsie) erhielten ebenso wie querschnittsgelähmte, gehörlose und sehschwache Jugendliche eine Ausbildung in einem Rehabilitationszentrum außerhalb des Kreises, ihr Lehrvertrag wurde jedoch im Kreis abgeschlossen, da sie dort später eingesetzt werden sollten. Große Schwierigkeiten bereitete aufgrund ungünstiger Verkehrsanbindungen und fehlender Internatsplätze die Unterbringung Jugendlicher aus den Landbereichen.[780] Immerhin konnte fast allen Jugendlichen, die man als „vermittelbar" betrachtete, über Sonderberufsberatungen eine entsprechende Lehrstelle beschafft werden.[781] Im Kreis Gadebusch ging man ähnlich vor, auch hier konnten – wenn auch, wie betont wurde, mit großem Aufwand – 1986 und 1987 allen körperbehinderten Schulabgängern ein Ausbildungsplatz vermittelt werden.[782] Das in Neukloster im **Bezirk Rostock** gelegene Rehabilitationszentrum für Blinde hatte die Berufsausbildung von blinden Schülern aus der gesamten DDR übernom-

---

777 Vgl. Institut für Technologie und Grundfondsökonomie (Hg.): Analyse der Sonderwohnformen im Bezirk Schwerin, Berlin-Buch 1982, S. 53, in: LHAS, 7.11-1-2, Z 45/1996, Nr. 238.

778 Vgl. ebd., Z 132/1991, Nr. 35506 Schreiben Kreisarzt Lübz an den Rat des Bezirkes Schwerin vom 11.9.1984.

779 Vgl. ebd., Nr. 35506 B, Schreiben Rat des Kreises Güstrow, Abt. Gesundheits- und Sozialwesen, an den Rat des Bezirkes Schwerin vom 8.8.1984.

780 Vgl. LHAS, 7.12-3, Z 31/1990, Nr. 295, Rat des Kreises Perleberg, Abt. Berufsbildung und Berufsberatung, Teilbericht zur Rehabilitation von physisch und psychisch geschädigten Kindern und Jugendlichen, 18.2.1987.

781 Vgl. ebd., ABI-Kreiskomitee Perleberg, Bericht über die Kontrolle „Rehabilitation von physisch und psychisch geschädigten Kindern und Jugendlichen", 2. März 1987.

782 Vgl. ebd., Nr. 36, ABI-Kreiskomitee Gadebusch, Bericht über die Kontrolle „Rehabilitation von physisch und psychisch geschädigten Kindern und Jugendlichen", 9.3.1987.

men.[783] Allerdings hatten die körperbehinderten und sinnesgeschädigten jungen Erwachsenen nach ihrer Berufsausbildung häufig Probleme, eine geeignete Tätigkeit zu finden, wie Berichte aus dem **Bezirk Schwerin** aus dem Jahr 1985 zeigen. So erklärte der Parchimer Kreisarzt, dass Blinde und Hörgeschädigte im Kreis Probleme hätten, eine Arbeit zu bekommen.[784] Gleiches wurde aus dem Kreis Perleberg für die Absolventen von Körperbehindertenschulen berichtet, hier gab es für Rollstuhlfahrer keine geeigneten Arbeitsplätze.[785]

Für geistig behinderte Jugendliche aus den Förderstätten war es ungleich schwerer, eine rehabilitative Arbeit zu finden. Aus dem **Bezirk Neubrandenburg** wurde 1981 über große Schwierigkeiten beim Aufbau von Geschützen Werkstätten berichtet. Bezirksarzt Möwius informierte die Bezirksleitung der SED über Probleme bei der Vergabe von Produktionsarbeit für die Geschützten Werkstätten und erklärte, dass nur „der ökonomische Nutzen und nicht die Persönlichkeitsentwicklung des Rehabilitanden in den Mittelpunkt gerückt wird. Dadurch hat z. B. die Geschützte Werkstatt in Dewitz monatelang keine Arbeitsaufträge von Betrieben des Bezirkes erhalten."[786] 1984 gab es lediglich in sechs Kreisen Geschützte Werkstätten mit insgesamt 130 Plätzen.[787] Im **Bezirk Rostock** war ein Großteil der Plätze in den Förderungseinrichtungen mit über 18-Jährigen belegt, denn die Eingliederung der Jugendlichen in die Geschützte Arbeit gestaltete sich als besonders schwierig. Im Jahr 1984 lag das beste Ergebnis im Bezirk im Kreis Stralsund-Stadt, wo 35 Prozent der geförderten Jugendlichen einen entsprechenden Arbeitsplatz bekamen, wobei der DDR-Richtwert allerdings bei 80 Prozent lag. Rehabilitanden – egal welchen Alters – standen im Bezirk 801 Geschützte Einzelarbeitsplätze, zehn Geschützte Betriebsabteilungen mit 101 Plätzen und vier Geschützte Werkstätten mit 163 Plätzen zur Verfügung. Der Rat des Bezirkes Rostock stellte fest: „Es entspricht nicht den

783 Vgl. LAGw, Rep. 200 II 9.1, Nr. 624, Rat des Bezirkes Rostock, Beschluss 11-1/1985, Konzeption zur komplexen Rehabilitation geschädigter Kinder und Jugendlicher sowie physisch und psychisch schwerbehinderter Erwachsener bis 1990.

784 Vgl. LHAS, 7.11-1-2, Z 132/1991, Nr. 35506 B, Schreiben Kreisarzt Parchim Neumann an den Rat des Bezirkes Schwerin vom 27.6.1985.

785 Vgl. ebd., Schreiben Kreisarzt Perleberg an den Rat des Bezirkes Schwerin vom 2.7.1985.

786 LHAS, 10.34-7, Nr. 2895, Bezirksarzt Neubrandenburg Möwius, Vorlage für das Sekretariat der Bezirksleitung der SED Neubrandenburg, 4.3.1981.

787 Vgl. LHAS, 7.21-1-2, Z 108/1991, Nr. 28698 A, Ministerium für Gesundheitswesen der DDR, HA Medizinische Betreuung, Bericht über die Tätigkeit der vom Minister für Gesundheitswesen eingesetzten Expertengruppe im Bezirk Neubrandenburg, 14.6.1984.

humanistischen Prinzipen unserer sozialistischen Gesellschaft, daß [...] gegenwärtig 69 Geschädigte auf [einen] Einzelarbeitsplatz, 83 auf einen solchen in einer geschützten Betriebsabteilung und 178 auf einen [...] in einer geschützten Werkstatt [...] warten bzw. [...] nicht eingegliedert werden können."[788]

Im **Bezirk Schwerin** gab es Ende 1981 1.358 Geschützte Arbeitsplätze, darunter fielen auch die Arbeitsplätze in den Außenstationen der BNK Schwerin sowie in der konfessionellen Einrichtung in Werle.[789] In den folgenden Jahren erklärten sich mehr und mehr Betriebe und LPGs bereit, Geschützte Einzelarbeitsplätze und Betriebsabteilungen bereitzustellen und Rehabilitanden einzustellen. 1986 gab es im Bezirk sieben Geschützte Werkstätten mit 117 Plätzen, 18 Betriebsabteilungen mit 241 Plätzen und 1.103 Geschützte Einzelarbeitsplätze und es wurden 1.405 Rehabilitanden beschäftigt. Einige wenige Behinderte arbeiteten 1986 auch auf Heimarbeitsplätzen. Trotzdem bestand ein weiterer Bedarf von 272 Plätzen in Geschützten Werkstätten, 86 Plätzen in Geschützten Betriebsabteilungen und 280 Geschützten Einzelarbeitsplätzen.[790] Ende 1986 forderte Bezirksarzt Trzeczak deshalb alle Vorsitzenden der Räte der Kreise auf, Nachfolgeeinrichtungen für behinderte Kinder und Jugendliche zu schaffen. Inzwischen hatten 120 Jugendliche in den Förder- und Pflegeeinrichtungen des Bezirkes das 18. Lebensjahr überschritten, weitere 128 sollten es bis 1990 erreichen. Besonders drastisch war die Situation im Pflegebereich der Kinderpsychiatrie der BNK Schwerin in Dobbertin.[791] Weitere Fortschritte wurden nur langsam erreicht, 1988 fehlte es in den Kreisen Bützow, Gadebusch, Hagenow und Sternberg immer noch an Geschützten Werkstätten.[792] Vorgesehen war, dass die Jugendlichen im Alter von 15 Jahren die Förderstätten

788 LAGw, Rep. 200 II 9.1, Nr. 624, Rat des Bezirkes Rostock, Beschluss 11-1/1985, Konzeption zur komplexen Rehabilitation geschädigter Kinder und Jugendlicher sowie physisch und psychisch schwerbehinderter Erwachsener bis 1990.

789 Vgl. LHAS, 7.11-1-2, Z 132/1991, Nr. 35505, Aufgabenstellung auf dem Gebiet der Rehabilitation nach dem X. Parteitag der SED im Bezirk Schwerin, o. D. [1982].

790 Vgl. ebd., Z 126/91, Nr. 35683, Büro für Sozialhygiene Schwerin, Informationen über Ergebnisse der Jahresberichterstattung 1986, 3.3.1987. Ebd., Z 132/1991, Nr. 35652, Schreiben Kreisärztin Bützow an den Bezirksarzt Schwerin Arno Trzeczak vom 15.10.1986.

791 Vgl. ebd., Nr. 35698, Schreiben Bezirksarzt Schwerin Arno Trzeczak an alle Vorsitzenden der Räte des Kreises vom 9.12.1986.

792 Vgl. ebd., 35502, ABI Bezirkskomitee Schwerin, Information über Kontrolle „Rehabilitation von physisch und psychisch geschädigten Kindern und Jugendlichen" Schwerin, 20.3.1987. Ebd., Nr. 35652, Schreiben Kreisarzt Gadebusch an den Rat des Bezirkes Schwerin, Abt. Gesundheits- und Sozialwesen, vom 26.2.1988.

verlassen und in einer Anschlusseinrichtung weitere berufsbezogene Förderung erhalten sollten. Eine Quelle, die die Einrichtungen für Geschütze Arbeit und die darin beschäftigten Rehabilitanden für das Jahr 1983 auflistet, belegt, dass es durchaus einen Zuwachs an Geschützten Einzelarbeitsplätzen und Geschützten Betriebsabteilungen gab. Diese waren jedoch für die Abgänger von Förderstätten nur selten geeignet. Die für geistig behinderte Jugendliche in Frage kommenden Geschützten Werkstätten waren lediglich im Stadtkreis Schwerin und im Kreis Perleberg vorhanden.[793] So verblieb für sie häufig nur die Rückkehr in den Haushalt der Eltern, was nicht im Sinne der Förderung war.[794] Beispielsweise wurden 1984 13 Jugendliche aus der Wochenstätte in Zietlitz im Kreis Güstrow entlassen. Lediglich einer konnte in einer Geschützten Betriebsabteilung unterkommen, vier wurden in Rehabilitationseinrichtungen der BNK Schwerin aufgenommen und acht kamen zurück zu ihren Eltern und – so die Abteilung Gesundheits- und Sozialwesen im Kreis Güstrow – „fristen ihr Dasein".[795] Der Verbleib der Jugendlichen im Elternhaus nach den Jahren der Rehabilitation in einer Förderstätte war für diese eine Rückentwicklung, denn der Fördereffekt ging allmählich verloren. Hier brach die „Rehabilitationskette" in sehr vielen Fällen ab.[796] Die Situation im Kreis Gadebusch war 1986 noch drastischer. Da Geschützte Werkstätten fehlten, schlug man zunächst vor, die aus den Förderstationen oder Hilfsschulen kommenden jungen Erwachsenen in Pflegestationen der Feierabend- und Pflegeheime unterzubringen. Da jedoch auch die Plätze in diesen Einrichtungen begrenzt waren, plante man eine „Station für psychisch geschädigte Heimbewohner" zu errichten.[797] Dass der Fördereffekt auch hier folgerichtig verlorengehen würde, wurde nicht beachtet. Im Februar 1989 antwortete die Hauptabteilung Soziale Betreuung beim Rat des Bezirkes Schwerin einer Mutter, die sich aufgrund der bestehenden Probleme der weiteren Betreuung geförderter Jugendlicher nach dem 18. Lebensjahr mit einer Eingabe an den Staatsrat gewandt hat-

[793] Vgl. ebd., Nr. 35506 B, Einrichtungen Geschütze Arbeit und beschäftigte Rehabilitanden 1983 nach Kreisen, 17.4.1984.

[794] Vgl. ebd., Nr. 35506 B, Schreiben Rat des Kreises Schwerin, Abt. Gesundheits- und Sozialwesen, an den Rat des Bezirkes Schwerin vom 5.9.1985.

[795] Ebd., Schreiben Rat des Kreises Güstrow, Abt. Gesundheits- und Sozialwesen, an den Rat des Bezirkes Schwerin vom 8.8.1984.

[796] Vgl. Institut für Technologie und Grundfondsökonomie (Hg.): Analyse der Sonderwohnformen im Bezirk Schwerin, Berlin-Buch 1982, S. 53, in: LHAS, 7.11-1-2, Z 45/1996, Nr. 238.

[797] Vgl. ebd., Z 132/1991, Nr. 35652, Schreiben Kreisarzt Gadebusch an den Bezirksarzt Schwerin Arno Trzeczak vom 28.10.1986.

te. Darin wurde eingeräumt, dass „die Entwicklung von entsprechenden Einrichtungen nicht unproblematisch" sei. Man arbeite daran, könne aber „nicht alles gleichzeitig schaffen".[798] So war es im 40. Jahr der DDR immer noch nicht gelungen, eine Perspektive für alle behinderten jungen Erwachsene zu eröffnen und noch immer vertröstete man die betroffenen Familien. Trzeczak meldete dem Vorsitzenden des Rates des Bezirkes das Ausmaß des Problems: In den staatlich geleiteten Förderungseinrichtungen für Kinder und Jugendliche mit einer Gesamtkapazität von 486 Plätzen waren 1988 84 Jugendliche (17,28 Prozent) 18 Jahre und älter. Wenn es nicht gelänge, die jungen Erwachsenen in Nachfolgeeinrichtungen weiter rehabilitativ zu betreuen, würden, so der Bezirksarzt, 1990 118 (24,2 Prozent) und 1995 196 (40,3 Prozent) der Jugendlichen über 18 Jahre alt sein.[799] Kurz darauf wurde die Schaffung einer Abteilung für berufliche Rehabilitation mit 20 Plätzen, von 200 Geschützten Arbeitsplätzen sowie von 150 Geschützten Wohnplätzen zu einer Schwerpunktaufgabe bis zum Jahr 1995 erklärt.[800]

Noch mehr als die Einrichtung von Geschützten Arbeitsplätzen bereitete die Unterbringung behinderter Erwachsener Schwierigkeiten. Bezirksarzt Möwius aus dem **Bezirk Neubrandenburg** erklärte 1981, wenn das Problem der wohnungsmäßigen Unterbringung von Rehabilitanden gelöst werde, könnten etwa 200 Patienten aus dem BFKH Ueckermünde entlassen werden.[801] Mit anderen Worten hätte ein Großteil der dortigen Patienten mit zum Teil schon jahrelangen Verwahrdauern bei entsprechenden Unterbringungs- bzw. Beschäftigungsmöglichkeiten ein eigenständigeres Leben führen können. Auch im **Bezirk Rostock** war die Unterbringung behinderter Erwachsener in den 1980er Jahren ungelöst. 1986 forderte der Rostocker Kreisarzt die Errichtung eines Geschützten Wohnheimes in der Stadt.[802]

---

798 Ebd., Nr. 35698, Schreiben Rat des Bezirkes Schwerin, Hauptabteilung Soziale Betreuung, an Frau U. B. vom 20.2.1989.

799 Vgl. ebd., Schreiben Bezirksarzt Schwerin Arno Trzeczak an den Vorsitzenden des Rates des Bezirkes Schwerin Fleck vom 29.3.1989.

800 Vgl. ebd., Schreiben Bezirksarzt Schwerin Arno Trzeczak an den Vorsitzenden des Rates des Bezirkes Schwerin Fleck vom 25.7.1989.

801 Vgl. LHAS, 10.34-7, Nr. 2895, Bezirksarzt Neubrandenburg Möwius, Vorlage für das Sekretariat der Bezirksleitung der SED Neubrandenburg, 4.3.1981.

802 Vgl. LAGw, Rep. 200 II 9.1, Nr. 634, Schreiben Kreisarzt Rostock-Stadt Rolf Herrmann an die Stadtplankommission Rostock vom 31.3.1986.

Anlage 4

Einrichtungen für geschützte Arbeit und beschäftigte Rehabilitanden 1983 nach Kreisen

Kreis	Einrichtungen insgesamt	davon Werkst.	Abteil.	Rehabilitanden insgesamt	davon in Werkstätten	in Abteil.	auf geschützten Einzelarb.pl.	beschäft. Rehabilit. je 10.000 d.Bev.im arbeitsf. Alter	beschäft. Rehabilit. je 10.000 der Bevölker.
Bützow	-	-	-	58	-	-	58	30,5	19,6
Gadebusch	-	-	-	57	-	-	57	36,4	23,1
Güstrow	1	-	1	77	-	7	70	16,8	10,9
Hagenow	-	-	-	59	-	-	59	12,7	8,1
Ludwigslust	-	-	-	73	-	-	73	18,8	11,9
Lübz	1	-	1	39	-	10	29	17,7	11,4
Parchim	1	-	1	115	-	18	97	44,8	29,0
Perleberg	3	1	2	173	46	12	115	35,0	22,7
Schwerin-Land	1	-	1	49	-	5	44	22,4	14,2
Sternberg	1	-	1	61	-	6	55	39,9	25,9
Schwerin-Stadt	14	4	10	398	22	152	224	49,1	32,1
Bezirk:	22	5	17	1.159	68	210	881	30,4	19,6

Einrichtungen für Geschützte Arbeit und beschäftigte Rehabilitanden 1983 im Bezirk Schwerin nach Kreisen, 17.4.1984. Quelle: LHAS, 7.11-1-2, Z 132/1991, 35506 b.

Dies wurde 1988 in den Fünfjahrplan 1991 bis 1995 aufgenommen. Im Bezirk Rostock sollten 17 Wohnheime mit insgesamt 850 Plätzen entstehen. Außerdem wurde der Bau von drei weiteren Wohnheimen für „psychisch Geschädigte" in Rostock, Stralsund und Wismar mit je 160 (insgesamt 480) Plätzen in den Fünfjahrplan aufgenommen.[803] Die Planung und der Bau von Heimen dieser Größenordnung standen im Widerspruch zu allen fortschrittlichen internationalen Entwicklungen in Psychiatrie und Behindertenhilfe. Mit dem Bau eines Neubaublocks wäre zwar ein Problem des Rates des Bezirkes gelöst worden, die Probleme der dort untergebrachten behinderten Menschen hätten sich aber eher vergrößert. Eine Enthospitalisierung, eine „Normalisierung" ihrer Lebensabläufe und eine Integration in die Gesellschaft, wären nicht möglich geworden. Volker Keßling kommentierte etwa zwei Jahre später die Errichtung solcher Großprojekte mit den Worten: „Hören wir endlich auf, mit großen Objekten unserem Unvermö-

803 Vgl. ebd., Nr. 545, Aktenvermerk, 31.3.1988.

gen zur Integration auch noch Denkmäler zu zementieren!"[804] Letztlich kam es nicht zur Umsetzung dieser Vorhaben.

Im Zuge der berufsbezogenen Rehabilitation kam es in den 1980er Jahren auch zur Gründung von Betriebsrehabilitationskommissionen. Im Jahr 1984 waren in den Betrieben der Stadt Schwerin 16 solcher Kommissionen tätig.[805] Nicht alle Betriebe im **Bezirk Schwerin** erklärten sich jedoch bereit, die Rehabilitation zu unterstützen. So berichtete der Kreisarzt des Kreises Güstrow 1985 von Schwierigkeiten, entsprechende Betriebe zu finden.[806] Und auch hier erwies sich die Unterbringung der erwachsenen Rehabilitanden als Problem. 1980 gab es im Bezirk lediglich 36 Wohnmöglichkeiten in dafür geeigneten Objekten.[807] 25 Rehabilitanden waren ab Anfang der 1980er Jahre in einem Internat der Geschützten Werkstatt Wittenberge untergebracht.[808] 1982 eröffnete in Friedrichsruhe im Kreis Parchim ein Wohnheim mit 23 Plätzen.[809] 1985 beschloss man den Bau eines Geschützten Wohnheimes in Groß Breesen im Kreis Güstrow.[810] 1986 gab es in den Kreisen Parchim, Perleberg und Schwerin-Stadt insgesamt zehn Wohnheime. Dies war ein Fortschritt gegenüber 1980, reichte aber nicht aus, man rechnete mit einem weiteren Bedarf von 184 Plätzen für Rehabilitanden.[811] 1988 entstand ein Rehabilitanden-Wohnheim im Rehabilitationszentrum Plau-Burghof im Kreis Lübz, das für acht Personen angelegt war.[812] Außerdem gab es im selben Jahr im Feierabendheim Großer Dreesch III in Schwerin eine Wohnstation für Rehabilitanden.[813] Aber ebenso wenig wie eine Anzahl Geschützter Einzelarbeitsplätze schienen die wenigen eingerichteten Geschützten Wohnheime für Abgänger der Förderungseinrichtungen geeignet. So stand für das Wohnheim in Friedrichsruhe im Kreis Parchim

804 Freie Erde, Neustrelitz/Neubrandenburg, 16.1.1990.

805 Vgl. LHAS, 7.11-1-2, Z 132/1991, 35506 B, Schreiben stellvertretender Kreisarzt Schwerin-Stadt an Bezirksarzt Schwerin vom 19.10.1984.

806 Vgl. ebd., Schreiben Kreisarzt Güstrow an den Rat des Bezirkes Schwerin vom 2.8.1985.

807 Vgl. ebd., Nr. 35505, Schreiben Rat des Bezirkes Schwerin, Abt. Gesundheits- und Sozialwesen an den Ministerrat der DDR, Hauptabteilung Soziale Betreuung, Berichterstattung über Förderungseinrichtungen, Heime und Geschützte Arbeit vom 6.2.1980.

808 Vgl. ebd., Nr. 35698, Schreiben Rat des Kreises Perleberg, Gesundheits- und Sozialwesen, an den Rat des Bezirkes Schwerin, Gesundheits- und Sozialwesen, vom 13.9.1988.

809 Vgl. ebd., Nr. 35505, Jahresbericht Rehabilitation 1982, o. D. [1983].

810 Vgl. ebd., Nr. 35506 B, Schreiben Kreisarzt Güstrow an den Rat des Bezirkes Schwerin vom 2.8.1985.

811 Vgl. ebd., Z 126/91, Nr. 35683, Büro für Sozialhygiene Schwerin, Informationen über Ergebnisse der Jahresberichterstattung 1986, 3.3.1987.

812 Vgl. ebd., Z 132/1991, Nr. 35652, Beschluss des Rates des Kreises Lübz, Abt. Bildung, 30.11.1988.

813 Vgl. ebd., Nr. 35698, Schreiben Rat der Stadt Schwerin, Gesundheits- und Sozialwesen, an den Rat des Bezirkes Schwerin, Gesundheits- und Sozialwesen, vom 14.9.1988.

1982 kein Betreuungspersonal zur Verfügung. Die dort untergebrachten Rehabilitanden, die täglich in die LPG Domsühl zur Arbeit gebracht wurden, galten als „asozial gefährdet". Das Wohnheim sollte solange ihre Heimstätte bleiben, bis sie wieder in den Arbeitsprozess in ihrem Heimat-Kreisgebiet eingegliedert werden konnten. Das Wohnheim wurde deswegen nicht als Nachfolgeeinrichtung der Förderungseinrichtung im Kreis Parchim angesehen.[814] Zuletzt taten sich viele Betriebe trotz eingerichteter Geschützter Einzelarbeitsplätze und Geschützter Betriebsabteilungen schwer damit, die betreffenden Personen auch zu unterstützen. Immer wieder kam es zu Schwierigkeiten, etwa bzgl. der Freistellung von der Arbeit bei notwendigen Arztbesuchen.[815] Auch von Problemen bei der Beförderung der Rehabilitanden wird 1987 berichtet, da dem Benzinverbrauch Grenzen gesetzt waren.[816] In der Stadt Schwerin waren 1987 zwar 242 Geschützte Arbeitsplätze zur Verfügung gestellt worden, doch die zuvor im Ausbildungszentrum erlernten Fähigkeiten konnten dort kaum eingesetzt werden, wie bei einer Inspektion der ABI festgestellt wurde.[817] In anderen Einrichtungen der Geschützten Arbeit wurden die Arbeits- und Lebensbedingungen für die Rehabilitanden von der Bezirks-Hygieneinspektion 1987 als unzumutbar eingeschätzt. So war in der Einrichtung in Kirch Stück weder ein Speiseraum, noch eine Teeküche, noch ein Gemeinschaftraum vorhanden und das gesamte Gebäude war verschlissen. In Klein Medewege war das Mauerwerk defekt und Teile der Wände feucht. Die Toiletten befanden sich in einem Holzverschlag und ein Durchgangszimmer diente als Bettenzimmer für Dauerpatienten.[818] Insofern hatten ein Großteil der Kreise in den Berichterstattungen zur Geschützten Arbeit und zur Unterbringung von Rehabilitanden zwar Zahlen für den Jahresplan vorzuweisen, letztlich waren viele dieser Arbeits- und Unterbringungsmöglichkeiten für geistig behinderte Menschen jedoch ungeeignet.

---

814 Vgl. ebd., Rat des Bezirkes Schwerin, Abt. Gesundheits- und Sozialwesen, Aktenvermerk über Dienstreise in Wochenfördereinrichtung und Wohnheim für Rehabilitanden Friedrichsruhe, Kreis Parchim, am 27.5.1982.

815 Vgl. ebd., Nr. 35506 B, Schreiben Kreisgutachter Ludwigslust an den stellvertretenden Bezirksarzt Schwerin Greiner-Leben vom 15.10.1984.

816 Vgl. LHAS, 7.12-3, Z 31/1990, Nr. 295, Kontrolle Geschützte Werkstatt Wittenberge, 19.2.1987.

817 Vgl. ebd., Nr. 257, ABI Schwerin-Stadt, Information zur Kontrolle „Rehabilitation von physisch und psychisch geschädigten Kindern und Jugendlichen", 6.3.1987.

818 Vgl. LHAS, 7.11-1-2, Z 132/1991, Nr. 35698, Schreiben Rat des Bezirkes Schwerin, Bezirks-Hygieneinspektion und -Institut, an den stellvertretenden Bezirksarzt Greiner-Leben vom 29.6.1987.

Der Rat des **Bezirkes Schwerin** fasste am 18. Mai 1987 den *Beschluss über eine Konzeption zur Durchführung der Beschlüsse des XI. Parteitages der SED auf dem Gebiet der Rehabilitation geschädigter Bürger*, der das Ziel stellte, „die zu lösenden Aufgaben im Rahmen der rehabilitativen Betreuung geschädigter Bürger bis zum Jahr 1990 in der Einheit von medizinischer, sozialer, pädagogischer und beruflicher Rehabilitierung im ganzen Bezirk" zu erreichen.[819] In diesem Zusammenhang schrieb der Bezirksarzt die Kreise an und verlangte, die anstehenden Aufgaben bis 1990 zu lösen. Behinderte Kinder und Jugendliche sollten in ihrem Heimatkreis betreut, gefördert und beschäftigt werden. Dabei sollte eine vorrangige Aufgabe zur Lösung aller Probleme die Bildung von Kreisrehabilitationszentren sein, die die Rehabilitation künftig leiten, organisieren und kontrollieren sollten.[820] Als solche wurden Anfang 1987 zwei Einrichtungen eröffnet: Das Rehabilitationszentrum in Friedrichsruhe im Kreis Parchim, dem eine Wochenförderstätte, ein Rehabilitandenwohnheim sowie eine Geschützte Werkstatt angeschlossen war[821] und das Rehabilitationszentrum in Ludwigslust, das Einrichtungen von der Frühförderung bis zum Geschützten Wohnen und Arbeiten bot.[822] Ein weiteres Rehabilitationszentrum entstand 1988 im Kreis Lübz mit der Einrichtung Plau-Burghof.[823] In Schwerin wurde in der Weinbergstraße 1 ein Bezirksrehabilitationszentrum eingerichtet.[824] Die Übernahme der Rehabilitationsaufgaben durch die Kreise brachte für diese erhebliche Probleme mit sich, insbesondere betraf dies die Unterbringung pflegebedürftiger Minderjähriger. Im Bezirk Schwerin zeichnete sich jedoch noch ein anderes Problem ab. Die zuvor zur BNK Schwerin gehörenden arbeitstherapeutischen Außenstationen und Wohnheime fielen ab dem 1. Januar 1989 den Kreisrehabilitationszentren der Kreise Schwerin-Land und Ludwigslust

---

819 Ebd., Nr. 35652, Schreiben Bezirksarzt Schwerin Arno Trzeczak an den Vorsitzenden des Rates des Kreises Gadebusch Markhoff vom 10.6.1987.

820 Vgl. ebd., Nr. 35502, Schreiben Bezirksarzt Schwerin Arno Trzeczak an den Oberbürgermeister der Stadt Schwerin Oder vom 10.6.1987.

821 Vgl. ebd., Nr. 35652, Beschluss des Rates des Kreises Parchim vom 24.9.1986 über den Zusammenschluss der Einrichtungen Friedrichsruhe und Pflegeheim Frauenmark zum 1.1.1987.

822 Vgl. ebd., Kreisarzt Ludwigslust, Bericht zum Beschluss des Rates des Bezirkes 34/84, 20.10.1986. LHAS, 7.12-3, Z 31/1990, Nr. 429, Bericht über die Kontrolle „Rehabilitation physisch und psychisch geschädigter Kinder und Jugendlicher" in der Rehabilitationspädagogischen Tagesförderstätte Ludwigslust am 19.2.1987.

823 Vgl. LHAS, 7.11-1-2, Z 132/1991, Nr. 35698, Schreiben Rat des Kreises Lübz, Gesundheits- und Sozialwesen, an den Rat des Bezirkes Schwerin, Gesundheits- und Sozialwesen, vom 12.9.1988.

824 Vgl. ebd., Stellungnahme, Bezirksrehabilitationszentrum Schwerin, zum Ministerschreiben vom 18.2.1989.

zu.[825] Dadurch verschlechterten sich die Bedingungen für die Rehabilitanden. Eine regelmäßige ärztliche Betreuung war nicht mehr gegeben und die Visiten fanden vielfach ohne Anwesenheit der Rehabilitanden statt. Auch die Arbeitsbedingungen verschlechterten sich. Die Mitarbeiter der Einrichtungen fühlten sich nunmehr fachlich in keiner Weise unterstützt und bei Problemen alleingelassen.[826] Zudem wurde die Arbeitstätigkeit der Rehabilitanden in den einzelnen landwirtschaftlichen Betrieben in Frage gestellt.[827] Ende 1989 waren sich alle Beteiligten einig, dass die Überführung der Einrichtungen in die Zuständigkeit der Kreisrehabilitierungszentren gründlicher und langfristiger hätte vorbereitet werden müssen.[828]

825 Vgl. ebd., Nr. 35652, Beschlussvorlage Rat des Kreises Schwerin-Land zur Bildung eines Kreisrehabilitationszentrums, 30.11.1988.

826 Vgl. ebd., Nr. 35698, Eingabe der Mitarbeiter der ehemaligen Außeneinrichtungen der BNK Schwerin Böken, Rastow, Kleefeld und Kirch Stück an den Rat des Bezirkes Schwerin, Abt. Gesundheits- und Sozialwesen, vom 29.11.1989.

827 Vgl. ebd., Schreiben VEG Pflanzenproduktion „Lewitz" Neustadt-Glewe an die BNK Schwerin, Ökonomischer Direktor, vom 19.12.1989.

828 Vgl. ebd., Schreiben des ökonomischen Direktors der BNK Schwerin an das VEG Pflanzenproduktion „Lewitz" Neustadt-Glewe vom 22.12.1989.

6.2 Die Entwicklung in der Psychiatrie

Die Entwicklung in den 1970er Jahren

Trotz Reformbemühungen in den 1960er Jahren waren in der DDR die Fortschritte in der Entwicklung der Psychiatrie marginal. Daran änderte sich auch in den 1970er Jahren wenig. Dabei gab es von Seiten der Kliniken immer wieder Bemühungen, den Forderungen der „Rodewischer" und „Brandenburger Thesen" gerecht zu werden. Im **Bezirk Rostock** übernahm Ulrich Müller 1972 die Leitung der Kinder- und Jugendstation der Psychiatrischen Klinik in Stralsund-West. Auf den drei Stationen mit 180 geistig und mehrfach behinderten Kindern fand er unzumutbare Zustände vor, aber auch, wie er betont, ein „engagiertes Pflegepersonal".[829] Müller verfolgte die Absicht, in Stralsund-West eine klinische Station für Kinderneurologie und Kinderpsychiatrie zu etablieren. 1979 hatte er schließlich 15 klinische Betten eingerichtet, diese befanden sich jedoch auf einer Kinderpflegestation, was die Behandlungsmöglichkeiten erheblich einschränkte, denn es stand nur wenig Raum zur Verfügung und Mädchen und Jungen waren zusammen in den Schlafräumen untergebracht. Die zur Verfügung stehende Bettenkapazität war insgesamt unzureichend und lange Wartezeiten ließen sich auch für klinische Patienten nicht vermeiden.[830] Weitere Probleme wie Personalmangel aufgrund zu geringer Planstellen oder buchstäblich fehlende Betten konnten in Stralsund-West nicht ohne Weiteres gelöst werden. Oft waren jahrelange Bemühungen, Findigkeit und persönliches, über die Arbeitszeit hinausgehendes Engagement nötig, um nach und nach kleine Verbesserungen zu schaffen. Ein dringend notwendiges neues und größeres Gebäude, das allen Anforderungen einer modernen Kinder- und Jugendpsychiatrie gerecht werden würde, wurde immer wieder versprochen. Verwirklicht wurde das Vorhaben erst nach 1990.[831] Auch in der Bezirkshauptstadt gab es schon 1971 Planungen, eine große 400 Betten umfassende Einrichtung zur Pflege und Förderung geistig behinderter Kinder zu errichten, was erst zehn Jahre später am Standort Rostock-Lichtenha-

829 Interview Falk Bersch mit Ulrich Müller am 3.7.2018 in Stralsund.

830 Vgl. LAGw, Rep. 200 II 9.1, Nr. 659, Schreiben Kinderneuropsychiatrische Klinik Stralsund, Ulrich Müller, an Horst Giermann vom 21.8.1979.

831 Vgl. Interview Falk Bersch mit Ulrich Müller am 3.7.2018 in Stralsund.

gen verwirklicht wurde.[832] 1972 entstand in Velgast (Kreis Stralsund-Land) ein Pflegeheim für geistig behinderte Kinder, das den dringendsten Bedürfnissen abhelfen sollte.[833] Im **Bezirk Schwerin** gab es ebenfalls Bemühungen, die Lebensbedingungen von Kindern in den psychiatrischen Pflege- und Förderungseinrichtungen zu verbessern. So plante man 1971 in Dobbertin den Bau von Sandspielplätzen, einer Anlage zur Verkehrserziehung sowie eines Gymnastikraumes.[834] Auch gab es im Bezirk Bemühungen, für geistig behinderte und psychisch erkrankte Menschen Nachfolgeeinrichtungen zu schaffen. Dabei war die BNK Schwerin wichtigste und wegweisende Einrichtung im Bezirk. Das als „Schweriner Modell" bezeichnete Konzept der BNK hatte 1979 auch Vorbildcharakter für die DDR. Die BNK hatte eine Kinderneuropsychiatrische Abteilung mit 67 Betten, eine Jugend- bzw. Übergangsstation mit einer Nachklinik, in der Jugendliche nach dem 18. Lebensjahr weiter gefördert werden sollten, und Arbeitstherapeutische Außenstationen. Nachfolgeabteilungen für jugendliche Pflegefälle standen in den psychiatrischen Pflegeheimen Dobbertin mit 412 Plätzen, Neu Damerow mit 55 Plätzen und Dessin mit 33 Plätzen zur Verfügung.[835] An der Universitätsklinik **Rostock** wurde 1975 das Forschungsprojekt „Defektes Kind" gestartet, das bis zum Ende der 1970er Jahre ebenfalls Modellcharakter haben sollte. Es befasste sich mit der Früherkennung und -behandlung von Schäden, die während oder kurz nach der Geburt erworben worden waren.[836] Praktisch umgesetzt wurden die Ergebnisse zunächst nicht im **Bezirk**, sondern in den vereinigten Kinderkrippen und der rehabilitations-pädagogischen Förderungseinrichtung der Stadt Erfurt.[837]

Trotz aller Bestrebungen war in den Nordbezirken die psychiatrische Versorgung der Bevölkerung nicht gewährleistet. So erklärte 1979 im Kreis Bad Doberan, **Bezirk Rostock**, die Psychologische Abteilung im Medizinischen Zentrum der Kreispoliklinik in einem Tätigkeitsbericht, dass die Psychotherapie für verhaltensgestörte Kinder nur unzureichend ausgebaut und eine psychiatrische Behandlungskapazität für Kinder nicht vorhanden war,

832 Vgl. LAGw, Rep. 200 II 9.1, Nr. 781, Büro für Stadtplanung, Aktenvermerk über Beratung am 20.5.1971.
833 Vgl. LAGw, Rep. 200 9.1, Nr. 246, Bl. 76, Konzeption zur Förderung und Betreuung geistig retardierter Kinder im Bezirk Rostock, 1. Entwurf zur Ratsvorlage, o. D. [etwa 1972].
834 Vgl. LHAS, 7.11-1/31, Nr. 168, Plan der Einrichtung des Pflegebereiches Dobbertin 1971.
835 Vgl. LHAS, 7.11-1-2, Z 131/1991, Nr. 35720, Ministerium für Gesundheitswesen der DDR, Konzeption zur Verbesserung der Betreuung psychisch Kranker nach 1980, o. D. [1979].
836 Vgl. Helwig: Am Rande der Gesellschaft, S. 42.
837 Vgl. Schneider/Hotze: Geschädigte Säuglinge, S. 51 f.

da es eine Trennung der Fachbereiche Kinder- und Erwachsenenpsychiatrie nicht gab. Im Bericht wurde erklärt, dass die geforderte wirksame Betreuung der Bevölkerung infolge der Vielfalt der Aufgaben im Kreis kaum möglich sei.[838] Und auch die großen Probleme in den psychiatrischen Krankenhäusern und Pflegeheimen – Überbelegung, Personalmangel, schlechte Bausubstanz und unzureichende Ausstattung – konnten in den 1970er Jahren nicht gelöst werden. Die Berichte, die beim Bezirksarzt des **Bezirkes Neubrandenburg** aus dem BFKH Ueckermünde über die Neuzugänge von Kindern und Jugendlichen mit geistigen Störungen Anfang bis Mitte der 1970er Jahre eingingen, gleichen sich und wurden praktisch jeweils aus den Vorjahren abgeschrieben: „Wieder konnte nur der geringste Teil der angemeldeten Kinder, bei denen eine Pflegebedürftigkeit vorliegt, aufgenommen werden."[839] Neubrandenburgs Kreisarzt sprach 1972 in diesem Zusammenhang von „unlösbaren Problemfällen" und wiederholten Staatsratsbeschwerden von Eltern.[840] 1974 hatten 130 von 545 Patienten auf den Stationen der Kinderklinik das 18. Lebensjahr überschritten.[841] Auch die Kleinkinderstation war überbelegt, z. T. mit überalterten Patienten, die in viel zu kleinen Betten lagen. 1976 befand sich dort sogar ein Jugendlicher.[842] 1978 waren etwa 50 Prozent des gesamten Patientenbestandes im BFKH Ueckermünde Pflegefälle[843], nahm man diejenigen mit geringerem Pflegeaufwand dazu, waren es schon 75 Prozent. Insbesondere der Anteil der pflegebedürftigen Kinder war außergewöhnlich hoch.[844] Das BFKH konnte dadurch seine Aufgaben als diagnostisch-wissenschaftliches Zentrum im Bezirk nicht voll wahrnehmen, akut psychisch erkrankte Patienten konnten kaum aufgenommen werden und wenn doch, mussten sie – gemäß einem Bericht aus dem Jahr 1978 – „auf Matratzen auf dem Fußboden von Zimmern und Korridoren

---

838 Vgl. LAGw, Rep. 200 II 9.1, Nr. 659, Medizinisches Zentrum Kreis Bad Doberan, Kreispoliklinik, Tätigkeitsbericht der Psychologischen Abteilung, 7.8.1979.

839 LHAS, 7.21-1-2, Z 1/1986, Nr. 1673, Neuzugänge von Kindern und Jugendlichen mit geistigen Störungen im BFKH Ueckermünde 1970–1975.

840 Ebd., Aufteilung der Neuzugänge von Kindern und Jugendlichen mit geistigen Störungen 1971/72 im Kreis Neubrandenburg, 4.10.1972.

841 Vgl. ebd., Nr. 1713, Aufteilung der Neuzugänge von Kindern und Jugendlichen mit geistigen Störungen im BFKH Ueckermünde 1973/74, 25.09.1974.

842 Vgl. ebd., Z 108/1991, Nr. 28734, Aufstellung Kinderklinik BFKH Ueckermünde, o. A., o. D.

843 Vgl. ebd., Nr. 28735, stellvertretende Bezirksärztin Neubrandenburg Elisabeth Witt, Konzeption für die Erarbeitung der Ratsvorlage „Die Entwicklung der komplexen Betreuung psychisch geschädigter Bürger im Bezirk mit besonderer Berücksichtigung des BFKH Ueckermünde", 9.2.1978.

844 Vgl. ebd., Nr. 28734, Schreiben Ärztlicher Direktor BFKH Ueckermünde Günther Haensch an den Bezirksarzt Neubrandenburg Möwius vom 25.1.1978.

liegen".[845] 1978 bemühte man sich im BFKH, Kinder und Erwachsene, die Pflegefälle waren, in andere Einrichtungen zu verlegen.[846] Freilich stießen diese Bemühungen auf wenig Resonanz, da in den Kreisen die Voraussetzungen zu deren Aufnahme nicht vorhanden waren.

Auch in den anderen beiden Nordbezirken war die Unterbringung pflegebedürftiger Kinder nicht gewährleistet. In den Jahren 1973 bis 1975 berichteten alle Kreise des **Bezirks Schwerin** über Schwierigkeiten bei der Unterbringung von Kindern in psychiatrischen Pflegeeinrichtungen.[847] Im BKH Stralsund-West im **Bezirk Rostock** verschärfte sich die Bettensituation Anfang der 1970er Jahre. Die beiden Universitätsnervenkliniken in Greifswald und Rostock nahmen weiterhin keine Krankengruppen mit langen Verweildauern auf, so dass einzig die anderen Fachkrankenhäuser Förder- und Unterbringungsaufgaben übernahmen.[848] Das bedeutete wiederum, dass diese die psychiatrische Akutversorgung im Bezirk nicht voll wahrnehmen konnten. Dabei war die Hauptursache für die Überbelegung immer noch das Fehlen von Nachfolgeeinrichtungen. In einer Analyse über den Zustand der Psychiatrischen Abteilung im BKH Stralsund-West stellte Chefarzt Giermann 1970/71 fest: „Man kann rechnen, daß ein im 6. Lebensjahr aufgenommenes Kind bis zum 16. Lebensjahr in der Kinderstation verbleibt. Insgesamt wird in der Regel eine Verweildauer von 50 Jahren anzusetzen sein, d. h. jedes aufgenommene Kind blockiert das Bett 50 Jahre. Selbst bei optimaler Förderung ist gegenwärtig diese Zeit anzusetzen, da sich im Bezirk Rostock keinerlei rehabilitative Einrichtungen befinden. [...] Bei den 190 Kindern stehen jährlich ca. 15 Kinder zur Übernahme auf Erwachsenenstationen an. Da sie dort verbleiben, müßte in 3 Jahren eine 451 Bettenstation über den jetzigen Bestand hinaus geschaffen werden. Da das bei den jetzigen Kapazitäten im Erwachsenensektor überhaupt nicht diskutabel ist, verbleiben diese Patienten auf den Kinderstationen."[849] Giermann erklärte weiter, dass 14,3 Prozent der Patienten der Kinderstationen

845 Ebd., Nr. 28735, Bezirksarzt Möwius, Information über die Situation im BFKH Ueckermünde und Maßnahmen zur Veränderung, 27.2.1978.

846 Vgl. ebd., Schreiben BFKH Ueckermünde an den Bezirksarzt Neubrandenburg Möwius vom 20.2.1978.

847 Vgl. die Berichterstattungen der Kreise in: LHAS, 7.21-1-2, Z 1/1986, Nr. 1713.

848 Vgl. Jarisch: Wiedereröffnung der Psychiatrischen Klinik, S. 154.

849 AHKS, Nachlass Horst Giermann, Bl. 71, Schreiben an den Ärztlichen Direktor, Analyse der Klinik, 13.9.1971. Vgl. Armbruster, Jan: Von der IV. Pommerschen Provinzial-Heilanstalt Stralsund zur universitären Psychiatrie – 100 Jahre Krankenhausgeschichte, in: Schriftenreihe der Deutschen Gesellschaft für Geschichte der Nervenheilkunde, Bd. 19, Würzburg 2013, S. 327–358, hier S. 337 ff.

schon seit Jahren in den Erwachsenensektor gehörten und ein „Abgang durch Exitus selten sei".[850] Dann verwies er auf 386 Voranmeldungen zur Aufnahme von Kindern und erklärte, dass dies nur die dringlichsten Fälle seien. Problematisch sah er auch den Zuständigkeitsbereich des BKH. 1971 war der Einzugsbereich noch nicht geklärt. Neben den Kreisen Stralsund-Stadt, Stralsund-Land, Rügen und Grimmen waren Patienten aus anderen Gebieten des Bezirkes sowie aus anderen Bezirken mit zum Teil langen Verweildauern in Behandlung und Pflege. Auf der Kinderstation waren 60,3 Prozent der Gesamtbettenzahl mit pflegebedürftigen Kindern außerhalb des Zuständigkeitsbereiches belegt.[851] 1972 musste der Rat des Bezirkes Rostock dann einräumen, dass die Unterbringung „bildungsunfähiger, förderungsunfähiger" Kinder und Jugendlicher in Einrichtungen des Gesundheitswesens ein Problem war.[852] Im Bezirk warteten Eltern von etwa 800 Kindern auf deren Einweisung in geeignete Einrichtungen. Die Kreise kritisierten, dass die Reihenfolge der Aufnahme in die Kinder- und Jugendpsychiatrische Abteilung des BKH Stralsund-West bisher allein von dessen Ärztlichen Direktor Giermann festgelegt wurde. Dieser fungierte als eine Art „Leiteinweisungsstelle"[853]. Jeder Arzt im Bezirk versuchte eine Einweisung mit Giermann selbst zu regeln. Diese Vorgehensweise war keine offizielle Festlegung und die meisten Kreise befanden sich dadurch im Nachteil. Hin und wieder wurden Aufnahmen von Kindern außerhalb der Warteliste Giermanns erzwungen. Der Rat des Bezirkes entschied eine neue Regelung. Zukünftig sollte eine Bezirksarbeitsgruppe beim Bezirksarzt die Einweisungen vornehmen. Grundlage der Aufnahmeentscheidungen sollten 1. der Gesundheitszustand des Minderjährigen, 2. die soziale Lage der Familie und 3. psycho-hygienische Faktoren bilden.[854] Das Platzproblem in Stralsund-West würde dadurch freilich nicht gelöst. Als 1978 eine Rekonstruktion des BKH Stralsund-West anstand, nahm Giermann das für eine Mitteilung an die Kreise zum Anlass. Sie sollten nunmehr ihrer Verantwor-

850 AHKS, Nachlass Horst Giermann, Bl. 71, Schreiben an den Ärztlichen Direktor, Analyse der Klinik, 13.9.1971.

851 Vgl. ebd.

852 Vgl. LAGw, Rep. 200 II 9.1, Nr. 87, Erster Entwurf der Ratsvorlage „Konzeption zur Förderung und Betreuung geistig retardierter Kinder im Bezirk Rostock", 12.7.1972.

853 Ebd., Nr. 660, Schreiben Kreisarzt Stadt Rostock Herrmann an den Bezirksarzt Rostock Fleischer vom 11.8.1978.

854 Vgl. ebd., Nr. 87, Entwurf einer Neuregelung zur Erfassung und Betreuung psychisch erkrankter, nichtschulbildungsfähiger Kinder und Jugendlicher, April 1972.

tung, die psychiatrische Versorgung auf Kreisebene zu lösen, nachkommen und Pflegefälle aus Stralsund-West zurückholen.[855]

Immer wieder wurde auch das Fehlen von Fach- und Pflegepersonal beklagt, so von der Krankenhausleitung des BFKH Ueckermünde im **Bezirk Neubrandenburg**. 1976 war die Besetzung besonders beim Heilhilfspersonal „absolut unzureichend".[856] Auf den Kinderstationen arbeiteten keine pädagogischen Kräfte als Erzieher.[857] 1978 fehlten 30 Neuropsychiater,[858] außerdem waren statt der 30 benötigten nur neun Ärzte vorhanden und das mittlere medizinische Personal war nur zu 60 Prozent besetzt.[859] Ein häufiger Grund für fehlendes Personal waren – wie auch in anderen Teilen des Bezirkes – nicht vorhandene Wohnmöglichkeiten.[860] Die unzureichende Ausstattung der Einrichtung machte sich nicht nur durch das Fehlen moderner medizinischer Technik und der schlechten Bausubstanz bemerkbar, auch die Versorgung mit alltäglichen und lebensnotwendigen Dingen war nicht gesichert. So teilte die Krankenhausleitung dem Bezirksarzt am 20. Februar (!) 1978 mit, dass „zur Zeit der Abfassung dieses Schreibens [...] das Heizmaterial für den Bedarf des Hauses nur noch bis zu den heutigen Mittagsstunden ausreicht"[861]. Aus welchen Gründen das Heizmaterial nicht geliefert werden konnte und wann es denn eintraf, geht aus den eingesehenen Unterlagen nicht hervor. Es herrschten im BFKH Ueckermünde in den 1970er Jahren für viele Patienten, insbesondere für Pflegefälle, unerträgliche Lebensbedingungen und für die Mitarbeiter unzumutbare Arbeitsbedingungen.

Mit schlechter Bausubstanz hatte auch die Kinderpsychiatrie Heringsdorf im **Bezirk Rostock** zu kämpfen. Im Oktober 1974 bemängelte die staatliche Bauaufsicht den baulichen Zustand und wies auf die Notwendig-

---

855 Vgl. ebd., Nr. 660, Schreiben Kreisarzt Stadt Rostock Herrmann an den Bezirksarzt Rostock Fleischer vom 11.8.1978.

856 LHAS, 7.21-1-2, Z 108/1991, Nr. 28734, Aufstellung Kinderklinik des BFKH Ueckermünde, o. A., o. D. [1976/77].

857 Vgl. ebd.

858 Vgl. ebd., Schreiben BFKH Ueckermünde Haensch an den Bezirksarzt Neubrandenburg Möwius vom 25.1.1978.

859 Vgl. ebd., Nr. 28735, stellvertretende Bezirksärztin Neubrandenburg Elisabeth Witt, Konzeption für die Erarbeitung der Ratsvorlage „Die Entwicklung der komplexen Betreuung psychisch geschädigter Bürger im Bezirk mit besonderer Berücksichtigung des BFKH Ueckermünde", 9.2.1978.

860 Vgl. LHAS, 7.22-2, Nr. 645, Bericht der Abt. Gesundheits- und Sozialwesen beim Rat des Kreises Prenzlau an das ABI-Kreiskomitee Prenzlau vom November 1979.

861 LHAS, 7.21-1-2, Z 108/1991, Nr. 28735, Schreiben BFKH Ueckermünde an den Bezirksarzt Neubrandenburg Möwius vom 20.2.1978.

keit einer Generalreparatur bis spätestens 1976 hin. Eine baupolizeiliche Sperrung des gesamten Hauses zum 30. März 1976 wurde angekündigt und ein Neubau angeregt.[862] Der Beginn eines solchen war aber frühestens für das Jahr 1980 vorgesehen und wurde letztlich nie ausgeführt.[863] Und auch in der Universitätsnervenklinik Rostock drängte man Ende der 1970er Jahre auf die Durchführung einer Rekonstruktion der Gebäude, die bereits für 1963/64 geplant, jedoch nicht realisiert und aufgrund anderer Vorhaben immer wieder verschoben wurde.[864] Ebenso wenig gelang es, die historische Bausubstanz im Psychiatrischen Pflegeheim Dobbertin im **Bezirk Schwerin** zu erhalten und darin behindertengerechte Verhältnisse zu schaffen. Die Überbelegung der dortigen Kinderstationen verschlimmerte sich in den 1970er Jahren, nachdem im November 1974 die Jugendstation niedergebrannt war.[865] Ebenso blieb der Personalmangel chronisch. Eine ABI-Inspektion stellte Ende 1975 fest, dass das „Pflegepersonal im Rahmen der vorhandenen Möglichkeiten mit großer Einsatzbereitschaft unter zum Teil primitiven Arbeitsbedingungen eine große Arbeit leistet".[866] Und auch der BNK Schwerin machte der Mangel an Fachpersonal zu schaffen. 1976 wurden die 1.640 Betten von nur 33 Ärzten betreut und beim Pflegepersonal fielen monatlich bis zu 180 Überstunden an. Als das Arbeitspensum nicht mehr zu schaffen war, musste die Klinikleitung zwei Stationen schließen.[867]

Die weitere Entwicklung in den 1980er Jahren

Der *Ministerratsbeschluss vom 4. Juni 1981 über die Entwicklung der medizinischen Betreuung der Bevölkerung im Zeitraum 1981 bis 1985* sah vor, die Umgestaltung der großen psychiatrischen Krankenhäuser mit ihren zum Teil unzumutbaren Lebens- und Arbeitsbedingungen fortzusetzen. Pflege-

862 Vgl. LAGw, Rep. 200 II 9.1, Nr. 766, Schreiben Staatliche Bauaufsicht Rostock an das Medizinische Zentrum des Kreises Wolgast vom 25.11.1975.

863 Vgl. ebd., Schreiben stellvertretender Bezirksarzt Rostock Schenk an den Rat des Kreises Wolgast vom 4.10.1976.

864 Vgl. ebd., Nr. 659, Schreiben Universitätsklinik Rostock Gerhard Göllnitz und Alphons Herbst an den Prorektor Wilhelm Haferland vom 26.1.1977.

865 Vgl. LHAS, 7.11-1-2, Z 132/1991, Nr. 35498, Schreiben Kinderneuropsychiatrische Abt. Dobbertin Werner Panther an den Rat des Bezirkes Schwerin, Abt. Gesundheits- und Sozialwesen, vom 23.8.1976.

866 Ebd., Z 45/1996, Nr. 120, Informationen über die Situation im psychiatrischen Pflegeheim Dobbertin und bisher eingeleitete Maßnahmen, o. A., o. D. [1975/76].

867 Vgl. ebd., Aktennotiz über eine Beratung mit dem Ärztlichem Direktor der BNK Schwerin am 16.11.1976.

fälle sollten nicht mehr in den Großkrankenhäusern, sondern in den Kreisen dauerbetreut werden. Die Aufgaben der psychiatrischen Betreuung sollten fortan konsequenter auf den Kreisebenen gelöst werden. In den Kreisen sollten Rehabilitationseinrichtungen entstehen bzw. ausgebaut werden, die stufenweise eine Rückführung der Patienten in den sozialen Raum ermöglichten, womit das „Territorium" gemeint war, „in dem sich vorrangig das persönliche und soziale Leben des psychisch Kranken oder geschädigten Bürgers vollzieht".[868] Hier ist eine Annäherung an das „Normalisierungsprinzip" erkennbar.

Die Kreise des **Bezirkes Neubrandenburg** verließen sich in den 1980er Jahren bei der psychiatrischen Versorgung nach wie vor auf das BFKH Ueckermünde. Durch die jahrelang übliche Einweisungspraxis und die hohe Überbelegung mit Pflegefällen hatte Ueckermünde kaum noch die Möglichkeit, Akutpatienten aufzunehmen.[869] Der **Bezirk Rostock** wurde 1980 von der beim dortigen Rat des Bezirkes tätigen Arbeitsgruppe „Psychiatrie" als der schlechtestversorgte Bezirk der DDR auf dem Gebiet der Psychiatrie neben dem Bezirk Cottbus bezeichnet.[870] Um dem entgegenzuwirken, hatte man begonnen, über die Errichtung von Kooperationsbereichen nachzudenken. 1981 begannen sich diese Kooperationsbereiche durchzusetzen. Jeder der Bereiche erfasste und betreute psychisch erkrankte und geistig behinderte Personen und hatte eine eigene Einweisungskommission.[871] Allerdings widersprach Ende 1981 die Psychiatrische Abteilung der Universitätsnervenklinik Rostock der festgelegten Einteilung, da ihre spezifischen Belange nicht berücksichtigt worden waren. Die verantwortlichen Ärzte kritisierten die angegebenen Zahlen. Für den Kooperationsbereich Rostock sollten 307 klinisch-stationäre Betten für die Akutversorgung zur Verfügung stehen, in der psychiatrischen Abteilung gab es jedoch nur 132 Betten. Die restlichen 154 waren im benachbarten Michaelshof zu finden und daher keineswegs klinisch-stationär, sondern heimtypisch, also

868 Vgl. LAGw, Rep. 200 II 9.1, Nr. 688, Die Aufgaben zur weiteren Verbesserung der psychiatrischen Betreuung 1981–1985, o. A., 25.9.1981. Vgl. auch den Abdruck in: Weise, Klaus: Konzeptionen zur Reform der psychiatrischen Versorgung, in: Sozialpsychiatrische Informationen, Heft 3/1990, S. 13–16, hier S. 14 ff.

869 Vgl. LHAS, 7.21-1-2, Z 108/1991, Nr. 28698 A, Bezirksarzt Neubrandenburg, Vorlage für das Sekretariat der Bezirksleitung vom 12.1.1983 über Stand und Aufgaben zur Entwicklung des Fachgebietes Neurologie/Psychiatrie im Bezirk Neubrandenburg unter besonderer Berücksichtigung der Aufgabenstellung des BFKH Ueckermünde.

870 Vgl. LAGw, Rep. 200 II 9.1, Nr. 659, Protokoll Beratung Arbeitsgruppe „Psychiatrie", 16.4.1980.

871 Vgl. ebd., Nr. 688, Orientierung im Fachgebiet Psychiatrie 1981–1985, o. A., 24.6.1981.

mit zum großen Teil pflegebedürftigen Erwachsenen belegt.[872] Die Universitätsnervenklinik hatte die gesamte psychiatrische Grundbetreuung für die Kreise Rostock-Stadt, Rostock-Land, Bad Doberan und die Hälfte des Kreises Ribnitz-Damgarten abzudecken, was praktisch nicht möglich war. Auch die Pflegeeinrichtungen waren voll belegt, so dass es dort zu jahrelangen Wartezeiten kam. Die stationäre Versorgung der Bevölkerung war nicht gewährleistet. Alphons Herbst (1918–1997), Direktor der Psychiatrischen Abteilung, erklärte 1981, seit Jahren auf diesen Zustand hingewiesen zu haben, ohne dass sich etwas geändert hätte: „Daß es bisher nicht zum Zusammenbruch der Betreuung und Versorgung gekommen ist, ist allein der hohen Einsatzfreudigkeit und Bereitschaft [...] meiner ärztlichen und pflegerischen Mitarbeiter zu verdanken. Aber die Grenze [...] ist erreicht. Ich hoffe, daß endlich begriffen wird, daß schnellstmöglich etwas geschehen muß, um die sich anbahnende und nahe Katastrophe aufzufangen."[873] 1988 war der Bezirk in vier Kooperationsbereiche eingeteilt: Kooperationsbereich 1 (Wismar), als neurologisch-psychiatrische Basisklinik fungierte hier das BKH Wismar; Kooperationsbereich 2 (Rostock) mit der Universitätsnervenklinik Rostock als Basisklinik, hier befanden sich unter den angegebenen 327 Betten auch 50 für die Kinderpsychiatrie; Kooperationsbereich 3 (Stralsund) mit dem BKH Stralsund-West als Basisklinik, von den dortigen 644 Betten waren 180 der Kinderneuropsychiatrie zugeordnet; Kooperationsbereich 4 (Greifswald) mit der Universitätsnervenklinik Greifswald als Basisklinik, von 164 Betten gehörten 20 zur Kinderneuropsychiatrie. Die Regionalisierung hatte sich 1988 durchgesetzt und die Hauptträger der stationären neuropsychiatrischen Versorgung und Betreuung waren die vier großen Regionalkliniken in Wismar, Rostock, Stralsund und Greifswald. Zukünftig sollten auch an den Kreiskrankenhäusern Psychiatrische Basisabteilungen entwickelt werden. In den Krankenhäusern Neubukow, Gelbensande und Lehmhagen waren diese bereits vorhanden. Probleme gab es im Kooperationsbereich Wismar, am dortigen BKH fehlte immer noch

872 Vgl. ebd., Nr. 659, Schreiben Anita Haiduk, Psychiatrische Abt. Universitätsnervenklinik Rostock, an den Rat des Bezirkes Rostock, vom 2.12.1981.

873 Ebd., Schreiben Alphons Herbst, Direktor Abt. Psychiatrie an der Universitätsnervenklinik Rostock an Dietrich Jaster, Prorektor für Medizin an der WPU Rostock vom 31.12.1981.

eine kinderneuropsychiatrische Einrichtung.[874] Auch im **Bezirk Schwerin** bemühte man sich in den 1980er Jahren weiter um eine Optimierung der psychiatrischen Versorgung.[875] Während in einigen Kreisen, wie im Kreis Perleberg, Fortschritte zu verzeichnen waren, konnten andere Kreise die vorgegeben Ziele nicht erreichen. So fehlten im Kreis Sternberg 1987 sowohl sämtliche Elemente einer komplexen psychiatrisches Rehabilitation, als auch ein psychiatrisches Pflegeheim.[876]

In den 1980er Jahren unternahmen die Psychiatrischen Großkliniken verstärkte Bemühungen, als „nicht mehr förderungsfähig" bzw. therapiebar eingestufte Minderjährige und junge Erwachsene in deren Heimatkreise zurückzuverlegen, um Platz für die Erfüllung ihrer eigentlichen Aufgaben zu bekommen. Dies war auch eine der ersten Maßnahmen, die Hans Eichhorn nach der Übernahme des BFKH Ueckermünde durchführte. Schon im Januar 1981 schrieb er alle Kreise des **Bezirkes Neubrandenburg** an. Jeder Kreis sollte zwischen sechs und 39 Kinder und Jugendliche zurücknehmen und in kreiseigenen Einrichtungen unterbringen.[877] Die Kreise waren damit überfordert und reagierten auch entsprechend. So hatte man sich im Kreis Ueckermünde bisher auf das BFKH verlassen, wenn es um Betreuungsleistungen auf kinderpsychiatrischem Gebiet ging. Nun erklärte man sich bereit, die Betreuungs- und Fürsorgekartei der Kinder und Jugendlichen des Kreises vom BFKH in die Abteilung Kinder- und Jugendgesundheitsschutz zu übernehmen, bemerkte aber auch, dass der Kreis in den nächsten zehn Jahren wohl keine Chance auf einen eigenen Psychiater oder Neurologen habe. Zur Übernahme älterer Bürger wurde auf das einzige dafür geeignete Pflegeheim in Torgelow hingewiesen, in welchem schon mehr als die Hälfte der Bewohner geistig behinderte Menschen, in der Regel im Alter zwischen 30 und 50 Jahren, waren und in dem schlechte Bedingungen herrschten.[878]

---

874 Vgl. ebd., Nr. 630, Ministerium für Gesundheitswesen, Die Aufgaben zur weiteren Verbesserung der Betreuung im Fachgebiet Neurologie und Psychiatrie, 4.10.1988; Fischer, Universitätsnervenklinik Greifswald, Einschätzung der weiteren Entwicklung der Psychiatrie und Neurologie im Bezirk Rostock, 4.1.1988.

875 Vgl. verschiedene Unterlagen in: LHAS, 7.11-1-2, Z 131/1991, Nr. 35722.

876 Vgl. ebd., Nr. 35720, Schreiben Rat des Kreises Sternberg, Abt. Gesundheits- und Sozialwesen, an den Bezirksarzt Schwerin Arno Trzeczak, o. D. [1987].

877 Die Schreiben wurden zwischen dem 8.1. und 5.3.1982 von Eichhorn verfasst und befinden sich in: LHAS, 7.21-1-2, Z 108/1991, Nr. 28698 A.

878 Vgl. ebd., Schreiben Rat des Kreises Ueckermünde, Abt. Gesundheits- und Sozialwesen, an den Vorsitzenden des Rates des Kreises Ueckermünde vom 1.2.1982.

Auch Eltern wehrten sich. So beantragte ein Berufsoffizier der NVA aus dem Bezirk Rostock im Oktober 1982 den Weiterverbleib seiner zwanzigjährigen Tochter Bärbel K. in einer Außenstation des BFKH Ueckermünde. Der Vater wies auf seinen 30jährigen Dienst in der NVA hin und meinte, er habe aufgrund dessen ein Recht auf eine verstärkte Fürsorge des Staates. Ein Altersheim, wenn auch im Heimatkreis, empfände er nicht als geeignet.[879] In einer Stellungnahme verbat sich Eichhorn den „militärischen Umgangston" und die Infragestellung seiner fachlichen Kompetenz durch den Vater.[880] Er schilderte den Werdegang von Bärbel K., die 1969 auf Veranlassung des Jugendgesundheitsschutzes Prenzlau zur heilpädagogischen Förderung aufgenommen und seit 1972 in der Außenstelle Zarowmühl betreut wurde. 1974 wurde dem Jugendgesundheitsschutzes mitgeteilt, dass sie nun in eine Tages- oder Wocheneinrichtung bzw. bei Aufsicht in die Häuslichkeit entlassen werden könne. Dies geschah natürlich nicht. Ihre Eltern besuchten sie einmal jährlich. 1981 gab es dann erneute Bemühungen, Bärbel K. in kreiseigenen Pflegeheimen unterzubringen. Eichhorn blieb hart, die Entlassung in den Heimatkreis wurde nicht zurückgenommen.[881]

Eichhorn hatte 1981 zunächst für 163 Kinder und Jugendliche Recherchen über deren häusliches Milieu anstellen lassen. Von diesen kamen 80 zur Entlassung, wodurch in Ueckermünde zwei kleine Häuser frei wurden.[882] Diesen Kurs setzte er in den nächsten Jahren fort und weitete ihn auf erwachsene Patienten aus. Im Oktober 1988 wurde es aufgrund der Verlegungen möglich, auf der Station für chronische Erkrankungen weitere Betten zur Diagnostik und Einstufung behinderter Kinder zur Verfügung zu stellen.[883] Die Kreise wurden so gezwungen, weitere Pflegeeinrichtungen zu schaffen. 1984 entstanden in den Kreisen Prenzlau, Strasburg, Malchin und Röbel Einrichtungen bzw. Abteilungen für psychiatrische Pflegefälle.[884] Im

879 Vgl. ebd., Schreiben U. K. an den Rat des Bezirkes Neubrandenburg, Abt. Gesundheits- und Sozialwesen, vom 31.10.1982.

880 Ebd., Schreiben Hans Eichhorn an den stellvertretenden Bezirksarzt Neubrandenburg Tiedemann vom 11.11.1982.

881 Vgl. ebd., Schreiben BFKH Ueckermünde, Kinderneuropsychiatrische Klinik, an den Rat des Bezirkes Neubrandenburg, Abt. Gesundheits- und Sozialwesen, vom 24.11.1982.

882 Vgl. ebd., Mappe 2, Schreiben Bezirksarzt Neubrandenburg Möwius an die Bezirksleitung der SED Bezirk Neubrandenburg vom 21.9.1981.

883 Vgl. ebd., Anlage zum Bericht über Kinder und Jugendliche mit geistigen Störungen Schuljahr 1987/88, Klinik für Kinder- und Neuropsychiatrie am BFK Ueckermünde, 24.10.1988.

884 Vgl. die verschiedenen Dokumente in: ebd.

Pflegeheim Ivenack wurde eine Station für psychisch schwerstgeschädigte Kinder und Jugendliche eröffnet.[885] 1989 kam es zu einer Vereinigung des Kreiskrankenhauses Ueckermünde und des BFKH für Neurologie und Psychiatrie Ueckermünde. Für die Kinder- und Neuropsychiatrie wurden zwei Stationen mit 60 Betten, für deren psychiatrische Pflege sechs Stationen mit 185 Betten vorgesehen.[886]

Auch die psychiatrischen Einrichtungen im **Bezirk Rostock** bemühten sich Anfang der 1980er Jahre verstärkt um die Rückverlegung von Patienten. Die Kinderpsychiatrische Abteilung der Medizinischen Einrichtung in Heringsdorf/Neuhof hatte sich schon im August 1979 an die Kreise gewandt, ohne Erfolg und manches Mal auch ohne eine Antwort zu erhalten. 1981 mahnte der Kreisarzt von Wolgast seine Kollegen, die Rückverlegungen zu unterstützen, ebenfalls mit wenig Erfolg.[887] Dabei war bereits 1978 im Volkswirtschaftsplan des Rates des Bezirkes verankert worden, dass alle Kreise die Übernahme psychiatrischer Pflegepatienten aus dem BKH Stralsund-West vorbereiten sollten. Diese Übernahme sollte bis 1981 abgeschlossen sein, weil man die unzumutbaren Zustände im BKH durch eine Rekonstruktion verbessern wollte. Die einzelnen Kreise entwickelten schließlich entsprechende Aktivitäten, einzig im Kreis Ribnitz-Damgarten passierte nichts. Zwar gab es Bemühungen des Kreisarztes, die Oberschule in Barth in eine Einrichtung für psychiatrische Patienten umzuwandeln, diese scheiterten jedoch Ende 1981.[888] Im ersten Quartal des Jahres 1982 kam es zum Streit zwischen dem BKH und dem Rat des Kreises Ribnitz-Damgarten. Giermann weigerte sich, künftig Patienten aus dem Kreis in Stralsund-West aufzunehmen, solange dieser die Pflegefälle aus der Einrichtung nicht zurücknehme.[889] In Ribnitz-Damgarten wandte man sich an den Bezirksarzt und erklärte, alle Anstrengungen scheiterten an nicht vorhandenen materiellen und personellen Voraussetzungen.[890] Im Kreis verfügte man lediglich

---

885 Vgl. ebd., Schreiben Kreisärztin Malchin an den Bezirksarzt Neubrandenburg Möwius vom 11.5.1984.

886 Vgl. ebd., Antrag Rat des Bezirkes Neubrandenburg auf „Vereinigung des Kreiskrankenhauses Ueckermünde und des BFKH Ueckermünde", 15.8.1989.

887 Vgl. die verschiedenen Schriftwechsel in: LAGw, Rep. 200 II 9.1, Nr. 660.

888 Vgl. ebd., Nr. 659, Schreiben Bezirksarzt Rostock Fleischer an den Rat des Kreises Ribnitz-Damgarten vom 1.3.1982.

889 Vgl. ebd., Schreiben Horst Giermann, BKH Stralsund, an den Rat des Kreises Ribnitz-Damgarten vom 5.1.1982.

890 Vgl. ebd., Schreiben Rat des Kreises Ribnitz-Damgarten an den Bezirksarzt Rostock Fleischer vom 27.1.1982.

über eine vollbelegte Station mit Platz für 27 psychiatrische Patienten.[891] Letztlich wies der Bezirksarzt das BKH an, weiterhin Patienten aus dem Kreis aufzunehmen.[892] 1985 hatte man dort mit der Rekonstruktion immer noch nicht begonnen, da in den Kreisen weiterhin Betreuungsmöglichkeiten für die Pflegefälle fehlten.[893]

Auch im **Bezirk Schwerin** versuchte die BNK Schwerin überalterte Pflege- und Förderpatienten aus ihrer Außenstation Dobbertin in die Heimatkreise zurückzuverlegen. Entsprechende Weisungen wurden 1982 an die Kreisärzte gegeben. 1983 hatte man in einigen Kreisen damit Erfolg, in anderen Kreisen nicht, so dass die Rückverlegungen gestoppt und Patienten wieder zurückgenommen wurden.[894] Beispielsweise waren im Kreis Sternberg zwei Patienten in das Pflegeheim Kaarz verlegt worden, einer war daraus entwichen und zu seinen in der Nähe wohnenden Eltern gegangen. In Kaarz gab es für die Jugendlichen keinerlei Arbeits- oder Beschäftigungstherapie.[895] Im Kreis Bützow wurden Patienten im Pflegeheim Zeppelin untergebracht, doch auch hier waren eine Förderung und Arbeitstherapie nur schlecht möglich und erreichten, so der Bützower Kreisarzt, „mit Sicherheit nicht das Niveau der Arbeitstherapie in Dobbertin“[896]. Kritischer sah es die Kreisjugendärztin des Kreises Hagenow, die 1983 erklärte, dass zwei Jugendliche aus Dobbertin in den Kreis zurückgenommen und dort „menschenwürdig“ [im Original rot unterstrichen] „in Nähe ihrer Familien“ untergebracht wurden.[897] Trotz einiger Erfolge bei den Rückverlegungen gab es 1983 immer noch 129 überalterte Patienten in der Kinder- und Jugendstation Dobbertin, die 54,9 Prozent der Gesamtbelegung ausmachten. Man errechnete für das Jahr 1987, dass dann 77,4 Prozent der Patienten erwachsen sein würden und – so der Ärztliche Direktor der BNK Klaus Giercke (*1931) – „man wäre kaum mehr berechtigt, von einem Kinder- und

891 Vgl. ebd., Schreiben Rat des Kreises Ribnitz-Damgarten an Horst Giermann, BKH Stralsund, vom 08.02.1982.

892 Vgl. ebd., Schreiben Bezirksarzt Rostock Fleischer an den Rat des Kreises Ribnitz-Damgarten vom 4.3.1982.

893 Vgl. ebd., Nr. 688, Schreiben Kreisarzt Ribnitz-Damgarten an Horst Tretzel, BKH Stralsund, vom 12.3.1985.

894 Vgl. LHAS, 7.11-1-2, Z 132/1991, Nr. 35498, Rat des Bezirkes Schwerin, Abt. Gesundheits- und Sozialwesen, handschriftliches Protokoll, 17.3.1983.

895 Vgl. ebd., Schreiben Klaus Giercke, BNK Schwerin, an Bezirksarzt Schwerin Arno Trzeczak vom 20.12.1982.

896 Ebd., Schreiben Kreisarzt Bützow an Bezirksarzt Schwerin Arno Trzeczak vom 31.12.1982.

897 Ebd., Z 131/1991, Nr. 35551, Analyse über Kinder und Jugendliche mit geistigen Störungen im Kreis Hagenow, 1982/83.

Jugendbereich Dobbertin zu sprechen".[898] Ende 1986 sprach Bezirksarzt Trzeczak in einem Schreiben an alle Räte der Kreise das Problem erneut an und erklärte, Dobbertin könne nur weiterhin Kinder und Jugendliche aufnehmen, wenn die inzwischen erwachsenen Patienten wieder in die Heimatkreise verlegt werden können. Die Notwendigkeit der Rückverlegung bestände auch, um in Dobbertin die Aufenthalts- und Betreuungsbedingungen schrittweise zu verbessern.[899] 1987 waren nur wenig Fortschritte erzielt worden. So sahen sich die Kreise Schwerin-Stadt, Ludwigslust und Sternberg nicht in der Lage, über 18-Jährige aus Dobbertin zurückzunehmen.[900] Mitte 1987 gab es im Bezirk 540 psychiatrische Pflegeheimplätze der BNK Schwerin und deren Außenstellen in Dobbertin, Neu Damerow und Dessin. In den Kreisen waren 180 psychiatrische Pflegeheimplätze profiliert worden und zwar in den Pflegeheimen Zeppelin, Hoppenrade, Garlitz, Tessin, Ruest und Schelfwerder. Außerdem gab es 205 Betten für die Betreuung „schulbildungsunfähiger" pflegebedürftiger Kinder und Jugendlicher, wovon 100 in Dobbertin, 40 im KKH Hagenow Station Glaserhorst, zehn im Krankenhaus Neuhaus, 20 im KKH Perleberg und 25 im Bezirksrehabilitationszentrum Schwerin untergebracht waren.[901]

Auch im letzten Jahrzehnt der DDR konnten die grundlegenden Probleme der Psychiatrischen Großkliniken nicht gelöst werden. Bei Mitarbeitern machte sich neben Resignation auch Unmut breit und so kamen immer mehr Beschwerden leitender Ärzte in die Bezirksebene oder noch höher. Im August 1981 wies Anita Haiduk von der Psychiatrischen Abteilung der Universitätsnervenklinik Rostock den Rat des **Bezirkes Rostock** auf die prekäre Bettensituation hin und erklärte, es sei unmöglich, dass die Klinik die psychiatrische Versorgung von mehr als 260.000 Einwohnern gewährleisten könne.[902]

---

898 LHAS, 7.11-1/31, Nr. 168, Klaus Giercke, Ärztl. Direktor BNK Schwerin, Analyse der Patientenbetreuung und Perspektiven der Klinik für Kinder- und Jugendneuropsychiatrie Bereich Dobbertin, o. D. [1983].

899 Vgl. LHAS, 7.11-1-2, Z 132/1991, Nr. 35698, Schreiben Bezirksarzt Schwerin Trzeczak an alle Vorsitzenden der Räte der Kreise vom 9.12.1986.

900 Vgl. ebd., Nr. 35502, Schreiben Bezirksarzt Schwerin Arno Trzeczak an die Kreisärztin der Stadt Schwerin Köppen vom 2.2.1987. Ebd., Z 131/1991, Nr. 35720, Schreiben Rat des Kreises Ludwigslust, Abt. Gesundheits- und Sozialwesen, an den Bezirksarzt Schwerin Arno Trzeczak vom 22.7.1987; Schreiben Rat des Kreises Sternberg, Abt. Gesundheits- und Sozialwesen, an den Bezirksarzt Schwerin Arno Trzeczak, o. D. [1987].

901 Vgl. ebd., Nr. 35722, Beschluss Rat des Bezirkes Schwerin Nr. 131/87 vom 12.8.1987 über die Konzeption auf dem Gebiet der Neurologie/Psychiatrie im Bezirk Schwerin bis 1990.

902 Vgl. LAGw, Rep. 200 II 9.1, Nr. 659, Schreiben Haiduk, Psychiatrische Abt. der Universitätsnervenklinik Rostock, an den Rat des Bezirkes Rostock, vom 2.12.1981.

„Ich hoffe, daß endlich begriffen wird, daß schnellstmöglich etwas geschehen muß, um die sich anbahnende und nahe Katastrophe aufzufangen."

Schreiben von Alphons Herbst, Direktor der Abt. Psychiatrie an der Universitätsnervenklinik Rostock, an den Prorektor für Medizin der Wilhelm-Pieck-Universität Rostock (WPU) Dietrich Jaster vom 31. Dezember 1981.
Quelle: LAGw, Rep. 200 II 9.1 Nr. 659.

An den
Proroktor für Medizin
der WPU Rostock
Herrn Prof. Dr.sc.med. Jaster

mit der Bitte um Weiterleitung der Durchschläge an:

Kreisarzt Rostock-Stadt

Kreisarzt Rostock-Land

Bezirksarzt Bezikk Rostock

Vorsitzender der ständigen Kommission Gesundheitswesen des Bezirkstages Rostock

31. 12. 81

Betr.: Zur Situation der psychiatrischen Versorgungslage im Einzugsbereich der Nervenklinik, Abteilung Psychiatrie der WPU Rostock

In dem mir von Ihnen übersandten Material ist lediglich die Struktur der Entwicklung in Bezug auf das territoriale Gesundheitswesen berücksichtigt worden.
Es ist also vorrangig Sache der beratenden Neuropsychiater beim Kreis- und Bezirksarzt bzw. des Kreis- und Bezirksarztes die entsprechenden Voraussetzungen zur Realisierung der Vorgaben zu schaffen. Selbstverständlich sind wir bereit, uns im Rahmen unserer speziellen Interessen und der Beisteuerung unserer Erfahrungen und Vorstellungen daran zu beteiligen.

Leider sind die spezifischen Belange einer Universitäts-Klinik, speziell der Psychiatrischen Abteilung in dem vorliegenden Material überhaupt nicht berücksichtigt worden.
Die Rostocker Univ.-Nervenklinik befindet sich ja bedauerlicherweise in dem Dilemma als Universitäts-Klinik die gesamte Grundbetreuung, spezialisierte und hochspezialisierte Betreuung für die Stadt Rostock, den Landkreis Rostock und Kreis Bad Doberan und die Hälfte des Kreises Ribnitz-Damgarten zu gewährleisten und zwar nur mit 132 Betten für akute und chronische Psychotische einschließlich der akut psychotisch erkrankten Alkoholiker und 21 Betten für Neurotiker zu gewährleisten.
Das bedeutet, daß für 350 000 Einwohner und noch ständig steigender Einwohnerzahl, einschließlich der Ausländer, die zur Zeit in diesem Einzugsbereich arbeiten bzw. aus dem Überseehafen überwiesen werden, also lediglich 0,437 Betten auf 1000 Einwohner zur Verfügung stehen. Das Soll liegt bei 1,2 Betten pro Einwohner, vorausgesetzt daß alle in den vorliegenden Materialien vorgesehenen Maßnahmen tatsächlich bereits realisiert sind.
Zu Ihrer Information darf ich Ihnen mitteilen, daß z. B. die Bezirke Leipzig, Dresden und die Hauptstadt der DDR Berlin über einen psychiatrischen Bettenindex von 2,0 bis 2,3 auf 1000 Einwohner verfügen. Hinzu kommt, daß die Bezirksnervenklinik Stralsund bzw. Wismar uns keinen Patienten abnimmt, der für längwre Zeiträume zur Behandlung untergebracht werden muß. Die psychiatrische Pflegeeinrichtung Groß Klein ist dazu ebenfalls nur in sehr beschränktem und unzureichendem Maße in der Lage. Die Wartezeiten für Übernahme von Patienten liegen bei Monaten und Jahren.

- 2 -

Nur für den Dienstgebrauch

Bei der Lage der Dinge wird es wohl klar, daß die Abteilung Psychistrie der Universitäts-Nervenklinik Rostock sich zur Zeit in einer äußerst prekären Lage befindet und die Absicherung der stationären psychiatrischen Versorgung der Bevölkerung des Einzugsbereiches nicht mehr gewährleistet.ist.

In den vorausgegangenen Jahren habe ich bereits mehrfach unsere Situation dargelegt und sowohl den Bereich Medizin der WPU Rostock als auch den zuständigen Kreis- und Bezirksarzt entsprechend informiert und um Unterstützung gebeten. In diesem Zusammenhang darf ich ausdrücklich darauf hinweisen, daß sich die Situation im Bereich des ambulanten Sektors der neuropsychiatrischen Betreuung einschließlich der Alkoholikerbetreuung dank des Verständnisses und des Engagements des Kreisarztes der Stadt Rostock in den letzten fünf Jahren wesentlich gebessert und.zu einer merkbaren Entlastung geführt hat. Jedoch hat sich in der stationären Versorgung nichts geändert.

Auf der letzten Dienstbesprechung des Bereiches Medizin am 17. Dezember 1981 wurde bei der Bekanntgabe der Invest- und Rekonstruktionsvorhaben des Bereiches Medizin lediglich lakonisch und ohne Begründung mitgeteilt, daß die vorgesehenen Rekonstruktionsmaßnahmen für die Abteilung Psychiatrie der Universitäts-Nervenklinik aus dem Plan des Bereiches bis 1985 wieder (zum wievielten Male ?) gestrichen worden sind.

Unter diesen Umständen muß ich nochmal mit allem gebotenem Nachdruck darauf aufmerksam machen, daß die stationäre psychiatrische Versorgung der Bevölkerung des Einzugsbereiches schon bereits jetzt nicht mehr gewährleistet ist. Das es bisher nicht zum Zusammenbruch der Betreuung und Versorgung gekommen ist, ist allein der hohen Einsatzfreudigkeit und Bereitschaft, den hochqualifizierten therapeutischen Fähigkeiten und dem humanistischen Engagement meiner ärztlichen und pflegerischen Mitarbeiter zu verdanken. Aber die Grenze der Belastbarkeit und weitere Ausnutzung der vorhandenen Kapazität ist erreicht. Ich hoffe, daß endlich begriffen wird, daß schnellstmöglich etwas geschehen muß, um die sich anbahnende und nahe Katastrophe aufzufangen.

Ich darf noch hinzufügen, daß unter den gegebenen Umständen die eigentlichen Aufgaben einer Universitäts-Klinik nur äußerst unzureichend und unter Aufbietung aller Kräfte überhaupt zu bewältigen sind, das betrifft vor allem den Bereich der Forschung und Lehre. Für die fünf psychiatrischen Stationen stehen nur der Lehrstuhlinhaber, ein Oberarzt, fünf Fachärzte und vier Psychologen zur Verfügung die Stationen mit bis 38 Betten zu versorgen haben (Auslastung 98 %) und sich neben vielen anderen Aufgaben noch zusätzlich mit der Aus- und Weiterbildung von Studenten, Facharztkandidaten und Hospitanten beschäftigen müssen.

- 3 -

Nur für den Dienstgebrauch

- 3 -

Denken Sie doch bitte daran, daß das menschliche Gehirn, mit dessen Krankheitsprozessen wir uns auf dem Gebiet der Therapie, Forschung und Lehre zu beschäftigen haben, das differenzierteste und wertvollste Zentralorgan ist, das der Mensch besitzt und das seine Erkrankung nicht nur für den davon betroffenen Menschen katastrophale Folgen haben kann, sondern auch eine erhebliche gesellschaftliche Relevanz besitzt und das es unsere Aufgabe sein sollte und auch ist, mit Hilfe der noch zu realisierenden Möglichkeiten zur Aufklärung der Krankheitsursachen und der daraus letztendlich abzuleitenden verbesserten Therapie beizutragen. Um die Voraussetzungen dafür zu schaffen, bedarf es leider einer sehr personal- und technisch-apparativ aufwendigen Investition und eines intensiven Einsatzes aller Kräfte, Zumindest aber einer menschlich zumutbaren Unterbringung der Pat. in angepaßten Krankenzimmern und Therapieräumen.

Die vorhandenen Möglichkeiten aufgrund der oben geschilderten Fakten und Gegebenheiten bestehen leider nur in sehr beschränktem Ausmaß und es ist schwer - ja sogar sehr schwer - unter diesen geschilderten Umständen die Mitarbeiter neben ihren vielfältigen umfassenden bis in sozial psychiatrische Belange hineinreichenden Aufgaben noch zusätzlich zur Forschung zu motivieren.

Ich hoffe auf Ihr Verständnis und Ihre Hilfe.

In der Anlage übersende ich Ihnen zu Ihrer Information, Erinnerung und vertiefendem Verständnis für unsere Situation Ihnen bereits früher zugegangenes Material noch einmal, das in seiner Aktualität keineswegs an Bedeutung verloren hat aber bisher kaum Beachtung fand.

Prof. Dr.sc.med. Herbst
Direktor der Abteilung
Psychiatrie
der Nervenklinik der WPU Rostock

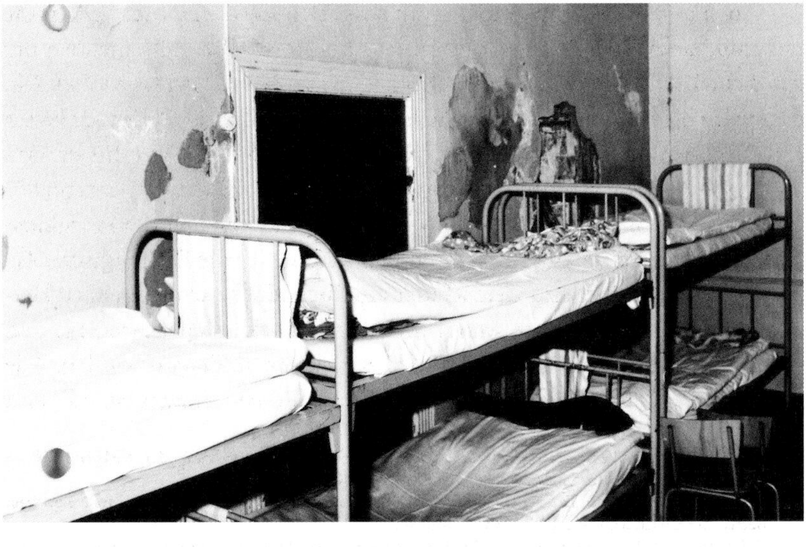

Menschenunwürdige Unterbringungsbedingungen im Psychiatrischen Pflegeheim Dobbertin, etwa Mitte 1989. Fotograf: unbekannt; Quelle: LHAS, 7.11-1-2, Z 45/1996, Nr. 159.

Einen Monat später schrieb Alphons Herbst, Direktor der Abteilung Psychiatrie an der Universitätsnervenklinik, an den dortigen Prorektor für Medizin Dietrich Jaster (1934–2019), dass seit Jahren auf die unzureichende stationäre psychiatrische Versorgung der Bevölkerung im Bezirk hingewiesen werde, es sich jedoch nichts ändere. Immer wieder würden die vorgesehenen Rekonstruktionsmaßnahmen verschoben und nun erneut aus dem aktuellen Fünfjahrplan gestrichen. Herbst forderte, zumindest eine „menschlich zumutbare Unterbringung der Patienten in angepaßten Krankenzimmern und Therapieräumen zu schaffen".[903]

Ein Schritt für Schritt zu Werke gehender Reformer war Ulrich Müller, der die Leitung der Kinderpsychiatrie in Stralsund-West innehatte. Müller hatte seit seinem Antritt 1972 die Schaffung klinischer Betten gefordert, aber überbelegte Räume und ein bürokratisch festgeschriebenes Bettenprofil beim Rat des Bezirkes erschwerten ihm die Arbeit. Dennoch schaffte er es, im Laufe der Jahre die Verhältnisse zu verbessern. Dazu musste er immer wieder die Vorgaben des Rates des Bezirkes unterlaufen. Schließlich richtete er 1985 eine komplette klinische Station mit 34 Betten ein.[904]

Auch im **Bezirk Schwerin** begann man, sich mehr und mehr gegen die unzumutbaren Bedingungen zu wehren. Im November 1986 meldete der Ärztliche Direktor der BNK Schwerin über den Kinder- und Jugendbereich, dass mehr als ein Viertel des Personals langfristig fehle und Stellen für höher qualifizierte Mitarbeiter immer unterbesetzt waren.[905] In Dobbertin wurden 1982 verschiedene Häusern rekonstruiert und Werkstätten neu errichtet.[906] Diese Maßnahmen erwiesen sich aber als völlig unzureichend. 1986 fehlten in der BNK und in Dobbertin immer noch Räume für die Pädagogische Arbeit, es fehlten Möbel und viele Kinder und Jugendliche schliefen in zu kleinen Betten.[907] Schlafräume waren mit Doppelstockbetten überbelegt und selbst die Dachböden waren zu Patientenzimmern ausgebaut worden. Alle Räume befanden sich in einem „schlechtem Renovierungszustand" und

903 Ebd., Schreiben Alphons Herbst, Direktor Abt. Psychiatrie an der Nervenklinik der WPU Rostock, an Dietrich Jaster, Prorektor für Medizin an der WPU Rostock, vom 31.12.1981.

904 Vgl. Müller/Herberhold: Die Entwicklung der Kinder- und Jugendpsychiatrie, S. 213. Interview Falk Bersch mit Ulrich Müller am 3.7.2018 in Stralsund.

905 Vgl. LHAS, 7.11-1-2, Z 131/1991, Nr. 35722, Klaus Giercke, Analyse der gegenwärtigen Besetzungssituation des mittleren medizinischen Personals, 10.11.1986.

906 Vgl. ebd., Z 132/1991, Nr. 35499 B, Klaus Giercke, Analyse zur Berichterstattung Psychiatrisches Pflegeheim Dobbertin einschl. Damerow und Dessin 1982, 7.1.1983.

907 Vgl. ebd., Z 131/1991, Nr. 35722, Schreiben Bezirksarzt Schwerin Arno Trzeczak an den stellvertretenden Minister für Gesundheitswesen Edgar Harig vom 28.8.1985.

immer noch gab es keine Zentralheizung.[908] 1987 berichtete der Ärztliche Direktor der BNK erneut von einer Überbelegung in Dobbertin, sowohl im Kinder-, als auch im Erwachsenenbereich. In einigen Häusern waren Räume baupolizeilich gesperrt. Im psychiatrischen Pflegeheim in Tessin war ein Schornstein bereits seit 1985 gesperrt und konnte seitdem jährlich nur mit einer Ausnahmegenehmigung genutzt werden.[909] Ebenso wurden in den arbeitstherapeutischen Außenstationen der BNK 1987 bei einer Kontrolle Mängel in Bezug auf die räumlichen Bedingungen, die Ausstattung, die Ausgestaltung und den bauhygienischen Zustand offenkundig.[910] Werner Panther, stellvertretender Ärztlicher Direktor, erhob im August 1989 Einspruch gegen die Werterhaltungsbilanzierung[911] des Jahres 1990 für das Psychiatrische Pflegeheim Dobbertin. Er nannte die gewerkliche Bilanzierung „absolut katastrophal" und bat „für das größte psychiatrische Pflegeheim des Bezirkes [Schwerin], dass die schwierigsten Problemfälle aufnimmt, bezirkliche Werterhaltungskapazitäten zu erschließen"[912].

Das BFKH Ueckermünde in den 1980er Jahren

Als Reformer im **Bezirk Neubrandenburg** sah sich Hans Eichhorn, der 1981 das BFKH Ueckermünde als Ärztlicher Direktor übernahm. Eichhorn, der bisher in Berlin gearbeitet hatte, schätzte nach einem ersten Besuch in Ueckermünde die dortigen Verhältnisse „als den gegenwärtig in der DDR gültigen Entwicklungsnormen derartiger Einrichtungen entsprechend" ein.[913] Doch schon kurz nach seinem Antritt bemerkte er gravierendere Probleme. Die Sicherheit von Patienten und Personal sah er als nicht gewähr-

908 Vgl. ebd., Protokoll Arbeitsbesuch in der Kinder- und Jugend-Neuropsychiatrie der BNK Schwerin am 15.5.1986.

909 Vgl. ebd., Klaus Giercke, Zuarbeit zur Entwicklungskonzeption des Fachgebietes Neurologie und Psychiatrie in Ergänzung zum Ratsbeschluss vom 27.5.1987, 11.6.1987.

910 Vgl. ebd., Z 132/1991, Nr. 35698, Schreiben Bezirks-Hygieneinspektion Schwerin an den stellvertretenden Bezirksarzt Schwerin Greiner-Leben vom 29.6.1987.

911 Die Werterhaltungsbilanzierung nannte die finanziellen Mittel, die zur Erhaltung des Psychiatrischen Pflegeheims Dobbertin 1990 zur Verfügung gestellt werden sollten.

912 LHAS, 7.11-1-2, Z 45/1996, Nr. 159, Schreiben stellvertretender Ärztlicher Direktor der BNK Schwerin Werner Panther an den Bezirksarzt Schwerin vom 10.8.1989.

913 LHAS, 7.21-1-2, Z 108/1991, Nr. 28698 B, Bl. 43–45, Aktennotiz Bezirksarzt Neubrandenburg Möwius vom 22.7.1980 über den Besuch des BFKH Ueckermünde und das Gespräch mit Hans Eichhorn und Ehefrau vom 4.7.1980.

leistet[914], es herrschten „katastrophale Bedingungen“[915] und die Verhältnisse in der Einrichtung entsprachen nicht der „sozialistischen Gesetzlichkeit“[916]. Was Kinder und Jugendliche in Ueckermünde erlebten und erlitten, soll an zwei Beispielen kurz dargestellt werden.

Die 1962 geborene Astrid B. kam aus schwierigen Familienverhältnissen, war zu Hause misshandelt und deshalb zeitweilig in einem Kinderheim untergebracht worden. Im Alter von 13 Jahren hatte sie einen ersten Selbstmordversuch unternommen. Kurz darauf wurde sie für mehrere Monate in das BFKH Ueckermünde eingewiesen, 1980 ein weiteres Mal. Das vierzehnjährige Mädchen kam 1977 auf die Station 5A, welche eine gemischte Erwachsenenstation war. Sie erinnert sich, in Ueckermünde zunächst sechs bis sieben Stunden täglich in der Gärtnerei und später in einem Kabelwerk gearbeitet zu haben. Zur Medikamenteneinnahme wurde sie gezwungen. Wenn sie keine Tabletten nehmen wollte, gab man ihr Spritzen. Astrid B. berichtet über verschiedene Gewalterfahrungen bzw. „Bestrafungsmaßnahmen“ in Ueckermünde, die sie als Kind und Jugendliche erleiden musste: Schläge durch das Personal oder durch andere Patienten; stundenlange Fixierung auf einem Stuhl oder in einem Netzbett, wo sie einnässte, da sie nicht austreten durfte; mehrmaliges Einsperren in eine ca. zwei Quadratmeter große fensterlose Kammer, in völliger Dunkelheit. Der Psychiatrieaufenthalt von Astrid B. war nur vorübergehend, andere Kinder und Jugendliche waren dauerhaft im BFKH Ueckermünde untergebracht.[917] So die 1971 geborene geistig behinderte Franziska T. 1972 wurde für sie und ihren Bruder eine Heimerziehung angeordnet, der Vater war Alkoholiker und die Mutter offenbar nicht in der Lage, die Kinder zu erziehen. Ab 1975 bestand zwischen Franziska und ihren Eltern kein Kontakt mehr. Das Referat Jugendhilfe übte die Pflegschaft verbunden mit der gesetzlichen Vertretung über sie aus. Nach einem Aufenthalt im Säuglingsheim Völschow wurde das Mädchen 1976 in der Kinderneuropsychiatrischen Klinik im BFKH

---

914 Vgl. ebd., Bl. 26–28, Schreiben Hans Eichhorn an den Bezirksarzt Neubrandenburg Möwius vom 2.4.1981.

915 Ebd., Bl. 7 f., Grundlagen für das Gespräch mit Hans Eichhorn am 5.6.1981.

916 Ebd., Bl. 24 f., Schreiben Hans Eichhorn an den Bezirksarzt Neubrandenburg Möwius, o. D. [etwa April, Mai 1981]. Damit meinte Eichhorn, dass es bei einer Reihe von Patienten keine rechtliche Grundlage für deren Zwangseinweisung gegeben habe (vgl. ebd., Notiz Hans Eichhorn, betr. telefonischer Anfrage des Bezirksarztes vom 14.1.1982 über forensische Psychiatrie im Bezirk).

917 Vgl. Landesbeauftragte für Mecklenburg-Vorpommern für die Aufarbeitung der SED-Diktatur, Stiftung „Anerkennung und Hilfe“ (LAMV SAH), Nr. 314.

Ueckermünde aufgenommen. Auch Franziska T. berichtet von körperlicher Gewalt in Ueckermünde und von Netzbetten, in denen Kinder „zum Ruhigmachen" fixiert wurden. 1981 wurde sie zum „Dauerpflegefall" erklärt. Diese Einschätzung wurde Mitte der 1980er Jahre, als Eichhorn das BFKH übernommen hatte, korrigiert. Franziska galt nun als „förderungsfähig" und kam in eine Förderungseinrichtung nach Woldegk.[918]

Eichhorn versuchte 1981 innerhalb kürzester Zeit auf die Missstände in Ueckermünde aufmerksam zu machen und zu ändern, was zu ändern ging. Er machte sich dabei viele Feinde. Er erklärte später selbst, sofort dafür gesorgt zu haben, dass „innerhalb weniger Monate ein Sprung von der asylierenden Praxis zum therapeutisch orientierten Krankenhaus ohne wesentliche Zwischenetappe stattfand", denn „angesichts der vorgefundenen Zustände" seien „bedächtige Reformen nicht angebracht" gewesen.[919] Dabei war ihm egal, ob er Mitarbeiter, Kreisärzte, den Bezirksarzt, den Bezirksgutachter oder den Bezirksstaatsanwalt verärgerte.[920] Eichhorn war SED-Mitglied und Inoffizieller Mitarbeiter des Staatssicherheitsdienstes (IM). Er versuchte mit allen Mitteln, seine Vorstellungen durchzusetzen.[921] Seine im Alleingang durchgesetzte radikale Kursänderung kam den Patienten zugute, wie er ab 1984 in verschiedenen wissenschaftlichen Beiträgen erklärte: Er öffnete alle Stationen, schaffte Zwangsmittel wie Netze und Käfige ab, verbot die Elektroschock-Behandlung (EKB) und räumte durch die Einrichtung von Patientenräten mehr Rechte für Patienten ein. Außerdem ließ er das Pflegepersonal durch Trainingsprogramme weiterbilden.[922] Und die Ergebnisse gaben Eichhorn recht. Innerhalb weniger Jahre sank in Ueckermünde nicht nur der Medikamentenverbrauch, es kam zu weniger Entweichungen und anderen „Zwischenfällen".[923]

918 Vgl. LAMV SAH, Nr. 307.

919 Eichhorn, Hans: Abschied von der Klapper? Überlegungen zum psychiatrischen Krankenhaus, in: Thom/Wulff (Hg.): Psychiatrie im Wandel, Bonn 1990, S. 166–179, hier S. 170, 174.

920 Vgl. LHAS, 7.21-1-2, Z 108/1991, Nr. 28698, Bl. 18–22, Konzeption zur Beratung mit Hans Eichhorn, 5.5.1981.

921 Zu Eichhorn und seiner IM-Tätigkeit siehe: Süß: Politisch missbraucht?, S. 322 ff.

922 Vgl. Eichhorn: DDR-Psychiatrie, S. 9–13.

923 Vgl. Eichhorn, Hans: Braucht die Psychiatrie geschlossene Stationen?, in: Psychiatrie, Neurologie, medizinische Psychologie, 36, Leipzig 1984, S. 385–394.

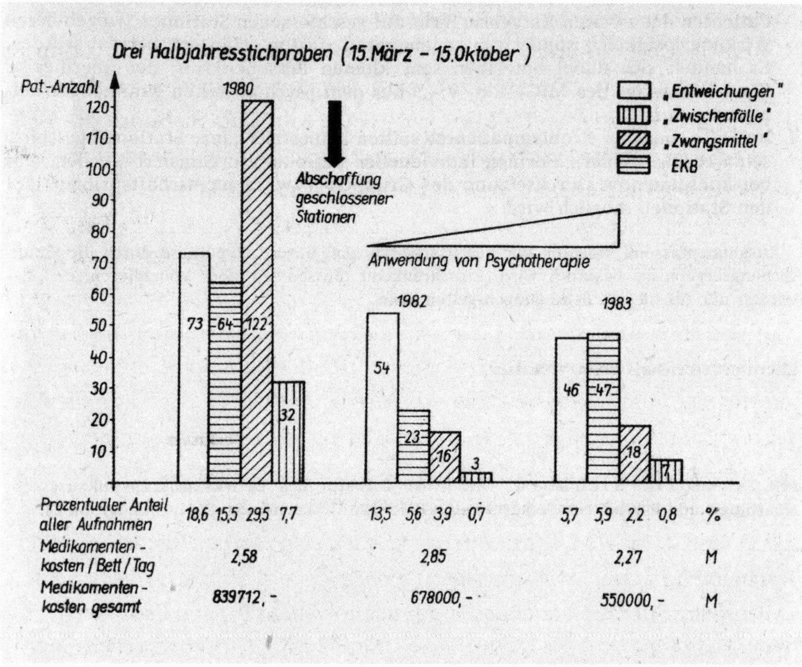

Die Grafik verweist auf die Erfolge der von Hans Eichhorn im BFKH Ueckermünde durchgeführten Reformen. Als Begründung für die Abschaffung von Zwangsmaßnahmen führt Eichhorn hier auch ökonomische Gründe an.
Quelle: Eichhorn, Hans, Braucht die Psychiatrie geschlossene Stationen?, in: Psychiatrie, Neurologie, medizinische Psychologie, Leipzig 36 (1984), S. 39–42, hier S. 40, in: LHAS, 7.21-1-2, Z 108/1991, Nr. 28698 B.

Eichhorns Vorgehen verursachte auf allen Ebenen Unruhe. Schon Mitte 1981, also kurz nach Antritt seiner Direktorenstelle, wurde er zu einer Aussprache zum Rat des Bezirkes geladen. Dabei wurde bemerkt, dass bisher keiner der vorherigen Leiter des BFKH eine so dramatische Darstellung der Situation gegeben hatte. Sie hätten vielmehr „gemeinsam mit den Mitarbeitern unter [den vorhandenen] Bedingungen verantwortungsbewusst gearbeitet"[924]. Mit anderen Worten, sie hatten die schlechten Lebens- und

924 LHAS, 7.21-1-2, Z 108/1991, Nr. 28698 B, Bl. 7 f., Grundlagen für das Gespräch mit Hans Eichhorn am 5.6.1981.

Arbeitsbedingungen als nicht veränderbar hingenommen. Im Gegensatz zu Eichhorn, der die Probleme beim Namen nannte und nun unbequem wurde. Bezirksarzt Möwius versuchte Eichhorns Eindrücke kleinzureden und verwies auf dessen behindertes Kind und familiäre Probleme. Vor allem sollte Eichhorn nicht mehr von der „Rettung des Krankenhauses“ sprechen, denn damit erzeuge er nur Unruhe. Die Entwicklung in den nächsten Jahren stellte Eichhorn nicht zufrieden. 1984 schickte er eine Analyse an den ersten Bezirkssekretär der SED Johannes Chemnitzer (*1929), der seine Bemühungen anerkannte und eine Verbesserung der materiellen Situation in Aussicht stellte. Gleichzeitig verlangte er jedoch ein „Ende der Fehlerdiskussion“.[925] Am 15. September 1987 schrieb Eichhorn schließlich an Erich Honecker und machte den Generalsekretär des ZK der SED persönlich auf die Missstände aufmerksam.[926] Honecker antwortete schon zwei Tage später.[927] Damit kam Bewegung in die Sache und in den nächsten Wochen wurden nach Prüfungen und Beratungen schließlich Zusagen gemacht, an den bestehenden Problemen etwas zu ändern. So wollte man das seit Jahren dringend benötigte Heizhaus fertigstellen. Doch der Bau geriet immer wieder ins Stocken. Als die Abteilung Sozialistische Wirtschaftsführung beim ZK der SED im Februar 1988 einen Kontrollbesuch in Ueckermünde machte, schätzte sie den Baufortschritt als unbefriedigend ein. Es hätten 40 bis 50 Bauarbeiter auf der Baustelle sein müssen, tatsächlich waren es nur acht bis zwölf.[928] Die rechtzeitige Realisierung des Projektes war in Gefahr.

Die Abteilung Sozialistische Wirtschaftsführung drohte Chemnitzer: „Wenn in den nächsten Tagen nichts Energisches passiert, wird es zu einem großen Krach kommen.“ Er solle seine „ganze Autorität in die Waagschale werfen“, denn es sei „stark damit zu rechnen [...], daß der Generalsekretär bei einer solchen Gelegenheit wie der Berichterstattung der Bezirksleitung Neubrandenburg im Politbüro möglicherweise Fragen zum“ BFKH Ueckermünde stellen werde.[929]

925 Eichhorn: DDR-Psychiatrie, S.11 f.

926 Vgl. LHAS, 10.34-7, Nr. 4431, Schreiben Hans Eichhorn an Erich Honecker vom 15.9.1987.

927 Vgl. ebd., Schreiben Erich Honecker an Hans Eichhorn vom 17.9.1987.

928 Vgl. ebd., Schreiben Carl-Heinz Janson, Abteilung Sozialistische Wirtschaftsführung beim ZK der SED, an Johannes Chemnitzer, Erster Sekretär Bezirksleitung der SED Neubrandenburg vom 1.3.1988.

929 Ebd., Notiz zum Anruf der Abteilung Sozialistische Wirtschaftsführung beim ZK der SED an Johannes Chemnitzer, Erster Sekretär Bezirksleitung der SED Neubrandenburg, vom 3.3.1988. Das neue Heizhaus konnte im Dezember 1988 erst in Teilbetrieb genommen werden. Noch 1989 wurde daran gearbeitet (vgl. ebd., Notiz Abteilungsleiter K. an Johannes Chemnitzer vom 16.12.1988 und Schreiben Abteilungsleiter K. an Johannes Chemnitzer vom 21.3.1989).

Eichhorn schrieb am 23. Juni 1988 erneut an Honecker und klagte, dass „kein einziges der […] Probleme zufriedenstellend gelöst“ worden sei.[930] Seine Mitgenossen beim Rat des Bezirkes sahen sich dadurch angegriffen und reagierten entsprechend. Sie warfen Eichhorn eine falsche Darstellung und Diskreditierung der erreichten Leistungen vor. Man hielt ihm zwar zugute, dass er so kritisch reagiere, weil Termine nicht eingehalten wurden und ihn die Wasser- und Stromausfälle in der Klinik belasteten. Er wolle das BFKH schnell modernisieren und bessere Arbeits- und Betreuungsbedingungen schaffen, dabei ignoriere er jedoch die realen Möglichkeiten.[931] Im Februar 1989 leitete die SED-Bezirksparteikontrollkommission eine Untersuchung gegen ihn ein. Eichhorn wurde unterstellt, unsozialistisch zu sein und das BFKH autoritär zu leiten. Letzteres wurde auch im BFKH so gesehen, wo der medizinische Notstand herrschte, nicht zuletzt, weil viele Mitarbeiter seit Eichhorns Antritt aufgrund seines Führungsstils die Einrichtung verlassen hatten.[932] Als Ergebnis der Untersuchung erhielt Eichhorn eine öffentliche Missbilligung durch den ersten SED-Bezirkssekretär.[933]

Sonja Süß kommt nach Einsicht der BStU-Akten zu dem Schluss, dass 1989 Eichhorns Kraft verbraucht war. Ungeachtet seiner IM-Tätigkeit und anderer sozialer Fehlleistungen in Ueckermünde hatte er in den 1980er Jahren eine enorme Leistung vollbracht. Durch ihn war ab 1981 eine grundlegende Sanierung des Kinderpsychiatrischen Klinikbereichs eingeleitet worden. Süß resümiert: Die Verantwortlichen für die menschenunwürdigen Zustände saßen nicht im BFKH Ueckermünde, sondern in den Leitungsgremien des Bezirkes Neubrandenburg – allem voran schien Bezirksarzt Möwius die Veränderungen blockiert zu haben.[934]

---

930 Ebd., Schreiben Hans Eichhorn an Erich Honecker vom 23.6.1988.

931 Vgl. ebd., Stellungnahmen zum Brief von Hans Eichhorn an Erich Honecker, 6.7.1988.

932 Vgl. LHAS, 7.21-1-2, Z 108/1991, Nr. 28735, S. G., Oberarzt der Klinik für Psychotherapie, Stellungnahme zu meinem Ausscheiden aus dem BFKH Ueckermünde, 25.11.1989.

933 Vgl. Eichhorn: DDR-Psychiatrie, S.12 f.

934 Vgl. Süß: Politisch missbraucht?, S. 338 f.

Bezirksfachkrankenhaus für Neurologie und Psychiatrie

Ueckermünde

Ärztlicher Direktor

2120 Ueckermunde, den 15. 9. 1987

Ravensteinstraße 23

mr dr.ei-tc

An den Generalsekretär der SED
Genossen Erich Honecker
Haus des Zentralkomitees
Marx-Engels-Platz
Berlin

1 0 2 0

Sehr geehrter Genosse Generalsekretär!

Nach langem Überlegen fühle ich mich verpflichtet, Dich persönlich darüber in Kenntnis zu setzen, daß das von mir geleitete Krankenhaus sich in einem Zustand befindet, der tägliche Havariesituationen der grundlegende Versorgungs- und Entsorgungssysteme (Wärme, Wasser, Elektroenergie) bedingt und angesichts des bevorstehenden Winters akute Gefahren für die hier befindlichen 600 Patienten heraufbeschwört.

Bevor ich diesen Brief schrieb, habe ich in meiner bisherigen Amtszeit seit 1981 alle Möglichkeiten im Rahmen kreislicher und bezirklicher Organe ausgeschöpft.
Im Zusammenhang mit einer Eingabe der BPO unseres Krankenhauses an die Zentrale Parteikontrollkommission erhielten wir auch Zusagen, die Durchsetzung der entsprechenden Beschlüsse des Sekretariates der Bezirksleitung der SED Neubrandenburg betreffend.
Der Vorsitzende des Rates des Bezirkes Neubrandenburg sicherte in einer Beratung im Herbst 1986 die Lösung der akuten Betriebsstörungen des Krankenhauses (Notwasserversorgung, Wärmeversorgung,

Notstromversorgung und Abwasserbeseitigung) bis zum Winterhalbjahr 1987/88 zu. Diese Versprechungen wurden in mehreren Rapporten des Ratsvorsitzenden persönlich sowie seines Bezirksbaudirektors festgeschrieben.
Ein eigens gegründeter Parteistab kontrolliert den Bauablauf. Diese Maßnahmen wurden in der Belegschaft ausgewertet.
Mit dem heutigen Tag muß festgestellt werden, daß keine einzige dieser Maßnahmen erfüllt ist und somit bei den grundlegenden Medien eine permanente Havariesituation für die Einrichtung als Ganzes besteht. Der Vorsitzende des Rates des Kreises wurde darüber informiert und aufgefordert uns für den Notfall ein Evakuierungsobjekt zu benennen.
Da mit den Festlegungen der Zentralen Parteikontrollkommission (Mü/Wu-XI/277-86) wiederum so verfahren wurde, wie zuvor mit bezirklichen Festlegungen, bin ich nicht mehr in der Lage die Verantwortung für die Leitung des Objektes zu übernehmen.
Als Genosse muß ich unter diesen Umständen feststellen, daß die ideologische Situation unter den über 500 Mitarbeitern sich ständig verschlechtert und der Einfluß unserer Partei nachläßt.
Angesichts der seinerzeitigen Ausgangssituation in welcher sich das Krankenhaus 1980/81 befand und die zum Sekretariatsbeschluß vom 19. 1. 1983 führte, den kaum beseitigten strafrechtlich relevanten Erscheinungen in dieser psychiatrischen Einrichtung und angesichts der jetzt drohenden Probleme, halte ich es für erforderlich den Generalsekretär meiner Partei persönlich zu informieren.
Ich bin der Auffassung, daß es einfach untragbar ist, daß kranke Menschen zeitweilig ohne Wärme, Wasser und Elektroenergie vegetieren müssen.

Der soeben fertiggestellte 24-WE-Block ist beim heutigen Stand der Dinge im kommenden Winter nicht beheizbar.

Zu weiterführenden Angaben über Hintergründe der katastrophalen Situation bin ich jederzeit in der Lage, zumal ich die

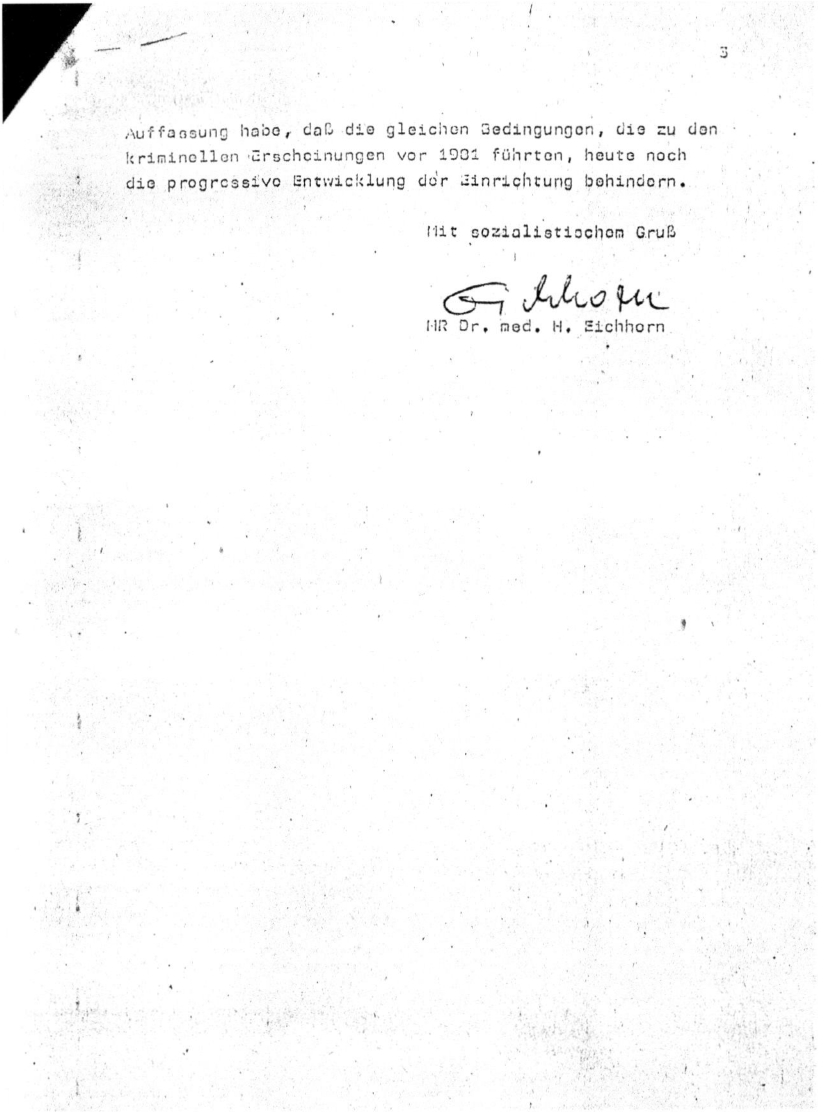
3

Auffassung habe, daß die gleichen Bedingungen, die zu den kriminellen Erscheinungen vor 1981 führten, heute noch die progressive Entwicklung der Einrichtung behindern.

Mit sozialistischem Gruß

MR Dr. med. H. Eichhorn

„Ich bin der Auffassung, daß es einfach untragbar ist, daß kranke Menschen zeitweilig ohne Wärme, Wasser und Elektroenergie vegetieren müssen." Schreiben von Hans Eichhorn an Erich Honecker vom 15. September 1987. Quelle: LHAS, 10.34-7, Nr. 4431.

GENERALSEKRETÄR

DES ZENTRALKOMITEES DER SOZIALISTISCHEN EINHEITSPARTEI DEUTSCHLANDS

UND

VORSITZENDER

DES STAATSRATES DER DEUTSCHEN DEMOKRATISCHEN REPUBLIK

Bezirkskrankenhaus für
Neurologie und Psychiatrie
Ärztlicher Direktor
Genossen MR Dr. med. H. Eichhorn

U e c k e r m ü n d e

Werter Genosse Dr. med. H. Eichhorn!

Aufgrund Deines Briefes zur Situation im Bezirkskrankenhaus für Neurologie und Psychiatrie Ueckermünde habe ich die zuständigen Stellen beauftragt, alle Möglichkeiten zu prüfen, die zu einer umgehenden Veränderung der von Dir geschilderten Situation führen. Die damit beauftragten Genossen werden mich über die getroffenen Entscheidungen informieren.

Mit sozialistischem Gruß

E. Honecker

Berlin, 17. 9. 1987

„Die damit beauftragten Genossen werden mich über die getroffenen Entscheidungen informieren." Antwort Erich Honeckers an Hans Eichhorn vom 17. September 1987. Quelle: LHAS, 10.34-7, Nr. 4431

Die ausgewerteten Unterlagen bestätigen diese Sicht. Eichhorn fand 1981 im BFKH Ueckermünde erschreckende Arbeits- und Lebensbedingungen vor, er setzte innerhalb kürzester Zeit – sozusagen mit der Brechstange – Veränderungen durch. Dabei verprellte er nicht nur Mitarbeiter, sondern auch die Führungsebenen beim Rat des Bezirkes Neubrandenburg sowie in der SED-Bezirksleitung. Für diese wurde Eichhorn zunehmend zum Problem und sie versuchten ihn immer wieder in die Schranken zu weisen. Die erfolgreiche Umsetzung seiner Maßnahmen, die den Patienten zugutekamen, wurde nicht nur durch das System, sondern letztlich auch durch die Mangelwirtschaft behindert.

6.3 Beschulung

Ab Mitte der 1970er Jahre entstanden in der DDR 71 neue Sonderschulen mit 6.160 Internatsplätzen. Darunter befanden sich 48 Hilfsschulen, neun Körperbehindertenschulen, acht Schulen für Sprachgeschädigte, fünf Schulen für Hörgeschädigte sowie eine Sehschwachenschule.[935] 1984 besuchten in der DDR 57.519 Schüler Sonderschulen, 10.287 von ihnen waren in Internaten untergebracht.[936] Diese Entwicklung spiegelte sich in den Nordbezirken wider. So gab es 1981 im **Bezirk Schwerin** 18 Hilfsschulen, teilweise mit Vorschul- und Berufsteil. An neun der Hilfsschulen waren Internate angeschlossen. Zudem gab es sechs weitere Sonderschulen mit zwei Internaten. In den Einrichtungen betreuten 733 Pädagogen insgesamt 2.444 Kinder. Die elf Internate hatten eine Kapazität von 1.122 Plätzen.[937] Demzufolge kam es seltener vor, dass ein behindertes und als „schulbildungsfähig" eingestuftes Kind keine Schule besuchen konnte. Für die 1970er Jahre lassen sich entsprechende Fälle für die Nordbezirke jedoch noch nachweisen, besonders wenn eine Pflegebedürftigkeit vorlag. So konnten 1974 im **Bezirk Rostock** pflegebedürftige Hilfsschüler nicht beschult werden oder wurden nach kurzer Zeit wieder ausgeschult, da der weite Schulweg unzumutbar war. Häufiger kam es vor, dass ein körperbehindertes Kind aufgrund feh-

935 Vgl. Becker: Rehabilitationspädagogik, S. 108.

936 Vgl. Gesamtdeutsches Institut, Bundesanstalt für gesamtdeutsche Aufgaben (Hg.): Sonderschulen und Berufsausbildung für Behinderte in der DDR, Berlin 1985, S. 22.

937 Vgl. LHAS, 7.11-1-2, Z 132/1991, Nr. 35502, Schreiben Rat des Bez. Schwerin an Ludwig Mecklinger, Minister für Gesundheitswesen, undatiert [Ende 1981].

lender Kapazitäten in einer allgemeinbildenden POS oder einer Hilfsschule unterrichtet wurde. 1974 hatte man sich beispielsweise in der Hilfsschule Wismar vorübergehend zu einer Notlösung bereiterklärt und einem Mädchen eine Pflegeperson während des Unterrichts zur Verfügung gestellt.[938]

Sonderschulen für Körperbehinderte

Ab 1969/70 existierte für den **Bezirk Neubrandenburg** in Matgendorf eine Sonderschule für Körperbehinderte. 1979 wurden die Klassen 1 bis 4 unterrichtet und es gab im dortigen Krankenhaus eine Vorschulgruppe für körperbehinderte Kinder mit 56 Plätzen. Durchschnittlich lernten zehn bis zwölf Kinder in einer Klasse. Die Sonderschule betreute auch Kinder aus den Bezirken Schwerin und Rostock. Ab der 5. Klasse sollten die Kinder dann in Einrichtungen der Heimatbezirke bzw. im Bezirk Potsdam beschult werden, was aber häufig aufgrund fehlender Plätze nicht möglich war.[939] Kinder mit besonders schweren oder mehrfachen Behinderungen konnten in Matgendorf nicht in jedem Fall beschult werden, da erst 1979 der Einbau eines Fahrstuhls fertiggestellt wurde.[940] Aufgrund der eingeschränkten Kapazitäten versuchten die einzelnen Kreise, schwer behinderte Kinder in anderen Sonderschulen unterzubringen, was oft nicht oder nur nach jahrelangen Bemühungen gelang.[941] 1981 eröffnete in Neubrandenburg eine neue Körperbehindertenschule mit 240 Plätzen, die die Klassenstufen 1 bis 10 sowie eine Vorschule umfasste. Die Schule verfügte über 180 Internatsplätze. Auch behinderte Kinder mit einem höheren Pflegeaufwand konnten diese Schule besuchen.[942] Die Einrichtung in Matgendorf stand nun für 50 schwerstbehinderte, vorwiegend rollstuhlgebundene, „bildungsfähige“ Kinder zur Verfügung. In dem angeschlossenen Krankenhaus mit polytechnischer Teiloberschule

938 Vgl. LAGw, Rep. 200 II 9.1, Nr. 87, Schreiben Bezirksinspektion Gesundheitsschutz Rostock, an den Bezirksarzt Rostock Fleischer vom 24.5.1974.

939 Vgl. LHAS, 10.34-7, Nr. 3207, Bezirksarzt Neubrandenburg Möwius, Analyse zur Berichterstattung über Fördereinrichtungen, Heime und Geschützte Arbeit zum 31.12.1979.

940 Vgl. LHAS, 7.11-1-2, Z 132/1991, Nr. 35656, Schreiben stellvertretender Bezirksarzt Schwerin Müller an den Ministerrat der DDR vom 15.6.1978.

941 Vgl. LHAS, 7.21-1-2, Z 1/1986, Nr. 1673, Analyse zur Berichterstattung Geistige Störungen im Kreis Malchin, 10.10.1972.

942 Vgl. LHAS, 10.34-7, Nr. 3207, Bezirksarzt Neubrandenburg Möwius, Analyse zur Berichterstattung über Fördereinrichtungen, Heime und Geschützte Arbeit zum 31.12.1979.

sollten Kinder bis zur 4. Klasse beschult werden. 1981 fehlte noch eine Folgeeinrichtung, denn nicht alle Kinder konnten aufgrund ihres Schädigungsgrades in der Körperbehindertenschule Neubrandenburg bis zur 10. Klasse beschult werden. Ein Teil der Schüler sollte in anderen Bezirken untergebracht werden, ein anderer Teil Hausunterricht erhalten.[943] 1988 wurden in Matgendorf 39 Kinder und Jugendliche mit Körperbehinderungen stationär betreut, darunter fünf als „bildungsunfähig" eingestufte.[944]

Um 1970/71 entstand auch in Rostock eine Schule für Körperbehinderte.[945] 1973 wurde an der Greifswalder Universität eine Polytechnische Teiloberschule für langfristig erkrankte pflegebedürftige körperbehinderte Kinder eingerichtet, die eine Vorschule und die Klassen 1 bis 6 umfasste und über 60 Kinder unterrichten konnte.[946] Im **Bezirk Rostock** waren 1973 114 „bildungsfähige" körperbehinderte pflegebedürftige Kinder und Jugendliche gemeldet, wobei nicht alle Kreise Angaben gemacht hatten. 70 von ihnen waren in entsprechenden Einrichtungen und 44 zu Hause untergebracht.[947] 1985 standen für schwerstkörperbehinderte Schüler, die eine POS besuchen konnten, 92 Plätze in Einrichtungen der Volksbildung, darunter 77 Heimplätze, zur Verfügung. Ungelöst war zu diesem Zeitpunkt allerdings noch immer die Beschulung der pflegebedürftigen Hilfsschüler.[948] Diese sollten eigentlich an der Körperbehindertenschule am Klinikum Berlin-Buch stattfinden, allerdings gab es dort keine freien Kapazitäten und keine Wochenendbetreuung, so dass eine Aufnahme der Kinder aus dem Bezirk Rostock nicht möglich war.[949] An der Sehschwachenschule in

943 Vgl. ebd., Nr. 2895, Bezirksarzt Neubrandenburg Möwius, Vorlage für das Sekretariat der Bezirksleitung der SED Neubrandenburg vom 4.3.1981.

944 Vgl. LHAS, 7.21-1-2, Z 108/1991, Nr. 28997 A, Bericht über Kinder und Jugendliche mit Körperbehinderungen in Matgendorf, 1987/88, 03.11.1988.

945 Dazu finden sich verschiedene Hinweise in: LAGw, Rep. 200 II 9.1, Nr. 87.

946 Vgl. ebd., Schreiben Ernst-Moritz-Arndt-Universität Greifswald, Polytechnische Teiloberschule für Körperbehinderte, an den Bezirksarzt Rostock Kluge vom 19.2.1973.

947 Vgl. ebd., Meldung bildungsfähiger körperbehinderter pflegebedürftiger Kinder und Jugendlicher im Bezirk Rostock, April 1973.

948 Vgl. ebd., Nr. 624, Rat des Bezirkes Rostock, Beschluss 11-1/1985, Konzeption zur komplexen Rehabilitation geschädigter Kinder und Jugendlicher sowie physisch und psychisch schwerbehinderter Erwachsener bis 1990.

949 Vgl. ebd., Schreiben Bezirk Rostock an das Ministerium für Gesundheitswesen der DDR vom 14.12.1987.

Neukloster wurden 1971 69 Schüler unterrichtet und betreut.[950] Aufgenommen wurden dort „bildungsfähige" Kinder[951], gab es bei ihnen Hinweise auf eine Debilität, wurden sie in Hilfsschulen versetzt.[952] Die ehemalige Blindenanstalt Neukloster entwickelte sich zu einem Rehabilitationszentrum für Blinde und Sehschwache und die Sehschwachenschule wurde 1975 erweitert.[953] Ab Mitte der 1970er Jahre wurden Jugendliche dort nach der Schulausbildung in den zwei traditionellen Blindenberufen „Bürstenmacher" und „Seiler" ausgebildet. 1989 betraf dies 20 Lehrlinge und vier Umschüler. Mit psychisch und physisch mehrfachbehinderten Jugendlichen wurden jeweils Teilausbildungen vereinbart und deren Dauer und Inhalt individuell festgelegt. 1989 standen für die Auszubildenden und für die Schüler der Polytechnischen Oberschule für Sehschwache mit Internat und Vorschulteil 40 Internatsplätze und 45 Wohnheimplätze zur Verfügung. Blinde Kinder mussten weiterhin die Blindenschule in Königs Wusterhausen, mehrfachbehinderte Kinder die Schule in Karl-Marx-Stadt besuchen.[954]

In Schwerin wurde für das Jahr 1975 die Inbetriebnahme einer Körperbehindertenschule geplant.[955] Die Kapazität dieser reichte nicht aus, um die Bedürfnisse des **Bezirkes Schwerin** zu decken, so dass körperbehinderte Kinder häufig in anderen Bezirken beschult wurden.[956] In Güstrow befand sich 1971 die größte und modernste Gehörlosenschule der DDR, die Kinder und Jugendliche aus den Bezirken Rostock, Schwerin und Neubrandenburg sowie aus einigen Kreisen der Bezirke Potsdam und Frankfurt/Oder besuchten. Im Berufsschulteil der Einrichtung wurden Schlosser, Landmaschinenschlosser, Gärtner und Wirtschaftspflegerinnen ausgebildet. Im Vorschulteil

950 Vgl. Kreisarchiv Landkreis Nordwestmecklenburg (KALKNWM), I / 1.657, Bericht der Schulinspektion über die Kontrolle an der Sehschwachenschule Neukloster, 8.1.1970; Bericht Sehschwachenschule Neukloster, 2.9.1971.

951 Vgl. ebd., Bericht über die Sitzung des pädagogischen Rates der Sehschwachenschule Neukloster am 29.1.1971.

952 Vgl. ebd., Schreiben Rat des Kreises Wismar, Abt. Volksbildung, an den Rat des Kreises Sternberg, Abt. Volksbildung, vom 25.8.1972.

953 Vgl. Stadt Neukloster: Neukloster 775 Jahre, S. 10.

954 Vgl. Sill, Werner/Schlemonat, Ingeburg/Spalkhaver, Evi: 125 Jahre Bildung und Rehabilitation, in: Neukloster, Neukloster 1989, S. 7 f., 10, 13.

955 Vgl. LHAS, 7.11-1-2, Z 132/1991, Nr. 24240, Rat des Bezirkes Schwerin, Büro für Sozialhygiene, Leitungsinformation über Stand Entwicklung und Planerfüllung ausgewählter Bereiche des Gesundheits- und Sozialwesens im Bezirk Schwerin, 1971.

956 Vgl. ebd., Z 131/1991, Nr. 35551, Kreisjugendärztin, Analyse über Kinder und Jugendliche mit Körperbehinderungen Kreis Hagenow, 1987/88, 14.10.1988. Ebd., Z 132/1991, Nr. 35652, Rat des Kreises Hagenow, Beschlußvorlage, 4.8.1982. Ebd., Nr. 35506 B, Schreiben Kreisarzt Perleberg an den Rat des Bezirkes Schwerin vom 2.7.1985.

befanden sich schon dreijährige Kinder. 1971 wurden 286 Kinder und Jugendliche ganztägig gebildet. 42 Erzieher arbeiten daran, „den gehörlosen Kindern und Jugendlichen den Weg in die sozialistische Menschengemeinschaft zu eröffnen“[957], wie es in einer Broschüre der Gehörlosenschule hieß. In Ludwigslust befand sich bis 1990 eine 10-klassige Polytechnische Oberschule für Schwerhörige, ebenfalls mit Internat.[958]

Schulen in psychiatrischen Fachkrankenhäusern

Nach der 1988 herausgegebenen *Richtlinie für die medizinische Betreuung, Bildung und Erziehung von schulbildungsfähigen schwer- und schwerstgeschädigten Kindern und Jugendlichen* sollte deren stationäre Betreuung und sonderpädagogische Bildung und Erziehung in den Fachkrankenhäusern der Bezirke stattfinden.[959] Dies war bisher intern geregelt und wurde schon praktiziert. Ab Mitte der 1970er Jahre begannen die psychiatrischen Fachkrankenhäuser ihre Sonderschulen in Schulen oder Schulteile umzuprofilieren, die auf Grundlage der Lehrpläne der allgemeinbildenden zehnklassigen POS oder der achtklassigen allgemeinbildenden polytechnischen Hilfsschule unterrichteten. Beschult werden sollten keine „förderungsfähigen“ Kinder und Jugendlichen mehr, sondern nunmehr „schulbildungsfähige“, bei denen es aufgrund längeren Klinikaufenthaltes zu Unterrichtsausfällen kam. Die Bezeichnung „Sonderschuleinrichtung“ wurde durch „Schule bzw. Klasse in Einrichtungen des Gesundheitswesens und Sozialwesens“ ersetzt. Für den **Bezirk Schwerin** war die BNK Schwerin zuständig. Dort war 1976 die Klinikhilfsschule aufgelöst bzw. die Schulstation umprofiliert worden. Zuvor war die 8-klassige Schulstation eine Einrichtung des Ministeriums für Volksbildung gewesen. 1976/77 wurde daraus eine kinderpsychotherapeutische Station. Nun sollten dort nicht mehr schwachsinnige, sondern „normalbegabte“ Patienten betreut werden, weswegen ein inhaltlicher Wan-

957 Gehörlosenschule Güstrow (Hg.): 20 Jahre Gehörlosenschule Güstrow, 1951–1971, Güstrow 1971, S. 17.

958 Vgl. LHAS, 7.11-1-2, Z 132/1991, Nr. 35505, Aufgabenstellung auf dem Gebiet der Rehabilitation nach dem X. Parteitag der SED im Bezirk Schwerin o. D. [1982].

959 Vgl. LAGw Rep. 200 II 9.1., Nr. 624, Richtlinie des Ministeriums für Gesundheitswesen und des Ministeriums für Volksbildung über das Verfahren zur Sicherung der rechtzeitigen medizinischen Betreuung, Bildung und Erziehung von schulbildungsfähigen schwer- und schwerstgeschädigten Kindern und Jugendlichen vom 25.8.1988.

del nötig wurde. Man wollte weg vom Hilfsschulcharakter.[960] Bisher dort beschulte „schwachsinnige“ Kinder, die Dauerpatienten waren, sollten in die Häuslichkeit oder in Einrichtungen ihres Heimatkreises zurückverlegt werden.[961] 1988 wurde vorgesehen, dass in der BNK Schwerin Vorschulkinder und Kinder der Klassen 1 bis 10 unterrichtet werden sollten, wobei einzelne Kinder auch in die BNK Brandenburg und Uchtspringe im Bezirk Magdeburg überwiesen werden konnten.[962]

Für den **Bezirk Neubrandenburg** war das BFKH Ueckermünde verantwortlich. An der Kinderklinik des BFKH existierte ein klinisches Schulheim, dessen Stationen allerdings auch mit überalterten Jugendlichen belegt waren, so dass die pädagogische Schularbeit zu kurz kam und der Tagesrhythmus der Schüler gestört war. 1976 besuchten 130 Kinder und Jugendliche diese Sonderschule, einschließlich der Berufsschüler. Zudem gab es eine Vorschulstation, auf der sich, neben 12 Pflegefällen, aufgrund fehlender Nachfolgeeinrichtungen mehr Schulkinder als Vorschulkinder befanden.[963] 1983 wurde die Sonderschule in ihrer damaligen Form aufgelöst.[964] Kinder, die nur kurzzeitig – also bis zu acht Wochen – im BFKH behandelt wurden, galten nicht als sonderschulbedürftig.[965] Dauerpatienten, die die Sonderschule in Anspruch nahmen, sollten in die Heimatkreise rückverlegt werden und die dortigen Sonderschulen besuchen.[966] 1985 stand der Aufnahme- und Diagnostik-Station ein Schulteil mit zwei Unterstufenlehrerinnen für 14 bis 16 Schüler zur Verfügung. Als Schule diente ein verschlissenes, abrissreifes Gebäude.[967] Unterrichtet werden sollten im BFKH nach der Richtlinie von 1988 Vorschulkinder und Kinder der Klassen 1 bis 10. Die als „schulbildungsunfähig förderungsfähig“ bezeichneten Kinder wurden 1988 in Ueckermünde ausschließlich vom medizinischen Personal „unterrichtet“,

---

960 Vgl. LHAS, 7.11-1-2, Z 132/1991, Nr. 24243/1, Schreiben Werner Panther, BNK Schwerin, an den Kreisschulrat der Stadt Schwerin und den Rat des Bezirkes Schwerin, Abt. Gesundheits- und Sozialwesen, vom 7.1.1976.

961 Vgl. ebd., Werner Panther, BNK Schwerin, Protokoll über Elternversammlung, 6.2.1976.

962 Vgl. LAGw Rep. 200 II, 9.1, Nr. 624, Richtlinie des Ministeriums für Gesundheitswesen und des Ministeriums für Volksbildung über das Verfahren zur Sicherung der rechtzeitigen medizinischen Betreuung, Bildung und Erziehung von schulbildungsfähigen schwer- und schwerstgeschädigten Kindern und Jugendlichen, 25.8.1988.

963 Vgl. LHAS, 7.21-1-2, Z 108/1991, Nr. 28734, Notiz Kinderklinik BFKH Ueckermünde, o. A., o. D.

964 Vgl. verschiedene Unterlagen in: Ebd., Nr. 28698 A, Mappe 2.

965 Vgl. ebd., Schreiben BFKH Ueckermünde an den Bezirksarzt Neubrandenburg vom 4.12.1984.

966 Vgl. ebd., Schreiben BFKH Ueckermünde an den Bezirksarzt Neubrandenburg Möwius vom 13.8.1985.

967 Vgl. ebd.1, Nr. 28997 A, Anlage zum Bericht über Kinder und Jugendliche mit geistigen Störungen, BFKH Ueckermünde 1984/85, 31.10.1985.

da – mit Ausnahme einer Erzieherhilfskraft – kein pädagogisches Personal zur Verfügung stand.[968]

Im **Bezirk Rostock** war laut Richtlinie die Universitätsnervenklinik Rostock für die Beschulung der „schulbildungsfähigen" physisch-psychisch schwer- und schwerstbehinderten Kinder und Jugendlichen zuständig, hier sollten Vorschulkinder und Kinder der Klassen 1 bis 10 aufgenommen werden. In Einzelfällen konnten Kinder auch in der BNK Brandenburg beschult werden.[969] Bis dahin hatte lediglich eine Teilbeschulung, z. B. in Deutsch, Mathematik und Heimatkunde, für die Unterstufe stattgefunden und man sah sich auch weiterhin nicht in der Lage, eine langfristige Beschulung von verhaltensgestörten Kindern und Jugendlichen vorzunehmen.[970] Über den Aufbau einer Schule an der Kinderneuropsychiatrischen Klinik am BKH Stralsund-West berichtet deren Chefarzt Ulrich Müller. Die Schule verdankte ihre Gründung und Existenz einer Eigeninitiative der Klinik und wurde von der verantwortlichen Abteilung Volksbildung geduldet, die schließlich die Kosten für die Lehrer übernahm. In getrennten Klassen beschult wurden sowohl Kinder und Jugendliche aus dem klinischen Bereich, als auch solche, die als „schulbildungsunfähig, förderungsfähig" eingestuft wurden und über längere Zeit im Förderbereich der Klinik waren. Für Schüler aus dem klinischen Bereich, die eine Erweiterte Oberschule (EOS) besuchten, wurde versucht, entsprechendes Lehrmaterial zu beschaffen oder in Ausnahmefällen die Schüler tagsüber für den Schulbesuch freizustellen. Kinder und Jugendliche aus dem Förderbereich erhielten zum Teil Einzelunterricht. Hier gab es erste integrative Bemühungen, wie die Durchführung gemeinsamer Sport- und Kinderfeste mit der benachbarten POS in Grünhufe. Kinder und Jugendliche, aus dem Pflegebereich, denen lange Zeit eine Förderungsfähigkeit abgesprochen wurde, wurden nicht beschult. Auch eine anderweitige pädagogische Förderung gestaltete sich gemäß Müller aufgrund fehlender Kapazitäten schwierig: „Im Pflegebereich hatte ich nicht die Möglichkeit [einer Beschulung], soviel Kräfte bekam ich nicht. Wenn ich eine pädagogische Kraft hatte, dann saß die auf einer Schwesternstelle,

968 Vgl. ebd., Anlage zum Bericht über Kinder und Jugendliche mit geistigen Störungen BFKH Ueckermünde, 24.10.1988.

969 Vgl. LAGw Rep. 200 II, 9.1, Nr. 624, Richtlinie des Ministeriums für Gesundheitswesen und des Ministeriums für Volksbildung über das Verfahren zur Sicherung der rechtzeitigen medizinischen Betreuung, Bildung und Erziehung von schulbildungsfähigen schwer- und schwerstgeschädigten Kindern und Jugendlichen, 25.8.1988.

970 Vgl. ebd., Schreiben Bezirk Rostock an das Ministerium für Gesundheitswesen der DDR vom 29.2.1988.

auf einer Pflegekraftstelle. Das war nicht einfach. Und die Pädagogen machten keine Bereitschaftsdienste mit. Das kostete viel Verständnis bei dem medizinischen Pflegepersonal."[971]

Weitere Forschungen werden nötig sein, um den Umfang der Beschulungen in den einzelnen psychiatrischen Einrichtungen festzustellen. Die 1988 herausgegebene Richtlinie und der *Beschluss des Ministerrates der DDR über die Entwicklung der Jugendhilfe in der DDR* von 1989[972] sollten dafür sorgen, dass ein großer Teil der physisch-psychisch schwer- und schwerstbehinderten Kinder und Jugendlichen, die als „schulbildungsfähig" galten, aus den Einrichtungen der Volksbildung herausgenommen und in den Sonderschulen der Fachkrankenhäusern beschult wurden – sofern dies bis dahin noch nicht geschehen war. Laut Richtline sollte die Beschulung in den Fachkrankenhäusern denen einer zehnklassigen POS oder einer achtklassigen Hilfsschule gleichkommen. Dies war jedoch, zumindest in den Nordbezirken, bis zum Ende der DDR nicht umsetzbar. Behinderte Kinder und Jugendliche waren, selbst wenn sie als „bildungsfähig" galten, damit vollends aus der Verantwortung des Bildungswesens in die des Gesundheitswesens gewechselt. Sie nahmen nicht mehr am einheitlichen Bildungssystem teil. Das Recht auf eine schulische Bildung wurde ihnen durch diese Aussonderung abgesprochen, die Behinderung wurde mehr als Krankheit statt als Behinderung wahrgenommen.

---

971 Interview Falk Bersch mit Ulrich Müller am 3.7.2018 in Stralsund. Vgl. Gespräch Falk Bersch mit Ulrich Müller am 3.4.2020.

972 Vgl. LHAS 7.11-1-2, Z 132/1991, 35698, Beschluss über Maßnahmen zur Durchführung des Beschlusses des Ministerrates der DDR vom 8.9.1989 über die Entwicklung der Jugendhilfe in der DDR.

6.4 Die konfessionellen Behinderteneinrichtungen

Staatliche Akzeptanz der konfessionellen Gesundheitseinrichtungen

1973 erklärte der Minister für Gesundheitswesen Mecklinger auf einer Tagung der Ost-CDU: „Die konfessionellen Einrichtungen leisten hervorragende Arbeit. [...] In den vergangenen Jahren entwickelte sich ein gutes vertrauensvolles Verhältnis zwischen den Einrichtungen des staatlichen Gesundheitswesens und den konfessionellen Kliniken."[973] Im November 1977 sprach Mecklinger davon, dass die Diakonie in der Politik des Sozialismus ihren festen Platz finde.[974] Erich Honecker selbst sagte im Gespräch mit dem Bischoff Albrecht Schönherr (1911–2009), Vorstand der Konferenz der Evangelischen Kirchenleitungen in der DDR, im März 1978, dass „den Kirchen als Kirchen im Sozialismus [...] sich heute und künftig viele Möglichkeiten des Mitwirkens an [...] zutiefst humanistischen Zielen" bieten. Die diakonische Arbeit füge sich sinnvoll in das Grundanliegen des Sozialismus ein, alles für das Wohl des Menschen zu tun.[975] Oberkirchenrat Ernst Petzold (1930–2017), Direktor des Diakonischen Werkes der Evangelischen Kirchen in der DDR, erklärte Anfang der 1980er Jahre, dass die diakonische Arbeit inzwischen nicht nur toleriert, sondern vom Staat akzeptiert werde. Man befände sich in ständiger Kooperation, ohne dabei sein Spezifikum verleugnen zu müssen. Petzold sprach von einem „gewachsenen Vertrauen"[976] und einer „ausgezeichnete[n] und fruchtbringende[n] Zusammenarbeit zwischen kirchlichen und staatlichen Rehabilitationseinrichtungen".[977]

Diese Haltung spiegelte sich auch im Norden der DDR wider. Als im April 1986 ein Neubau des Anna-Hospitals in Schwerin mit einem großen Festakt eröffnet wurde, nahm daran auch der Bezirksvorsitzende der

973 Zitiert nach: Behr, Heinrich (Hg.): Marienstift Arnstadt. 75 Jahre Rehabilitation Körperbehinderter, Berlin 1979, S. 52.

974 Vgl. Der Standpunkt 1978, S. 281 f., zitiert nach: ebd., S. 52.

975 Pressemitteilung des Staatsrates der DDR (ND vom 7.3.1978), zitiert nach: ebd., S. 52.

976 Petzold: Ich will Hilfe schaffen, S. 17 f.

977 Petzold, Heinz-Joachim: Verstehen und Fördern. Report über geistig behinderte Menschen, Berlin 1984, S.12. Ausschlaggebend für die Kehrtwende von der Konfrontation zur Kooperation waren zwei Motive: 1. Die Bemühungen des SED-Staates um internationale Anerkennung in Zusammenhang mit der Unterzeichnung der KSZE-Schlussakte 1975. 2. Die erhebliche Unterstützung kirchlicher Gesundheitseinrichtungen durch die Kirchen der Bundesrepublik, was die Sozialausgaben der DDR entlastete. Für diese Hinweise bedanke ich mich bei Prof. Dr. Norbert Schwarte.

CDU des Bezirkes Schwerin Lothar Moritz (*1943) teil.[978] Auch Bezirksarzt Trzeczak wurde eingeladen, aus einer Notiz geht hervor, dass die Entscheidung über eine Teilnahme nicht bei ihm lag, sondern an höherer Stelle gefällt wurde. Ob er letztlich teilnahm, ist nicht überliefert.[979] Ende der 1960er Jahre waren die Konfrontationen zwischen Kirche und Staat langsam abgeebbt. Bis 1968 kam es insbesondere auf dem Gebiet des Gesundheitswesens zu einer gewissen Entspannung. Danach kann man bis zum Ende der DDR von einer „pragmatischen Akzeptanz" der konfessionellen Gesundheitseinrichtungen sprechen.[980] Der Staat hatte erkannt, dass er nicht in der Lage war, seine sozialen Aufgaben allein auf administrativem Verordnungsweg zu erfüllen. Nach dem Historiker Andreas Pehnke war es in der DDR ein „offenes Geheimnis": Wenn man die Kirchen mit ihren Einrichtungen zur Betreuung behinderter Menschen nicht gehabt hätte, hätte man sie schaffen müssen.[981] So tolerierte der Staat die konfessionellen Angebote und unterstützte durch eine Minderfinanzierung die laufenden Maßnahmekosten. Steinhoff und Trobisch sprechen hier von einer „bedenkenlosen Ausnutzung der Hilfs- und Spendenbereitschaft Einzelner und staatsferner Organisationen [auch aus der Bundesrepublik] zur Schaffung der materielltechnischen Basis für eine bedürfnisgerechte Betreuung der Hilfesuchenden".[982]

Konfessionelle Gesundheitseinrichtungen genossen bei der Bevölkerung der DDR in der Regel ein höheres Ansehen als staatliche. Im **Bezirk Schwerin** gab es 1974 in 41 staatlichen Feierabend- und Pflegeheimen 2.818 Plätze und in 16 nichtstaatlichen Heimen 765 Plätze. Die SED-Bezirksleitung sah eine „politische Bedeutung" darin, „daß mehr Bürger Anträge auf Aufnahme in ein nichtstaatliches Heim als auf Aufnahme in ein staatliches Heim" stellten. Die Ursachen wurden sowohl in den schlechteren Wohn-, Lebens- und Betreuungsbedingungen in den staatlichen Heimen gesehen, als auch darin, dass „in den nichtstaatlichen Heimen [...] im Wesentlichen keine Überbelegung vorhanden ist und die individuelle Betreuung durch

978 Vgl. Der Demokrat, 26./27.4.1986.

979 LHAS, 7.11-1-2, Z 131/1991, Nr. 35715, Programm zur Einweihung und Schlüsselübergabe des Neubaus im Anna-Hospital Schwerin am 13.6.1986.

980 Hoh, Woo-Jung: Theologie und Praxis der Diakonie in der SBZ und DDR 1945–1989. Das Erbe der Diakonie im geteilten Deutschland mit Perspektive auf das geteilte Korea, Inauguraldissertation, Heidelberg 2005, S. 19.

981 Pehnke, Andreas: Die schulische Betreuung behinderter Kinder in der ehemaligen DDR, in: Liedtke: Behinderung, S. 223–235, hier S. 230.

982 Steinhoff/Trobisch: Behindertenhilfe, S. 20.

Schwestern […] besser zum Tragen kommt, weil der Qualifikationsstand höher liegt".[983] Die SED fürchtete also eine Einflussnahme der Kirchen auf die Bevölkerung, da sich die konfessionellen Gesundheitseinrichtungen einen guten Ruf erworben hatten. Da gegenzusteuern, erwies sich als schwierig, denn dies wäre nur durch eine erhebliche Verbesserung der Verhältnisse in den staatlichen Gesundheitseinrichtungen gelungen. So räumte man den konfessionellen Gesundheitseinrichtungen, auch den Behinderteneinrichtungen, bei ihrer Betreuungsarbeit ein relativ großes Maß an Freiheit ein.[984] Der Staatssekretär für Kirchenfragen Hans Seigewasser (1905–1979) erklärte 1978, die „hohe Erwartung, die der sozialistische Staat in [die diakonische] Arbeit setzt, bedeutet keine Vereinnahmung […] für ihr wesensfremde Zwecke, sondern ist ausdrücklich gebunden an die Respektierung der Eigenständigkeit. […] Ungeachtet unterschiedlicher Motivationen und weltanschaulicher Positionen werden wir künftig unsere gemeinsamen Anstrengungen darauf richten, die erreichten guten Ergebnisse weiter auszubauen."[985] Zu den Freiheiten und „Eigenständigkeiten" der konfessionellen Einrichtungen gehörten die Einführung von Fachliteratur aus der Bundesrepublik und Reisegenehmigungen, die einen deutsch-deutschen Austausch der diakonischen Behindertenhilfe erlaubten.[986] So kam es schon in den 1970er Jahren dazu, dass Fachleute aus Westdeutschland in diakonischen Einrichtungen der DDR Seminare abhielten, bis 1978 mit stillschweigender Billigung von staatlicher Seite, danach mit offizieller Kenntnis und Billigung. An solchen Seminaren nahmen auch Mitarbeiter aus den drei Nordbezirken teil.[987]

Reformbemühungen und ihre Grenzen

Die konfessionellen Behinderteneinrichtungen hatten die Möglichkeit, abseits der staatlichen Vorgaben eigene Vorstellungen in der Behindertenarbeit zu entwickeln. 1971 begann das Diakonische Werk mit der Durch-

983 LHAS, 10.34-3, Nr. 2436, Vorlage für das Sekretariat der Bezirksleitung der SED betreffs der Einschätzung des Zustandes in den Feierabend- und Pflegeheimen, Normal- und Spezialkinderheimen, 30.8.1974.
984 Vgl. Barsch: Geistig behinderte Menschen in der DDR, S. 99.
985 Der Standpunkt 1978, S. 281 f., zitiert nach: Behr, Marienstift Arnstadt, S. 55.
986 Vgl. Steinhoff/Trobisch: Behindertenhilfe, S. 19.
987 Vgl. Gespräch Falk Bersch mit Norbert Schwarte in Schwerin, 4.3.2019.

führung jährlicher Fachkonferenzen, zu denen auch Referenten und Teilnehmer aus dem westlichen Ausland eingeladen wurden.[988] Auf der Vierten Fachkonferenz in Bad Saarow hielt Nils Erik Bank-Mikkelsen aus Kopenhagen 1974 ein Referat zum Thema „Das Prinzip der Normalisierung in Einrichtungen für Geistigbehinderte". Sein Vortrag wird als „bahnbrechender mentaler Grundstein für ein grundsätzliches Umdenken" bezeichnet, weg von Bewahrung und Pflege, hin zur Schaffung von gesellschaftlich normalen Lebensbedingungen in den Einrichtungen. Auch Elith Berg, Bank-Mikkelsens engster Mitarbeiter, hielt sich zu Konsultationen und Konferenzen in den 1970er und 80er Jahren verschiedentlich auf Einladung der Diakonie in der DDR auf.[989] Und so wurde in der Folge der Versuch unternommen, „machbare Schritte zur Verbesserung der Lebensbedingungen des Einzelnen zu gehen. Man begann Programme individuell zu denken und damit den lähmenden Kollektivzwang zu minimieren."[990] Beispielgebend waren hier Uta und Jürgen Trogisch aus dem Katharinenhof in Großhennersdorf, die praktische Konzepte zur Individualförderung geistig schwer und schwerst-behinderter Menschen entwickelten.[991]

Wie dieses Umdenken sich in den konfessionellen Behinderteneinrichtungen der drei Nordbezirke widerspiegelte, muss noch eingehend untersucht werden. Nicht überall waren die Verhältnisse besser als in staatlichen Behinderteneinrichtungen. Zwar unterstanden die konfessionellen Einrichtungen nicht direkt den staatlichen Leitungsebenen, aber sie waren zum Teil von deren Vorgaben abhängig. Auch in kirchlichen Einrichtungen gab es Resistenz gegenüber Innovationsbemühungen, die durch die traditionellen Anstaltsstrukturen vielfach begünstigt wurde. Und den Einrichtungen waren, vor allem ökonomische, Grenzen gesetzt.[992] Aber grundlegende Bemühungen um eine weitere Förderung heranwachsender „förderungsfähiger" Jugendlicher sind – wenn auch mit unterschiedlichen Erfolgen – zu erkennen. So erklärten sich konfessionelle Einrichtungen 1973 bereit, überalterte Jugendliche aus dem BKH Stralsund-West im **Bezirk Rostock** in kircheneigenen landwirtschaftlichen Betrieben zu beschäftigen.[993] 1974 gab es im

988 Vgl. Steinhoff/Trobisch: Behindertenhilfe, S. 19.
989 Vgl. Gespräch Falk Bersch mit Norbert Schwarte in Schwerin, 4.3.2019.
990 Steinhoff/Trobisch: Behindertenhilfe, S. 20.
991 Vgl. ebd.
992 Vgl. Gespräch Falk Bersch mit Norbert Schwarte in Schwerin, 4.3.2019.
993 StAS, Rep. 58, Nr. 104, Bl. 40 f., Schreiben Kinderpsychiatrische Klinik an Ärztlichen Direktor des BKH Stralsund-West Köhler, o. D., [wahrscheinlich 1973].

Bezirk Schwerin zwei Wohnheime des Diakonischen Werkes mit je 24 Plätzen, die ärztlich von der BNK Schwerin betreut wurden. Auf dem Domgut Dehmen sollten männliche Rehabilitanden im Rahmen der Arbeitstherapie in industriellen Fertigungen gefördert werden und Arbeiten im Guts- und Wirtschaftsbetrieb des angeschlossenen Heimes für hirngeschädigte Kinder durchführen. In Werle wurden weibliche Rehabilitanden in industrieller Arbeitstherapie gefördert, vor allem aber sollten sie eine Ausbildung in Hausarbeiten, Gartenarbeiten und der Landwirtschaft erhalten.[994] In den 1980er Jahren entwickelten sich diese Einrichtungen zu Rehabilitationswerkstätten mit Geschützten Arbeitsplätzen.[995] Kirchliche Pflegeeinrichtungen schlossen auch Vereinbarungen mit staatlichen Betrieben, um arbeitsfähige Bewohner stundenweise zu beschäftigen. Das Katharinenstift Stavenhagen im **Bezirk Neubrandenburg** ging 1982 mit dem VEB Kofferfabrik Stavenhagen eine Vereinbarung über den zeitweisen Einsatz von Hilfskräften ein. Dieser Arbeitseinsatz sollte unter der Aufsicht eines Erziehers stattfinden. Die behinderten Männer wurden bei Bedarf täglich telefonisch angefordert.[996] Anfang der 1980er Jahre wurde dann auf dem Gelände des Katharinenstiftes ein eigenes „Arbeitstherapiegebäude" eröffnet.[997] Im Rostocker Michaelshof war ein solches Gebäude schon Ende der 1970er Jahre entstanden, nachdem die Bewohner nach und nach überalterten, weswegen weniger Spiel- und Beschäftigungstherapie und mehr Arbeitstherapie benötigt wurde.[998]

Trotz besserer materieller und zum Teil auch fachlicher Voraussetzungen durch Unterstützung aus der Bundesrepublik litten die konfessionellen Behinderteneinrichtungen unter denselben Problemen wie die staatlichen. Verlegungen von inzwischen erwachsenen Bewohnern aus den Kinder- und Jugendeinrichtungen in Nachfolgeeinrichtungen fanden bis 1989 nicht im erforderlichen Umfang statt.

---

994 Vgl. LHAS, 7.11-1-2, Z 132/1991, Nr. 24243/1, Störk, BNK Schwerin, Einschätzung Situation in der Rehabilitation in der Erwachsenenpsychiatrie, 5.2.1974.

995 Vgl. ebd., Z 45/1996, Nr. 238, Einrichtungen für schulbildungsunfähige pflegebedürftige Kinder und Jugendliche in den Kreisen des Bezirkes Schwerin, Stand 31.12.1984. Ebd., Z 131/1991, Nr. 35715, Aktennotiz Bezirksarzt Schwerin Arno Trzeczak über Arbeitsbesuch in konfessionellen Einrichtungen am 6.6.1985.

996 Vgl. Archiv Michaelshof, Nr. 170, Vereinbarung über den Einsatz von Hilfskräften zwischen dem Michaelshofs, Katharinenstift Stavenhagen und dem VEB Kofferfabrik Stavenhagen, 4.3.1982. Interview Falk Bersch mit Karina Heinicke und Andrea Kamke am 11.9.2018 in Stavenhagen.

997 Vgl. ebd., Vereinbarung Michaelshof und Rat der Reuterstadt Stavenhagen, 26.2.1981.

998 Vgl. ebd., Studie zur perspektivischen Entwicklung des Michaelshofes, 14.11.1979.

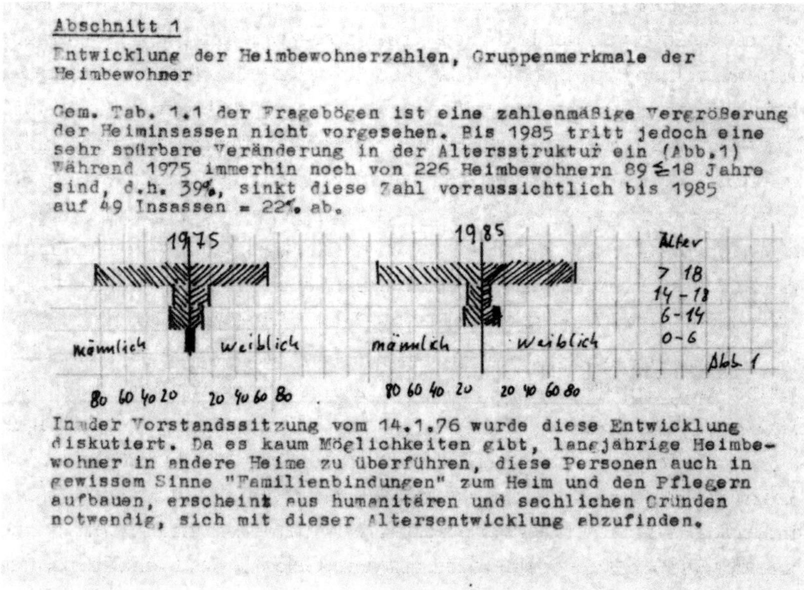

Abschnitt 1

Entwicklung der Heimbewohnerzahlen, Gruppenmerkmale der Heimbewohner

Gem. Tab. 1.1 der Fragebögen ist eine zahlenmäßige Vergrößerung der Heiminsassen nicht vorgesehen. Bis 1985 tritt jedoch eine sehr spürbare Veränderung in der Altersstruktur ein (Abb.1) Während 1975 immerhin noch von 226 Heimbewohnern 89 ≦18 Jahre sind, d.h. 39%, sinkt diese Zahl voraussichtlich bis 1985 auf 49 Insassen = 22% ab.

In der Vorstandssitzung vom 14.1.76 wurde diese Entwicklung diskutiert. Da es kaum Möglichkeiten gibt, langjährige Heimbewohner in andere Heime zu überführen, diese Personen auch in gewissem Sinne "Familienbindungen" zum Heim und den Pflegern aufbauen, erscheint aus humanitären und sachlichen Gründen notwendig, sich mit dieser Altersentwicklung abzufinden.

Eine Studie weist 1979 auf die veränderte Altersstruktur der Bewohner des Michaelshofes hin. Quelle: Archiv Michaelshof, Nr. 165.

Im Katharinenstift Stavenhagen waren 1972 von 41 Bewohnern 23 überaltert. Um Plätze für weitere Kinder gewinnen zu können, hätten diese Patienten verlegt werden müssen, was jedoch als „aussichtsloses Bemühen" bezeichnet wurde.[999] Im Michaelshof gab es mit Beginn der 1980er Jahre ebenfalls eine Veränderung der Altersstruktur. Waren 1975 noch 39 Prozent der 226 Heimbewohner unter 18 Jahren, sollten es 1985 nur noch 22 Prozent sein. Möglichkeiten, diese Bewohner in andere Heime zu überführen, bestanden auch hier nicht.[1000] Die konfessionellen Behinderteneinrichtungen stellten sich auf diese Veränderungen ein, in dem sie nur noch wenige Kinder aufnahmen und Einrichtungen für Erwachsene wurden. Schwieriger war dies in den Krankenhäusern. Im Diakonissenhaus und Kranken-

999 LHAS, 7.21-1-2, Z 1/1986, Nr. 1673, Analyse zur Berichterstattung Geistige Störungen Kreis Malchin 1971/72, 10.10.1972.

1000 Vgl. Archiv Michaelshof, Nr. 165, Studie zur perspektivischen Entwicklung des Michaelshofes, 14.11.1979.

haus Ludwigslust waren 1978 neben der Abteilung für Pflegefälle weitere 15 Prozent aller Patienten chronisch krank oder Pflegefälle.[1001] Weitere Einrichtungen waren überbelegt. So sah man 1971 beim Rat des Bezirkes Schwerin die Überbelegung im Clara-Dieckhoff-Haus in Güstrow als „nicht vertretbar" an.[1002] Im Katharinenstift in Stavenhagen ließen schlechte bauliche Voraussetzungen und die starke Belegung keinerlei Verbesserungen zu. Der einzige Tagesraum war bei Regentagen mit den 40 Bewohnern völlig überfüllt. In den Schlafräumen ließen sich aus Platzmangel keine Nachttische stellen, auch Platz für persönliche Sachen war nicht vorhanden.[1003] Und auch der Personalmangel betraf die konfessionellen wie die staatlichen Einrichtungen. So kam es sowohl 1971 im Clara-Dieckhoff-Haus in Güstrow[1004] als auch 1977 im Katharinenstift in Stavenhagen zu Personalproblemen, weil kein Wohnraum für Mitarbeiter zu finden war.[1005] Diese Probleme, zusammen mit schlechten baulichen Voraussetzungen der einzelnen Einrichtungen und einer autoritären Struktur, vermitteln den Eindruck, dass sich die Arbeits- und Lebensbedingungen in den konfessionellen Behinderteneinrichtungen im Norden der DDR nur wenig von denen in staatlichen Einrichtungen unterschieden.

1001 Vgl. LHAS, 7.11-1-2, Z 131/1991, Nr. 35731, Schreiben Stift Bethlehem Ludwigslust an den Kreisarzt Ludwigslust Drews vom 10.11.1978.

1002 Ebd., Nr. 35552, Bericht über Kinder und Jugendliche mit geistigen Störungen im Bezirk Schwerin Jahr 1970/71.

1003 Vgl. Archiv Michaelshof, Nr. 167, Das Katharinenstift in Stavenhagen – Perspektive, Rostock 2.2.1984.

1004 Vgl. LHAS, 7.11-1-2, Z 131/1991, Nr. 35552, Bericht über Kinder und Jugendliche mit geistigen Störungen im Bezirk Schwerin Jahr 1970/71.

1005 Vgl. Archiv Michaelshof, Nr. 106, Protokoll der Vorstandssitzung Michaelshof, 14.12.1977.

7. Zur Situation 1989/90

Als 1989 immer mehr Menschen ihrem Ärger über die Missstände in der DDR Luft machten, wurde auch die Unzufriedenheit über die Unterbringung und Betreuung behinderter Kinder und Jugendlicher offensichtlicher. Ab dem Sommer 1989 kam es zunehmend zu Eingaben, ab dem Herbst rissen diese bis in das Jahr 1990 hinein nicht ab. Eltern beschwerten sich über die ungenügende Anzahl von Plätzen in Pflege- und Förderungseinrichtungen oder über andere ungelöste Probleme.[1006] Leitungskräfte und Mitarbeiter von psychiatrischen Pflegeeinrichtungen[1007], Förderungsstätten[1008] und arbeitstherapeutischen Einrichtungen[1009] klagten über die schlechten Arbeits- und Lebensbedingungen. Dabei stellten Eltern Forderungen wie „Bitte geben sie uns einen vernünftigen Platz in unserer Gesellschaft“[1010] und fragten „Wie kann es möglich sein, daß in unserem Staat auf diesem Gebiet nichts getan wird?“[1011] Andere verwiesen auf die materielle Situation von kinderpsychiatrischen Behinderteneinrichtungen und stellten sie mit dem „Reichtum“ führender SED-Politiker in Vergleich.[1012] Ein Mann begründete seine Nichtteilnahme an der Kommunalwahl 1989 mit den schlechten Bedingungen in einer psychiatrischen Pflegeeinrichtung.[1013] Die Eingaben wurden in ge-

1006 Vgl. LHAS, 7.11-1-2, Z 132/1991, Nr. 35698. Eingabe Frau S. M., Goldberg, an den Ministerrat der DDR vom 3.11.1989. LHAS, 7.11-1, Z 124/91, Nr. 35945, Eingabe von Frau S. K. an das Ministerium für Gesundheitswesen vom 15.8.1989; Eingabe A. D. (Sternberg) an Egon Krenz, Eingang 13.12.1989.

1007 Vgl. LHAS, 7.11-1-2, Z 132/1991, Nr. 35506 B, Eingabe von J. K. an die SED-Bezirksleitung Schwerin vom 4.11.1989. Ebd., Nr. 35720, Willenserklärung der Mitarbeiter des Psychiatrischen Pflegeheimes Dobbertin zur Werterhaltung der Einrichtung vom 12.1.1990. Ebd., Z 45/1996, Nr. 159. Schreiben Werner Panther, BNK Schwerin, an den Rat des Bezirkes Schwerin, Greiner-Leben und Köppen, vom 12.1.1990. LHAS, 7.11-1, Z 124/91, Nr. 35945, Offener Brief an die Station II und die Leitung des Rehabilitationszentrums Schwerin, o. D. (November/Dezember 1989]; Eingabe A. D. (Sternberg) an Egon Krenz, Eingang 13.12.1989.

1008 Vgl. Marianne Gloßmann: Grundrecht auf Arbeit, auf Bildung, auf Teilnahme am gesellschaftlichen Leben – für alle Bürger? Unveröffentlichter Text, Anfang 1990 (aus privaten Unterlagen Marianne Gloßmann).

1009 Vgl. LHAS, 7.11-1-2, Z 132/1991, Nr. 35698, Eingabe der Mitarbeiter der ehemaligen Außeneinrichtungen der BNK Schwerin Böken, Rastow, Kleefeld und Kirch Stück an den stellvertretenden Bezirksarzt Schwerin Greiner-Leben vom 29.11.1989.

1010 Ebd., Eingabe Frau S. M., Goldberg, an den Ministerrat der DDR vom 3.11.1989.

1011 LHAS, 7.11-1, Z 124/91, Nr. 35945, Eingabe Frau S. K. an das Ministerium für Gesundheitswesen vom 15.8.1989.

1012 Ebd., Eingabe A. D. (Sternberg) an Egon Krenz, Eingang 13.12.1989.

1013 Vgl. LHAS, 7.11-1-2, Z 132/1991, Nr. 35506 B, Eingabe J. K. an die SED-Bezirksleitung Schwerin vom 4.11.1989.

wohnter Weise bearbeitet und langfristig Verbesserungen in Aussicht gestellt.[1014] Kurzfristig konnte aufgrund fehlender Mittel und Ressourcen nichts getan werden.[1015] Ab Ende des Jahres 1989 begannen auch Presse und andere Medien über die Situationen in Behinderteneinrichtungen zu berichten. Dies geschah zunächst in Form von Leserbriefen. Einzelne Mitarbeiter oder ganze Belegschaften von Rehabilitationseinrichtungen[1016] sowie staatlichen[1017] und konfessionellen Pflegeeinrichtungen[1018] beschwerten sich über die dortigen Zustände und forderten mehr Aufmerksamkeit für die Belange behinderter Menschen. Am 7. März 1990 ging auch der Chefarzt der kinderpsychiatrischen Abteilung am BKH Schwerin Werner Panther mit einem „Das Nachtasyl von Dobbertin" betitelten Beitrag, in dem er die „haarsträubenden Zustände des psychiatrischen Pflegeheimes"[1019] schilderte, an die Öffentlichkeit. Die Zeitungen gingen einzelnen Vorwürfen nach und erstatteten Bericht. Im Fall eines Ferienobjektes des Ministeriums des Innern an der Ostseeküste stellte die Ostsee-Zeitung (OZ) beispielsweise am 5. Februar 1990 fest, dass dieses entgegen Leserzuschriften zwar „kein Nobelschuppen" sei, aber durchaus soliden Komfort bot.[1020] Dann stellte sie einen Vergleich mit den Lebensbedingungen in sieben Pflege- bzw. Feierabendheimen an.

Beim „Neuen Forum" im Bezirk Schwerin gab es schon im Dezember 1990 eine „Arbeitsgruppe Gesundheits- und Sozialwesen", an die sich Eltern behinderter Kinder mit ihren Klagen wandten.[1021] Auch die „Runden Tische" nahmen Berichte des Gesundheitswesens entgegen, wie im Februar 1990 in Wismar, als der Ärztliche Direktor des dortigen BKH über Probleme im ärztlichen und pflegerischen Bereich informierte.[1022]

1014 Vgl. ebd., Nr. 35698, Schreiben Hauptabteilung Soziale Betreuung Schwerin, Abt. Rehabilitation, an Frau S. M., Goldberg, vom 26.3.1990. Ebd., Nr. 35506 B, Schreiben stellvertretender Bezirksarzt Greiner-Leben an Herrn J. K. vom 15.12.1989.

1015 Vgl. ebd., Z 45/1996, Nr. 159, Schreiben stellvertretender Bezirksarzt Schwerin Greiner-Leben an Werner Panther, BNK Schwerin, vom 23.2.1990.

1016 Vgl. OZ, Rostocker Ausgabe, 16.2.1990. OZ, Wismarer Ausgabe, 01.02.1990. Freie Erde, Neustrelitz/Neubrandenburg, 5.1.1990.

1017 Vgl. OZ, Rostocker Ausgabe, 7.3.1990. Freie Erde, Neustrelitz/Neubrandenburg, 17.02.1990. LHAS, 7.11-1-2, Z 132/1991, Nr. 35499 B, Schreiben Kollektiv des Kreispflegeheimes Garlitz an die SVZ Leserbriefredaktion Hagenow vom 1.12.1989. OZ, Rostocker Ausgabe, 23.1.1990. OZ, Rostocker Ausgabe, 5.2.1990.

1018 Vgl. OZ, Rostocker Ausgabe, 9.1.1990.

1019 Panther, Werner: Das Nachtasyl von Dobbertin, in: SVZ, 7.3.1990, S. 4.

1020 OZ, Rostocker Ausgabe, 5.2.1990. Vgl. auch OZ, Rostocker Ausgabe, 7.3.1990

1021 Vgl. LHAS, 7.11-1, Z 124/91, Nr. 35945, Schreiben des Elternkreises für behinderte Kinder an den Bezirksarzt Schwerin Arno Trzeczak vom 11.12.1989.

1022 Vgl. OZ, Wismarer Ausgabe, 07.02.1990.

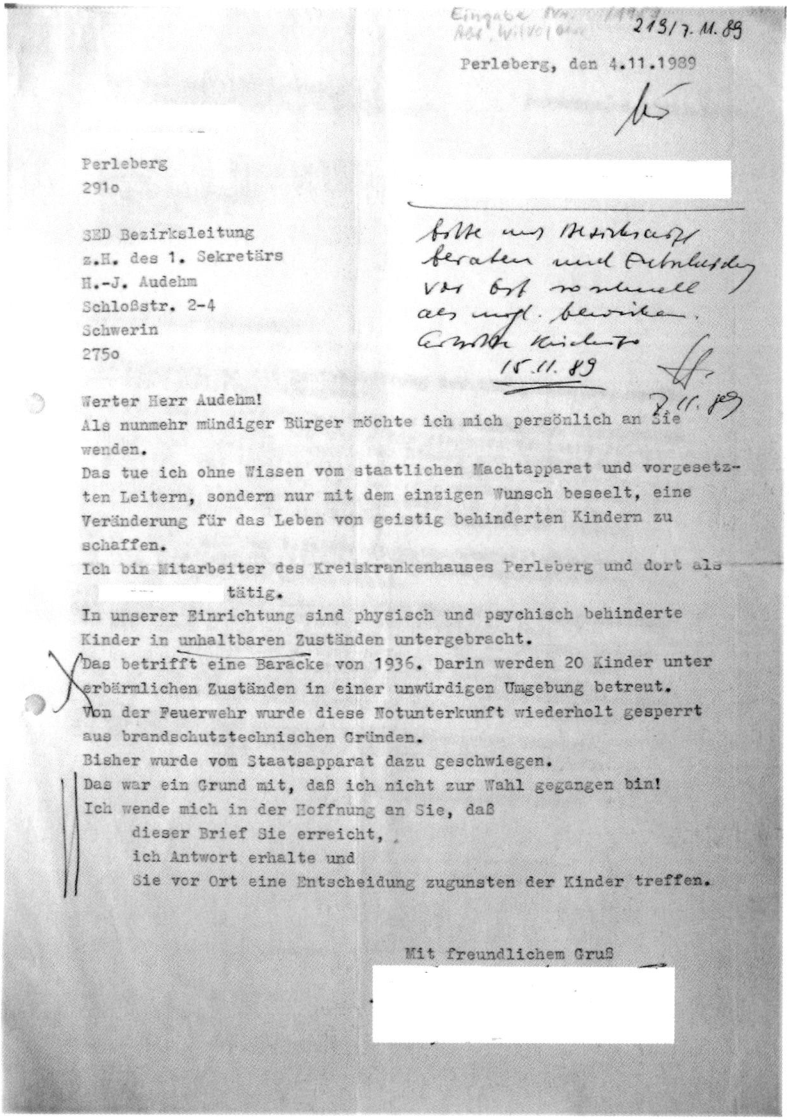

213/7.11.89

Perleberg, den 4.11.1989

[redacted]

Perleberg
291o

SED Bezirksleitung
z.H. des 1. Sekretärs
H.-J. Audehm
Schloßstr. 2-4
Schwerin
275o

bitte mit Werkleitung beraten und Entscheidung vor Ort so schnell als mögl. bewirken.
15.11.89
7.11.89

Werter Herr Audehm!
Als nunmehr mündiger Bürger möchte ich mich persönlich an Sie wenden.
Das tue ich ohne Wissen vom staatlichen Machtapparat und vorgesetzten Leitern, sondern nur mit dem einzigen Wunsch beseelt, eine Veränderung für das Leben von geistig behinderten Kindern zu schaffen.
Ich bin Mitarbeiter des Kreiskrankenhauses Perleberg und dort als [redacted] tätig.
In unserer Einrichtung sind physisch und psychisch behinderte Kinder in unhaltbaren Zuständen untergebracht.
Das betrifft eine Baracke von 1936. Darin werden 20 Kinder unter erbärmlichen Zuständen in einer unwürdigen Umgebung betreut.
Von der Feuerwehr wurde diese Notunterkunft wiederholt gesperrt aus brandschutztechnischen Gründen.
Bisher wurde vom Staatsapparat dazu geschwiegen.
Das war ein Grund mit, daß ich nicht zur Wahl gegangen bin!
Ich wende mich in der Hoffnung an Sie, daß
dieser Brief Sie erreicht,
ich Antwort erhalte und
Sie vor Ort eine Entscheidung zugunsten der Kinder treffen.

Mit freundlichem Gruß

[redacted]

„Darin werden 20 Kinder unter erbärmlichen Zuständen in einer unwürdigen Umgebung betreut." Eingabe eines Mitarbeiters des KKH Perleberg an die SED-Bezirksleitung Schwerin vom 4. November 1989. Quelle: LHAS, 7.11-1-2, Z 132/1991, Nr. 35506 B.

SVZ INNENPOLITIK

Katastrophale Zustände im und um das Pflegeheim

Das Nachtasyl von Dobbertin

Ein Bericht von Dr. Werner Panther

Auf den haarsträubenden Zustand des Psychiatrischen Pflegeheimes Dobbertin im Kreis Lübz verweist der verantwortliche Nervenarzt für das Pflegeheim, **Dr. Werner Panther**, in einem der SVZ übergebenen Bericht. Er ist mit den Nerven fast am Ende, was seinen Einsatz um die Besserung der Lage im Pflegeheim anbetrifft.

Im Psychiatrischen Pflegeheim Dobbertin stehen demnach jedem der 399 Heimbewohner im Erwachsenenbereich durchschnittlich nur 5,02 Quadratmeter Wohn-Schlaf-Fläche zur Verfügung. Nach einer schon 1970 amtlich aufgestellten „Mindestforderung" sollten es pro Heimbewohner 7,5 Quadratmeter sein. Demzufolge ist das Heim zu 33 Prozent überbelegt. Genauso beengt sind die Verhältnisse in den Aufenthaltsräumen – lediglich 1,6 Quadratmeter stehen hier anteilig für den einzelnen zur Verfügung. Als Werterhaltung stand dem gesamten Psychiatrischen Pflegeheim und der gleichzeitig untergebrachten Klinik für Kinder- und Jugendpsychiatrie mit 200 Betten – also für insgesamt 599 Kranke und Behinderte – jährlich eine Summe von ca. 260 000 Mark zur Verfügung. Davon mußten elf Stationen bzw. Häuser, geschützte Werkstattbereiche, Küchen-, Wirtschafts- und technische Gebäude unterhalten werden. Ein armseliges Unterfangen, was zu fortgeschrittenem inneren und äußeren Verfall der ohnehin überalterten Bausubstanz führte und zum Teil nachtasylhafte Bedingungen bewirkte.

Empörung rief eine Mitteilung der Gemeinde hervor, die die kranken Patienten wohl am liebsten in den vier Wänden des Heimes eingesperrt sähe! Dr. Panther schreibt:

„Als wir seitens der Psychiatrie eine integrierte Nutzung der Pionierleiterschule als Feierabendheim und auch für die Unterbringung von Zivildienstleistenden zur Verbesserung unserer personellen Unterbesetzung vorschlugen und eine eventuelle Angliederung geschützten Wohnens für einige der besten Rehabilitanden erwogen, ging uns schriftlich folgende Mitteilung aus der Gemeinde zu: ‚Wir sind der Auffassung, daß der von den Bürgern erkämpfte Erfolg nicht von anderen ausgenutzt werden sollte. Weiterhin stehen die

Kein schöner Anblick, aber ein notwendiger: die Raucherecke im Haus VI des Pflegeheimes. Enge erzeugt Aggressionen, sagt der Arzt.

Bürger und ihre Gemeindevertreter auf dem Standpunkt, daß bei aller Integration physisch und psychisch Geschädigter, die hier bei uns in der Gemeinde unzweifelhaft herrscht, eine Begrenzung auf ein bestimmtes Territorium notwendig ist' (Schreiben vom 1. 12. 89) Unzweifelhaft? Unzweifelhaft bedeutet dies doch wohl eine Ausgrenzung! Es ist eine Intoleranz gegenüber psychisch Kranken und geistig Behinderten.

Jeder Mensch kann psychisch erkranken und einen Persönlichkeitsabbau erleiden. Eltern müssen unter Umständen mit behinderten Kindern rechnen. Ob die Einwohner und Gemeindevertreter Dobbertins, die einen Teilbezug der Pionierleiterschule durch ‚die Psychiatrie' vehement verhindern, wohl einen nahen Angehörigen im Psychiatrischen Pflegeheim auf einer überfüllten Schwerstpflegestation untergebracht wissen möchten?

Um es klarzustellen: Nie und nimmer ist daran gedacht worden, solche schwerstgeschädigten Patienten in die Gemeinde verlegen zu wollen. Wenn überhaupt, war eine kleine Gruppe sozial angepaßter Rehabilitanden – das sind in geschützter Arbeit bewährte Arbeiter – ins Auge gefaßt worden, die in Wohngemeinschaft mit Zivildienstleistenden untergebracht werden sollten. Übrigens sind das Forderungen und Entwicklungen, wie sie in allen zivilisierten Ländern in Form der integrierten gemeindenahen Psychiatrie auf der Tagesordnung stehen.

Zweifellos sind älteren Bürgern unbestreitbare Rechte beim Einzug in die Pionierleiterschule einzuräumen. Aber auch 599 psychisch Kranke und Behinderte haben Anspruch, durch Unterbringung von 20 bis 25 Zivildienstleistenden besser, intensiver und wirksamer betreut zu werden. Weiß man um unsere Personalsituation? Ständig sind 15 bis 20 Planstellen unbesetzt bei einem ohnehin unzureichenden Personalschlüssel für die Versorgung. Die von der NVA noch bereitgestellten Soldaten, die zur Zeit Dienst im Pflegeheim leisten, mußten in freigezogenen Räumen der geschützten Werkstatt untergebracht werden. Das bedeutet, daß Patienten aus der Arbeitstherapie herausgelöst werden mußten und zurückgeschickt wurden auf ihre Stationen in einen tristen Alltag. Diskriminierend für psychisch Kranke und Behinderte muß empfunden werden, wenn wenig Bereitschaft für eine Unterbringung der humanitäre soziale Dienste Leistenden besteht, wenn die psychiatrischen Patienten dadurch ins Abseits gedrängt werden. Andernorts vermag eine ‚Aktion Sorgenkind' andere Formen der Solidarität und Menschenwürde freizusetzen. Während das gesamte Psychiatrische Pflegeheim mit seinen umfangreichen Gebäudekomplexen verkommen durfte, bauseitig verfiel, ruinös wurde und weiter zugrunde gehen wird, sind in den letzten Jahren – nach unseren Informationen – mehr als 2,5 Millionen Mark für die Rekonstruktion des ‚Zentralinstitutes der Pionierorganisation' aufgewandt worden. Es sind ja nur die Außenseiter der Gesellschaft, die am Rande Existierenden und Vegetierenden, die man gern in ‚bestimmte Territorien' verweist. Dort mögen sie – bitte sehr – ihr armseliges Dasein fristen, die Ärmsten der Armen, diejenigen, die ihre Menschenrechte nicht selbst einklagen können. Wir laden jeden ein, dem ehrliche Menschenwürde am Herzen liegt, sich unsere schwersten Pflegestationen anzusehen. Dann können wir weiter über Spenden und Ausstattungen sprechen."

Millionen wurden in die Rekonstruktion dieser ehemaligen Pionierleiterschule in Dobbertin gesteckt. Inzwischen ist es ein Feierabendheim. Warum verweigerte der Nutzer im Pflegeheim Zivildienstleistenden hier die Unterkunft? Foto: SVZ/Höhne

Werner Panther berichtet in einem Beitrag der Schweriner Volkszeitung vom 7. März 1990 über den „haarsträubenden Zustand des Psychiatrischen Pflegeheimes in Dobbertin". Quelle: LHAS, 7.11-1-2, Z 132/1991, Nr. 35698.

An verschiedenen Orten bildeten sich „Initiativgruppen“ von Behinderten und deren Angehörigen, so im Januar 1990 in Rostock[1023] und in Neubrandenburg.[1024] Mit diesen Initiativen waren die Bürger staatlichen Maßnahmen voraus. Aufgrund eines *Ministerratsbeschlusses vom 23. November 1989* hatte der Minister für Gesundheits- und Sozialwesen dem Ministerrat bis zum Februar 1990 eine *Konzeption über Maßnahmen zur Rehabilitation und Integration Behinderter* vorzulegen. Diese sollte in Zusammenarbeit mit Arbeitsgruppen in den einzelnen Bezirken entstehen. Auch der Minister für Bildung berief Arbeitsgruppen zur Vorbereitung einer Bildungsreform, darunter die Arbeitsgruppe „Pädagogische Rehabilitation physisch-psychisch Geschädigter“.[1025] In den drei Nordbezirken arbeiteten die verschiedenen Kreis- und Bezirksrehabilitationszentren zusammen an der Lösung ihrer Probleme. Spätestens ab März 1990 wurden gemeinsame Beratungen abgehalten und verschiedene Arbeitsgruppen für die pädagogische, soziale, berufliche und medizinische Rehabilitation gegründet. Auch der Kontakt zu entsprechenden Einrichtungen im benachbarten Schleswig-Holstein wurde aufgebaut.[1026] Als erste Maßnahmen wurden neue Gebäude für Behinderteneinrichtungen gesucht und dabei ehemalige MfS- und NVA-Objekte in Betracht gezogen. In der Nähe von Schwerin wurde im März 1990 das ehemalige MfS-Objekt in Rampe zur Nutzung als Landesrehabilitationszentrum vorgeschlagen. Auch über die überregionale Nutzung als Rehabilitationsstätte eines NVA-Objektes in Garz verhandelten die Rehabilitationszentren.[1027] In Rostock wurde Mitte März 1990 ein ehemaliges MfS-Ledigenwohnheim dem Rehabilitationszentrum zugesprochen, das dort ein Dauerheim für „schulbildungsunfähige“ Jugendliche und Erwachsene einrichten wollte.[1028] Aus der Rostocker Universitätsklinik kam 1990 der Vorschlag, ein ehemaliges

---

1023 Vgl. OZ, Rostocker Ausgabe, 5.1.1990.

1024 Vgl. Freie Erde, Neustrelitz/Neubrandenburg, 10.1.1990.

1025 Vgl. Kraus, Rudolf: Strukturen und Einrichtungen der Rehabilitation in der DDR und in den neuen Bundesländern, in: Aus Politik und Zeitgeschichte, 21.1.1994, Nr. 3/94, S. 26–37, hier S. 33 ff.

1026 Vgl. LAGw, Rep. 200 II 9.1, Nr. 624, Ergebnisprotokoll Sitzung „Arbeitsgruppe Einrichtungen und Dienste für Behinderte“ am 5.3.1990, 6.3.1990; Protokoll der gemeinsamen Beratung mit den Leitern der Kreisrehabilitationszentren (KRZ) der 3 Nordbezirke am 9.3.1990, 2.4.1990. LHAS, 7.11-1-2, Z 132/1991, Nr. 35698, stellvertretender Bezirksarzt Neubrandenburg Gellert, Protokoll der gemeinsamen Beratung mit den Leitern der KRZ der 3 Nordbezirke am 29.3.1990, 2.4.1990.

1027 Vgl. LAGw, Rep. 200 II 9.1, Nr. 624, Protokoll der gemeinsamen Beratung mit den Leitern der KRZ der 3 Nordbezirke am 9.3.1990, 2.4.1990. Siehe auch weitere Unterlagen in: LHAS, 7.11-1-2, Z 132/1991, Nr. 35698.

1028 Vgl. OZ, Rostocker Ausgabe, 14.3.1990.

MfS-Objekt in Waldeck als Abteilung für Forensische Psychiatrie zu nutzen.[1029]

Rampe ganz anders - Stasi raus, Kinder rein

Gesundheits- und Sozialwesen im Objekt am Schweriner See

Schwerin (SVZ/U. P.). Die Gesundheits- und Sozialeinrichtung Rampe am Schweriner Außensee wird an diesem Wochenende mit einer großen Benefizeröffnung eingeweiht. Ab 10 Uhr beginnen heute die verschiedensten Veranstaltungen wie Kutschfahrten am See, ein Benefizkonzert und Kinderspiele. Gaststätte und Café erwarten die Besucher, und die Teilnehmer an der Namensausschreibung für das Objekt nehmen auf der um 19.30 Uhr beginnenden Abendveranstaltung an einer Preisverleihung teil. Dabei winkt ein einwöchiger Schwarzwaldurlaub. Am morgigen Sonntag beginnt um 10 Uhr ein Friedensgottesdienst.
Die Bürgerinitiative, der Virchow-Bund, das Neue Forum und die Grüne Partei, die zu der Veranstaltung einladen, hatten sich vor allem dafür einsetzt, daß aus dem ehemaligen Stasi-Objekt eine Gesundheits- und Sozialeinrichtung wird. Wolfgang Kudla von der Grünen Liga, betonte in einem Gespräch mit der SVZ, daß die Interessenkonflikte um dieses Objekt in vielen Wochen mit großer Leidenschaft ausgetragen wurden. „Die Mitglieder des jetzigen Leitungsgremiums haben sich dabei als Verbündete der Bürgerinitiative im gemeinsamen Vorkampf um Rampe erwiesen. Deshalb trage ich die am 21. April auf der SVZ-Lokalseite veröffentlichten Vorwürfe von der Basisgruppe Neues Forum/Grüne Partei Cambs/Leezen nicht mit. Nun kommt es darauf an, daß für Kranke und Behinderte hier etwas herauskommt", meint Wolfgang Kudla.

Neben Werkstätten und geschützten Wohnungen für Rehabilitanden wird es in Rampe eine Berufsausbildung für Körperbehinderte geben. Familienangehörige geschädigter Kinder finden Aufnahme. Für den Landkreis Schwerin stehen ein Ambulatorium, ein Altersheim, drei Wohnhäuser, die Gaststätte und das Café zur Verfügung. Die Kirche erhält ebenfalls ein Haus für diakonische Arbeit.

Beitrag der Schweriner Volkszeitung vom März/April 1990 über die Nutzung eines Gebäudes des DDR-Staatssicherheitsdienstes zur Unterbringung von behinderten Kindern und Jugendlichen. Quelle: LHAS, 7.11-1-2, Z 132/1991, Nr. 35698.

Natürlich verursachten die Veränderungen der Jahre 1989/90 auch neue Probleme für behinderte Menschen. Zum einen konnten die dringend notwendigen Verbesserungen nicht schnell genug herbeigeführt werden, zum anderen wurden durch Umstrukturierungen plötzlich bewährte Abläufe behindert, wie im Kreis Wismar, wo Urlaubsplätze für Rehabilitanden wegfie-

1029 Vgl. LAGw, Rep. 200 II 9.1, Nr. 634, Klaus Ernst, Konzeption zur Nutzung des Objektes Waldeck, o. D. [1990].

len[1030] oder der Transport von Schülern der Sonderschule in Tressow nicht mehr gesichert war.[1031]

Die Lage in den psychiatrischen Großkrankenhäusern wurde ebenfalls thematisiert. Bereits am 15. November 1989 berieten leitende Krankenhauspsychiater in Berlin über den Stand der DDR-Psychiatrie und beschrieben die Lage als desolat. Auf Initiative von Hans Eichhorn aus dem BFKH Ueckermünde wurde eine Petition an den Präsidenten der Volkskammer beschlossen, die eine Expertenanhörung zum Ziel hatte.[1032] Letztlich änderte sich kurzfristig nur wenig. 1990 begann eine Expertengruppe mit der Bestandsaufnahme der Situation der psychiatrischen Versorgung in den neuen Ländern.[1033] Das Bundesministerium für Gesundheit veröffentlichte 1991 eine Bestandsaufnahme zur Lage der Psychiatrie in der ehemaligen DDR, die auch auf den Zustand im Land Mecklenburg-Vorpommern einging und in der die Situation in den Neuen Ländern mit der Zeit der Psychiatriereform 1975 in der Bundesrepublik verglichen wurde. Diese habe zu erheblichen Fortschritten geführt, war jedoch 1991 immer noch nicht abgeschlossen.[1034] Eine Reform der Psychiatrie in den neuen Bundesländern setzte erst langsam mit der Deutschen Einheit ein.[1035]

Durch die nun frei agierenden gesellschaftlichen Kräfte wurde eine Debatte über den Platz von behinderten Menschen in der Gesellschaft angestoßen. Die Medien trugen einen wesentlichen Anteil dazu bei, indem sie über die Lebens- und Unterbringungsbedingungen behinderter Personen berichteten, wenn auch in vielen Fällen der Sensationsjournalismus bedient wurde.[1036] Trotz dieser Aufkläraktionen kam es in vielen Bereichen nur zögerlich zu Veränderungen. Der Filmemacher Ernst Klee wies noch 1992 in der gerade vom Christophorus-Diakoniewerk übernommenen ehemaligen BNK Ueckermünde dramatische und menschenunwürdige Lebensbedingungen geistig und mehrfachbehinderter Menschen nach.[1037] Der Übergang

---

1030 Vgl. OZ, Wismarer Ausgabe, 03./04.3.1990, S. 6.
1031 Vgl. OZ, Wismarer Ausgabe, 17./18.3.1990, S. 6.
1032 Vgl. Eichhorn: DDR-Psychiatrie, S. 9.
1033 Vgl. Bundesministerium für Arbeit und Soziales: Ermittlung der Anzahl, S. 28.
1034 Vgl. Bundesministerium für Gesundheit: Zur Lage der Psychiatrie in der ehemaligen DDR, S. 1.
1035 Vgl. Bundesministerium für Arbeit und Soziales: Ermittlung der Anzahl, S. 26.
1036 Vgl. König, Uta/Sauer, Sabine: Gefangen, gequält, vergessen. Behinderte Kinder in der DDR, in: Stern, 7.6.1990, Nr. 24/1990, S. 26–35.
1037 Vgl. Die Hölle von Ueckermünde. Psychiatrie im Osten, eine Reportage von Ernst Klee, Deutschland 1993 (Hessischer Rundfunk).

in die neuen Strukturen war alles andere als einfach.[1038] Klaus Ernst (*1936), Professor für Neurologie und Psychiatrie an der Universitätsklinik Rostock, mahnte 1990: „Auch eine zukünftige Gesellschaft wird nach der längst bekannten Maxime daran zu messen sein, wie sie mit ihren alten und psychisch kranken Bürgern umgehen wird."[1039]

1038 Vgl. Hildebrandt: Die Einrichtungen des Gesundheits- und Sozialwesens, S. 15–25. Kraus: Strukturen und Einrichtungen, S. 26–37. Siehe auch die verschiedenen Beiträge in: Sozialpsychiatrische Informationen, Heft 1/1992

1039 LAGw, Rep. 200 II 9.1, Nr. 634, Klaus Ernst, Konzeption zur Nutzung des Objektes Waldeck, o. D. [1990].

8. Statistische Angaben

Behinderte und psychisch erkrankte Minderjährige 1945 bis 1952 im Land Mecklenburg

Die staatliche Erfassung behinderter und psychisch erkrankter Minderjähriger in den Nachkriegsjahren im Land Mecklenburg erfolgte aufgrund der schwierigen Nachkriegsverhältnisse nur äußerst lückenhaft. So machten 1947 auf eine Abfrage zur „Fürsorge für seelisch kranke Kinder und Jugendliche" der Abteilung Jugendfürsorge beim Land Mecklenburg lediglich die Kreise Rostock-Stadt, Rostock-Land und Schwerin-Stadt Angaben, nach denen insgesamt 286 Kinder und Jugendliche ambulant oder in geschlossenen Einrichtungen betreut wurden.[1040] 1948 betreuten die vorhandenen Fürsorgestellen 265[1041] und 1950 dann 524 „seelisch kranke Kinder und Jugendliche", von denen sich einige wenige in heilpädagogischen Heimen, dem Beobachtungs- und Sichtungsheim Michaelshof oder in Spezialkliniken befanden. Der Begriff „seelisch krank" schloss für die Behörden zur damaligen Zeit u. a. milieugeschädigte erziehungsschwierige, infolge organischer Krankheiten nervengeschädigte, als „schwachsinnig" bezeichnete Kinder und Jugendliche, als auch Kinder und Jugendliche mit einem zerebralen Anfallsleiden (Epilepsie) und sogenannte Bettnässer, Nervöse und Stotterer ein. Die Anzahl der nach einem Befund als „schwachsinnig" diagnostizierten Minderjährigen war 1950 mit 128 am höchsten.[1042]

Weitere statistische Angaben ergänzen das Bild. 1946 waren im Land Mecklenburg 3.846 Kinder und Jugendliche zum gleichen Zeitpunkt in Krankenhäusern zur stationären Behandlung untergebracht. 295 von ihnen hatten geistige und körperliche Behinderungen oder psychische Krankheiten. Sieben befanden sich im Krankenhaus Matgendorf, 18 in der konfessionellen Einrichtung in Ducherow, neun in der Greifswalder Nervenklinik, 31

1040 Vgl. LHAS, 6.11-19, Nr. 3599, Bl. 90a, Land Mecklenburg, Jahresbericht 1947: Offene und geschlossene Fürsorge für seelisch kranke Kinder und Jugendliche.

1041 Vgl. ebd., Nr. 3597, Offene und geschlossene Fürsorge für seelisch kranke Kinder und Jugendliche, Landeszusammenstellung Mecklenburg, 8.6.1949.

1042 Vgl. ebd., Nr. 3645, Offene und geschlossene Fürsorge für seelisch kranke Kinder und Jugendliche", 8.1.1952.

in der Rostocker Nervenklinik, 145 in der Heil- und Pflegeanstalt Schwerin-Sachsenberg und 85 in der Heil- und Pflegeanstalt Ueckermünde.[1043] Für das Jahr 1948 findet sich eine Statistik der Krankenanstalten im Land Mecklenburg. Danach befanden sich 133 Jungen und 50 Mädchen unter 14 Jahren in sogenannten Fachabteilungen für Geisteskranke und Epileptiker sowie 278 Jungen und 220 Mädchen unter 14 Jahren in Fachabteilungen für Körperbehinderte mit ständiger ärztlicher Behandlung. Insgesamt waren demnach 1948 681 Kinder unter 14 Jahren mit körperlichen oder geistigen Behinderungen in entsprechenden Krankenhausabteilungen untergebracht.[1044] Die Erfassung körperlich und geistig behinderter Minderjähriger steckte in den Anfängen und erst ein Bruchteil der Betroffenen war den Behörden bekannt.

Die staatliche Erfassung behinderter und psychisch erkrankter Minderjähriger im Bezirk Rostock 1955 bis 1970

In der DDR waren 1966 im Rahmen der Meldepflicht 80.745 Kinder und Jugendliche mit „geistigen Störungen“ erfasst worden. Bei 70 Prozent wurde „Bildungsfähigkeit“ angenommen, 23,7 Prozent galten als „bedingt bildungsfähig“, 6 Prozent als „bildungsunfähig“. Bei 34.686 hatten die Ärzte „verschiedene Schwachsinnsformen“, bei 38.712 „sonstige geistige Störungen“ und bei 7.347 Epilepsie oder einen „postenzephalitischen Zustand“[1045] diagnostiziert.[1046] Wie schleppend und unvollständig die bereits 1954 angeordnete Meldepflicht behinderter Minderjähriger in den Nordbezirken umgesetzt wurde, zeigt sich am Beispiel des **Bezirkes Rostock**. 1955 hatten die einzelnen Kreise lediglich 56 Kinder und Jugendliche mit geistigen Störungen gemeldet, 1956 waren es schon 261. Die Anzahl stieg bis 1963 auf 2.504, dann stellten die zuständigen Stellen beim Rat des Bezirkes fest, dass die Kreismeldungen fehlerhaft waren. Darauf hingewiesen, meldeten

---

1043 Vgl. ebd., Nr. 3596, Schreiben der Abteilung Gesundheitswesen betr. Zuteilung von Schokolade an Kinder in Krankenhäusern vom 18.12.1946.

1044 Vgl. ebd., Nr. 3597, Krankenanstaltsstatistik für die SBZ 1948, 4.6.1949.

1045 Historische Bezeichnung für Verhaltensveränderung nach einer viralen oder bakteriellen Infektion des Gehirns.

1046 Vgl. Institut für Planung und Organisation des Gesundheitsschutzes, Abteilung Statistik (Hg.): Das Gesundheitswesen der Deutschen Demokratischen Republik, Berlin 1967, S. 232–237, zitiert nach: Bundesministerium für Arbeit und Soziales: Ermittlung der Anzahl, S. 44 f.

die Kreise in den Folgejahren höhere Zahlen. 1966 wurden im Bezirk 12.930 Kinder und Jugendliche gezählt. 1967 waren es wieder nur 4.728, wobei der Grund für den Anstieg und den Rückgang aus den Unterlagen nicht hervorgeht und vermutlich auf fehlerhaften Meldungen beruht. 1970 waren im Bezirk Rostock 7.443 Minderjährige mit geistigen Störungen gemeldet, von denen 371 stationär untergebracht waren.[1047] In der DDR ging man 1968 von 13.500 psychisch geschädigten und als „bildungsunfähig" eingestuften Kindern und Jugendlichen aus. Im Bezirk Rostock waren 951 solcher Minderjähriger gemeldet, die Zahl wurde jedoch höher eingeschätzt, da in ländlichen Gebieten eine vollständige Erfassung noch nicht gegeben war.[1048] Diesen Kindern standen 1967 270 Betten in staatlichen stationären Einrichtungen und 231 Plätze in konfessionellen Heimen des Bezirkes Rostock zur Verfügung.[1049]

Eine ähnliche Zunahme ist bei den Meldungen von Kindern und Jugendlichen mit Körperbehinderungen und Schädigungen des Seh- und Hörvermögens zu beobachten. 1956 hatten die einzelnen Kreise an der Ostseeküste 1.414 Kinder und Jugendliche gemeldet. 1957 waren es schon 2.452 (darunter 52 als „bildungsunfähig" eingestufte). Die Zahl stieg weiter, 1960 auf 6.397 (darunter 476 als „bildungsunfähig" eingestufte) und 1970 auf 17.573 (darunter lediglich 57 dauerhaft stationär untergebrachte Kinder und Jugendliche).[1050] Die hohe Zunahme macht weniger die tatsächliche Anzahl der Kinder und Jugendlichen mit Behinderungen oder psychischen Erkrankungen kenntlich, vielmehr weist sie auf die großen Schwierigkeiten bei deren Erfassung in den einzelnen Kreisen hin.

1047 Die Angaben entstammen einer Auswertung der Berichte über Kinder und Jugendliche mit geistigen Störungen im Bezirk Rostock der Jahre 1956 bis 1970, in: LAGw, Rep. 200 9.1, Nr. 33; 61; 216; 233. Zum Vergleich: 1967 wurden im Bezirk Neubrandenburg 8.619 Kinder und Jugendliche mit geistigen Störungen gezählt, 1968 waren es 9.119. 1967 befanden sich 1.530 von ihnen im Kreis Ueckermünde, der größte Teil in der Kinderabteilung der Neuropsychiatrie im BKH Ueckermünde (vgl. die Berichte über Kinder und Jugendliche mit geistigen Störungen im Bezirk Neubrandenburg der Jahre 1966 bis 1968, in: LHAS, 7.21-1-2, Z 1/1986, Nr. 1584; 1713). Vom Bezirk Schwerin liegen keine entsprechenden Zahlen vor.

1048 Vgl. LAGw, Rep. 200 9.1, Nr. 246, Bl. 62 ff., Konzeption zur Förderung und Betreuung geistig retardierter Kinder im Bezirk Rostock, o. D. [etwa 1972], 1. Entwurf zur Ratsvorlage.

1049 Vgl. ebd., Nr. 133, Bl. 2 ff., Schnellbericht über die Erfüllung wichtiger Kapazitätskennziffern der Einrichtungen des Gesundheits- und Sozialwesens aller Bereiche und Eigentumsformen 1967, Rat des Bezirkes Rostock, Abt. Gesundheits- und Sozialwesen an das Ministerium für Gesundheitswesen der DDR, 5.1.1968.

1050 Die Angaben entstammen einer Auswertung der Berichte über Kinder und Jugendliche mit Körperbehinderungen und Schädigungen des Seh- und Hörvermögens im Bezirk Rostock der Jahre 1956 bis 1970, in: LAGw, Rep. 200 9.1, Nr. 33; 61; 216.

Jahr	Minderjährige mit „geistigen Störungen"	Minderjährige mit Körper- und Sinnesbehinderungen	Gesamtzahl aller Kinder und Jugendlichen[1051] (Durchschnitt: 254.431)
1955	56		251.792
1956	261	1.414	245.269
1957		2.452	239.413
1958		3.363	235.636
1959	1.233	4.594	235.490
1960	1.573	6.397	238.595
1961/62	2.126	7.598	248.266
1962/63	2.504		258.916
1965/66	12.930[1052]		280.277
1966/67	4.728	13.661	283.405
1969/70	7.443	17.573	281.678

Gemeldete Kinder und Jugendliche mit „geistigen Störungen", Körperbehinderungen und Schädigungen des Seh- und Hörvermögens sowie Gesamtzahl aller Kinder und Jugendlichen bis zum Alter von 18 Jahren im Bezirk Rostock 1955 bis 1970. Zusammenstellung: Falk Bersch.

Behinderte und psychisch erkrankte Minderjährige in den DDR-Nordbezirken in den 1970er und 1980er Jahren

1971 wurden in den orthopädischen Beratungsstellen der DDR 409.310 Kinder und Jugendliche erfasst. Über die Hälfte von ihnen hatten Deformitäten des Knochen- und Bewegungsapparates und bei 1,1 Prozent lagen Schädigungen des Seh- oder Hörvermögens vor. Im gleichen Jahr gab es 121.231 Kinder mit „geistigen Schädigungen" – das waren 2,56 Prozent aller Kinder und Jugendlichen – bei 51.429 war Debilität, bei 8.678 Imbezillität, bei 2.164 Idiotie, bei 11.067 Epilepsie und bei 47.893 eine sonstige geistige Störung diagnostiziert worden.[1053] Die Zahlen stiegen in den nächsten Jahren: 1976 waren 128.774 Kinder und Jugendliche mit „geistigen Störungen" gemeldet, sowie 416.332 mit Körperbehinderungen und Schädigungen des

---

1051 Vgl. Staatliche Zentralverwaltung für Statistik (Hg.): Statistisches Jahrbuch der DDR 1956, Berlin: 1956; ebd. 1957; ebd. 1958; ebd. 1959; ebd. 1960/61; ebd. 1962; ebd. 1963; ebd. 1964; ebd. 1965; ebd. 1966; ebd. 1967; ebd. 1968; ebd. 1969; ebd. 1970; ebd. 1971; ebd. 1972.

1052 Vgl. S. 265.

1053 Vgl. Statistisches Jahrbuch: Das Gesundheitswesen DDR 1972, S. 173, 179, zitiert nach: Walther, Joachim: Geschützte Arbeit für schwerstbehinderte Bürger, Jena 1974, S. 29.

Hör- und Sehvermögens, von denen 1.108 gehunfähig waren und 1.170 als „bildungsunfähig" eingestuft wurden.[1054] 1989 gab es in der DDR 162.949 Kinder und Jugendliche im Schulbesuchsalter mit psychischen Störungen, mehr als die Hälfte von ihnen galten als „geistig behindert".[1055]

Der **Bezirk Neubrandenburg** meldete 1970 6.990 Kinder und Jugendliche mit geistigen Störungen, für die, wie man sich ausdrückte, „keine Bildungsform der Volksbildung geeignet" war.[1056] 1981 war mit 8.087 „psychisch geschädigten" Minderjährigen – dies waren 4,52 Prozent der 0- bis 18jährigen im Bezirk – ein Höchststand in den Meldungen erfolgt. 1988 belief sich die Zahl auf 7.578. In den 1980er Jahren wurden im Bezirk Neubrandenburg jährlich über 30.000 Kinder und Jugendliche mit Körperbehinderungen gemeldet, 1983 waren es 36.409 und 1988 33.934. Nur wenige der Minderjährigen mit Körperbehinderungen galten als „bildungsunfähig", 1988 waren es 143. Auffallend und noch nicht erklärbar ist, dass sich im Kreis Waren jedes Jahr mit über 10.000 die mit Abstand höchste Anzahl körperbehinderter Minderjähriger im Bezirk befand.[1057]

Im **Bezirk Rostock** waren 1970 7.443 Kinder und Jugendlichen mit geistigen Störungen gemeldet[1058], von denen etwa 900 als „bildungsunfähig" eingestuft wurden.[1059] 1976 ging man von 1.215 psychisch geschädigten „schulbildungsunfähigen" Kinder aus, 465 wurden als „pflegebedürftig" und 750 als „förderungsfähig" betrachtet.[1060] 1970 waren 17.573 Kinder und Jugendliche mit Körperbehinderungen erfasst.[1061] Gesamtzahlen aus den letzten Jahren der DDR liegen für den Bezirk Rostock nicht vor, lediglich für das Jahr 1989 findet sich ein Hinweis auf 650 als „schulbildungsunfähig förderungsfähig" eingestufte Kinder und Jugendliche.[1062]

1054 Vgl. DDR-Medizin-Report 9/1976, S. 781, zitiert nach: Helwig: Behinderte in der DDR, S. 269.

1055 Vgl. Barsch: Geistig behinderte Menschen in der DDR, S. 10.

1056 Vgl. LHAS, 7.21-1-2, Z 1/1986, Nr. 1713, Bericht über Kinder und Jugendliche mit geistigen Störungen im Bezirk Neubrandenburg 1970/71, 24.11.1971.

1057 Die Angaben entstammen einer Auswertung der Berichte über Kinder und Jugendliche mit geistigen Störungen und Körperbehinderungen im Bezirk Neubrandenburg der Jahre 1981 bis 1988, in: Ebd., Z 108/1991, Nr. 28997 A; Nr. 28698 A.

1058 Vgl. LAGw, Rep. 200 9.1, Nr. 216, Bl. 1 ff., Bericht über Kinder und Jugendliche mit geistigen Störungen im Bezirk Rostock 1969/70, 23.11.1970.

1059 Vgl. ebd., Nr. 87, Schreiben Bezirksarzt Rostock Kluge an das Ministerium für Gesundheitswesen, HA Soziale Betreuung/Rehabilitation, vom 2.11.1970.

1060 Vgl. ebd., Nr. 688, Bericht zur Unterbringung psychisch geschädigter Kinder und Erwachsener im Bezirk Rostock, 1.4.1977.

1061 Vgl. ebd., Nr. 216, Bl. 7 ff., Bericht über Kinder und Jugendliche mit Körperbehinderungen im Bezirk Rostock 1969/70, 23.11.1970.

1062 Vgl. ebd., Nr. 624, Hintergrundinformation zum Referat „Über die Realisierung der Maßnahmen", 15.9.1989.

Die Anzahl der Kinder und Jugendliche mit geistigen Störungen im **Bezirk Schwerin** betrug 1971 5.177, 1979 5.807 (höchster Stand), 1985 4.539 (niedrigster Stand) und 1988 4.951. 1982 waren 353 „schulbildungsunfähige förderungsfähige" und 66 „förderungsunfähige pflegebedürftige" Minderjährige erfasst.[1063] Die Anzahl der Kinder und Jugendlichen mit Körperbehinderungen wurde 1971 mit 19.694 angegeben. Sie sank bis zum Ende der DDR rapide: 1980 wurden 8.669 und 1988 nur noch 3.731 Minderjährige mit einer Körperbehinderung gezählt, von letzterer Anzahl waren 84 gehunfähig und 82 wurden als „bildungsunfähig" eingestuft.[1064] Eine Meldung aus dem Jahr 1987 nennt 102 „Rollstuhlfahrerkinder" im Bezirk.[1065] 1981 wurden im Bezirk Schwerin im Rahmen einer Berichterstattung aufgrund der *Anordnung Nr. 2 über Anerkennung als Beschädigte und Ausgabe von Beschädigtenausweisen vom 18. Juli 1979* insgesamt 919 betroffene Jungen und Mädchen unter 18 Jahren gezählt. Dabei fielen die Angaben der einzelnen Kreise sehr unterschiedlich aus: Sternberg meldete lediglich 12, Gadebusch hingegen 250 Minderjährige. Bei 90,6 Prozent aller insgesamt 40.515 erfassten Personen, also auch der Erwachsenen (die Einwohnerzahl im Bezirk wurde mit 587.781 angegeben), lag eine Körperbehinderung und bei 3,4 Prozent eine geistige Behinderung vor, 3,6 Prozent hatten Sehschädigungen und 2,4 Prozent Hörschädigungen. Lediglich bei 0,4 Prozent aller erfassten behinderten Personen hielt man rehabilitative Maßnahmen für erforderlich.[1066]

Eine abschließende Aussage über die Anzahl der behinderten Kinder und Jugendlichen in den DDR-Nordbezirken zu machen, fällt aufgrund des vorliegenden Datenmaterials schwer. Die folgende Tabelle soll die Zahlen für den Zeitraum 1970/71 aufschlüsseln, wobei im Falle des Bezirkes Neubrandenburg keine Daten gefunden wurden und auf den Zeitraum 1983/84 zurückgegriffen werden muss. Die Tabelle nennt für die Bezirke Neubrandenburg, Rostock und Schwerin sowohl die Gesamtzahl aller Kinder und Jugendlichen mit Körperbehinderungen, Seh- und Hörschädigungen sowie

1063 Vgl. Institut für Technologie und Grundfondsökonomie (Hg.): Analyse der Sonderwohnformen im Bezirk Schwerin, Berlin-Buch 1982, S. 54 f., in: LHAS, 7.11-1-2, Z 45/1996, Nr. 238.

1064 Die Angaben entstammen einer Auswertung der Berichte über Kinder und Jugendliche mit geistigen Störungen und Körperbehinderungen im Bezirk Neubrandenburg der Jahre 1971 bis 1988, in: LHAS, 7.11-1-2, Z 131/1991, Nr. 35551 und Hinweisen in: LHAS, 7.12-3, Z 31/1990, Nr. 429.

1065 Vgl. LHAS, 7.11-1-2, Z 132/1991, Nr. 35698, Rat des Bezirkes Schwerin, Gesundheits- und Sozialwesen, Übersicht über die Anzahl der Rollstuhlfahrerkinder im Bezirk Schwerin 1987, 21.12.1987.

1066 Vgl. ebd., Nr. 35502, Einmalige Berichterstattung über Beschädigte, Schwerin, 18.5.1981.

„geistigen Störungen“, als auch die Zahl derer, die stationär untergebracht und damit in der Regel als Pflegefälle gezählt wurden. Im Falle der körperbehinderten Minderjährigen war dies jeweils nur ein Bruchteil, im Falle der Minderjährigen mit „geistigen Störungen“ zwischen 5 und 8,3 Prozent.[1067]

Bezirk Jahr	Körperbehinder. gesamt	Körperbehinder. – station. Unterbringung	„Geistige Störungen" gesamt	„Geistige Störungen" – station. Unterbringung	Gesamtzahl Kinder u. Jugendliche
Neubrandenburg 1971, 1983, 1984	1983: 36.409	1984: 45	1971: 7.438	1971: 624	1971: 210.432 1983: 163.315 1984: 161.929
Rostock 1970	17.573	57	7.443	371	281.678
Schwerin 1971	19.694	Keine Angaben	5.177	405	187.117

Gemeldete Kinder und Jugendliche mit Körperbehinderungen und „geistigen Störungen" sowie Gesamtzahl aller Kinder und Jugendlichen bis zum Alter von 18 Jahren in den DDR-Nordbezirken. Zusammenstellung: Falk Bersch.

1067 Die Tabelle stützt sich auf die genannten Quellen aus dem LHAS und dem LAGw sowie auf Angaben des Statistischen Jahrbuchs der DDR 1971, 1973, 1985 und 1986.

Der Aufbau von Förderungseinrichtungen für geistig behinderte Minderjährige in den 1970er und 1980er Jahren

In den 1970er und 1980er Jahren wurde in der DDR der Einrichtung von Förderstätten für „schulbildungsunfähige" Kinder und Jugendliche Aufmerksamkeit geschenkt. 1972 errechnete man einen Gesamtbedarf von 20.123 Plätzen in Förderungseinrichtungen, es standen in jenem Jahr jedoch nur für 5.547 Kinder und Jugendliche solche Plätze zur Verfügung, was bedeutete, dass etwa 15.000 Minderjährige ohne eine Förderung waren. Im **Bezirk Neubrandenburg** fehlten 806 Plätze, hier waren 1972 lediglich 107 Minderjährige in Förderungseinrichtungen untergebracht. Im **Bezirk Rostock** befanden sich 269 Minderjährige in Förderungseinrichtungen, es fehlten 931 Plätze. Im **Bezirk Schwerin** hatten 222 Minderjährige einen Förderplatz, es bestand ein Mangel an 585 Plätzen. 1972 fehlten in den Nordbezirken also 2.322 Förderplätze.[1068] Vergleicht man dies mit den 1980er Jahren, sind Fortschritte unbestritten. 1981 gab es in der DDR bereits 13.500 Plätze in 364 Förderungseinrichtungen.[1069] 1987 waren es 14.266 Plätze in 360 Einrichtungen und es soll ein Betreuungsgrad von 90 Prozent erreicht worden sein.[1070] Im **Bezirk Neubrandenburg** konnte man zunächst an diese Entwicklung nicht anknüpfen. 1980 gab es lediglich 379 Förderplätze, damit lag der Bezirk DDR-weit an vorletzter Stelle.[1071] Angaben für die Jahre 1985 bis 1989 liegen für den Bezirk Neubrandenburg nicht vor. Im **Bezirk Rostock** standen 1989 in fünf Tagesstätten, fünf Wochenheimen, zwei Heimen und einem Krankenhaus insgesamt 600 Förderplätze zur Verfügung, etwa 50 Kinder waren noch unversorgt.[1072] Im **Bezirk Schwerin** waren 1988 in den Förderungseinrichtungen 626 Plätze vorhanden.[1073]

1068 Vgl. LHAS, 7.11-1-2, Z 132/1991, Nr. 24243/1, Büro des Ministerrates der DDR, Beschluss zur weiteren Entwicklung der Rehabilitation nach ausgewählten Schwerpunkten vom 16.8.1973.

1069 Vgl. Schwitzer: Sozialwesen, Leistungsbereiche und Rolle der Volkssolidarität, S. 133.

1070 Vgl. Degenhardt: Die Rehabilitationsmöglichkeiten, S. 78.

1071 Vgl. LHAS, 10.34-7, Nr. 3207, Institut für Organisation des Gesundheitsschutzes Berlin, Interner Bericht Bezirk Neubrandenburg 1980.

1072 Vgl. LAGw, Rep. 200 II 9.1, Nr. 624, Hintergrundinformation zum Referat „Über die Realisierung der Maßnahmen" vom 27.9.1989.

1073 Vgl. LHAS, 7.11-1-2, Z 132/1991, Nr. 35698. Schreiben Schwerin Bezirksarzt Arno Trzeczak an den Vorsitzenden des Rates des Bezirkes Schwerin Rudi Fleck vom 29.3.1989. Ebd., Z 126/91, Nr. 35683, Büro für Sozialhygiene Schwerin, Informationen über Ergebnisse der Jahresberichterstattung 1986, 3.3.1987.

Die Anzahl kinder- und jugendneurologisch-psychiatrischer Krankenhausbetten in den 1970er und 1980er Jahren

Inwieweit die Belegung von Krankenhausbetten durch überalterte Patienten – junge Erwachsene, die von den Kinder- und Jugendstationen der psychiatrischen Großkrankenhäuser aufgrund fehlender Nachfolgeeinrichtungen nicht verlegt werden konnten – die Aufnahme neuer Patienten verhinderten, soll für die 1970er Jahre anhand der Situation im BFKH Ueckermünde verdeutlicht werden. Während 1971 noch 519 der 545 Betten der dortigen Kinder- und Jugendstationen von unter 18-Jährigen belegt waren, verringerte sich deren Zahl in den folgenden Jahren stetig. 1976 waren es nur noch 378, was bedeutet, dass 167 Patienten (30,6 Prozent) das Erwachsenenalter erreicht hatten und nun unter Bedingungen leben mussten, die für Kinder und Jugendliche ausgerichtet waren.

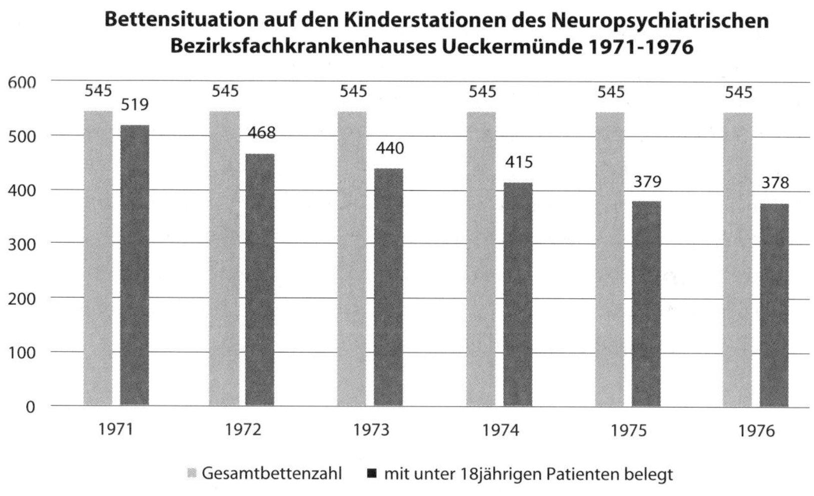

Grafik: Falk Bersch; Quelle: LHAS, 7.21-1-2, Z 1/1986, Nr. 1713, Aufteilung der Neuzugänge von Kindern und Jugendlichen mit geistigen Störungen 1973/74 im BFKH Ueckermünde, 25.09.1974. Ebd., Z 108/1991, Nr. 28734, Zahl der mit Kindern belegten Betten im Bereich Kinderklinik des Neuropsychiatrischen Bezirksfachkrankenhauses Ueckermünde, o. A., o. D.

1985 waren in der DDR 122.731 neurologisch-psychiatrische Patienten aus den Fachkrankenhäusern entlassen worden, was 0,74 Prozent der Wohnbevölkerung ausmachte. Das bedeutete, dass 0,6 bis 0,8 Prozent aller Einwohner jährlich eine stationäre neurologisch-psychiatrische Behandlung benötigten.[1074] Die Zahl der neurologischen Betten in den Fachkrankenhäusern blieb zwischen 1970 (3.239), 1980 (3.188) und 1989 (3.182) in etwa stabil, die Zahl der psychiatrischen Betten nahm ab: 1970 waren es 33.532, 1980 30.127 und 1989 schließlich 25.690.[1075] Für 1986 stellt Otto Bach fest, dass rund 20 Prozent aller Klinikbetten in der DDR mit Psychiatriepatienten belegt waren. Die Verweildauer in psychiatrischen Krankenhäusern betrug für 50 Prozent der Patienten mehr als zwei Jahre und für 25 Prozent mehr als zehn Jahre.[1076] 1986 wurden in der DDR 4.399 kinder- und jugendneuropsychiatrische Betten gezählt.[1077] In den psychiatrischen Krankenhäusern der DDR versorgte 1986 eine Krankenschwester im Durchschnitt 3,32 Betten.[1078] Im **Bezirk Neubrandenburg** war man von diesem Wert weit entfernt, mit 6,25 Betten auf eine Schwester lag hier der Negativrekord des Landes. Im Bezirk gab es 1986 60 klinische kinder- und jugendneuropsychiatrische Betten, wobei die Zahl ungenau ist, da auch eine unbekannte Anzahl von Betten für pflegebedürftige Kinder und Jugendliche als klinische Betten gezählt wurden.[1079] 1979 betrug die Zahl der Plätze für „schulbildungsunfähige" pflegebedürftige Kinder und Jugendliche 359, viele der Minderjährigen waren in Heimen, die Mehrzahl (208) jedoch im BFKH Ueckermünde untergebracht.[1080] Im **Bezirk Rostock** standen 1986 in den psychiatrischen Krankenhäusern 518 kinder- und jugendneuropsychiatrische Betten zur Verfügung, aber auch hier waren teilweise pflege-

1074 Vgl. ebd.2, Z 131/1991, Nr. 35722, Die Aufgaben zur weiteren Verbesserung im Fachgebiet Neurologie und Psychiatrie des Erwachsenen-, Kindes- und Jugendalters, 1987.

1075 Vgl. Spaar: Dokumentation Gesundheitswesens DDR, Teil 6, S. 45.

1076 Vgl. Bach: Entwicklung, S. 26.

1077 Vgl. LAGw, Rep. 200 II 9.1, Nr. 630, Ministerium für Gesundheitswesen, Die Aufgaben zur weiteren Verbesserung der Betreuung im Fachgebiet Neurologie und Psychiatrie des Erwachsenen-, Kindes- und Jugendalters, 4.10.1988.

1078 Der Durchschnittswert für Fachkrankenhäuser in der Bundesrepublik betrug 2,25.

1079 Vgl. LAGw, Rep. 200 II 9.1, Nr. 630, Ministerium für Gesundheitswesen, Die Aufgaben zur weiteren Verbesserung der Betreuung im Fachgebiet Neurologie und Psychiatrie des Erwachsenen-, Kindes- und Jugendalters, 4.10.1988.

1080 Vgl. LHAS, 10.34-7, Nr. 3207, Möwius, Analyse zur Berichterstattung über Fördereinrichtungen, Heime und Geschützte Arbeit 1979.

bedürftige „Dauerfälle“ mitgezählt worden.[1081] 1978 hatte man 294 Kinder und Jugendliche als psychiatrische Pflegefälle in unterschiedlichen Pflegeeinrichtungen des Bezirkes untergebracht.[1082] **Für den Bezirk Schwerin** sind genaue Zahlen schwer auszumachen, da es in den 1980er Jahren verschiedene Umstrukturierungen und damit verbundene Umsetzungen von Betten aus dem Gesundheits- in das Sozialwesen gab und sich durch die Ausgliederung der arbeitstherapeutischen Außenstationen und Heime die Bettenzahl in der BNK Schwerin mehrfach änderte.[1083] 1986 waren 3.623 neuro-psychiatrische Patienten entlassen worden, dies waren 0,61 Prozent der Wohnbevölkerung, damit lag der Bezirk unter dem DDR-Durchschnitt (siehe oben). Der Anteil der entlassenen kinderneuropsychiatrischen Patienten betrug nur 0,27 Prozent. Dies deutet darauf hin, dass ein Großteil der Kinder und Jugendlichen Langzeitpatienten waren. 7 bis 15 Prozent aller Schulkinder wiesen Verhaltensauffälligkeiten, Lernstörungen, emotionelle Störungen und neurologische Erkrankungen auf.[1084] Sowohl 1973 als auch 1984 wurden im Bezirk 300 staatliche psychiatrische Krankenhausbetten für Kinder und Jugendliche gezählt, 260 in Dobbertin und 40 in der Außenstelle des Kreiskrankenhauses Hagenow in Glaserhorst. Hinzu kamen 23 Betten im Evangelischen Kinderhospital „Haus Sonnenschein“ in Ludwigslust.[1085]

1081 Vgl. LAGw, Rep. 200 II 9.1, Nr. 630, Ministerium für Gesundheitswesen, Die Aufgaben zur weiteren Verbesserung der Betreuung im Fachgebiet Neurologie und Psychiatrie des Erwachsenen-, Kindes- und Jugendalters, 4.10.1988.

1082 Vgl. ebd., Nr. 420, Bezirk Rostock, Psychiatrische Pflegeplätze 1978.

1083 Vgl. LHAS, 7.11-1/31, Nr. 73, Notiz BZNK Schwerin, 4.8.1982.

1084 Vgl. LHAS, 7.11-1-2, Z 131/1991, Nr. 35722, Die Aufgaben zur weiteren Verbesserung im Fachgebiet Neurologie und Psychiatrie des Erwachsenen-, Kindes- und Jugendalters, 1987.

1085 Vgl. ebd., Z 132/1991, Nr. 24240, Rat des Bezirkes Schwerin, Büro für Sozialhygiene, Leitungsinformation über Stand Entwicklung und Planerfüllung ausgewählter Bereiche Gesundheits- und Sozialwesen im Bezirk Schwerin, 1973. Ebd., Z 131/1991, Nr. 35720, Kostenübersicht Psychiatrische Einrichtungen DDR und Berlin 1984.

Die Bedeutung konfessioneller Einrichtungen bei der Betreuung und Förderung behinderter Minderjähriger in den 1970er und 1980er Jahren

1972 gab es in den staatlichen Einrichtungen der DDR 3.841 Förder- und Betreuungsplätze für „schulbildungsunfähige förderungsfähige" Kinder und Jugendliche, in konfessionellen Einrichtungen waren es 1.706 Plätze, was bedeutet, dass sich beinah jeder dritte Förder- und Betreuungsplatz (30,8 Prozent) in konfessioneller Trägerschaft befand.[1086] Bis 1989 hatte sich diese Situation aufgrund der Zunahme staatlicher Förderungseinrichtungen verändert, bei insgesamt etwa 15.000 Plätzen befand sich jetzt nur noch etwa jeder 5. Platz in konfessioneller Trägerschaft.[1087] 1989 standen in konfessionellen Einrichtungen 525 Plätze in Tagesstätten (6,7 Prozent aller Plätze, staatliche Plätze: 7.282) und 407 Plätze in Wochenheimen (17,6 Prozent aller Plätze, staatliche Plätze: 1.909) zur Verfügung. In Dauerheimen gab es 2.188 Plätze (66,4 Prozent aller Plätze, staatliche Plätze: 1.109), wobei hier in der Regel Pflegefälle betreut wurden.[1088] Dies macht deutlich, dass in den konfessionellen Einrichtungen mehr und mehr sogenannte „förderungsunfähige" pflegebedürftige Minderjährige betreut wurden, während die als „förderungsfähig" eingestuften größtenteils staatliche Förderstätten besuchten.[1089] Dies bestätigt ein Blick auf die Nordbezirke, wo die Förderung von Kindern und Jugendlichen in Tages- und Wochenstätten fast ausschließlich staatlichen Einrichtungen vorbehalten war. Die Förderung in Dauerheimen war hingegen – zumindest in den **Bezirken Schwerin** und Neubrandenburg – beinahe ausschließlich in konfessioneller Hand. Im **Bezirk Rostock** war nach den aus dem Jahr 1989 vorliegenden Daten keine konfessionelle Förderungseinrichtung vorhanden.[1090] Angaben von 1972 bestätigen dies.

1086 Vgl. ebd., Z 132/1991, Nr. 24243/1, Büro des Ministerrates, Beschluss zur weiteren Entwicklung der Rehabilitation nach ausgewählten Schwerpunkten vom 16.8.1973.

1087 Vgl. Schwitzer: Sozialwesen, Leistungsbereiche und Rolle der Volkssolidarität, S. 133.

1088 Vgl. Kraus: Strukturen und Einrichtungen, S. 28.

1089 Zum Vergleich sei auf die Trägerschaft der Feierabend- und Pflegeheime hingewiesen: 1989 standen für Menschen, die aufgrund des Alters- oder Gesundheitszustandes eine dauerhafte Betreuung oder Pflege benötigten, 1.348 Feierabend- und Pflegeheime mit insgesamt rund 140.000 Heimplätzen zur Verfügung. 87 Prozent dieser Plätze befanden sich in staatlichen Heimen. 349 Heime mit 17.715 Plätzen waren in Trägerschaft konfessioneller Verbände (vgl. Kohnert: Pflege und Umgang, S. 1733). Die konfessionellen Gesundheitseinrichtungen verschiedener Art befanden sich 1989 zu ca. 80 Prozent in der Trägerschaft der evangelischen Diakonie, die übrigen in der der katholischen Caritas oder anderer Träger (vgl. Bundesministerium für Arbeit und Soziales: Ermittlung der Anzahl, S. 49).

1090 Vgl. Kraus: Strukturen und Einrichtungen, S. 28.

In jenem Jahr waren im **Bezirk Neubrandenburg** 25 von 107 Plätzen für „schulbildungsunfähige förderungsfähige" Kinder und Jugendliche in konfessioneller Trägerschaft, im Bezirk Schwerin waren es 90 von 132 und im Bezirk Rostock befanden sich alle 269 Plätze in staatlicher Hand.[1091]

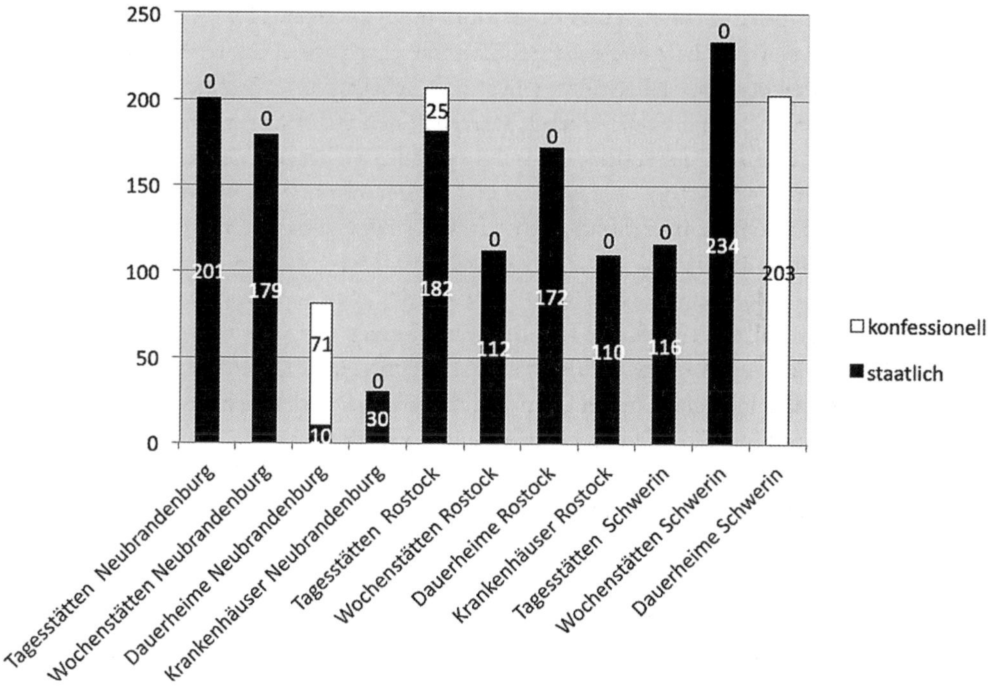

Plätze in staatlichen und konfessionellen Einrichtungen zur Förderung „schulbildungsunfähiger" Kinder und Jugendlicher (3 bis 18 Jahre) in den DDR-Nordbezirken 1989. Grafik: Falk Bersch; Quelle: Kraus, Rudolf, Strukturen und Einrichtungen der Rehabilitation in der DDR und in den neuen Bundesländern, in: Aus Politik und Zeitgeschichte, 21.1.1994, Nr. 3/94, S. 26–37, hier S. 28.

1091 Vgl. LHAS, 7.11-1-2, Z 132/1991, Nr. 24243/1, Büro des Ministerrates, Beschluss zur weiteren Entwicklung der Rehabilitation nach ausgewählten Schwerpunkten vom 16.8.1973.

Die konfessionellen Behinderteneinrichtungen trugen einen hohen Anteil der Pflege von schwerstbehinderten „schulbildungsunfähigen" Minderjährigen und Erwachsenen. Besonders im **Bezirk Neubrandenburg** gab es kaum staatliche Unterbringungsmöglichkeiten für überalterte bzw. austherapierte Kinder und Jugendliche. 1979 waren, abgesehen vom BFKH Ueckermünde, die konfessionellen Einrichtungen im Waldhof Templin, in Ducherow und in Stavenhagen die einzigen Unterbringungsmöglichkeiten. Da dort bereits 118 Minderjährige untergebracht waren, konnten kaum neue Kinder aufgenommen werden.[1092] Im **Bezirk Rostock** standen in den 1980er Jahren insbesondere die Odebrechtstiftung in Greifswald, die Züssower-Diakonie-Anstalten und der Rostocker Michaelshof für die Pflege und Betreuung behinderter Kinder und Jugendlicher zur Verfügung, auch hier waren vielfach überalterte und schon erwachsene Personen untergebracht.[1093] 1986 gab es im **Bezirk Schwerin** 964 staatliche und 523 konfessionelle Feierabendheim- sowie 2.879 staatliche und 2.238 konfessionelle Pflegeheimplätze.[1094] Für „förderungsfähige" und pflegebedürftige Kinder und Jugendliche standen in den Einrichtungen St.-Joseph-Heim in Dreilützow, Clara-Dieckhoff-Haus in Güstrow, Wichernhof in Dehmen und Haus Sonnenschein in Ludwigslust 1977 insgesamt 110 Förderplätze und 57 Pflegeplätze zur Verfügung.[1095] Pflegebedürftige Kinder waren auch im Evangelischen Kinderhospital „Haus Sonnenschein" in Ludwigslust untergebracht.[1096] 1988 gab es im Bezirk in Förderungseinrichtungen unter konfessioneller Trägerschaft etwa 140 Plätze.[1097]

1092 Vgl. LHAS, 10.34-7, Nr. 3207, Bezirksarzt Schwerin Möwius, Analyse zur Berichterstattung über Fördereinrichtungen, Heime und Geschützte Arbeit zum 31.12.1979.

1093 Vgl. LAGw, Rep. 200 II 9.1, Nr. 489, Aufstellung konfessionelle Einrichtungen der sozialen Betreuung, Juli 1982.

1094 Vgl. LHAS, 7.11-1-2, Z 132/1991, Nr. 35698, Volkswirtschaftsplan, Bezirk Schwerin, 31.12.1986.

1095 Vgl. LHAS, 7.12-3, Z 31/1990, Nr. 425, Schreiben BNK Schwerin an den Rat des Bezirkes Schwerin, ABI, vom 17.1.1977.

1096 Vgl. LHAS, 7.11-1-2, Z 132/1991, Nr. 24240, Rat des Bezirkes Schwerin, Büro für Sozialhygiene, Leitungsinformation über Stand, Entwicklung und Planerfüllung ausgewählter Bereiche des Gesundheits- und Sozialwesens im Bezirk Schwerin, 1973.

1097 Vgl. ebd., Z 126/91, Nr. 35683, Rat des Bezirkes Schwerin, Büro für Sozialhygiene Schwerin, Informationen über Ergebnisse der Jahresberichterstattung 1986, 3.3.1987.

9. Vergleiche und Schlussfolgerungen

SED-Politiker wurden nicht müde, die angeblichen Vorzüge des Gesundheitswesens der DDR sowie die Fortschritte in der Rehabilitationsarbeit mit behinderten Kindern und Jugendlichen herauszustellen und gleichzeitig auf Versäumnisse in diesen Bereichen in der Bundesrepublik hinzuweisen.[1098] Dabei waren politische Entscheidungsträger und Fachkreise durchaus über die Entwicklung in Verbindung mit der 1975 eingeläuteten Psychiatriereform informiert. Im ersten Nachkriegsjahrzehnt spielte in der Gesundheitspolitik beider Staaten die Betreuung und Förderung behinderter Kinder und Jugendlicher kaum eine Rolle. In der frühen Bundesrepublik knüpfte man im Bereich der Sonderpädagogik an die Organisationsstrukturen, die in der Weimarer Republik bestanden, an. Der Aufbau von Sonderschulen für schwerbehinderte Kinder bereitete zunächst Schwierigkeiten, weil die meisten Bundesländer den Paragraphen 11 des Reichsschulpflichtgesetzes von 1938 in ihre Schulgesetze übernahmen. Dieser besagte, dass „bildungsunfähige" Kinder von der Schulpflicht ausgenommen waren. In den 1950er Jahren gab es in der Bundesrepublik etwa 50.000 Kinder und Jugendliche mit geistigen Behinderungen im schulpflichtigen Alter ohne eine schulische Förderung. 1958 gründete sich der Verein „Lebenshilfe für das geistig behinderte Kind e.V.", der sich für die Integration behinderter Menschen einsetzte und den Aufbau von Sonderkindergärten, Geschützten Werkstätten und heilpädagogischen Sonderklassen an Hilfsschulen förderte. Die „Lebenshilfe" setzte sich maßgeblich für die Rechte von Menschen mit Behinderungen ein und kritisierte die bestehenden Verhältnisse und Schulgesetze. In den 1960er Jahren entstanden in ihrer Trägerschaft zunächst Tagesbildungsstätten und später auch Schulen, die als Schulen für „praktisch bildbare Kinder" oder „bildungsschwache Kinder" bezeichnet wurden. Spätestens 1972 setzte sich die Bezeichnung „Schule für Geistigbehinderte" durch. In den 1960er Jahren kam es in einigen Bundesländern zu Gesetzesänderungen, die die Einrichtung der Sonderschulen ermöglichten. Der Begriff der „(Schul)Bil-

---

[1098] Ob das DDR-Gesundheits- und Sonderschulwesen im Vergleich zum bundesdeutschen auch vorteilhafte Aspekte gehabt hat, kann und soll an dieser Stelle genauso wenig diskutiert werden, wie die Probleme im aktuellen Gesundheitssystem der Bundesrepublik.

dungsunfähigkeit“ wurde zwar nicht überall fallengelassen, aber deutlich eingeengt. Kinder und Jugendliche, die aufgrund der Schwere ihrer geistigen Behinderung nicht in eine der Sonderschulen aufgenommen werden konnten, wurden nun nicht automatisch von der Schulpflicht befreit, sondern diese ruhte. 1969 wurden vom Pädagogischen Ausschuss der „Lebenshilfe“ *Empfehlungen zur Erziehung Geistig-Schwerbehinderter* formuliert und dadurch die Bildungsfähigkeit schwerstbehinderter und pflegebedürftiger Kinder bestätigt. Ende der 1970er Jahre wurde das Recht auf schulische Förderung für alle geistig behinderten Kinder, also auch schwerst- oder mehrfachbehinderte, in der Bundesrepublik durchgesetzt, was sich in der Umstrukturierung des Sonderschulwesens deutlich machte.[1099] Auch im Bereich der psychiatrischen Versorgung orientierten sich die psychiatrischen Einrichtungen zunächst an den Erfahrungen aus dem Kaiserreich und der Weimarer Republik. Die Psychiatriereform-Bewegungen verschiedener westlicher Länder beeinflusste jedoch auch die Entwicklung in der Bundesrepublik und führte 1975 schließlich zur Psychiatriereform, nach der sich die Verhältnisse in den Behinderteneinrichtungen nach und nach besserten.

In der DDR wurden ab den 1960er Jahren erste Reformansätze deutlich, die sich in der Einrichtung von Rehabilitationskommissionen 1961 und der Formulierung der „Rodewischer Thesen“ 1963 zeigten. Die Umsetzung der Thesen und Beschlüsse in den psychiatrischen Einrichtungen sowie in den Leitungsebenen der Kreise und Bezirke muss jedoch als unzureichend bezeichnet werden, wie anhand der DDR-Nordbezirke zu erkennen ist. Die Entwicklung in den westlichen Ländern wurde zwar zur Kenntnis genommen, orientiert hat sich die SED beim Aufbau des Gesundheitswesens jedoch am sowjetischen Muster, ohne dieses komplett zu übernehmen. Die anfangs bestehenden guten Kontakte zu westdeutschen und westeuropäischen Sonderpädagogen und Studienstätten konnten nach dem Mauerbau nicht mehr aufrechterhalten werden und die Teilnahme an internationalen Tagungen und Kongressen wurde immer schwieriger.[1100] Mitte der 1970er Jahre kam es erneut zu Bestrebungen, die Psychiatrie zu reformieren und die Lebensbedingungen in Behinderteneinrichtungen zu verbessern, Meilensteine waren 1974 die Diskussionen der Vierten Fachkonferenz des Dia-

---

1099 Vgl. Lindmeier, Bettina/Lindmeier, Christian: Aufbau und Entwicklung der Pädagogik bei geistiger Behinderung von 1950–1989 in der BRD, in: Wüllenweber/Theunissen/Mühl: Pädagogik bei geistigen Behinderungen, S. 41–52, hier S. 42–47.

1100 Vgl. Wellmitz: Zur Entwicklung der Körperbehindertenpädagogik, S. 42.

konischen Werkes in Bad Saarow und die „Brandenburger Thesen". Auch begannen zu dieser Zeit die Rehabilitationskommissionen arbeitsfähig zu werden und der Förderung bzw. Rehabilitation behinderter Kinder und Jugendlicher mehr Aufmerksamkeit zu schenken. In den psychiatrischen Großkliniken zeigten all diese Ansätze letztlich wenig Wirkung. Verbesserungen zur Situation behinderter Menschen kamen nur durch den Einsatz couragierter Einzelpersonen zustande. So begannen in den 1970er Jahren Rehabilitationspädagogen Konzepte für eine lebenspraktische Förderung von geistig behinderten Menschen zu entwickeln. In den 1980er Jahren wurde die psychiatrische Versorgung als Bestandteil der medizinischen Grundversorgung auf Kreisebene verlegt. Es entstanden erste Rehabilitationszentren, die verschiedenste Einrichtungen zusammenfassen und so eine „Rehabilitationskette" schließen sollten. Nach dem Fall der Mauer enthüllten die Medien dramatische Zustände in psychiatrischen Pflegeeinrichtungen. Parallel bildeten sich Elternaktivitäten und Mitarbeiter von Behinderteneinrichtungen begannen im Sinne der Bewohner aktiv zu werden. Jetzt schienen sowohl Wille als auch Mittel zur Veränderung der Lebenssituationen behinderter Kinder und Jugendlicher vorhanden. Mit der deutschen Einheit setzte eine Reform der Psychiatrie in den neuen Bundesländern ein.

Das Sonderschulwesen entwickelte sich in den 1950er und 1960er Jahren im Rahmen des sozialistischen Bildungssystems. Bis zum Ende der DDR änderte sich an dem festgelegten Kurs wenig. Bereits kurz nach Kriegsende begannen sowjetische Besatzungsmacht und SED auf das Bildungswesen – und damit auch auf das Sonderschulwesen – zuzugreifen. Dies zeigte sich in der Ausschaltung kirchlicher und privater Bildungseinrichtungen. Die Einstufung von Minderjährigen in „schulbildungsfähig" und „schulbildungsunfähig" führte dazu, dass Kinder mit geistigen Behinderungen an Einrichtungen des Ministeriums für Gesundheitswesen übergeben wurden. In der DDR wurden bis zum Ende die Begriffe „Schul- bzw. Bildungsunfähigkeit" und „Förderunfähigkeit" verwendet. Diese Pseudoexaktheit war zwar nicht DDR-typisch, jedoch hielt der SED-Staat im Gegensatz zur Bundesrepublik an der im Reichsschulpflichtgesetz von 1938 formulierten Definition fest. So löste man Probleme gewissermaßen per Definition. Statt entsprechende Initiativen zu starten, wie die Einrichtung von Sonderschulen oder Förderstätten für geistig schwerstbehinderte Kinder, gab man diesen die Etiketten „schulbildungsunfähig" oder „förderungsunfähig". Selbst als „bildungsfähig" eingestufte schwerst- oder mehrfachbehinderte Minderjährige konnten von der Schulpflicht befreit und aus dem Bildungssystem ausgeschlossen werden, wenn ihre Beschulung zu aufwendig war. Statt für diese Minderheiten geeignete Bildungseinrichtungen zu schaffen, wurden sie in psychiatrischen Kliniken oder Pflegeheimen untergebracht. Dies betraf vor allem familiengelöste Kinder und Jugendliche. Erst Ende der 1980er Jahre waren immer mehr Rehabilitationspädagogen der Ansicht, jedes Kind sei „elementar förderfähig", Auswirkungen hatte diese Einsicht in der Praxis jedoch nur wenig. Die Verantwortung für schwerstbehinderte Kinder und Jugendliche lag aufgrund der Definitionen nicht im Bereich des Bildungs-, sondern des Gesundheitswesens. Die Kinder und Jugendlichen hatten also kein Recht auf eine schulische Bildung, vielfach erhielten sie auch keine individuelle rehabilitative Förderung, sondern wurden lediglich verwahrt. Dadurch versagte man ihnen ein sinnvolleres und menschwürdigeres Dasein. Diese Anbindung an das Gesundheitswesen stützte die Ansicht, Behinderung sei eine Krankheit. Diese Ansicht hielt sich in der DDR deutlich länger als in westlichen Ländern. Schon 1952 wurde in den *Anordnungen über den organisatorischen Aufbau des Sonderschulwesens* die Entstehung von psychischen und physischen Schäden ausschließlich medizinisch erklärt. Deren Ursache läge nicht im sozialen bzw. soziologischen Bereich. Per Gesetz wurde gewissermaßen verordnet, dass die neue „humanere" Gesellschaft milieubedingte Behinderungen unmöglich machte, wie es Barsch ausdrückt.[1101] Deshalb erschienen die Betreuung und Förderung behinderter Kinder und Jugendlicher nicht vordergründig und die Versäumnisse auf diesem Gebiet sollten sich später rächen. In der DDR gab es im Gegensatz zur Bundesrepublik zwar eine Meldepflicht für behinderte Kinder und Jugendliche mit dem Zweck einer frühzeitigen Erfassung und Rehabilitation derselben, jedoch keine Schul- oder Förderpflicht für geistig behinderte Minderjährige. Auch die Angehörigen der behinderten Kinder, Jugendlichen und Erwachsenen wurden mit ihren Problemen häufig allein gelassen, was die zahlreichen Eingaben und Staatsratsbeschwerden belegen.

Einen weiteren Grund, warum in der Psychiatrie der DDR nicht die gleichen Fortschritte wie in der Bundesrepublik seit der Psychiatriereform 1975 gemacht wurden, sieht Otto Bach in einer „streng zentralistisch ge-

---

1101 Vgl. Barsch: Geistig behinderte Menschen in der DDR, S. 77. Siehe auch Becker: Rehabilitationspädagogik, S. 65.

führten, innergesellschaftliche Konflikte vertuschenden Administration, [die] vor der Öffentlichkeit Problemanalysen verhinderte".[1102] Das Thema „Behinderung" wurde nicht öffentlich diskutiert. Und auch nachdem Ende der 1970er Jahre und insbesondere im „Internationalen Jahr der Behinderten" 1981 die DDR-Medien schließlich über behinderte Menschen berichteten, wurden diese weiterhin diskriminiert und ausgegrenzt, sowohl von Teilen der Bevölkerung als auch in den Leitungsebenen der Kreise und Betriebe. Anders als in der Bundesrepublik riefen die menschenunwürdigen Verhältnisse in den psychiatrischen Einrichtungen hier keine Skandale hervor, die wiederum Druck seitens der Öffentlichkeit und damit entsprechende Veränderungen bewirken konnten. Die Pressefreiheit als Motor für Veränderungen war in der DDR nicht gegeben. Die SED-Presse wies zwar immer wieder auf die Versäumnisse im Bereich des Gesundheitswesens der Bundesrepublik hin, etwa als sie 1976 die psychiatrische Versorgung in der BRD als „skandalös" bezeichnete[1103], gleichzeitig unterdrückte das SED-Regime aber im eigenen Land alle kritischen Impulse. Auch die Gründung von staatlich unabhängigen Behindertenverbänden, die gleich der westdeutschen „Lebenshilfe" kritisch wirken konnten, wurde unterbunden. Eine Herbeiführung von Veränderungen aufgrund der Eingaben betroffener Eltern oder dem Intervenieren leitender Krankenhausdirektoren war nicht möglich. Vielmehr unterdrückten leitende Kader in den Räten der Bezirke auch interne kritische Diskussionen, wie das Beispiel Ueckermünde unter der Leitung von Hans Eichhorn belegt. Beschwerden wurden zur Kenntnis genommen, statt jedoch initiativ zu werden, wurden die Beschwerdeführer auf die „realen Möglichkeiten" hingewiesen, unter denen sie ihr Bestes tun sollten. So kam es nach Beschwerden des Chefarztes der Kinder- und Jugendstation der Psychiatrischen Klinik in Stralsund-West Müller zwar zu Inspektionen durch leitende Funktionäre, diese bewirkten jedoch kaum etwas. Müller erinnert sich: „Und dann kam[en] [...] Funktionäre und wollten sich die Einrichtung ansehen. Und entweder blieben sie draußen stehen, oder sie gingen rein. Und wenn sie rauskamen, klopften sie uns auf die Schulter und sagten: ‚Heldenhafte Arbeit!' Und das war's dann."[1104]

1102 Bach: Entwicklung, S. 26.

1103 Roer, Dorotee/Henkel, Dieter: Psychiatrische Krankenversorgung in der Krise, in: Marxistische Blätter. Für Probleme der Gesellschaft, Wirtschaft und Politik, H.1, Jan,/Febr. 1976, in: LAGw, Rep. 200 II 9.1 Nr. 659.

1104 Interview Falk Bersch mit Ulrich Müller am 3.7.2018 in Stralsund.

In den Kreis- und Bezirksebenen wurde man nur aktiv, wenn es Druck von übergeordneten Stellen gab. Etwa dann, wenn der Gesundheitsminister konkret über die Umsetzung von Ministerratsbeschlüssen informiert werden wollte und es nicht mehr ausreichte, die Zahlen der Vorjahre einfach zu übertragen. Druck von unten war aufgrund der fehlenden Öffentlichkeit nahezu wirkungslos. So löste 1979 ein ausführlicher Bericht einer jungen Frau, die auf einer Kinderpflegestation im BFKH Ueckermünde ihr Praktikum machte und die Abteilung Gesundheitswesen beim Rat des Bezirkes Neubrandenburg entsetzt auf die dortigen Zustände hinwies, keine Reaktionen aus.[1105] Auch die untragbaren Zustände in der Kinderpsychiatrie Heringsdorf in den 1970er und 1980er Jahren wurden trotz jahrelanger Kenntnis von den verantwortlichen Stellen nicht geändert. Dies alles wirkte sich für behinderte Menschen zum Nachteil aus. Die Lebensbedingungen in den Heimen, Psychiatrischen Kliniken und Pflegeeinrichtungen wiesen zudem viele Merkmale einer „totalen Institution“ (Goffmann) auf und ließen eine individuelle Entwicklung der Kinder und Jugendlichen kaum zu. Hiervon wird in einem zweiten Teil dieser Arbeit näher zu berichten sein. Das Bundesministerium für Gesundheitswesen kam 1991 zu dem Schluss, dass die Lage der Psychiatrie auf dem Gebiet der ehemaligen DDR und der Zustand der dortigen psychiatrischen Krankenhäuser der Zeit der Bundesrepublik vor der Psychiatriereform 1975 ähnelten.

Die Aussage, dass für behinderte Menschen in der DDR eine „vollständige Teilnahme am gesellschaftlichen Leben und Ebenbürtigkeit als Staatsbürger [ein] verbrieftes Recht“ sei[1106], muss nicht nur in Frage gestellt, sondern als falsch und zynisch bezeichnet werden. In den 1950er Jahren galten geistige Behinderungen und psychische Erkrankungen als für den Sozialismus untypisch, als Erbe jahrhundertelanger Ausbeutungssituation. Auf Seminaren für Gesellschaftswissenschaften wurde in den 1950er Jahren proklamiert: „In der Zukunft wird es keine oder kaum noch Probleme mit psychischen Störungen oder andere Fehlentwicklungen geben. Die Umwelt formt den Menschen, und wir bauen eine neue Gesellschaft auf.“[1107] Auf-

---

1105 Vgl. LHAS, 7.21-1-2, Z 108/1991, Nr. 28735, G. G., Bericht über mein Praktikum auf der Kinderpflegestation 14b des BFKH für Psychiatrie/Neurologie in Ueckermünde, 30.11.1979. Dieser Bericht wird ausführlich im zweiten Teil dieser Arbeit behandelt.

1106 Becker: Rehabilitationspädagogik, S. 111.

1107 Jun, Gerda: „Kinder, die anders sind“ in der DDR. Erfahrungen aus der Dispensaire-Betreuung in der Kinder- und Jugendneuropsychiatrie und Psychotherapie, in: Grosch: Kinder mit Behinderungen, S. 54.

grund dieser schier unglaublichen Verballhornung des komplexen Verhältnisses zwischen Anlage und Umwelt, das man für marxistisch hielt, kamen einige leitende Kader zu der Ansicht, dass es das Fach Psychiatrie in Zukunft nicht mehr geben werde, da es in einem sozialistischen Staat keinen Grund mehr für psychische Leiden gäbe.[1108] Lediglich die als „schulbildungsfähig" eingestuften behinderten Kinder und Jugendlichen erhielten in der DDR schon frühzeitig Aufmerksamkeit. Die als „schulbildungsunfähig, förderfähig" eingestuften Minderjährigen profitierten in der Regel erst ab den 1970er Jahren von den nach und nach eingeführten Rehabilitationsmaßnahmen. Für sie sollte eine sogenannte „Rehabilitationskette" aufgebaut werden, die sie von der Frühförderung bis zum Alter von 18 Jahren leitete und förderte. Ende der 1980er Jahre war diese „Kette" in den meisten Kreisen der Nordbezirke vorhanden. Demzufolge kann man sagen, dass zum Ende der DDR der größte Teil der als „förderfähig" eingestuften Kinder und Jugendlichen in entsprechenden Einrichtungen betreut und rehabilitativ gefördert wurde. Dazu gehörte häufig auch die Vorbereitung auf eine Tätigkeit in einer Geschützten Werkstatt oder Geschützten Betriebsabteilung. Doch genau hier riss die „Rehabilitationskette" häufig ab. Viele Abgänger aus den Förderstätten erhielten keinen Geschützten Arbeitsplatz oder aber die zugewiesene Tätigkeit war für sie ungeeignet. So verblieb in vielen Fällen nur die Rückkehr in die Häuslichkeit oder die Unterbringung in einem Pflegeheim, wodurch der Fördereffekt zwangsläufig verloren ging. Diese jungen Männer und Frauen hatten genauso wenig Perspektiven, ein sinnvolles Leben zu führen, wie die von vornherein als „förderunfähig" eingestuften behinderten Kinder und Jugendlichen.

Wenn auch SED-Politiker humanitäre Beweggründe für die Verbesserung der Lebensbedingungen behinderter Menschen anführten, wurden auch immer wieder ökonomische Gründe geltend gemacht, über eine Förderung geistig schwerbehinderter Menschen als Alternative zur Verwahrung nachzudenken. Laut einem Bericht des ABI-Bezirkskomitees Schwerin aus dem Jahr 1977 kostete die Pflege eines geistig schwerbehinderten Kindes, welches im Alter von sechs Jahren in eine Klinik aufgenom-

---

[1108] Vgl. Jun: „Kinder, die anders sind" in der DDR, S. 54. Kruska, Wolfgang: Berliner Verhältnisse Teil 1, in: Geyer, Michael (Hg.): Psychotherapie in Ostdeutschland. Geschichte und Geschichten 1945–1995, Göttingen 2011, S. 55–57, hier S. 55. Siehe auch Abu Zahra, Claudia: Die ambulante psychiatrisch-psychotherapeutische Versorgung in der DDR am Beispiel der Hauptstadt Ostberlin. Auswirkungen der Psychiatriereform der 1960er Jahre, Dissertation, Berlin 2015, S. 31 ff.

men wurde, bei einer Lebenserwartung von 50 Jahren 240.900 Mark und es würde ein Krankenbett blockiert. Die Kosten für eine achtjährige Förderung und eine zweijährige Heranführung an eine Arbeit betrugen pro Tag zwar mit zunächst 17 Mark und später 15 Mark etwas mehr als die Unterbringungs- und Pflegekosten von 15 Mark, nach zehn Jahren der Förderung aber insgesamt nur 60.590 Mark. Danach solle der Kranke zu arbeiten beginnen und in der Lage sein, den Lebensunterhalt selbstständig zu bestreiten. Er sei dann, wie es hieß, „ein nützliches Mitglied der Gesellschaft geworden".[1109] Diese ökonomischen Argumente trugen – mehr als therapeutische oder medizinische Überlegungen – dazu bei, Förderstätten und Geschützte Arbeitsplätze aufzubauen. Denn, so stellen Anke Dreier und Karsten Laudien fest: „In der Fortschrittsideologie der SED fanden Menschen, die nicht werktätig, d. h. unproduktiv, waren keinen Platz. Trotz des starken Vorsatzes, den Umgang mit behinderten Menschen ‚humanistisch' zu gestalten, stellten behinderte Menschen für den Sozialismus, der alle Kräfte für die Realisierung seiner Idee mobilisieren musste und dem die Verwirklichung der ‚historischen Mission der Arbeiterklasse' von staatstragender Wichtigkeit war, ein letztlich nicht lösbares Problem dar."[1110] Laut sozialistischem Humanismus hing der Wert eines Menschen nicht von dessen Produktivität ab. In der Praxis stand jedoch nicht der Mensch, und schon gar nicht der behinderte Mensch, sondern der Produktionsprozess im Mittelpunkt. Die Untersuchungen über die Verhältnisse in den DDR-Nordbezirken belegen, dass behinderte Menschen, die produktive Arbeit leisten konnten, eine bessere staatliche Fürsorge und damit bessere Lebensbedingungen, ja einen höheren Stellenwert hatten, als diejenigen, die dazu nicht in der Lage waren. Ähnlich verhält es sich mit älteren Menschen, die nach ihrem Ausscheiden aus dem Produktionsprozess in einem Pflegeheim ihr Dasein fristen mussten.[1111] Dass der ökonomische Nutzen bei Entscheidungen, die behinderte Kinder und Jugendliche betrafen, im Vordergrund stand, wurde selten offen formuliert, ist jedoch zwischen den Zeilen herauszulesen. Vor allem in der Anwendung der Gesetze, Verordnungen und Richtlinien

---

1109 LHAS, 7.11-1-2, Z 132/1991, Nr. 35502, ABI-Inspektion, Bezirkskomitee Schwerin, Bericht über die Kontrolle zur Sicherung des Rechts auf Arbeit unter geschützten Bedingungen für physisch schwerst- und psychisch schwergeschädigte Bürger, 3.2.1977.

1110 Dreier, Anke/Laudien, Karsten: Einführung. Heimerziehung der DDR, Schwerin 2012, S. 125.

1111 Vgl. Deutscher Bundestag: Erster Altenbericht der Bundesregierung, Drucksache 12/5897, 28.9.1993, S. 33.

in den Behinderteneinrichtungen wurde man sich dessen bewusst. Ging es um die Einstufung eines Kindes in die Kategorien „förderfähig“ oder „förderunfähig“, und damit nicht selten um sein weiteres Lebensschicksal, so war ein entscheidendes Kriterium die Frage, ob eine spätere Arbeitstätigkeit möglich sei.

Nach Barsch verfolgten die Forderungen der Gesetze häufig propagandistische Zwecke und fanden kein Gegenbild in der Wirklichkeit.[1112] Regine Hildebrandt (1941–2001), Ministerin für Arbeit, Soziales, Gesundheit und Frauen in der ersten brandenburgischen Landesregierung, erklärte, dass in der DDR kaum in einem anderen Bereich die Diskrepanz zwischen politischem Anspruch und alltäglicher Wirklichkeit so groß war, wie in der Sozialpolitik. Rein finanziell war die Ausstattung auf niedrigem Niveau, von einer oft so gerühmten Spitzenstellung im internationalen Vergleich konnte keine Rede sein. 1988 betrug der Anteil der Sozialausgaben für das Gesundheits- und Sozialwesen nur 6,7 Prozent des Staatshaushaltes (der Anteil der BRD betrug 1987 32,7 Prozent), die DDR war damit auf Platz 21 unter vergleichbaren Industrieländern.[1113] Dementsprechend mangelhaft war auch die Ausstattung in den Großkrankenhäusern und Pflegeheimen. Klaus-Peter Schwitzer erklärt, dass behinderte Menschen aus allen wirklich wichtigen Entscheidungsbereichen staatlicher und politischer Macht sowie dem gesellschaftlichen Leben insgesamt ausgeschlossen waren. Er verweist auf Abgrenzungs- und Ausgrenzungstendenzen, eine materielle Benachteiligung von Familien, die behinderte Angehörige betreuten, fehlende Wohnmöglichkeiten für behinderte Menschen sowie das Leben erschwerende architektonische oder andere materielle Barrieren.[1114] Obwohl sich in der 40jährigen Geschichte der DDR die Lebensbedingungen der Bevölkerung in vielen Bereichen verbesserten, traf dies auf behinderte und pflegebedürftige Menschen nicht oder nur bedingt zu. Sie blieben eine Randgruppe der Gesellschaft.

1112 Vgl. Barsch: Geistig behinderte Menschen in der DDR, S. 97.

1113 Vgl. Hildebrandt: Die Einrichtungen des Gesundheits- und Sozialwesens, S. 16.

1114 Vgl. Schwitzer, Klaus-Peter: Behinderte in der DDR, in: Voigt, Dieter/Mertens, Lothar (Hg.): Minderheiten in und Übersiedler aus der DDR, Berlin 1992, S. 131–140, hier S. 132.

10. Anhang

10.1 Glossar[1115]

Abweichung
Ungenügend und unvollständig entwickelbare Fähigkeiten, Tätigkeiten nach Umfang und Qualität altersgerecht auszuführen.

Ambulatorium
Siehe Poliklinik.

Andersartigkeit
Entwickelte oder entwickelbare Fähigkeiten behinderter Menschen, Tätigkeiten auf andere Art und Weise auszuführen, als Menschen ohne Behinderungen gleichen Alters.

Anti-Psychiatrie
Bezeichnet mehrere politische und soziale Bewegungen in verschiedenen Ländern Westeuropas und den Vereinigten Staaten, denen eine kritische bis ablehnende Haltung gegenüber der Psychiatrie gemeinsam ist. Die Antipsychiatrie-Bewegung ist eine Ausprägung der vielfältigen Psychiatriereformbewegung.

Aktion T4
Bezeichnung für die systematische Ermordung von mehr als 70.000 Menschen mit Behinderungen in Deutschland 1940/41 unter der Leitung der Zentraldienststelle in der Tiergartenstraße 4 (T4) Berlin.

Altersheim
Siehe Feierabendheim.

Arbeitstherapie
Medizinisch rehabilitative Maßnahme, in der Regel ohne Arbeitsvertrag, wobei eine Arbeitsbelohnung möglich war.

1115 Das Glossar umfasst vor allem in der DDR verwendete Begrifflichkeiten und ihre damalige Bedeutung.

Asylierung
Unterbringung in Psychiatrien und Pflegeeinrichtungen ohne notwendige ärztliche Behandlung oder rehabilitative Förderung.

Bad Saarow
Gemeinde im Bezirk Frankfurt/Oder, in der 1974 die Vierte Fachkonferenz des Diakonischen Werkes stattfand, auf der die Schaffung von gesellschaftlich normalen Lebensbedingungen für behinderte Menschen angeregt wurde.

Behindertenpädagogik
Siehe Rehabilitationspädagogik

Bildungsunfähigkeit
Der Begriff wird in der Fachliteratur der DDR nur ungenau bestimmt. Letztlich entschied die Fähigkeit eines Kindes, am Schulunterricht teilzunehmen, darüber, ob es als bildungsfähig oder bildungsunfähig galt.

Brandenburger Thesen
1974 auf einer in der BNK Brandenburg stattgefundenen Tagung ausgearbeitete Texte, die den Umgang mit psychisch Kranken und die Gestaltung des therapeutischen Milieus in psychiatrischen Krankenhäusern thematisieren und Reformen vorschlagen. Die Texte wurden 1976 – zum Teil neu formuliert – unter dem Titel „Therapeutische Gemeinschaft" veröffentlicht.

Caritas
Wohlfahrtsverband der römisch-katholischen Kirche.

Debilität
Der medizinische Begriff bezeichnet eine leichte Intelligenzminderung. Unterscheidung zwischen ausgeprägter Debilität (Minderjährige konnten nur Fördereinrichtungen besuchen) und mäßiger Debilität (Hilfsschulfähigkeit und Teilfacharbeiterausbildung).

Defektologie
In der Sowjetunion Bezeichnung für die Pädagogik Geschädigter. Die Begriffe „defekt“ oder „Defektivität“ traten ab 1947 als Übersetzung sowjetischer Fachbücher auf und wurden in der DDR übernommen.

Diakonie
Wohlfahrtsverband der evangelischen Kirchen.

Dialektischer Materialismus
Form der philosophischen Weltanschauung, die von Karl Marx (1818–1883) und Friedrich Engels (1820–1895) begründet wurde. Sie verwendet die Methode der Dialektik – des Denkens in Widersprüchen –, um die Welt auf materieller Grundlage zu erklären.

Dispensaire
Im Gesundheitswesen der DDR eine aus dem sowjetischen Gesundheitswesen übernommene Methode der ambulanten Behandlung in den Polikliniken, welche insbesondere die frühzeitige Erfassung und Behandlung von Krankheiten und Behinderungen regeln sollte.

Enthospitalisierung
Wiederherstellung normalisierter Lebensumstände für Menschen mit Behinderungen nach langdauerndem Aufenthalt in psychiatrischen Krankenhäusern.

Euthanasie
Absichtliche Herbeiführung des Todes bei unheilbar Kranken. In der Zeit des Nationalsozialismus wurde das Wort als Beschönigung für systematische Krankenmorde verwendet.

exogen
Exogene Faktoren oder Prozesse entstehen durch äußere Ursachen oder Entwicklungen.

Fehlleitung, Fehlplatzierung
Aufnahme behinderter Menschen in Psychiatrischen Kliniken, Feierabend- und Pflegeheimen und anderen Einrichtungen, die als „Auffangbecken" für alle dienten, die anderswo nicht unterkamen, vor allem für geistig behinderte Menschen mit Problemverhalten oder schwerer Mehrfachbehinderung.

Feierabendheim
Der Begriff ersetzte ab den 1950er Jahren den Begriff „Altersheim". Auch gemischte Heime, also Heime mit Pflegestationen, wurden als Feierabendheime bezeichnet.

Förderungseinrichtungen
Insbesondere ab den 1970er Jahren Einrichtungen für „schulbildungsunfähige" Kinder und Jugendliche zur rehabilitationspädagogischen Förderung in enger Verbindung mit fachärztlicher und pflegerischer Betreuung (Tagesstätten, Wochenheime, [Pflege-]Dauerheime und Krankenhäuser). Daneben gab es Einrichtungen für „schulbildungsfähige" schwerstkörperbehinderte Kinder und Jugendliche für eine komplexe Rehabilitation (Pflegeheime bzw. -stationen, Krankenhäuser, Körperbehindertenschulen mit Internat).

Förderungsunfähigkeit
Siehe Idiotie.

Gefährdung
Bedrohte Fähigkeiten, Tätigkeiten altersgerecht auszuführen.

Geschützte Arbeit
Tätigkeit physisch schwerst- oder psychisch schwerbehinderter Rehabilitanden im Rahmen eines Arbeitsvertrages, die Zuweisung erfolgte in der Regel durch eine Kreisrehabilitationskommission, die auch einen Stück- oder Zeitlohn festlegte.

Geschütztes Wohnen
Spezielle Wohnformen für behinderte Jugendliche und Erwachsene, die in der täglichen Lebensführung einer regelmäßigen Unterstützung, Pflege und Betreuung bedürfen.

Heilpädagogik
Siehe Rehabilitationspädagogik

Hilfsschule
Eine der acht Sonderschularten in der DDR. Einen Zugang zur Hilfsschule sollten Kinder mit einer Behinderung vom Grad einer sogenannten Debilität haben.

Hirnschädigung, Hirnschaden
Sammelbegriff für verschiedene Funktionsstörungen des Gehirns.

Idiotie
Der medizinische Begriff bezeichnet eine Intelligenzminderung schwersten Grades. Minderjährige wurde als völlig bildungsunfähig und weitgehend förderungsunfähig eingestuft.

Imbezillität
Der medizinische Begriff bezeichnet eine Intelligenzminderung mittleren Grades. Unterscheidung zwischen einer schweren Imbezillität (relative Pflegebedürftigkeit) und leichteren Imbezillität (Einstufung zu Förderungsfähigkeit).

Innere Mission
Initiative zur christlichen Mission innerhalb der evangelischen Kirche. In der DDR wurde die Innere Mission 1969 mit dem Evangelischem Hilfswerk zu einer Organisation, dem „Diakonischen Werk – Innere Mission und Hilfswerk – der Evangelischen Kirchen in der DDR" zusammengeschlossen.

Intelligenzminderung
Auch Minderbegabung. Löste die Begriffe „Schwachsinn" und „Oligophrenie" ab. In der Psychiatrie gilt der Begriff als zusammenfassende Bezeichnung für die abgestuften Grade Debilität, Imbezillität und Idiotie.

Kombinat
Eigentlich Betriebsverbund oder Zusammenschluss von produktionsmäßig zusammenarbeitenden Betrieben. Mit den 1960er Jahren wurden auch

Schulkombinate und das „Kombinat der Sonderheime für Psychodiagnostik und pädagogisch-psychologische Therapie“ eingerichtet.

Komplexgeschädigte
Menschen mit schwerer geistiger Behinderung.

Konvikt
Internat für Schüler und Studenten im kirchlichen Bereich.

Kostkinderheime
Als „Kostkinder“ wurden bis ca. 1945 heimatlose Kinder bezeichnet, deren Fürsorge meist Armenverbänden oblag, die versuchten, eine „Koststelle“, also Pflegeeltern, für solche Kinder zu finden. Da dies oft schwierig war, wurden in Mecklenburg mehrere „Kostkinderheime“ unter kirchlicher Trägerschaft gegründet.

Normalisierungsprinzip
Behinderten Menschen die Erfahrungen und Abläufe eines normalen Lebens ermöglichen.

Oligophrenie
Siehe Intelligenzminderung.

Pädagogik
Wissenschaft von der Erziehung und Bildung.

Pädiatrie
Kinderheilkunde bzw. Kinder- und Jugendmedizin, erstreckt sich über alle Teilgebiete der klinischen Medizin.

Pawlowismus
Iwan Petrowitsch Pawlow (1846–1936), russischer Mediziner und Psychologe, legte wichtige Grundlagen für die Verhaltensforschung. Nach Pawlow beruhten psychische Störungen in erster Linie auf biologischen und nicht auf sozialen oder gesellschaftlichen Ursachen. In der Sowjetunion wurde Pawlows Lehre zur alleinigen Grundlage der Psychologie, sie stützte den „Dia-

lektischen Materialismus". Die DDR-Wissenschaft, die sich besonders in den 1950er Jahren an der Sowjetunion orientierte, übernahm die Anschauungen Pawlows und versuchte sie auf allen Gebieten der Medizin umzusetzen.

Poliklinik
Staatliche ambulante Kliniken mit verschiedenen medizinischen Fachbereichen. Kleinere Einrichtungen wurden Ambulatorien genannt.

Prämorbidität
Gesamtbild der Krankheitserscheinungen, die sich bereits vor dem eigentlichen Ausbruch der Krankheit zeigen.

Psychopathie
Schwere Form der antisozialen Persönlichkeitsstörung, die bei Betroffenen mit einem weitgehenden oder völligen Fehlen von Mitgefühl, sozialer Verantwortung und Gewissen einhergeht.

Psychotherapie
Professionelle Behandlung von seelischen Störungen.

Pflegeheim
Der Begriff wurde ab Anfang der 1950er Jahre statt des Begriffes „Siechenheim" verwendet.

Psychiatriereform
Bis heute andauernder Prozess der Umstrukturierung der psychiatrischen Versorgung und Betreuung in Deutschland. Als Ausgangspunkt wird die 1975 veröffentlichte Psychiatrie-Enquête gesehen, die im Auftrag des Bundestages erstellt wurde.

Psychiatrische Versorgung
Gesamtheit der ambulanten und stationären psychiatrischen Behandlungsmöglichkeiten einer Region.

Rehabilitation
Der Begriff bezeichnete in der DDR alle Prozesse der Versorgung, Erzie-

hung, Bildung, Förderung, Therapie und beruflichen sowie gesellschaftlichen (Wieder-)Eingliederung behinderter Menschen. Medizinische Rehabilitation wurde nicht als spezifische Disziplin, sondern als Aufgabe aller Fachrichtungen verstanden.

Rehabilitationskette
Der Begriff bezeichnet ein staatliches System zur Betreuung entwicklungsgestörter Kinder und Jugendlicher, dass diese von der Frühförderung bis zur Arbeitseingliederung im Alter von 18 Jahren leitete und förderte.

Rehabilitationspädagogik, Heilpädagogik, Sonderpädagogik, Behindertenpädagogik
Beschäftigt sich mit der Förderung, Betreuung, Assistenz, Beratung und Unterstützung von Menschen mit körperlicher, geistiger oder/und seelischer Behinderung und deren Angehörigen. Der Begriff „Heilpädagogik" (ab 1861) wurde in der Bundesrepublik in den 1960er Jahren durch den Begriff „Sonderpädagogik" ersetzt. Ende der 1970 Jahre setzte sich der Begriff „Behindertenpädagogik" durch. Der Begriff „Rehabilitationspädagogik" wurde hauptsächlich in der DDR gebraucht.

rehabilitative Elementarförderung
In den 1980er Jahren durch Siegmar Eßbach eingeführter Begriff, der die Bildungsfähigkeit aller Menschen mit Behinderungen verdeutlichen soll.

Rehabilitationskommissionen
Auf Kreis- und Bezirksebene sowie in Betrieben eingerichtete Kommissionen, die die Integration von Menschen mit Behinderungen in die Gesellschaft zum Ziel hatten.

Retardierung
Zurückgebliebene, aber entwickelbare Fähigkeiten, Tätigkeiten nach Umfang und Qualität altersgerecht auszuführen.

Rodewischer Thesen
1963 beim Ersten Internationalen Symposium über Psychiatrische Rehabilitation im sächsischen Rodewisch formulierte Texte, die die psychiatrische

Behandlung und Versorgung in der DDR als unzureichend bezeichneten und zu einer Neuorientierung aufriefen.

Schädigung, Geschädigte
Eine Schädigung wird international als eine dauernde oder vorübergehende psychologische, physiologische oder anatomische Einbuße und/oder Anomalie bezeichnet. In der DDR gebrauchte man den Begriff statt des in westlichen Ländern verwendeten Begriffes „Behinderung". Behinderte Personen wurden als „Geschädigte" bezeichnet. „Schädigung" sah man als biomedizinischen Begriff, „Behinderung" als soziales Phänomen. Man verwies darauf, dass zu einer „Behinderung" Nachteile gehören, die einer Schädigung folgen können.

Schulbildungsunfähigkeit
Siehe Bildungsunfähigkeit.

Schwachsinn
Der Begriff wurde in der späten DDR durch Begriff wie „Intelligenzminderung", „Intelligenzschädigung" oder „Förderungsfähigkeit" ersetzt.

Segregation
Trennung, Absonderung.

Siechenheim
Siehe Pflegeheim.

Sinnesschädigung
Schwere Beeinträchtigung der Seh- oder Hörfähigkeit.

Sonderpädagogik
Siehe Rehabilitationspädagogik.

Sonderschule
Neben den Regelschulen entwickelte sich in der DDR ein Sonderschulsystem mit acht Sonderschularten: Blindenschule, Sehschwachenschule, Gehörlosenschule, Schwerhörigenschule, Sprachheilschule, Sonderschule für Körperbehinderte, Verhaltensgestörtenschule und Hilfsschule.

sozial-politisches Programm der SED
Mit dem Machtantritt von Erich Honecker 1971 begann die sogenannte „Einheit von Wirtschafts- und Sozialpolitik", in deren Mittelpunkt das „sozial-politische Programm" stand, das die materiellen und kulturellen Lebensbedingungen der Bevölkerung erhöhen sollte.

Störung
Beeinträchtigte und korrigierbare Fähigkeiten, Tätigkeiten in allen Details altersgerecht auszuführen.

Therapeutische Gemeinschaft
Siehe Brandenburger Thesen.

Totale Institution
Ein soziologischer Begriff für Institutionsformen, die allumfassend die Tätigkeiten und Lebensäußerungen ihrer Mitglieder regeln und überwachen. Beispiele dafür sind Klöster, Gefängnisse und Psychiatrien.

Verhaltensstörung, Verhaltensschädigung
Bezeichnet gravierende Auffälligkeiten im Verhalten, ohne dass eine Intelligenzminderung oder ausschließlich ungünstige Milieufaktoren vorliegen.

10.2 Abkürzungsverzeichnis

ABI	Arbeiter- und-Bauern-Inspektion
Abt.	Abteilung
ADBV	Allgemeiner Deutscher Blinden-Verband
ADGV	Allgemeiner Deutscher Gehörlosenverband
AG	Arbeitsgruppe
AHKS	Archiv des Hanse-Klinikums Stralsund
APK	Aktion Psychisch Kranke e.V.
BArch	Bundesarchiv
BFKH	Bezirksfachkrankenhaus
BKH	Bezirkskrankenhaus
Bl.	Blatt
BNK	Bezirksnervenklinik
BRD	Bundesrepublik Deutschland
BStU	Bundesbeauftragter für die Unterlagen des Staatssicherheitsdienstes der ehemaligen Deutschen Demokratischen Republik
CDU	Christlich-Demokratische Union Deutschlands (Ost-CDU)
ČSSR	Tschechoslowakische Sozialistische Republik
DDR	Deutsche Demokratische Republik
DGSP	Deutsche Gesellschaft für Soziale Psychiatrie e.V.
DTSB	Deutscher Turn- und Sportbund
DVfV	Deutscher Verband für Versehrtensport
DVV	Deutsche Zentralverwaltung für Volksbildung
EKB	Elektrokrampfbehandlung
EOS	Erweiterte Oberschule
EREV	Evangelischer Reichs-Erziehungs-Verband e.V.
e. V.	eingetragener Verein

FDGB	Freier Deutscher Gewerkschaftsbund
FDJ	Freie Deutsche Jugend
GBl.	Gesetzblatt
Gen.	Genosse
GHG	Großhandelsgesellschaft
HA	Hauptabteilung
Hg.	Herausgeber
HNO	Hals-Nasen-Ohren-Heilkunde
IM	Inoffizieller Mitarbeiter des Staatssicherheitsdienstes
KALKNWM	Kreisarchiv Landkreis Nordwestmecklenburg
KKH	Kreiskrankenhaus
KPD	Kommunistische Partei Deutschlands
KPKK	Kreis-Partei-Kontrollkommission
KRZ	Kreisrehabilitationszentrum
KSZE	Konferenz über Sicherheit und Zusammenarbeit in Europa
KVP	Kasernierte Volkspolizei
LAGw	Landesarchiv Greifswald
LHA	Landesheilanstalt
LHAS	Landeshauptarchiv Schwerin
LPG	Landwirtschaftliche Produktionsgenossenschaft
MfG	Ministerium für Gesundheitswesen
MfS	Ministerium für Staatssicherheit
MR	Medizinalrat
ND	Neues Deutschland
NDR	Norddeutscher Rundfunk
NS	Nationalsozialismus
NSDAP	Nationalsozialistische Partei Deutschlands
NSV	Nationalsozialistische Volkswohlfahrt
NVA	Nationale Volksarmee

o. A.	ohne Autor
o. D.	ohne Datum
OMR	Obermedizinalrat
OZ	Ostsee-Zeitung
Pat.	Patienten
POS	Polytechnische Oberschule
Ref.	Referat
RGBl.	Reichsgesetzblatt
SBZ	Sowjetische Besatzungszone
SED	Sozialistische Einheitspartei Deutschlands
SMA	Sowjetische Militäradministration
SMAD	Sowjetische Militäradministration Deutschland in Berlin-Karlshorst
SS	Schutzstaffel
StAS	Stadtarchiv Stralsund
StA SN	Stadtarchiv Schwerin
StPO	Strafprozessordnung
SVZ	Schweriner Volkszeitung
Tbc	Tuberkulose
Uni	Universität
VEB	Volkseigener Betrieb
VEG	Volkseigenes Gut
VuM	Verordnungen und Mitteilungen
WHO	Weltgesundheitsorganisation (World Health Organization)
WPU	Wilhelm-Pieck-Universität in Rostock
ZBl.	Zentralblatt
ZK	Zentralkomitee

10.3 Quellen- und Literaturverzeichnis

Allgemeine Literatur

Abu Zahra, Claudia: Die ambulante psychiatrisch-psychotherapeutische Versorgung in der DDR am Beispiel der Hauptstadt Ostberlin. Auswirkungen der Psychiatriereform der 1960er Jahre, Dissertation, Berlin 2015.

Albrecht, Hans-Eberhard: Das Krankenhaus am Rande der Stadt. Das Fachkrankenhaus in der Ueckermünder Ravensteinstraße im Wandel der Zeit von 1875 bis 2000, Ueckermünde 2000.

Armbruster, Jan: Von der IV. Pommerschen Provinzial-Heilanstalt Stralsund zur universitären Psychiatrie – 100 Jahre Krankenhausgeschichte, in: Schriftenreihe der Deutschen Gesellschaft für Geschichte der Nervenheilkunde, Bd. 19, Würzburg 2013, S. 327–358.

Ders.: Zur Entwicklung der Arbeitstherapie in der DDR unter besonderer Berücksichtigung des Bezirkskrankenhauses Stralsund, in: Kumbier, Ekkehardt/Steinberg, Holger: Psychiatrie in der DDR. Beiträge zur Geschichte, Berlin-Brandenburg 2018, S. 261–274.

Ders.: Zur Geschichte der Provinzial-Heilanstalt Stralsund von 1912–1939, in: Armbruster, Jan/Freyberger, Harald J. (Hg.): Verwahrung. Vernichtung. Therapie – Zum 100-jährigen Bestehen der stationären Psychiatrie auf dem Gelände des Krankenhauses West in Stralsund. Historisches und Erlebtes, Hamburg 2012, S. 45–94.

Ders./Freyberger, Harald J. (Hg.): Verwahrung. Vernichtung. Therapie – Zum 100-jährigen Bestehen der stationären Psychiatrie auf dem Gelände des Krankenhauses West in Stralsund. Historisches und Erlebtes, Hamburg 2012.

Ders./Jarisch, Anne: Im Spannungsfeld von individueller Rehabilitation und Missbrauch: Arbeitstherapie in der DDR-Psychiatrie am Beispiel des

Bezirkskrankenhauses Stralsund, in: Schriftenreihe der Deutschen Gesellschaft für Geschichte der Nervenheilkunde e.V., Bd. 20, Würzburg 2014, S. 353–384.

Ders./Orlob, Stefan: Zur Zwischennutzung der ehemaligen Landesheilanstalt Stralsund ab 1940 und zum Schicksal des Anstaltsfriedhofes, in: Armbruster, Jan/Freyberger, Harald J. (Hg.): Verwahrung. Vernichtung. Therapie – Zum 100-jährigen Bestehen der stationären Psychiatrie auf dem Gelände des Krankenhauses West in Stralsund. Historisches und Erlebtes, Hamburg 2012, S. 117–140.

Armbruster, Jürgen/Dieterich, Anja/Hahn, Daphne/Ratzke, Katharina (Hg.): 40 Jahre Psychiatrie-Enquête, Köln 2015.

Bach, Otto: Entwicklung und Stand der Versorgung psychisch Kranker und Behinderter auf dem Gebiet der ehemaligen DDR, in: Picard, Walter/Reimer, Fritz (Hg.): Grundlagen und Gestaltungsmöglichkeiten der Versorgung psychisch Kranker und Behinderter, Köln 1992, S. 25–30.

Bahr, Rebekka: Wie Jugendliche in der DDR-Psychiatrie litten, online: https://www.ndr.de/kultur/geschichte/Das-Schicksal-von-Jugendlichen-in-der-DDR-Psychiatrie,psychiatrie146.html (letzter Zugriff am 20.1.2020).

Barsch, Sebastian: Geistig behinderte Menschen in der DDR. Erziehung – Bildung – Betreuung, Oberhausen 2007.

Basaglia, Franco: Die Entscheidung des Psychiaters. Bilanz eines Lebenswerkes, Bonn 2020.

Baudisch, Winfried/Bröse, Bodo/Samski, Chananin Samsonowitsch: Einführung in die Hilfsschulpädagogik, Berlin 1982.

Becker, Klaus-Peter/Autorenkollektiv: Rehabilitationspädagogik, 2. und erw. Auflage, Berlin 1984.

Beddies, Thomas: Die Heil- und Pflegeanstalt Meseritz-Obrawalde im Dritten Reich, in: Hübener, Kristina (Hg.): Brandenburgische Heil- und Pflegeanstalten in der NS-Zeit, Berlin 2002, S. 231–258.

Behr, Heinrich (Hg.): Marienstift Arnstadt. 75 Jahre Rehabilitation Körperbehinderter, Berlin 1979.

Benser, Günter: „Vereint sind wir unbesiegbar", Berlin 1966.

Bernhardt, Heike: Anstaltspsychiatrie und „Euthanasie" in Pommern 1933 bis 1945. Die Krankenhausmorde an Kindern und Erwachsenen am Beispiel der Landesheilanstalt Ueckermünde, Frankfurt am Main 1994.

Blinden- und Sehschwachen-Verband der DDR (Hg.): 25 Jahre Blinden- und Sehschwachen-Verband der DDR, Leipzig 1981.

Bundesministerium für Arbeit und Soziales (Hg.): Ermittlung der Anzahl von Kindern und Jugendlichen, die in den Jahren 1949 bis 1975 in der Bundesrepublik Deutschland sowie in den Jahren 1949 bis 1990 in der Deutschen Demokratischen Republik in stationären Einrichtungen der Behindertenhilfe bzw. der Psychiatrie Leid und Unrecht erfahren haben. Forschungsbericht 466, Bonn 2016.

Bundesministerium für Gesundheit: Zur Lage der Psychiatrie in der ehemaligen DDR. Bestandsaufnahme und Empfehlungen, Bonn 1991.

Bundesvereinigung Lebenshilfe für geistig Behinderte e.V. (Hg.): Normalisierung – eine Chance für Menschen mit geistiger Behinderung, Marburg 1986.

Coché, Stefanie: Psychiatrische Einweisungspraxis in der frühen DDR und Bundesrepublik. Zwangseinweisungen vor dem Hintergrund unterschiedlicher rechtlicher Rahmenbedingungen, in: Kumbier, Ekkehardt/Steinberg, Holger: Psychiatrie in der DDR. Beiträge zur Geschichte, Berlin-Brandenburg 2018, S. 143–157.

Dahrendorf, Ralf: Bildung ist Bürgerrecht. Plädoyer für eine aktive Bildungspolitik, Nannen, Hamburg 1965.

Degenhardt, Tilo: Die Rehabilitationsmöglichkeiten für psychisch Kranke und Behinderte in der ehemaligen DDR, in: Picard, Walter/Reimer, Fritz (Hg.): Grundlagen und Gestaltungsmöglichkeiten der Versorgung psychisch Kranker und Behinderter, Köln 1992, S. 75–80.

Deutscher Bundestag: Erster Altenbericht der Bundesregierung, Drucksache 12/5897, 28.9.1993.

Donalies, Chr.: Das Krankenpflegeheim als Partner und Ergänzung von Bezirksnervenkliniken, in: Rabending, Günter/Schulze, Heinz A. F./Ernst, Klaus/Glaß, Joachim/Feudell, Peter/Göllnitz, Gerhard (Hg.): Psychiatrie und Neurologie in der medizinischen Grundbetreuung. Ergebnisse der Gesamttagung der Gesellschaft für Psychiatrie und Neurologie der DDR mit internationaler Beteiligung vom 26.–29. Oktober 1986 in Neubrandenburg, Leipzig 1988, S. 24 f.

Dreier, Anke/Laudien, Karsten: Einführung. Heimerziehung der DDR, Schwerin 2012 (Hg.: Konferenz der Landesbeauftragten für die Unterlagen des Staatssicherheitsdienstes der ehemaligen Deutschen Demokratischen Republik und zur Aufarbeitung der Folgen der kommunistischen Diktatur).

Eberl, Klaus: Spuren. Texte – Predigten – Bausteine, o. O. 2017.

Eichhorn, Hans: Abschied von der Klapper? Überlegungen zum psychiatrischen Krankenhaus, in: Thom/Wulff (Hg.): Psychiatrie im Wandel, Bonn 1990, S. 166–179.

Ders.: Braucht die Psychiatrie geschlossene Stationen?, in: Psychiatrie, Neurologie, medizinische Psychologie, 36, Leipzig 1984, S. 385–394.

Ders.: DDR-Psychiatrie: Skizze eines Rückblicks, in: Sozialpsychiatrische Informationen, Heft 1/1992, S. 9–13.

Enquête-Kommission „Überwindung der Folgen der SED-Diktatur im Prozeß der deutschen Einheit“, Bd. III, 2. Wirtschafts-, Sozial- und Umweltpolitik, Frankfurt am Main 1999.

Eßbach, Sigmar/Autorenkollektiv: Ein Kind kann keine Schule besuchen – Hat es überhaupt eine Entwicklungschance?, Berlin 1981.

Ders./Autorenkollektiv: Grundlagenmaterial zur Gestaltung der rehabilitativen Bildung und Erziehung, Berlin 1987.

Feuser, Georg: „Geistig Behinderte gibt es nicht!“ Projektionen und Artefakte in der Geistigbehindertenpädagogik, in: Geistige Behinderung 1/1996.

Feilcke, Claus-Hinrich (Hg.): Schritte. Der Weg der Christophorus-Krankenhaus GmbH Ueckermünde 1989–1996. Festschrift, Ueckermünde 1996.

Fornefeld, Barbara: Einführung in die Geistigbehindertenpädagogik, München 2000.

Freiburg, Gerda: Das Sonderschulwesen der Deutschen Demokratischen Republik, in: Novikov, Leonid/Freiburg, Gerda/Jehle, Peter: Entwicklungen im Sonderschulwesen in der Sowjetunion und der Deutschen Demokratischen Republik, Köln 1988.

Galas, Eckart: Krankenversicherung und Diabetes mellitus: Konzepte zur Verbesserung der Versorgung von Diabetikern, Hannover 2000.

Gehörlosenschule Güstrow (Hg.): 20 Jahre Gehörlosenschule Güstrow, 1951–1971, Güstrow 1971.

Geffke, Herta: Die Zusammenarbeit in den Frauenausschüssen trug zur Vereinigung bei, in: Benser, Günter: „Vereint sind wir unbesiegbar“, Berlin 1966, S. 679–688.

Gesamtdeutsches Institut, Bundesanstalt für gesamtdeutsche Aufgaben (Hg.): Sonderschulen und Berufsausbildung für Behinderte in der DDR, Berlin 1985.

Geyer, Michael (Hg.): Psychotherapie in Ostdeutschland. Geschichte und Geschichten 1945–1995, Göttingen 2011.

Giercke, Klaus (Hg.): Bezirksnervenklinik Schwerin 1830 bis 1980, Schwerin 1979.

Goffman, Erving: Asyle. Über die soziale Situation psychiatrischer Patienten und anderer Insassen, Frankfurt am Main 1993.

Goll, Jelena: Defektologie, online: http://socioweb.leuphana.de/lexikon/lex_geb/begriffe/defektol.htm (letzter Zugriff am 16.9.2019).

Grelak, Uwe/Pasternack, Peer: Konfessionelles Bildungswesen in der DDR. Elementarbereich, schulische und nebenschulische Bildung, Halle-Wittenberg, 2017.

Gries, Sabine: Kindesmisshandlung in der DDR. Kinder unter dem Einfluss traditionell-autoritärer und totalitärer Erziehungsleitbilder, Münster 2002.

Grosch, Christa: Kinder mit Behinderungen. Früherkennung und Rehabilitation im Kindes- und Jugendalter – DDR, Berlin 2002.

Haack, Kathleen: „Vor der Verwahrlosung und dem ... Verbrechertum gerettet": Psychopathenfürsorge in Rostock, in: Beiträge zur Geschichte der Stadt Rostock, Bd. 33, Rostock 2014, S. 81–103.

Dies./Kasten, Bernd/Pink, Jörg: Die Heil- und Pflegeanstalt Sachsenberg-Lewenberg 1939–1945, Schwerin 2016.

Dies./Kumbier, Ekkehardt: Der Michaelshof Rostock-Gehlsdorf in der Zeit des Nationalsozialismus zwischen pädagogischer Fürsorge und psychiatrischer Praxis, in: Schriftenreihe der Deutschen Gesellschaft für Geschichte der Nervenheilkunde, Bd. 25, Würzburg 2019, S. 291–315.

Dies./Kumbier, Ekkehardt: Die nationalsozialistische „Euthanasie"-Aktion in Mecklenburg – Ein Überblick, in: Zeitgeschichte regional. Mitteilungen aus Mecklenburg-Vorpommern, 19. Jg., 2015, H. 1, S. 40–46.

Dies./Kumbier, Ekkehardt: Lebensspuren. Opfer der Rostocker Psychiatrischen- und Nervenklinik während der Zeit des Nationalsozialismus, in: Trauma & Gewalt. Forschung und Praxisfelder, H. 4/2010, S. 282–292.

Heinze, Ursula: Betreuung behinderter Kinder und Jugendlicher in der DDR insbesondere in Ost-Berlin, Berlin o. J. (1990/91).

Heller, Paul: Von der Krüppelanstalt zur Orthopädischen Universitätsklinik. Das „Elisabethheim" in Rostock, Dissertation, Rostock 2007.

Helwig, Gisela: Am Rande der Gesellschaft. Alte und Behinderte in beiden deutschen Staaten, Köln 1980.

Dies.: Behinderte in der DDR, in: Deutschland Archiv – Zeitschrift für Fragen der DDR und der Deutschlandpolitik, 11. Jg., 1978, S. 268–273.

Hennings, Lena: Die Entstehungsgeschichte der Rodewischer Thesen im Kontext von Psychiatrie, Sozialhygiene und Rehabilitationsmedizin der DDR, in: Kumbier, Ekkehardt/Steinberg, Holger: Psychiatrie in der DDR. Beiträge zur Geschichte, Berlin-Brandenburg 2018, S. 237–246.

Herrfurth, Reinhold und Autorenkollektiv: Sozialintegration intellektuell geschädigter Jugendlicher und Erwachsener, Berlin 1988.

Hildebrandt, Regine: Die Einrichtungen des Gesundheits- und Sozialwesens in der DDR und in den neuen Bundesländern, in: Aus Politik und Zeitgeschichte, 21.1.1994, Nr. 3/94, S. 15–25.

Hirsch, Karl Heinz/Neumann, Erwin: Mein Kind ist hörgeschädigt, Berlin 1973.

Hoffmann, Jürgen: Hilfsschulpädagogik in der DDR. Historische und theoretische Grundlagen, Berlin 1986.

Hofsäss, Thomas Reinhold: Die Überweisung von Schülern auf die Hilfsschule und die Schule für Lernbehinderte. Eine historisch-vergleichende Untersuchung, Berlin 1993.

Hoh, Woo-Jung: Theologie und Praxis der Diakonie in der SBZ und DDR 1945–1989. Das Erbe der Diakonie im geteilten Deutschland mit Perspektive auf das geteilte Korea, Inauguraldissertation, Heidelberg 2005.

Hübner, Ingolf: Diakonie zwischen Selbständigkeit und Kooperation, in: Hübner, Ingolf/Kaiser, Jochen-Christoph (Hg.): Diakonie im geteilten Deutschland. Zur diakonischen Arbeit unter den Bedingungen der DDR und der Teilung Deutschlands, Stuttgart u. a. 1999.

Hübner, Ingolf/Kaiser, Jochen-Christoph (Hg.): Diakonie im geteilten Deutschland. Zur diakonischen Arbeit unter den Bedingungen der DDR und der Teilung Deutschlands, Stuttgart u. a. 1999.

Hübener, Kristina (Hg.): Brandenburgische Heil- und Pflegeanstalten in der NS-Zeit, Berlin 2002.

Institut für Planung und Organisation des Gesundheitsschutzes, Abteilung Statistik (Hg.): Das Gesundheitswesen der Deutschen Demokratischen Republik, Berlin 1967.

Institut für Technologie und Grundfondsökonomie (Hg.): Analyse der Sonderwohnformen im Bezirk Schwerin, Berlin-Buch 1982.

Jarisch, Anne: Wiedereröffnung der Psychiatrischen Klinik 1953 und die Entwicklung als Bezirkskrankenhaus in der DDR, in: Armbruster, Jan/Freyberger, Harald J. (Hg.): Verwahrung. Vernichtung. Therapie – Zum 100-jährigen Bestehen der stationären Psychiatrie auf dem Gelände des Krankenhauses West in Stralsund. Historisches und Erlebtes, Hamburg 2012, S. 141–173.

Jun, Gerda: Kinder, die anders sind. Ein Elternreport, Berlin 1986.

Dies.: „Kinder, die anders sind" in der DDR. Erfahrungen aus der Dispensaire-Betreuung in der Kinder- und Jugendneuropsychiatrie und Psychotherapie, in: Grosch, Christa (Hg.): Kinder mit Behinderungen. Früherkennung und Rehabilitation im Kindes- und Jugendalter – DDR, Berlin 2002.

Kaiser, Jochen-Christoph (Hg.): Zwangsarbeit in Kirche und Diakonie 1939–45. Stuttgart 2005.

Karge, Wolf/Schmied, Hartmut/Münch, Ernst: Die Geschichte Mecklenburgs von den Anfängen bis zur Gegenwart, 5. aktual. Auflage, Rostock 2011.

Kebbel, Johann/Pörksen, Niels (Hg.): Gewalt und Zwang in der stationären Psychiatrie, Bonn 1998.

Keßling, Volker: Tagebuch eines Erziehers, Berlin 1980.

Kliewe, W.: Psychiatrie in Ueckermünde: Gestern – Heute – Morgen, in: Feilcke, Claus-Hinrich (Hg.): Schritte. Der Weg der Christophorus-Krankenhaus GmbH Ueckermünde 1989–1996. Festschrift, Ueckermünde 1996, S. 59–70.

König, Uta/Sauer, Sabine: Gefangen, gequält, vergessen. Behinderte Kinder in der DDR, in: Stern, 7.6.1990, Nr. 24/1990, S. 26–35.

Kohan, Dinah: Migration und Behinderung – Eine doppelte Belastung? Ergebnisse aus einem Projekt zu russischsprachigen Zuwanderern mit einer Behinderung, in: Westphal, Manuela/Wansing, Gudrun (Hg.): Migration, Flucht und Behinderung. Herausforderungen für Politik, Bildung und psychosoziale Dienste, Wiesbaden 2019, S. 43–60.

Kohnert, Monika: Pflege und Umgang mit Behinderten in der DDR, in: Enquête-Kommission „Überwindung der Folgen der SED-Diktatur im Prozeß der deutschen Einheit“, Bd. III, 2. Wirtschafts-, Sozial- und Umweltpolitik, Frankfurt am Main 1999.

Kraus, Rudolf: Strukturen und Einrichtungen der Rehabilitation in der DDR und in den neuen Bundesländern, in: Aus Politik und Zeitgeschichte, 21.1.1994, Nr. 3/94, S. 26–37.

Kruska, Wolfgang: Berliner Verhältnisse Teil 1, in: Geyer, Michael (Hg.): Psychotherapie in Ostdeutschland. Geschichte und Geschichten 1945–1995, Göttingen 2011, S. 55–57.

Kulenkampff, Caspar: Die Entwicklung der Versorgung psychisch Kranker und Behinderter in der Bundesrepublik von der Psychiatrie-Enquête bis zu den Empfehlungen der Expertenkommission, in: Picard, Walter/Reimer, Fritz (Hg.): Grundlagen und Gestaltungsmöglichkeiten der Versorgung psychisch Kranker und Behinderter, Köln 1992, S. 15–24.

Kulig, Wolfram/Theunissen, Georg/Wüllenweber, Ernst: Geistige Behinderung, in: Wüllenweber, Ernst/Theunissen, Georg/Mühl, Heinz (Hg.): Pädagogik bei geistigen Behinderungen. Ein Handbuch für Studium und Praxis, Stuttgart 2006.

Kumbier, Ekkehardt: Die Aufteilung des psychiatrischen Lehrstuhls 1958. Notwendige Fächerdifferenzierung oder politisches Kalkül?, in: Reisinger, Emil C./Haack, Kathleen (Hg.): Die Medizinische Fakultät der Universität Rostock. 600 Jahre im Dienst der Menschen (1419–2019), Köln 2019, S. 357–368.

Ders./Haack, Kathleen: Psychiatrie in der DDR zwischen Aufbruch und Stagnation. Die Brandenburger Thesen zur „Therapeutischen Gemeinschaft" (1974/76), in: Kumbier, Ekkehardt/Steinberg, Holger: Psychiatrie in der DDR. Beiträge zur Geschichte, Berlin-Brandenburg 2018, S. 247–260.

Kumbier, Ekkehardt/Häßler, Frank: 50 Jahre universitäre Kinderneuropsychiatrie in Rostock, in: Zeitschrift für Kinder- und Jugendpsychiatrie und Psychotherapie, 38, 3/2010, S. 155–160.

Ders./Steinberg, Holger: Psychiatrie in der DDR. Beiträge zur Geschichte, Berlin-Brandenburg 2018.

Kutluer, Filiz: Das Verständnis von Behinderung in anderen Ländern und seine Auswirkung auf die Inanspruchnahme des Hilfssystems in Deutschland am Beispiel Russland und Türkei, in: Westphal, Manuela/Wansing, Gudrun (Hg.): Migration, Flucht und Behinderung. Herausforderungen für Politik, Bildung und psychosoziale Dienste, Wiesbaden 2019, S. 187–205.

Lattka, Ernst-Günter: Hurra, wir leben! 60 Jahre Volkssolidarität, Berlin 2005.

Laudien, Karsten/Sachse, Christian: Expertise 2. Erziehungsvorstellungen in der Heimerziehung der DDR, in: Arbeitsgemeinschaft für Kinder- und Jugendhilfe (Hg.): Aufarbeitung der Heimerziehung in der DDR. Expertisen, Berlin 2012, S. 125–297.

Liedtke, Max (Hg.): Behinderung als pädagogische und politische Herausforderung. Historische und systematische Aspekte, Bad Heilbrunn 1996.

Lindmeier, Bettina/Lindmeier, Christian: Aufbau und Entwicklung der Pädagogik bei geistiger Behinderung von 1950–1989 in der BRD, in: Wüllenweber, Ernst/Theunissen, Georg/Mühl, Heinz (Hg.): Pädagogik bei geistigen Behinderungen. Ein Handbuch für Studium und Praxis, Stuttgart 2006, S. 41–52.

Loos, Herbert: „Anerkannte Unterordnung" – ein Rückblick auf die Psychiatrie-Entwicklung in der DDR, in: Picard, Walter/Reimer, Fritz (Hg.): Grundlagen und Gestaltungsmöglichkeiten der Versorgung psychisch Kranker und Behinderter, Köln 1992, S. 174–180.

Mai, Wiebke: Erziehungsschwierig oder traumatisiert – Kinder zwischen Jugendhilfe und Kinder- und Jugendpsychiatrie. Analyse der stationären Klientel der Klinik für Kinderpsychiatrie Rostock 1960 und die Kooperation mit Jugendhilfeinstanzen, Dissertation, Rostock 2016.

Mandel, Joachim: Schwerstbeschädigtenbetreuung und Rehabilitation. Textausgabe, 4., überarb. u. erw. Aufl., Berlin 1987.

Methner, Andreas: „Diagnose: verhaltensgestört". Das Kombinat der Sonderheime in der DDR, Berlin 2015.

Michaelshof Rostock (Hg.): 150 Jahre Michaelshof in Rostock 1845–1995, Rostock 1995.

Mikat, Berthold: Das Gesundheitswesen der Deutschen Demokratischen Republik im Jahre 1972. Kommentierte Auszüge aus dem Gesundheitsbericht der DDR für 1972, Berlin 1974.

Ministerium für Gesundheitswesen der DDR (Hg.): Bildungs- und Erziehungsprogramm für Rehabilitationspädagogische Förderungseinrichtungen des Gesundheits- und Sozialwesens der DDR, 1977.

Ministerium für Gesundheitswesen der DDR (Hg.): Internationale Klassifikation der Krankheiten, 9. Revision 1975, Bd. 1, Berlin 1983.

Müller, Ulrich/Herberhold, Martin: Die Entwicklung der Kinder- und Jugendpsychiatrie, Psychotherapie und Psychosomatik, in: Armbruster, Jan/Freyberger, Harald J. (Hg.): Verwahrung. Vernichtung. Therapie – Zum 100-jährigen Bestehen der stationären Psychiatrie auf dem Gelände des Krankenhauses West in Stralsund. Historisches und Erlebtes, Hamburg 2012, S. 211–230.

Nirke, Bengt: Das Normalisierungsprinzip – 25 Jahre danach, in: Vierteljahresschrift für Heilpädagogik und ihre Nachbargebiete 1, 1994, S. 12–32.

Novikov, Leonid/Freiburg, Gerda/Jehle, Peter: Entwicklungen im Sonderschulwesen in der Sowjetunion und der Deutschen Demokratischen Republik, Köln 1988.

Panther, Werner: Das Nachtasyl von Dobbertin, in: SVZ, 7.3.1990, S. 4.

Pehnke, Andreas: Die schulische Betreuung behinderter Kinder in der ehemaligen DDR, in: Liedtke, Max (Hg.): Behinderung als pädagogische und politische Herausforderung. Historische und systematische Aspekte, Bad Heilbrunn 1996, S. 223–235.

Petzold, Heinz-Joachim: Aufeinander zugehen. Gespräche mit Behinderten, Berlin (Ost) 1990.

Ders.: Ich will Hilfe schaffen. Diakonie-Report, Berlin (Ost) 1986.

Ders.: Verstehen und Fördern. Report über geistig behinderte Menschen, Berlin 1984.

Picard, Walter/Reimer, Fritz (Hg.): Grundlagen und Gestaltungsmöglichkeiten der Versorgung psychisch Kranker und Behinderter, Köln 1992.

Presber, Wolfgang/Löther, Rolf und Autorenkollektiv: Sozialistischer Humanismus und die Betreuung Geschädigter, Jena 1981.

Rat der Stadt Neukloster (Hg.): Neukloster 1219–1969. Festschrift zum 750jährigen Bestehen des Ortes Neukloster, Neukloster 1969.

Rabending, Günter/Schulze, Heinz A. F./Ernst, Klaus/Glaß, Joachim/Feudell, Peter/Göllnitz, Gerhard (Hg.): Psychiatrie und Neurologie in der medizinischen Grundbetreuung. Ergebnisse der Gesamttagung der Gesellschaft für Psychiatrie und Neurologie der DDR mit internationaler Beteiligung vom 26.–29. Oktober 1986 in Neubrandenburg, Leipzig 1988.

Riecke, Bernhard/Waldmann, Angelika: Psychiatrie Ost – Zwischen Fürsorge und Bevormundung früher, auf dem Weg zum demokratischen Selbstverständnis heute, in: Kebbel, Johann/Pörksen, Niels (Hg.): Gewalt und Zwang in der stationären Psychiatrie, Bonn 1998, S. 58–66.

Reisinger, Emil C./Haack, Kathleen (Hg.): Die Medizinische Fakultät der Universität Rostock. 600 Jahre im Dienst der Menschen (1419–2019), Köln 2019.

Roer, Dorotee/Henkel, Dieter: Psychiatrische Krankenversorgung in der Krise, in: Marxistische Blätter. Für Probleme der Gesellschaft, Wirtschaft und Politik, H.1, Jan./Febr. 1976.

Rose, Wolfgang: Anstaltspsychiatrie in der DDR. Die brandenburgischen Kliniken zwischen 1945 und 1990, Berlin-Brandenburg 2005.

Schneider, Dagwin-Raphael: Früherziehung geschädigter Säuglinge und Kleinkinder in Kinderkrippen, in: Heilberufe, Oktober 1990, S. 362–364.

Ders./Hotze, Waltraut: Geschädigte Säuglinge und Kleinkinder. Vorschläge zur Früherziehung in der Familie und in Kinderkrippen, Leipzig 1990.

Schwarte, Norbert/Oberste-Ufer, Ralf: LEWO II. Lebensqualität in Wohnstätten für erwachsene Menschen mit geistiger Behinderung. Ein Instrument für fachliches Qualitätsmanagement, Marburg 2001.

Schwitzer, Klaus-Peter: Behinderte in der DDR, in: Voigt, Dieter/Mertens, Lothar (Hg.): Minderheiten in und Übersiedler aus der DDR, Berlin 1992, S. 131–140.

Ders.: Sozialwesen, Leistungsbereiche und Rolle der Volkssolidarität, in: Spaar, Horst (Hg.): Dokumentation zur Geschichte des Gesundheitswesens der DDR, Teil 6: Das Gesundheitswesen in der Periode wachsender äußerer und innerer Widersprüche, zunehmender Stagnation und Systemkrise bis zur Auflösung der bestehenden sozialistischen Ordnung der DDR (1981–1989), Berlin 2003, S. 125–139.

Seifert, Monika: Lebensqualität und Wohnen bei schwerer geistiger Behinderung. Theorie und Praxis, Reutlingen 1997.

Siek, Karl-Heinz: Betreuung von Kindern mit Behinderungen in der Familie, in: Grosch, Christa: Kinder mit Behinderungen. Früherkennung und Rehabilitation im Kindes- und Jugendalter – DDR, Berlin 2002, S. 60–67.

Sill, Werner/Schlemonat, Ingeburg/Spalkhaver, Evi: 125 Jahre Bildung und Rehabilitation in Neukloster, Neukloster 1989.

Ders.: 130 Jahre Blindenfürsorge in Neukloster, in: Stadt Neukloster (Hg.): Neukloster 775 Jahre. Festschrift zum 775jährigen Bestehen des Ortes Neukloster, Neukloster 1994, S. 42–45.

Spaar, Horst (Hg.): Dokumentation zur Geschichte des Gesundheitswesens der DDR, Teil 4: Das Gesundheitswesen der DDR in der Periode des Übergangs zum umfassenden Aufbau des Sozialismus und der Entwicklung des neuen ökonomischen Systems (1961–1971), Berlin 2000.

Ders. (Hg.): Dokumentation zur Geschichte des Gesundheitswesens der DDR, Teil 5: Das Gesundheitswesen der DDR in der Periode der weiteren

Gestaltung der entwickelten sozialistischen Gesellschaft und unter dem Kurs der Einheit von Wirtschafts- und Sozialpolitik (1971–1981), Teil A, Berlin 2002.

Ders. (Hg.): Dokumentation zur Geschichte des Gesundheitswesens der DDR, Teil 6: Das Gesundheitswesen in der Periode wachsender äußerer und innerer Widersprüche, zunehmender Stagnation und Systemkrise bis zur Auflösung der bestehenden sozialistischen Ordnung der DDR (1981–1989), Berlin 2003.

Ders. /Funke, Dietmar: Dokumentation zur Geschichte des Gesundheitswesens der DDR, Teil 1: Die Entwicklung des Gesundheitswesens in der sowjetischen Besatzungszone (1945–1949), Berlin 1996.

Ders./Funke, Dietmar: Dokumentation zur Geschichte des Gesundheitswesens der DDR, Teil 3: Das Gesundheitswesen der DDR zwischen neuem Kurs und Schließung der Staatsgrenze (1953–1961), Berlin 1999.

Ders./Funke, Dietmar/Wernicke, Rudolf: Dokumentation zur Geschichte des Gesundheitswesens der DDR, Teil 2: Das Gesundheitswesen zwischen Gründung der DDR und erster Gesellschaftskrise (1949–1953), Berlin 1996.

Staatliche Zentralverwaltung für Statistik (Hg.): Statistisches Jahrbuch der DDR 1956, Berlin 1957.

Ders.: Statistisches Jahrbuch der DDR 1956, Berlin 1957.

Ders.: Statistisches Jahrbuch der DDR 1957, Berlin 1958

Ders.: Statistisches Jahrbuch der DDR 1958, Berlin 1959.

Ders.: Statistisches Jahrbuch der DDR 1959, Berlin 1960.

Ders.: Statistisches Jahrbuch der DDR 1960/61, Berlin 1961.

Ders.: Statistisches Jahrbuch der DDR 1962, Berlin 1962.

Ders.: Statistisches Jahrbuch der DDR 1963, Berlin 1963.

Ders.: Statistisches Jahrbuch der DDR 1964, Berlin 1964.

Ders.: Statistisches Jahrbuch der DDR 1965, Berlin 1965.

Ders.: Statistisches Jahrbuch der DDR 1966, Berlin 1966.

Ders.: Statistisches Jahrbuch der DDR 1967, Berlin 1967.

Ders.: Statistisches Jahrbuch 1968 der DDR, Berlin 1968.

Ders.: Statistisches Jahrbuch 1969 der DDR, Berlin 1969.

Ders.: Statistisches Jahrbuch 1970 der DDR, Berlin 1970.

Ders.: Statistisches Jahrbuch 1971 der DDR, Berlin 1971.

Ders.: Statistisches Jahrbuch 1972 der DDR, Berlin 1972.

Ders.: Statistisches Jahrbuch 1985 der DDR, Berlin 1985.

Ders.: Statistisches Jahrbuch 1986 der DDR, Berlin 1986.

Stadt Neukloster (Hg.): Neukloster 775 Jahre. Festschrift zum 775jährigen Bestehen des Ortes Neukloster, Neukloster 1994, S. 42–45.

Steinhoff, Michael/Trobisch, Achim: Behindertenhilfe in der DDR, in: Orientierung, Nr. 3/2014, S. 17–21.

Süß, Sonja: Politisch missbraucht? Psychiatrie und Staatsicherheit in der DDR, Berlin 1998.

Theunissen, Georg: Geistigbehindertenpädagogik in der DDR, in: Wüllenweber, Ernst/Theunissen, Georg/Mühl, Heinz (Hg.): Pädagogik bei geistigen Behinderungen. Ein Handbuch für Studium und Praxis, Stuttgart 2006, S. 30–40.

Thimm, Walter: Das Normalisierungsprinzip. Eine Einführung, Marburg 1995.

Thom/Wulff (Hg.): Psychiatrie im Wandel, Bonn 1990.

Tischner, Wolfgang: Die Kirchen im Umfeld des Volksaufstands vom 17. Juni 1953, in: Historisch-Politische Mitteilungen 7 (2000), S. 151–181.

Voigt, Dieter/Mertens, Lothar (Hg.): Minderheiten in und Übersiedler aus der DDR, Berlin 1992.

Waldmann, Klaus-Dieter: Psychiatrie in der ehemaligen DDR – eine widerspruchsvolle Bilanz, in: Sozialpsychiatrische Informationen, 4/1998, S. 18–22.

Walther, Joachim: Geschützte Arbeit für schwerstbehinderte Bürger, Jena 1974.

Weise, Klaus: Konzeptionen zur Reform der psychiatrischen Versorgung, in: Sozialpsychiatrische Informationen, Heft 3/1990, S. 13–16.

Wellmitz, Barbara: Zur Entwicklung der Körperbehindertenpädagogik in der DDR, in: Heilpädagogik online, Nr. 4/2013, S. 21–44.

Werner, Birgit: Sonderpädagogik im Spannungsfeld zwischen Ideologie und Tradition. Zur Geschichte der Sonderpädagogik unter besonderer Berücksichtigung der Hilfsschulpädagogik in der SBZ und der DDR zwischen 1945 und 1952, Hamburg 1999.

Westphal, Manuela/Wansing, Gudrun (Hg.): Migration, Flucht und Behinderung. Herausforderungen für Politik, Bildung und psychosoziale Dienste, Wiesbaden 2019.

Wolfensberger, Wolf: Die Entwicklung des Normalisierungsgedankens in den USA und in Kanada, in: Bundesvereinigung Lebenshilfe für geistig Behinderte e.V. (Hg.): Normalisierung – eine Chance für Menschen mit geistiger Behinderung, Marburg 1986, S. 45–62.

Wüllenweber, Ernst/Theunissen, Georg/Mühl, Heinz (Hg.): Pädagogik bei geistigen Behinderungen. Ein Handbuch für Studium und Praxis, Stuttgart 2006.

Zarjow, Andrej: Eltern von Kindern mit Behinderungen in Russland, in: Eberl, Klaus: Spuren. Texte – Predigten – Bausteine, o. O. 2017.

Zedlick, Dyrk: Psychiatriereform in der DDR, in: Armbruster, Jürgen/Dieterich, Anja/Hahn, Daphne/Ratzke, Katharina (Hg.): 40 Jahre Psychiatrie-Enquête, Köln 2015, S. 103–121.

Zentralinstitut für Berufsbildung der DDR (Hg.): Vorbereitung Geschädigter auf Berufswahl und Arbeit. Erkenntnisse und Erfahrungen aus der Sowjetunion, Berlin 1979.

Filme

Die Hölle von Ueckermünde. Psychiatrie im Osten, eine Reportage von Ernst Klee, Deutschland 1993 (Hessischer Rundfunk).

Wie Jugendliche in der DDR-Psychiatrie litten. Ein NDR-Beitrag von Rebekka Bahr, 2018.

Quellen

Bundesarchiv
DC 14; DR 2

Ehemaliges Archiv des Hanse-Klinikums Stralsund
Genz, Chronik; Nachlass Horst Giermann

Historisches Archiv der Evangelischen Stiftung Michaelshof
Sachakten; Bewohnerakten

Kreisarchiv Landkreis Nordwestmecklenburg
I/1.657

Landesarchiv Greifswald
Rep. 200 8.2; Rep. 200 9.1; Rep. 200 II 9.1

Landeshauptarchiv Schwerin
6.11-19; 7.11-1-2; 7.11-1/31; 7.12-3; 7.21-1-2; 10.34-3; 10.34-7

Landesbeauftragte für Mecklenburg-Vorpommern für die Aufarbeitung der SED-Diktatur, Stiftung „Anerkennung und Hilfe"
Personenakten

Stadtarchiv Schwerin
R 31

Stadtarchiv Stralsund
Rep. 56; Rep. 58

Unterlagen aus Privatbesitz
Marianne Gloßmann (Fotos; Gloßmann, Marianne: Grundrecht auf Arbeit, auf Bildung, auf Teilnahme am gesellschaftlichen Leben – für alle Bürger? Unveröffentlichter Text, Anfang 1990); Volker Keßling (Fotos; Tagebücher; Keßling, Volker: Zur Kritik der rehabilitationspädagogischen Arbeit in Einrichtungen des Gesundheits- und Sozialwesens, Rehabilitationszentrum Neubrandenburg im April 1987, unveröffentlichtes Manuskript; Keßling, Volker/Löbzien, Annette: Die Werkstatt als Ort der beruflichen Rehabilitation – historische Entwicklung der Werkstatt für Behinderte, o. D.; Ministerratsbeschluss vom 16.8.1973)

Interviews/Gesprächsprotokolle
Gespräch Falk Bersch und Matthias Kähler mit Hilde Großmann am 2.10.2018; Interview Falk Bersch mit Michael Gillner am 5.10.2018; Interview Falk Bersch mit Karina Heinicke und Andrea Kamke-Gerstenberger am 11.9.2018; Interview Falk Bersch mit Matthias Kähler am 31.7.2018; Interview Falk Bersch mit Volker und Bettina Keßling am 11.9.2018 in Neubrandenburg; Gespräch Falk Bersch mit Norbert Schwarte in Schwerin, 4.3.2019; Interview Falk Bersch mit Ulrich Müller am 3.7.2018; Gespräch Falk Bersch mit Ulrich Müller am 3.4.2020

10.4 Ortsregister

10.5 Landkarte der DDR-Nordbezirke mit Kreisgliederung

Stadtkreise	Landkreise
Greifswald (seit 1974)	Greifswald-Land (seit 1974)
Neubrandenburg (seit 1969)	Neubrandenburg-Land (seit 1969)
Rostock	Rostock-Land
Schwerin	Schwerin-Land
Stralsund	Stralsund-Land
Wismar	Wismar-Land

*) Kreis Rügen (seit 1956, vorher Kreis Bergen und Kreis Putbus)